Riemann
One Earth Spirit

Eric Schlosser

Fast Food Gesellschaft

Die dunkle Seite von McFood & Co.

Aus dem Amerikanischen
von Heike Schlatterer, VerlagsService Mihr

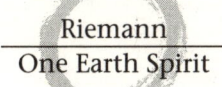

Riemann
One Earth Spirit

Die amerikanische Originalausgabe
erschien 2001 unter dem Titel »Fast Food Nation«
bei Houghton Mifflin Company, New York.

Für Red

Der Riemann Verlag
ist ein Unternehmen der Verlagsgruppe Random House

1. Auflage
© 2001 Eric Schlosser
© 2002 der deutschsprachigen Ausgabe
Riemann Verlag, München
Redaktion: Werner Wahls
Satz: Barbara Rabus, Sonthofen
Druck und Bindung: GGP Media, Pößneck
Printed in Germany
ISBN 3-570-50023-3
www.riemann-verlag.de

»Unbändige Unterwürfigkeit
gleitet gut geschmiert vorbei«

Robert Lowell, *For the Union Dead*

Inhalt

Cheyenne Mountain

Einleitung

Auf der Ostseite der Front Range in Colorado erhebt sich der Cheyenne Mountain steil über die Prärie und die Stadt Colorado Springs.[1] Aus der Ferne wirkt der Berg mit seinen felsigen Flanken, den Krüppeleichen und Ponderosa-Kiefern schön und beschaulich. Er könnte als Kulisse für einen alten Hollywood-Western dienen, einer von vielen schönen Blicken auf die Rocky Mountains. Doch der Cheyenne Mountain bietet alles andere als unberührte Natur. Tief im Berg befindet sich eine der wichtigsten militärischen Anlagen des Landes, die das North American Aerospace Command, das Air Force Space Command und das United States Space Command beherbergt. Mitte der 50er Jahre sorgte man sich im Pentagon, dass die amerikanische Luftabwehr zum Ziel von Sabotage und Angriffen werden könnte, und wählte Cheyenne Mountain als Standort für eine streng geheime unterirdische Kampfoperationszentrale. Der Berg wurde ausgehöhlt, und im Innern wurden fünfzehn meist dreigeschossige Gebäude in einem Labyrinth aus kilometerlangen Tunneln und Gängen errichtet. Der 1,8 Hektar umfassende unterirdische Komplex ist so gebaut, dass er dem direkten Treffer einer Atombombe standhält. Man betritt die Anlage, die heute offiziell Cheyenne Mountain Air Force Station heißt, durch Stahltüren, die ein Meter dick sind, jeweils 25 Tonnen wiegen und sich automatisch binnen 20 Sekunden schließen. Der Stützpunkt ist für die Öffentlichkeit nicht zugänglich, eine schwer bewaffnete schnelle Eingreiftruppe schützt ihn vor Eindringlingen. Druckluftschleusen verhindern die Luftverschmutzung durch radioaktiven Fallout oder biologische Kampfstoffe. Die Gebäude stehen auf gigantischen Stahlsprungfedern, die Erdbeben oder die Druckwelle eines thermonuklearen Angriffs ausgleichen. Gänge und Treppenhäuser sind schiefergrau gestrichen, die Decken niedrig und viele Türen mit Kombinationsschlössern gesichert. Ein enger Fluchttunnel, den man durch eine Metallluke betritt, windet sich durch massiven Fels aus dem Berg heraus. Männer in Overalls fahren mit kleinen Elektrofahrzeugen von einer hell erleuchteten Höhle in die andere. Der ganze Ort erinnert an den Schauplatz eines frühen James-Bond-Films.

1500 Menschen arbeiten im Innern des Berges, warten die Anlagen und sammeln Informationen mit Hilfe eines weltweiten Netzwerks aus Radaranlagen, Spionagesatelliten, Sensoren, Flugzeugen und Luftschiffen. Im Cheyenne Mountain Operations Center wird jedes vom Menschen geschaffene Objekt erfasst, das in den nordamerikanischen Luftraum eindringt oder die Erde umkreist. Die Anlage bildet das Zentrum des Frühwarnsystems der USA und kann den Start einer Langstreckenrakete an jedem beliebigen Punkt der Erde erkennen, noch bevor sie die Abschussrampe verlassen hat.

Der futuristische Militärstützpunkt im Berginnern kann sich für mindestens einen Monat selbst versorgen. Generatoren erzeugen genug Strom, um eine Stadt in der Größe von Tampa in Florida zu beliefern. Unterirdische Reservoire, die von den Arbeitern in Ruderbooten überquert werden, enthalten Millionen Liter Wasser. Die Anlage verfügt über ein eigenes unterirdisches Fitnesscenter, ein Krankenhaus, eine Zahnarztpraxis, einen Friseur, eine Kapelle und eine Kantine. Wenn die in Cheyenne Mountain stationierten Männer und Frauen Abwechslung vom Kantinenessen suchen, schicken sie oft jemanden zu Burger King in Fort Carson, einem nahe gelegenen Militärstützpunkt. Oder sie bestellen sich Pizza bei Domino's.

Fast jeden Abend fährt ein Lieferant von Domino's über die einsame Cheyenne Mountain Road, vorbei an den Warnschil-

dern, vorbei an den Sicherheitsposten am Eingang des Stütz-
punktes bis zum schwer gesicherten Nordportal hinter Ma-
schendrahtzaun und Stacheldraht. An der Stelle, an der die
Straße geradewegs in den Berg führt, deponiert der Lieferant
die Pizzas und nimmt sein Trinkgeld in Empfang. Sollte es je
zu einer globalen Katastrophe kommen, sollte ein Feind eines
Tages die Vereinigten Staaten mit Atomsprengköpfen bombar-
dieren und das ganze Land in Schutt und Asche legen, dann
werden zukünftige Archäologen zwischen den Trümmern im
Innern des Cheyenne Mountain neben der Hightech-Ausrüs-
tung, den hellblauen Overalls, Comic-Heften und Bibeln weitere Spuren unserer Zivilisation finden – Burger-Verpackun-
gen, vertrocknete Brot- und Käsereste, Knochen von Chicken
Wings und die rot-weiß-blauen Kartons von Domino's Pizza.

Was wir essen

In den vergangenen 30 Jahren drang Fastfood in jeden Winkel der amerikanischen Gesellschaft vor. Eine Industrie, die
mit einigen bescheidenen Hotdog- und Hamburgerständen in
Südkalifornien ihren Anfang nahm, breitete sich bis in den
letzten Winkel des Landes aus und verkauft heute ein breites
Angebot an Speisen, wo immer sich ein zahlender Kunde findet. Fastfood wird mittlerweile in Restaurants und Drive-Ins
serviert, in Stadien, auf Flughäfen, in Zoos, Schulen und Universitäten, auf Kreuzfahrtschiffen, in Zügen und Flugzeugen,
in Supermärkten, Tankstellen und sogar in den Cafeterien von
Krankenhäusern. 1970 gaben Amerikaner etwa sechs Milliarden Dollar für Fastfood aus; im Jahr 2000 waren es über
110 Milliarden Dollar. Das ist mehr, als sie für höhere Bildung,
Computer, Software oder neue Autos aufwenden.[2] Amerikaner geben mehr Geld für Fastfood aus als für Filme, Bücher,
Zeitschriften, Zeitungen, Videos und Musikaufnahmen zusammen.[3]

Öffnen Sie die Glastür, spüren Sie den kühlen Luftzug, stellen Sie sich an, studieren Sie die illuminierten Farbfotos hinter der Theke, geben Sie Ihre Bestellung auf, bezahlen Sie, sehen Sie zu, wie Teenager in Uniformen verschiedene Knöpfe drücken und nehmen Sie wenige Minuten später ein Plastiktablett voller Speisen in Empfang, die in buntes Papier und Kartons verpackt sind. Der Kauf von Fastfood ist so zur Routine, so gewöhnlich und banal geworden, dass man ihn heute als selbstverständlich betrachtet, so wie wenn man sich die Zähne putzt oder an einer roten Ampel hält. Der Konsum von Fastfood ist mittlerweile so amerikanisch wie ein kleiner, tiefgekühlter und wieder aufgewärmter Apple Pie in praktischer Quaderform.

In diesem Buch geht es um Fastfood, um die Werte, die es verkörpert, und um die Welt, die es geschaffen hat. Fastfood hat sich als revolutionäre Kraft im amerikanischen Leben erwiesen. Mich interessiert es sowohl als Gebrauchsgut als auch als Metapher. Was der Mensch isst (oder nicht isst), wurde stets von einem komplexen Zusammenspiel sozialer, wirtschaftlicher und technologischer Kräfte bestimmt. Die frühe Römische Republik wurde von freien Bauern ernährt, die das Bürgerrecht hatten, das Römische Reich von seinen Sklaven. Der Speisezettel eines Volkes kann mehr aussagen als seine Kunst oder Literatur. An jedem beliebigen Tag besucht in den USA etwa ein Viertel der Bevölkerung ein Fastfoodrestaurant.[4] In einem relativ kurzen Zeitraum veränderte die Fastfoodindustrie nicht nur die Ernährung der Amerikaner, sondern auch ihre Umwelt, Wirtschaft, Arbeitsbedingungen und Populärkultur. Dem Fastfood und seinen Folgen kann man sich nicht entziehen, unabhängig davon, ob man es zweimal am Tag verzehrt, es zu vermeiden sucht oder noch nie probiert hat.

Das außergewöhnliche Wachstum der Fastfoodindustrie wurde von grundlegenden Veränderungen in der amerikanischen Gesellschaft getragen. Inflationsbereinigt erreichte der

Stundenlohn eines durchschnittlichen amerikanischen Werktätigen im Jahr 1973 seinen höchsten Wert und ging in den darauffolgenden 25 Jahren stetig zurück.[5] In diesem Zeitraum erreichte der Eintritt von Frauen ins Berufsleben Rekordzahlen. Ihre Motivation gründete weniger im Feminismus als in der Notwendigkeit, die Rechnungen zu bezahlen. 1975 arbeitete etwa ein Drittel der amerikanischen Mütter mit Kleinkindern außerhalb des Hauses; heute sind fast zwei Drittel berufstätig.[6] Wie die Soziologinnen Cameron Lynne Macdonald und Carmen Sirianni festgestellt haben, steigerte der Eintritt so vieler Frauen ins Berufsleben die Nachfrage nach den Dienstleistungen erheblich, die Hausfrauen traditionell erledigen: Kochen, Putzen, Kinderbetreuung.[7] Vor einer Generation wurden drei Viertel der Ausgaben fürs Essen für die Zubereitung von Mahlzeiten zu Hause aufgewandt. Heute wird etwa die Hälfte in Restaurants ausgegeben – vor allem Fastfoodrestaurants.[8]

McDonald's wurde zum Symbol für den Dienstleistungssektor in der amerikanischen Wirtschaft, der heute 90 Prozent der neuen Arbeitsplätze im Land schafft. 1968 betrieb McDonald's etwa tausend Restaurants. Heute gebietet das Unternehmen weltweit über 28 000 Filialen beziehungsweise Franchisenehmer, und jedes Jahr kommen etwa 2000 hinzu. Man schätzt, dass einer von acht Werktätigen in den USA irgendwann einmal bei McDonald's beschäftigt war.[9] Das Unternehmen stellt jährlich etwa eine Million Menschen ein, mehr als jede andere öffentliche oder private Organisation in Amerika,[10] und ist in den USA der größte Abnehmer für Rindfleisch, Schweinefleisch und Kartoffeln sowie der zweitgrößte Abnehmer für Hühnerfleisch.[11] Das Unternehmen besitzt weltweit die meisten Immobilien im Einzelhandel,[12] und tatsächlich stammt der Großteil seiner Gewinne nicht aus dem Verkauf von Speisen, sondern aus Vermietungen.[13] McDonald's gibt mehr Geld für Reklame und Marketing aus als jedes andere Unternehmen und hat mittlerweile Coca Cola als bekannteste Marke der Welt abgelöst.[14] Es betreibt mehr Spielplätze als jede andere private Organisation in den USA und ist einer der größten Einkäufer von Spielwaren.[15] Eine Umfrage unter amerikanischen Schulkindern ergab, dass 96 Prozent Ronald McDonald erkannten. Einen höheren Wiedererkennungswert unter den erfundenen Figuren hatte nur Santa Claus.[16] Der Einfluss von McDonald's auf unsere Lebensweise ist nicht zu überschätzen. Die goldenen Bögen sind mittlerweile bekannter als das Kreuz Christi.[17]

In den 70er Jahren warnte der Bürgerrechtler Jim Hightower vor der »McDonaldisierung Amerikas«.[18] Er sah in der aufkommenden Fastfoodindustrie eine Bedrohung der unabhängigen Unternehmen und einen Schritt in Richtung einer Nahrungsmittelindustrie, die von riesigen Konzernen beherrscht wurde. Hightower fürchtete ihren egalisierenden Einfluss auf das amerikanische Leben. In *Eat Your Heart Out* (1975) argumentierte er: »Größer ist *nicht* besser«.[19] Ein Großteil dessen, was Hightower befürchtete, ist inzwischen eingetroffen. Die zentralen Einkaufsentscheidungen der großen Restaurantketten und ihre Nachfrage nach standardisierten Produkten haben einigen wenigen Unternehmen ungeheure Macht über die Lebensmittelversorgung der Nation gegeben. Darüber hinaus führte der enorme Erfolg der Fastfoodindustrie dazu, dass andere Industrien ähnliche Geschäftsmethoden anwenden. Die Einstellung, die hinter dem Fastfood steht, wurde vom Einzelhandel übernommen und verdrängte kleine Unternehmen, löschte regionale Unterschiede aus und führte wie ein sich selbst verbreitender Code zur Verbreitung identischer Läden im ganzen Land.

In sämtlichen Einkaufsstraßen und -zentren in den Vereinigten Staaten finden sich heute Pizza Hut und Taco Bell, Gap und Banana Republic, Starbucks und Jiffy-Lube, Foot Locker, Snip N'Clips, Sunglass Hut und Hobbytown USA. Fast jede Facette des amerikanischen Lebens ist Teil eines Franchisesystems oder einer Unternehmenskette. Von der Entbindungsstation in einem Columbia/HCA-Krankenhaus bis zur Leichenhalle von Service Corporation International – »dem weltweit größten Bestattungsunternehmen« mit Sitz in Houston, Texas, das seit 1968 stetig gewachsen ist und mittlerweile über 3823 Leichenhallen, 523 Friedhöfe und 198 Krematorien verfügt und die sterblichen Überreste jedes neunten Amerikaners bestattet –, von der Wiege also bis zur Bahre ist heute alles so organisiert, dass man keinen Cent auf ein unabhängiges Unternehmen verwenden muss.[20]

Der Schlüssel zu einem erfolgreichen Franchiseunternehmen lässt sich, folgt man den Texten zum Thema, in einem einzigen Wort zusammenfassen: »Uniformität«. Franchiseunternehmen und Ketten bemühen sich, das exakt gleiche Produkt oder die gleiche Dienstleistung an zahlreichen Standorten anzubieten. Der Kunde fühlt sich zu bekannten Marken hingezogen, weil er instinktiv das Unbekannte meidet. Eine Marke vermittelt ein Gefühl der Sicherheit, denn ihre Produkte sind immer und überall gleich. »Ich habe festgestellt, ... dass wir Nonkonformisten nicht trauen können«, verlieh Ray Kroc, einer der Gründer von McDonald's, seinem Ärger über einige Franchisenehmer Ausdruck. »Wir werden sie schleunigst zum Konformismus bekehren ... Wir können dem Einzelnen nicht trauen, aber der Einzelne muss uns vertrauen.«[21]

Eine der Ironien in der Geschichte der amerikanischen Fastfoodindustrie besteht darin, dass eine Branche, die sich der Konformität verschrieben hat, von unkonventionell denkenden Selfmade-Männern begründet wurde, Unternehmern, die bereit waren, konventionellen Ansichten zu trotzen. Die wenigsten Begründer der Fastfoodimperien gingen aufs College oder waren gar studierte Ökonomen. Sie arbeiteten hart, nahmen Risiken auf sich und gingen ihren eigenen Weg. In vielerlei Hinsicht verkörpert die Fastfoodindustrie die positiven und negativen Aspekte des amerikanischen Kapitalismus zu Beginn des 21. Jahrhunderts – den konstanten Strom neuer Produkte und Innovationen und die sich vergrößernde Kluft zwischen Arm und Reich. Die Industrialisierung der Restaurantküche gab den Fastfoodketten die Möglichkeit, billige, ungelernte Arbeitskräfte zu beschäftigen. Einigen wenigen Arbeitern gelingt der innerbetriebliche Aufstieg, doch die meisten sind nur in Teilzeit beschäftigt, erhalten keine Zusatzleistungen, lernen wenig, haben kein Mitspracherecht bei ihrer Tätigkeit, kündigen nach einigen Monaten und wechseln immer wieder den Job. Die Restaurantindustrie ist der größte private Arbeitgeber in den Vereinigten Staaten und zahlt fast die niedrigsten Löhne.[22] Der wirtschaftliche Aufschwung in den 90er Jahren brachte vielen Amerikanern die erste Gehaltserhöhung nach langer Zeit, doch in der Gastronomie sanken die Reallöhne weiterhin.[23] Die etwa 3,5 Millionen Beschäftigten in der Fastfoodindustrie stellen mit Abstand die größte Gruppe der Niedriglohnempfänger in den USA. Die einzigen Amerikaner mit einem niedrigeren Stundenlohn sind Wanderarbeiter in der Landwirtschaft.[24]

Ein Hamburger mit Pommes frites avancierte dank der Werbestrategien der Fastfoodketten in den 50er Jahren zur typischen amerikanischen Mahlzeit. Der durchschnittliche Amerikaner verzehrt heute drei Hamburger und vier Portionen Pommes frites pro Woche.[25] Doch in dem steten Hagel der Fastfoodreklame voller dicker, saftiger Burger und goldener Pommes frites wird selten erwähnt, woher die Lebensmittel dafür kommen oder welche Zutaten sie enthalten. Die Geburtsstunde der amerikanischen Fastfoodindustrie fiel mit der Glorifizierung der Technik in der Eisenhower-Ära (US-Präsident 1953–1961) zusammen, als optimistische Slogans wie »besser leben mit Chemie« oder »unser Freund, das Atom« Verbreitung fanden. Die Wunder der Technologie, die Walt Disney im Fernsehen und in Disneyland feierte, erreichten schließlich in den Küchen der Fastfoodrestaurants ihre Vollendung. Die Unternehmenskultur von McDonald's ist über die gemeinsame Ehrfurcht vor glänzenden Maschinen, Elektronik und Automatisierung untrennbar mit dem Disney-

Imperium verknüpft. Die führenden Fastfoodketten zeigen immer noch grenzenloses Vertrauen in die Wissenschaft – und haben folglich nicht nur den Speisezettel der Amerikaner verändert, sondern auch die Art der Zubereitung von Lebensmitteln.

Die modernen Methoden zur Zubereitung von Fastfood finden sich nicht in Kochbüchern, sondern in Fachblättern wie *Food Technologist* und *Food Engineering*. Abgesehen von Blattsalaten und Tomaten wird Fastfood überwiegend tiefgekühlt, in Dosen konserviert, dehydriert oder gefriergetrocknet an die Restaurants geliefert. Die Fastfoodküche ist nur die letzte Station in einem umfangreichen und sehr komplexen System der Massenproduktion. Die Speisen sehen vielleicht bekannt aus, wurden jedoch völlig neu zusammengesetzt. Unsere Nahrungsmittel haben sich in den vergangenen 40 Jahren stärker verändert als in den vorangegangenen 40 000 Jahren. Wie der Cheyenne Mountain verbirgt das Fastfood von heute hinter einer gewöhnlichen Fassade erstaunliche technische »Fortschritte«. Ein Großteil des Geschmacks und Aromas zum Beispiel wird heute in verschiedenen großen Chemiefabriken am New Jersey Turnpike hergestellt.

In den Fastfoodrestaurants von Colorado Springs – hinter der Theke, zwischen den Plastikstühlen, in der sie umgebenden Landschaft – kann man die Vorteile und die zerstörerische Wirkung unserer Fastfoodgesellschaft gut beobachten. Ich wählte Colorado Springs als Ausgangspunkt für dieses Buch, weil die Veränderungen in der Stadt symptomatisch für den Wandel sind, den das Fastfood – und die Fastfoodmentalität – überall in den USA befördert hat. Zur Illustration meiner Beobachtungen hätte ich nahezu jede andere Vorstadt in den USA heranziehen können. Doch das außergewöhnliche Wachstum von Colorado Springs weist eine interessante Parallele zur Fastfoodindustrie auf: In den letzten Jahrzehnten hat sich die Einwohnerzahl der Stadt mehr als verdoppelt. Ladenketten, Einkaufszentren und Filialen von Restaurantketten fressen sich immer tiefer in die Ausläufer des Cheyenne Mountain und in die Prärie in östlicher Richtung. Die Wirtschaft in der Rocky-Mountain-Region weist die höchste Wachstumsrate in den USA auf, und ihre Mischung aus Hightech und Dienstleistungsbranche wird typisch sein für die amerikanischen Arbeitsbedingungen der kommenden Jahre. Außerdem werden dort mehr neue Restaurants eröffnet als an jedem anderen Ort in den USA.[26]

Fastfood ist zu etwas so Alltäglichem geworden, dass es unvermeidlich wirkt, als ob es etwas Zwangsläufiges wäre, eine Begleiterscheinung des modernen Lebens. Doch die Vorherrschaft der Fastfoodgiganten war genauso wenig vorherbestimmt wie die Ausbreitung der Häuser im Kolonialstil, der Golfplätze und künstlichen Seen in den Wüsten des amerikanischen Westens. Die politische Einstellung, die heutzutage im Westen vorherrscht – mit ihrer Forderung nach niedrigeren Steuern, weniger staatlicher Einmischung und einem uneingeschränkten freien Markt – steht in völligem Gegensatz zu den eigentlichen wirtschaftlichen Grundlagen des Gebiets. Keine andere Region in den Vereinigten Staaten war über einen so langen Zeitraum von staatlichen Subventionen abhängig, vom Bau der Eisenbahnen im 19. Jahrhundert bis zur Finanzierung von Militärstützpunkten und Staudämmen im 20. Jahrhundert. Ein Historiker beschrieb das staatliche Programm zum Bau von Highways in den 50er Jahren als ein Fallbeispiel des »Interstate Socialism« – ein Begriff, der treffend ausdrückt, wie der Westen wirklich besiedelt wurde.[27] Die Fastfoodindustrie siedelte sich entlang des Interstate-Highway-Systems an und begründete nahe der Ausfahrten eine neue Restaurantform. Darüber hinaus fand das außergewöhnliche Wachstum der Branche in den vergangenen 25 Jahren nicht in einem politischen Vakuum statt. Es erfolgte in einer Zeit, in der der inflationsbereinigte Wert des Mindestlohns um etwa 40 Prozent sank, in der ausgeklügelte Methoden des Marketing zum ersten Mal kleine Kinder zur Zielgruppe erkoren und in der Bundesbehörden, die eigentlich zum Schutz von Arbeitnehmern und Verbrauchern geschaffen worden waren, nur allzu oft wie Zweigstellen der Unternehmen handelten, die sie kontrollieren sollten.[28] Seit der Präsidentschaft von Richard Nixon (1969–1974) arbeitet die Fastfoodindustrie eng mit ihren Verbündeten im Kongress und im Weißen Haus zusammen, um Gesetze zum Schutz der Arbeitnehmer und der Verbraucher sowie Mindestlöhne zu verhindern. Während die Fastfoodketten in der Öffentlichkeit für den freien Markt eintreten, streben sie in aller Stille nach staatlichen Fördermitteln und profitieren erheblich davon. Die amerikanische Fastfoodindustrie in ihrer heutigen Form war alles andere als unvermeidbar. Sie stellt die logische Folge bestimmter politischer und wirtschaftlicher Entscheidungen dar.

Auf den Kartoffeläckern und in den Fabriken von Idaho, auf den Weiden östlich von Colorado Springs, in den Feedlots (Intensivmastanlagen) und Schlachthäusern der Great Plains kann man die Auswirkungen des Fastfood auf das Landleben, die Umwelt, die Arbeiter und die Gesundheit der Menschen beobachten. Die Fastfoodketten bilden die Spitze einer gewaltigen Lebensmittelindustrie, die die amerikanische Landwirtschaft kontrolliert. In den 80er Jahren ließ man zu, dass die großen multinationalen Konzerne – zum Beispiel Cargill, ConAgra und IBP – die Kontrolle über einen Rohstoffmarkt nach dem anderen erlangten. Landwirte und Viehzüchter verloren ihre Unabhängigkeit und sind im Grunde nur noch Lohnarbeiter für die Giganten im Agrobusiness, wenn sie nicht gleich ganz von ihrem Land vertrieben wurden. Familienbetriebe werden von riesigen Farmen in Konzernbesitz verdrängt, deren Besitzer nur gelegentlich vorbeischauen. Ländliche Gemeinden verlieren ihre Mittelschicht, die Kluft zwischen einer kleinen, reichen Elite und einer wachsenden Zahl abhängiger, schlecht bezahlter Arbeitnehmer weitet sich. Kleinstädte, die direkt aus einem liebevollen Gemälde des Malers und Karikaturisten Norman Rockwell (1894–1978) zu stammen schei-

nen, verwandeln sich in ländliche Ghettos. Die unerschrocke-
nen, unabhängigen Farmer, die Thomas Jefferson als das Ur-
gestein der amerikanischen Demokratie betrachtete, sind im
Schwinden begriffen. Heute gibt es in den Vereinigten Staaten
mehr Gefängnisinsassen als Vollerwerbslandwirte.[29]

Die ungeheure Kaufkraft der Fastfoodketten und ihre Nachfrage nach einheitlichen Produkten förderten grundlegende
Veränderungen bei der Aufzucht und Schlachtung von Rindern und ihrer Verarbeitung zu Hackfleisch. Aufgrund dieser
Veränderungen wurde die Fleischverarbeitung – einst eine gut
bezahlte Tätigkeit für Facharbeiter – zum gefährlichsten Job in
den USA, der von einer schnell wechselnden Armee armer Immigranten ausgeübt wird, deren Verletzungen oft weder registriert noch entschädigt werden. Die Praktiken der Fleisch verarbeitenden Industrie gefährden nicht nur Arbeiter, sondern
erleichtern auch die Verbreitung von gefährlichen Krankheitserregern wie Kolibakterien *(0157:H7)*. Dabei ist gerade das
Marketing für Hackfleischprodukte wie Hamburger aggressiv
auf Kinder ausgerichtet. Immer wieder wurden Bestrebungen,
den Verkauf von gesundheitsgefährdendem Hackfleisch zu
verhindern, von den Lobbyisten der Fleischindustrie und ihren Verbündeten im Kongress vereitelt. Die amerikanische
Bundesregierung ist laut Gesetz in der Lage, einen defekten
Toaster oder ein Plüschtier zurückzurufen, hat aber nicht die
Macht, Tonnen von potenziell tödlichem Fleisch aus dem Verkehr zu ziehen.

Ich möchte damit nicht behaupten, Fastfood sei der alleinige Grund für jedes soziale Übel in den USA. In einigen Fällen
(wie etwa der Ausbreitung der Einkaufszentren und des Wild-
wuchses der Städte im Westen) ist die Fastfoodindustrie nur
Katalysator und Symptom allgemeiner wirtschaftlicher Trends.
In anderen Fällen (wie der Verbreitung des Franchisesystems
und der zunehmenden Fettleibigkeit in der Bevölkerung)
spielt sie jedoch eine zentrale Rolle. Die verschiedenen Ein-
flüsse von Fastfood untersuchend, möchte ich ein wenig Licht

nicht nur in die Funktionsweise einer wichtigen Industrie bringen, sondern auch in eine typisch amerikanische Lebenseinstellung.

Mitglieder von Eliten betrachteten Fastfood stets von oben herab, kritisierten seinen Geschmack und sahen in ihm eine weitere abscheuliche Erscheinungsform der amerikanischen Kultur. Mir erscheint die Ästhetik des Fastfood weniger wichtig als sein Einfluss auf das Leben des Durchschnittsamerikaners als Arbeitnehmer und Verbraucher. Vor allem die Auswirkungen auf die Kinder machen mir Sorgen. Fastfood zielt hauptsächlich auf Kinder, und sie werden von Leuten bedient, die kaum älter sind. Diese Industrie ernährt die Jugend und wird von ihr ernährt. In den zwei Jahren, die ich mit der Recherche für dieses Buch verbrachte, habe ich Unmengen von Fastfood gegessen, und meist schmeckte es sogar ziemlich gut. Natürlich ist das einer der Hauptgründe für seinen Erfolg; es wird sorgfältig auf den Geschmack der Verbraucher abgestimmt. Außerdem ist es preiswert und praktisch. Doch die Sparmenüs, Zwei-für-eins-Angebote und kostenlosen Refills verzerren die tatsächlichen Kosten von Fastfood. Der wahre Preis steht nie auf der Rechnung.

Der Soziologe George Ritzer kritisierte die Fastfoodindustrie dafür, Effizienz höher zu schätzen als jeden anderen menschlichen Wert, und bezeichnete den Triumph von McDonald's als »die Irrationalität der Rationalität«.[30] Andere sehen in der Fastfoodindustrie den Beweis für die große wirtschaftliche Vitalität des Landes, eine geliebte amerikanische Institution, die in der ganzen Welt Millionen anspricht und Bewunderung für den American Way of Life einfordert. Heute werden Werte, Kultur und industrielle Fertigungsmethoden der US-Fastfoodgesellschaft in die ganze Welt exportiert. Fastfood zählt neben Hollywood, Blue Jeans und Popmusik zu den bekanntesten kulturellen Exportartikeln Amerikas. Im Gegensatz zu anderen Gebrauchsgütern wird es jedoch nicht angeschaut, gelesen, gespielt oder getragen. Es wird aufgenommen und so Teil des Verbrauchers. Keine andere Industrie bietet im wörtlichen wie im übertragenen Sinn so viel Einblick in die Natur des Massenkonsums.

Hunderte Millionen Menschen kaufen jeden Tag Fastfood, ohne darüber nachzudenken. Die subtilen und nicht ganz so subtilen Folgen ihres Kaufs sind ihnen nicht bewusst. Selten überlegen sie, woher die Lebensmittel stammen, wie sie hergestellt wurden, welche Auswirkungen sie auf die Gesellschaft haben. Sie schnappen sich nur ihr Tablett an der Theke, suchen einen Tisch, setzen sich, packen aus und essen. Das geschieht alles sehr schnell und beiläufig. Ich schrieb dieses Buch, weil ich der Ansicht bin, dass die Menschen wissen sollten, was sich hinter der glänzenden, glatten Oberfläche von Fastfood verbirgt. Sie sollten wissen, was wirklich zwischen den Hälften des Sesambrötchens steckt. Denn wie lautet das alte Sprichwort: Man ist, was man isst.

Teil Eins
The American Way

Carl Karcher mit seiner Tochter Anne Marie neben seinem ersten Hotdog-Stand im Jahr 1942

1. Die Gründungsväter

Carl N. Karcher ist einer der Pioniere der Fastfood-industrie. Seine Laufbahn reicht von deren bescheidenen Anfängen bis zur derzeitigen Hamburger-Hegemonie. Sein Leben kann gleichzeitig als Erfolgsgeschichte im Stil von Horatio Alger zur Illustration des amerikanischen Traums und als Warnung vor unbeabsichtigten Folgen dienen. Es ist eine Fastfoodparabel über die Anfänge der Branche und ihre Entwicklung. Schauplatz der Geschichte ist Südkalifornien, dessen Städte zum Prototyp für das übrige Land wurden und dessen Begeisterung für Autos das Aussehen Amerikas und die Essgewohnheiten der Amerikaner veränderte.

Carl Karcher wurde 1917 auf einer Farm in der Nähe von Upper Sandusky in Ohio geboren. Sein Vater zog als Pächter mit seiner Familie alle paar Jahre zu einem neuen Stück Land weiter. Die Karchers waren deutschstämmig, fleißig und überzeugte Katholiken. Carl hatte sechs Brüder und eine Schwester. »Je härter man arbeitet«, predigte ihnen ihr Vater, »desto mehr Glück hat man.«[1] Carl ging nach der achten Klasse von der Schule ab und arbeitete zwölf bis vierzehn Stunden am Tag auf dem Hof, brachte mit einem Pferdegespann Heu ein, band Heuballen, molk und fütterte die Kühe.

1937 bot Carls Onkel Ben Karcher ihm Arbeit in Anaheim in Kalifornien an. Nach langem Überlegen entschloss er sich, in den Westen zu gehen. Er war 20 Jahre alt und 1,93 Meter groß, ein kräftiger Bursche vom Land. Carl war noch nie über den Norden von Ohio hinausgekommen. Die Entscheidung, in die Fremde zu ziehen, war ein bedeutender Schritt, und die Fahrt nach Kalifornien dauerte eine Woche. Als er in Anaheim eintraf und die Palmen und Orangenbäume sah und den Duft der Zitrusfrüchte in der Luft roch, sagte er sich: »Das ist das Paradies.«[2]

Anaheim war damals noch eine Kleinstadt, umgeben von Ranches und Farmen. Sie lag im Herzen des südkalifornischen Citrus Belt, ein Gebiet, das fast den gesamten Bedarf an Orangen, Zitronen und Mandarinen in den USA deckte. Orange County und das angrenzende Los Angeles County waren die führenden landwirtschaftlichen Produktionsgebiete der Vereinigten Staaten.[3] Dort wurden Früchte, Nüsse, Gemüse und Blumen auf Feldern angebaut, die eine Generation zuvor noch Wüste mit Beifuß und Kakteen gewesen waren. Mit öffentlichen Mitteln finanzierte Bewässerungssysteme führten aus Hunderten von Kilometern Entfernung Wasser herbei, um die Qualität der im Privatbesitz befindlichen Ländereien zu erhöhen. Allein im Gebiet um Anaheim wurden auf 28 000 Hektar Valencia-Orangen angebaut, dazu kamen Zitronen- und Walnussplantagen.[4] Dazwischen lagen verstreut kleine Höfe für Milch- und Fleischvieh, und die Nebenstraßen wurden von Sonnenblumen gesäumt. Anaheim war im 19. Jahrhundert von deutschen Einwanderern besiedelt worden, die Wein anbauen wollten, sowie einer Gruppe von Exilpolen, die eine ländliche Künstlerkolonie gründeten. Die Weinkellereien hielten sich 30 Jahre lang, die Künstlerkolonie scheiterte nach wenigen Monaten. Nach dem Ersten Weltkrieg wich der stark deutsch geprägte Charakter von Anaheim dem Einfluss neuer Ankömmlinge aus dem Mittleren Westen, die überwiegend protestantisch und konservativ waren und ihren Glauben mit missionarischem Eifer verfochten. Reverend Leon L. Myers – Pfarrer der Anaheim Christian Church und Gründer des örtlichen Men's Bible Club – machte aus dem Ku-Klux-Klan eine der stärksten Organisationen der Stadt. In den frühen 20er Jahren betrieb der Klan die führende Tageszeitung, kontrollierte ein Jahr lang die Stadtverwaltung und stellte am Ortseingang Schilder auf, die Neuankömmlinge mit dem Akronym »KIGY« (Klansmen I Greet You) empfingen.[5]

Carls Onkel Ben war der Besitzer von Karcher's Feed and Seed Store direkt im Zentrum von Anaheim. Dort arbeitete Carl 76 Stunden die Woche und verkaufte an die örtlichen Landwirte Hühner-, Vieh- und Schweinefutter. Beim Gottesdienst in der katholischen Kirche St. Boniface fiel Carl eine attraktive junge Frau namens Margaret Heinz auf. Er führte sie zum Eisessen aus, und von da an besuchte Carl häufiger die Farm der Familie Heinz an der North Palm Street. Sie bestand aus vier Hektar Orangenbäumen und einem Haus im spanischen Stil, in dem Margaret, ihre Eltern, ihre sieben Brüder und ihre sieben Schwestern lebten. Der Ort wirkte für Carl wie verzaubert. In der sozialen Hierarchie der kalifornischen Farmer standen die Orangenbauern ganz oben; ihre Häuser lagen inmitten von duftenden, immergrünen Bäumen, die ein gutes Einkommen boten. In Ohio war es für den kleinen Carl eine Sensation gewesen, wenn er am Weihnachtsmorgen eine einzelne Orange von Santa Claus bekam. Hier gab es überall Orangen.

Margaret arbeitete als Sekretärin in einer Anwaltskanzlei. Von ihrem Büro im dritten Stock konnte sie Carl sehen, wie er Futter vor dem Laden seines Onkels mahlte. Nach einem kurzen Besuch in Ohio begann Carl, für die Armstrong Bakery in Los Angeles zu arbeiten. Bald verdiente er 24 Dollar die Woche, sechs Dollar mehr als in der Futtergroßhandlung. Das genügte für die Gründung einer Familie. Carl und Margaret heirateten 1939, ein Jahr später war bereits das erste Kind geboren.

Carl lieferte für die Bäckerei Brot an Restaurants und Läden im Westen von Los Angeles aus. Er war erstaunt über die Zahl der Hotdog-Stände, die eröffnet wurden, und die Zahl der Brötchen, die jede Woche bestellt wurden. Als er hörte, dass ein Hotdog-Wagen zum Verkauf stand – auf der Florence Avenue gegenüber der Goodyear-Fabrik –, entschloss er sich zum

Kauf. Margaret war gegen die Idee und fragte ihn, woher er das Geld dafür nehmen wollte. Carl nahm bei der Bank of America einen Kredit über 311 Dollar auf, wobei er sein Auto als Sicherheit benutzte, und überredete seine Frau, ihm 15 Dollar in bar aus ihrem Portemonnaie zu geben. »Jetzt bin ich im Geschäft«, dachte Carl nach dem Kauf des Wagens, »ich bin auf dem Weg nach oben.«[6] Er behielt seinen Job bei der Bäckerei und stellte zwei junge Männer ein, die am Stand arbeiteten, während er Brot ausfuhr. Sie verkauften Hotdogs, Chili Dogs und Tamales für je zehn Cent und Soda für fünf Cent. Fünf Monate, nachdem Carl den Hotdog-Wagen gekauft hatte, traten die USA in den Krieg ein, und in der Goodyear-Fabrik herrschte Hochbetrieb. Schon bald konnte Carl einen zweiten Hotdog-Wagen kaufen, den Margaret oft allein betreute. Während die kleine Tochter im Auto schlief, verkaufte Margaret Würstchen.

In Südkalifornien war ein völlig neuer Lebensstil entstanden – und eine neue Essgewohnheit. Beides hing mit der rasanten Verbreitung des Automobils zusammen. Die Städte an der Ostküste waren zur Zeit der Eisenbahnen erbaut worden, weswegen die zentralen Geschäftsviertel über Zug- und Straßenbahnlinien mit den umliegenden Vororten verbunden waren. Doch das enorme Wachstum von Los Angeles erfolgte zu einer Zeit, als Automobile bezahlbar wurden. Zwischen 1920 und 1940 zogen etwa zwei Millionen Menschen aus allen Staaten der USA nach Kalifornien, wodurch sich die Einwohnerzahl nahezu verdreifachte.[7] Während die Städte im Osten durch Einwanderer wuchsen und ihre Einwohnerschaft immer heterogener wurde, lebten in Los Angeles überwiegend Weiße. Vor allem in den Jahren vor der Weltwirtschaftskrise strömten Angehörige der Mittelschicht aus dem Mittleren Westen in die Stadt. Invaliden, Rentner und kleine Unternehmer wurden von Immobilienanzeigen mit Versprechungen von einem warmen Klima und angenehmen Leben nach Südkalifornien gelockt. Bei dieser Binnenwanderung handelte es

sich um die erste, die hauptsächlich mit dem Auto durchgeführt wurde. Los Angeles entwickelte sich rasch zu einer Stadt,
wie sie die Welt noch nie gesehen hatte, weitläufig und ohne
mehrgeschossige Gebäude, eine aus Vororten bestehende Me-
tropole – ein Blick in die Zukunft, geformt vom Automobil. Etwa 80 Prozent der Einwohner waren an einem anderen Ort geboren; etwa die Hälfte war in den vergangenen fünf Jahren per
Auto in die Stadt gekommen.[8] Rastlosigkeit, Unbeständigkeit
und Geschwindigkeit waren zusammen mit der Aufgeschlos-
senheit gegenüber allem Neuen Bestandteile der Kultur, die
sich in Los Angeles herausbildete. Auch andere Städte wurden
durch das Auto verändert, doch keine wurde so stark umge-
formt. Im Jahr 1940 gab es in Los Angeles ungefähr eine Million Autos, mehr als in 41 Bundesstaaten zusammen.[9]

Das Auto bot den Benutzern ein Gefühl der Unabhängigkeit. Mobilität war nicht mehr länger an Zugfahrpläne, die
Wünsche anderer Fahrgäste und die Lage der Straßenbahnhal-
testellen gebunden. Noch wichtiger war, dass Autofahren
deutlich billiger schien als die Benutzung öffentlicher Ver-
kehrsmittel – eine Illusion, die von der Tatsache genährt wurde, dass der Preis eines Neuwagens nicht den Preis für den Bau
neuer Straßen beinhaltete. Lobbyisten aus der Öl-, Reifen- und
Automobilindustrie hatten staatliche und bundesstaatliche
Behörden davon überzeugt, diese Ausgaben zu übernehmen.[10]
Hätten die großen Autohersteller für den Straßenbau aufkommen müssen – so wie Straßenbahngesellschaften die Schienen
legen und warten mussten –, sähe der amerikanische Westen
heute wahrscheinlich ganz anders aus.

Die Automobilindustrie gab sich jedoch noch nicht damit
zufrieden, vom staatlich finanzierten Straßenbau zu profitieren, sondern war fest entschlossen, die Eisenbahn als Konkurrenz mit allen Mitteln auszuschalten. Ende der 20er Jahre
begann General Motors heimlich und mit Hilfe von Scheinfir-
men, Straßenbahnnetze aufzukaufen. Mehr als hundert wurden in Tulsa, Oklahoma, in Montgomery, Alabama, in Cedar

Rapids, Iowa, in El Paso, Texas, in Baltimore, Chicago, New York City und Los Angeles von General Motors aufgekauft und völlig demontiert, die Schienen herausgerissen und die Oberleitungen abgebaut. Die Straßenbahngesellschaften wurden in Buslinien umgewandelt, und die neuen Busse wurden von General Motors hergestellt.

General Motors konnte schließlich andere Firmen, die ebenfalls vom Straßenbau profitierten, davon überzeugen, sich an diesen kostspieligen Übernahmen finanziell zu beteiligen. 1947 wurden General Motors und andere Unternehmen wegen Verstoßes gegen die Anti-Trust-Gesetze verklagt. Zwei Jahre später wurden die Machenschaften der Verschwörung und die zugrunde liegenden Absichten bei einer Gerichtsverhandlung in Chicago aufgedeckt. General Motors, Mack Truck, Firestone und Standard Oil of California wurden in einem der zwei Anklagepunkte für schuldig befunden. Der Journalist Jonathan Kwitny erklärte später, der Fall sei »ein hervorragendes Beispiel dafür, was passieren kann, wenn der Staat die Interessen der Öffentlichkeit den Eigeninteressen der Unternehmen opfert«. Richter William J. Campbell war weniger empört. Er belegte General Motors und die anderen Unternehmen mit einer Geldstrafe von jeweils 5000 Dollar. Die Führungskräfte, die sich heimlich verschworen und das amerikanische Straßenbahnnetz zerstört hatten, mussten je einen Dollar Strafe zahlen. Das Vordringen des Automobils konnte unbehindert weitergehen.[11]

Die Autokultur der USA erreichte ihren Höhepunkt in Südkalifornien, wo das erste Motel der Welt und die erste Drive-In-Bank zu bestaunen waren. Eine neue Restaurantform entstand. »Die Leute sind so faul, sie wollen nicht einmal zum Essen aussteigen!«, erklärte Jesse G. Kirby, der Gründer einer frühen Drive-In-Restaurantkette.[12] Kirbys erster »Pig Stand« befand sich in Texas, doch die Kette machte wie zahllose andere Imbissstände, die »Bedienung am Fahrzeug« anboten, bald auch in Los Angeles gute Geschäfte. In den übrigen Vereinigten Staaten waren die Drive-Ins eher ein saisonales Phänomen, das Ende des Sommers wieder verschwand. Doch in Südkalifornien blieb es das ganze Jahr über warm, die Drive-Ins blieben stets geöffnet, und eine ganz neue Industrie entwickelte sich.

Die Drive-In-Restaurants im Süden Kaliforniens der frühen 40er Jahre waren meist rund und auffällig bunt, mit Masten, Türmchen und Leuchtschildern auf dem Dach. Der Drive-In-Historiker Michael Witzel bezeichnete sie als »kreisförmige Mekkas des Neon«, die man von der Straße aus leicht erkennen konnte.[13] Der Triumph des Automobils förderte nicht nur die räumliche Trennung von Gebäuden, sondern ließ auch eine vom Menschen geschaffene Landschaft entstehen, die laut und grell wirkte. Die Architektur konnte sich keine Zurückhaltung mehr leisten, sondern musste den Blick des Autofahrers beim Vorbeifahren auf sich ziehen. Die neuen Drive-Ins buhlten um Aufmerksamkeit und nutzten alle möglichen Blickfänger, von bunt gestrichenen Gebäuden bis zu verschiedenen Kostümen der Kellnerinnen. Diese so genannten »Carhops«, die den Kunden im parkenden Wagen die Tabletts mit Essen brachten, trugen meist kurze Röcke und waren als Cowgirls, Majoretten oder schottische Mädels mit Kilt gekleidet. Sie sollten attraktiv sein, erhielten oft keinen Stundenlohn, sondern bestritten ihr Einkommen mit Trinkgeldern und Provisionen für jede verkaufte Speise. Die Carhops mussten daher freundlich zu den Kunden sein, weshalb die Drive-In-Restaurants schon bald zu einem beliebten Treffpunkt für männliche Teenager wurden. Die Drive-Ins passten perfekt zur Jugendkultur von Los Angeles. Sie waren etwas Neues und Anderes und boten eine Kombination aus Mädchen, Autos und Essen bis spät in die Nacht. Es dauerte nicht lange, bis an fast jeder Kreuzung in der Stadt ein Drive-In stand.

Speedee Service

Ende des Jahres 1944 besaß Carl Karcher vier Hotdog-Stände in Los Angeles. Zusätzlich arbeitete er immer noch für die Armstrong Bakery. Als ein Restaurant gegenüber der Heinz-Farm zum Verkauf stand, entschloss sich Carl zum Kauf. Er kündigte bei der Bäckerei, kaufte das Restaurant, brachte es auf Vordermann und lernte einige Wochen lang Kochen. Am 16. Januar 1945, an Carls 28. Geburtstag, wurde Carl's Drive-In Barbecue eröffnet. Das Restaurant war unspektakulär; klein, rechteckig und mit einem roten Ziegeldach. Das einzige Zeichen von Extravaganz war ein fünfzackiger Stern über dem Neonschild auf dem Parkplatz. Während der Öffnungszeiten stand Carl in der Küche und Margaret saß an der Kasse, während Kellnerinnen das Essen servierten. Nach Feierabend blieb Carl noch bis tief in die Nacht, wischte die Böden und putzte die Toiletten. Einmal pro Woche bereitete er die »Spezialsauce« für die Hamburger in großen Kesseln auf der hinteren Veranda seines Hauses. Die Sauce wurde mit einem Stock umgerührt und in 4,5-Liter-Krüge abgefüllt.

Nach dem Zweiten Weltkrieg boomte das Geschäft in Carl's Drive-In Barbecue dank des Wirtschaftsaufschwungs in Südkalifornien. In den 20er und 30er Jahren hatten die Ölindustrie und das Filmgeschäft Los Angeles belebt. Aber erst der Zweite Weltkrieg verwandelte Südkalifornien in die wichtigste Wirtschaftsregion des Westens. Die Auswirkungen des Krieges waren, in den Worten des Historikers Carey McWilliams, in Form eines »fantastischen Booms« zu spüren.[14] Zwischen 1940 und 1945 investierte die Regierung in Kalifornien fast 20 Milliarden Dollar, vor allem in Los Angeles und Umgebung. Flugzeugwerke und Stahlwalzwerke, Militärstützpunkte und Hafenanlagen wurden gebaut. In diesen sechs Jahren sorgten öffentliche Gelder für nahezu die Hälfte der persönlichen Einkommen in Südkalifornien. Bei Kriegsende war Los Angeles das zweitgrößte Industriezentrum in Amerika, dessen Produktionsleistung nur noch von Detroit übertroffen wurde. Hollywood zog zwar die meisten Schlagzeilen auf sich, für die lokale Wirtschaft waren in den folgenden 20 Jahren jedoch die Ausgaben des Verteidigungsministeriums von wesentlich größerer Bedeutung, denn diese sicherten etwa ein Drittel der Arbeitsplätze.[15]

Dank des neuen Wohlstands konnten sich Carl und Margaret in der Nähe des Restaurants ein Haus kaufen. Sie mussten noch zusätzliche Zimmer anbauen, weil die Familie auf zwölf Kinder anwuchs: neun Mädchen und drei Jungen. In den frühen 50er Jahren wirkte Anaheim längst nicht mehr so ländlich und abgelegen. Walt Disney kaufte 65 Hektar Orangenplantagen nur wenige Kilometer von Carl's Drive-In Barbeque entfernt, ließ die Bäume roden und begann mit dem Bau von Disneyland. In der Nachbarstadt Garden Grove gründete Reverend Robert Schuller die erste Drive-In-Kirche des Landes. Sonntagmorgens predigte er in einem Autokino und verbreitete das Evangelium über die kleinen Lautsprecher auf jedem Parkplatz. Die Gläubigen wurden mit dem Slogan »Gottesdienst ganz bequem … im Familienauto« angelockt.[16] Die Stadtverwaltung von Anaheim bemühte sich um die Ansiedlung von Rüstungsfirmen und konnte Northrop, Boeing und North American Aviation davon überzeugen, Werke in Anaheim zu bauen. Im Bundesstaat mit der höchsten Wachstumsrate war Anaheim schon bald die Stadt mit der höchsten Wachstumsrate.[17] Carl's Drive-In Barbecue florierte, und Carl hielt seine Zukunft für gesichert. Doch dann hörte er von einem Restaurant im »Inland Empire« [die Region um San Bernardino] 100 Kilometer östlich von Los Angeles, das Hamburger bester Qualität für 15 Cent verkaufte – 20 Cent weniger als Carl verlangte. Er fuhr in die E Street nach San Bernardino und sah die Zukunft des Fastfoodgeschäfts. Zahlreiche Menschen standen Schlange und kauften tütenweise »McDonald's Famous Hamburgers«.

Richard und Maurice McDonald waren zu Beginn der Weltwirtschaftskrise von New Hampshire nach Südkalifornien in der Hoffnung gekommen, in Hollywood Arbeit zu finden.[18] Sie arbeiteten als Kulissenschieber in den Columbia-Filmstudios und kauften sich von ihren Ersparnissen ein Kino in Glendale. Dem Kino war kein Erfolg beschieden, stattdessen versuchten die beiden, den neuen Trend zu nutzen, und eröffneten 1937 ein Drive-In-Restaurant in Pasadena. Sie stellten drei Kellnerinnen ein und verkauften überwiegend Hotdogs. Einige Jahre später zogen die Brüder in ein größeres Gebäude an der E Street in San Bernardino um und eröffneten »McDonald Brothers Burger Bar Drive-In«. Das neue Restaurant lag in der Nähe einer Highschool, beschäftigte 20 Kellnerinnen und machte die beiden Brüder schnell reich. Richard und »Mac« McDonald kauften eines der größten Häuser in San Bernardino, eine Villa am Hang mit Tennisplatz und Swimmingpool.

Ende der 40er Jahre waren die McDonald-Brüder jedoch mit dem Drive-In-Geschäft nicht mehr zufrieden. Sie wollten nicht mehr ständig nach neuen Kellnerinnen und Schnellimbissköchen suchen, die sehr gefragt waren und ständig abgeworben wurden. Die Brüder wollten nicht mehr länger Geschirr, Gläser und Besteck ersetzen, weil ihre jugendlichen Kunden immer wieder etwas zerbrachen oder mitgehen ließen. Sie hatten ohnehin genug von jugendlichen Kunden. Die Brüder spielten mit dem Gedanken, das Restaurant zu verkaufen, doch dann probierten sie stattdessen etwas anderes aus.

Sie entließen 1948 sämtliche Kellnerinnen, schlossen das Restaurant, ließen größere Grills einbauen und eröffneten drei Monate später mit einer radikal neuen Methode der Essenszubereitung. Damit sollte die Durchlaufgeschwindigkeit erhöht, das Preisniveau gesenkt und der Umsatz gesteigert werden. Die Brüder strichen fast zwei Drittel des Angebots der alten Speisekarte. Sie verzichteten auf alles, was mit Messer, Gabel oder Löffel gegessen werden musste. Von den Sandwiches blieben nur noch Hamburger und Cheeseburger übrig. Die Gebrüder schafften Geschirr und Gläser ab und ersetzten sie durch Pappbecher, Pappteller und Papiertüten. Sie unterteilten die Zubereitung der Speisen in einzelne Schritte, die von verschiedenen Mitarbeitern durchgeführt wurden. Bei einer typischen Bestellung grillte einer den Hamburger, ein anderer belegte ihn und wickelte ihn in Papier; ein weiterer bereitete Milchshakes zu, ein anderer die Pommes frites und wieder ein anderer stand hinter der Theke. Zum ersten Mal wurde das Prinzip der Fließbandproduktion auf eine Restaurantküche übertragen. Die neue Arbeitsteilung bedeutete, dass ein Mitarbeiter nur noch in eine Tätigkeit eingelernt werden musste. Ausgebildete und teure Schnellköche wurden nicht mehr benötigt. Sämtliche Burger wurden mit den gleichen Zutaten verkauft: Ketchup, Zwiebeln, Senf und zwei Gürkchen. Eine Abweichung war nicht möglich. Das Speedee Service System der McDonald-Brüder revolutionierte die Gastronomie. In einer Anzeige, in der sie später nach Franchisenehmern suchten, wurden die Vorzüge des Systems explizit genannt: »Stellen Sie sich vor – Keine Carhops – Keine Kellnerinnen – Keine Tellerwäscher – Keine Bedienungshilfen – das McDonald's-System basiert auf Selbstbedienung!«[19]

Richard McDonald entwarf für das Restaurant ein neues Gebäude, das man von der Straße leicht erkennen sollte. Obwohl er über keinerlei Erfahrung als Architekt verfügte, schuf er ein einfaches, leicht erkennbares und archetypisches Design. Auf zwei Seiten des Daches brachte er goldene Bögen an, die nachts als Neonreklame leuchteten und aus der Ferne den Buchstaben *M* bildeten. Das Gebäude verband Reklame mit Architektur, gleichzeitig wurde damit eines der bekanntesten Firmenlogos der Welt geschaffen.

Das Speedee Service System hatte jedoch zunächst Anlaufschwierigkeiten. Die Kunden standen hupend vor dem Restaurant und fragten sich, was aus den Carhops geworden war, denn sie wollten nach wie vor bedient werden. Noch waren es die Gäste nicht gewohnt, sich anzustellen und sich ihr Essen selbst zu holen. Doch nachdem sich die niedrigen Preise und die Qualität der Hamburger erst einmal herumgesprochen hatten, wurde das neue System rasch angenommen. Die Gebrüder McDonald strebten eine wesentlich breiter gefächerte Kundschaft an. Sie stellten nur junge Männer ein, da sie überzeugt waren, dass weibliche Mitarbeiter männliche Teenager anziehen und andere Kunden abschrecken würden. Schon bald standen Familien Schlange, um bei McDonald's zu essen. John F. Love, der die Unternehmensbiographie verfasste, erklärte die Bedeutung des neuen Selbstbedienungssystems von McDonald's folgendermaßen: »Auch die kinderreichen Arbeiterfamilien konnten es sich bei den niedrigen Preisen leisten, außer Haus zu essen.«[20]

San Bernardino war zu der Zeit ein idealer Schauplatz für verschiedene kulturelle Experimente. Die Stadt bildete an der Peripherie des südkalifornischen Booms einen merkwürdigen Schmelztiegel aus Landwirtschaft und Industrie, ein Ort, der am Rande des Geschehens zu liegen schien. »San Berdoo« wies zahlreiche Zitrusplantagen auf, lag aber auch in unmittelbarer Nähe zu den Fabrikschloten und Walzwerken von Fontana. Der Ort hatte nur 60 000 Einwohner, war jedoch Durchgangsstation für Millionen Menschen. Die Stadt war der Endpunkt der Route 66, Endstation für Trucker, Touristen und Migranten aus dem Osten. In der Hauptstraße standen dicht gedrängt zahlreiche Drive-Ins und billige Motels. Im gleichen Jahr, in dem die McDonald-Brüder ihr neues Selbstbedienungsrestaurant eröffneten, gründete eine Gruppe gelangweilter Weltkriegsveteranen in San Berdoo einen Motorradclub, für den sie den Spitznamen der Eleventh Airborne Division der U.S. Army entliehen: »Hell's Angels«.[21] Die gleiche Stadt, die der Welt die goldenen Bögen bescherte, war auch Geburtsort einer Motorradgang, die für völlig gegensätzliche Werte stand. Die Hell's Angels prahlten mit ihrem ungepflegten Äußeren, feierten das Chaos und erschreckten Familien und kleine Kinder, anstatt ihnen Burger zu verkaufen. Sie konsumierten und verkauften Drogen und brachten in die amerikanische Popkultur

Aggression, Düsternis und ein bestimmtes Modebekenntnis ein – T-Shirt und zerrissene Jeans, schwarze Lederjacke und Stiefel, lange Haare, Bart und Koteletten, Hakenkreuze, silberne Totenkopfringe und anderen satanischen Schmuck, Ohrringe, Nasenringe, Piercings und Tätowierungen. Die Hell's Angels waren das Gegenstück zu McDonald's, das genaue Gegenteil von sauber und fröhlich. Es kümmerte sie nicht, ob ihre Mitmenschen einen schönen Tag hatten, und doch waren sie auf ihre Art so uramerikanisch wie die Anbieter des Speedee Service. San Bernardino brachte dem Land 1948 ein neues Yin und Yang, zwei Modelle der Konformität und Rebellion. »Sie werden wütend, wenn sie lesen, wie schmutzig sie sind«, schrieb Hunter Thompson später über die Hell's Angels, »aber anstatt ein Deodorant zu klauen, bemühen sie sich, noch schmutziger zu werden.«[22]

Burgerville USA

Nachdem Carl Karcher in San Bernardino die langen Schlangen vor dem McDonald's gesehen hatte, beschloss er, sein eigenes Selbstbedienungsrestaurant in Anaheim zu eröffnen. Carl hatte instinktiv erkannt, dass die neue Automobilkultur Amerika für immer verändern würde. Er sah die künftige Entwicklung voraus, und sein Timing war perfekt. Das erste Carl's Jr. Restaurant wurde 1956 eröffnet – im gleichen Jahr, in dem das erste Einkaufszentrum der USA entstand und in dem der Kongress den Interstate Highway Act verabschiedete. US-Präsident Dwight D. Eisenhower war ein überzeugter Befürworter des Schnellstraßenbaus und von Hitlers Reichsautobahnen, dem ersten Schnellstraßensystem der Welt, sehr beeindruckt gewesen.[23] Der Interstate Highway Act brachte die Autobahn in die USA und war das größte staatliche Bauvorhaben in der Geschichte des Landes. Mit über 130 Milliarden Dollar an Bundesmitteln wurden Straßen in einer Länge von 74 000 Kilometern gebaut.[24] Die neuen Highways trieben den Absatz von Autos, Lastwagen und den Bau neuer Vorstädte voran. Carls erstes Selbstbedienungsrestaurant war ein Erfolg, schon bald eröffnete er weitere Filialen in der Nähe der neuen Highwayabfahrten. Der Stern über dem Drive-In-Zeichen wurde zum Maskottchen seiner Fastfoodkette – ein lächelnder Stern in Stiefeln, der einen Burger und einen Shake hielt.

Unternehmer aus dem ganzen Land kamen nach San Bernardino, besuchten das neue McDonald's und bauten Kopien in ihrer Heimatstadt. »Wir boten genau die gleichen Speisen wie McDonald's an«, bekannte der Gründer einer konkurrierenden Kette später. »Wenn ich bei McDonald's jemanden gesehen hätte, der die Burger im Kopfstand briet, hätte ich das auch nachgemacht.«[25] Die amerikanischen Fastfoodketten wurden nicht von großen Unternehmen geschaffen, die auf Zielgruppenanalyse und Marktforschung vertrauten. Sie wurden von Vertretern, Schnellköchen, Waisen und Aussteigern gegründet, von unverbrüchlichen Optimisten, die ein Stück vom großen Kuchen abhaben wollten. Die Startkosten für ein Fastfoodrestaurant waren niedrig, die Gewinnspannen viel versprechend, und schon bald kaufte eine bunte Truppe ambitionierter Kleinunternehmer Grills und stellte Schilder auf.

William Rosenberg ging im Alter von vierzehn Jahren von der Schule ab, stellte Telegramme für Western Union zu, fuhr einen Eiswagen, arbeitete als Vertreter, verkaufte Sandwiches und Kaffee an Fabrikarbeiter in Boston und eröffnete schließlich 1948 einen kleinen Doughnut-Laden, den er später Dunkin'Donuts nannte.[26] Glen W. Bell Jr. war ein Veteran des Zweiten Weltkriegs, lebte in San Bernardino und aß im neuen McDonald's. Er beschloss, das System zu kopieren und die Fließbandmethode für die Zubereitung mexikanischer Gerichte zu verwenden. Die von ihm gegründete Restaurantkette wurde später als Taco Bell bekannt.[27] Keith G. Cramer, Besitzer von Keith's Drive-In Restaurant in Daytona Beach, Florida, hörte von dem neuen Restaurant der Gebrüder McDonald, flog nach Südkalifornien, aß im Restaurant, kehrte nach Florida zurück und eröffnete im Jahr 1953 zusammen mit seinem Schwiegervater Matthew Burns den ersten Insta-Burger-King.[28] Dave Thomas arbeitete bereits mit zwölf Jahren in einem Restaurant, verließ seinen Adoptivvater, nahm ein Zimmer beim YMCA, ging mit fünfzehn von der Schule ab, arbeitete als Bedienungshilfe und Koch und eröffnete schließlich sein eigenes Restaurant in Columbus, Ohio, unter dem Namen Wendy's Old-Fashioned Hamburgers.[29] Thomas S. Monaghan verbrachte einen Großteil seiner Kindheit in einem katholischen Waisenhaus und bei verschiedenen Pflegeeltern, verkaufte Eiscreme-Soda, schaffte knapp den Highschool-Abschluss, trat bei den Marines ein und kaufte zusammen mit seinem Bruder eine Pizzeria in Ypsilanti, Michigan. Als Sicherheit diente eine Anzahlung von 75 Dollar. Acht Monate später stieg Monaghans Bruder aus und akzeptierte als seinen Anteil an dem Unternehmen, das später unter dem Namen Domino's bekannt wurde, einen gebrauchten VW-Käfer.[30]

Die Geschichte von Harland Sanders ist vielleicht die bemerkenswerteste.[31] Sanders ging mit zwölf von der Schule ab, arbeitete als Erntehelfer, Maultiertreiber und Feuerwehrmann bei der Eisenbahn. Gelegentlich betätigte er sich auch als Rechtsanwalt, obwohl er nicht Jura studiert hatte, brachte als Geburtshelfer Babys auf die Welt, ohne eine medizinische Qualifikation zu haben, bot Versicherungen an der Haustür an, verkaufte Michelin-Reifen und betrieb eine Tankstelle in Corbin, Kentucky. Dort servierte er an einem kleinen Tisch im Hinterzimmer selbst gekochte Mahlzeiten, später eröffnete er ein beliebtes Restaurant und Motel, verkaufte alles, um Schulden zu bezahlen und arbeitete im Alter von 65 Jahren wieder als Handelsreisender, der Restaurantbesitzern das »Geheimrezept« für sein Brathähnchen anbot. Das erste Kentucky Fried Chicken Restaurant wurde 1952 in der Nähe von Salt Lake City in Utah eröffnet. Da Sanders kein Geld hatte, um für seine neue Kette zu werben, kleidete er sich wie ein Colonel aus

Kentucky in einen weißen Anzug mit schwarzem Kordel-schlips. Bereits Anfang der 60er Jahre war Kentucky Fried Chicken die größte Restaurantkette in den Vereinigten Staaten und »Colonel« Sanders überall bekannt. In seiner Autobiographie *Life As I Have Known It Has Been »Finger Lickin' Good«* beschreibt er die Höhen und Tiefen seines Lebens, seine Entscheidung, sich mit 74 Jahren neu taufen zu lassen, und seine lebenslangen Bemühungen, mit dem Fluchen aufzuhören. Obwohl er die besten Absichten hatte und tief gläubig war, musste Harland Sanders zugeben, dass es immer noch furchtbar schwer sei, »einen nichtsnutzigen, faulen, inkompetenten, unehrlichen Hurensohn bei seinem richtigen Namen zu nennen«.[32]

Hinter jeder Fastfoodidee, die sich durchsetzte, standen unzählige andere, die nur eine kurze Blüte erlebten – oder nie eine Chance hatten. Es gab Ketten mit heimeligen Namen wie Sandy's, Carrol's, Henry's, Winky's und Mr. Fifteen's. Es gab Ketten mit futuristischen Namen wie das Satellite Burger System oder Kelley's Jet System. Besonders häufig waren Ketten, die nach ihrem wichtigsten Gericht benannt waren: Burger Chefs, Burger Queens, Burgerville USA, Yumy Burgers, Twitty Burgers, Whataburgers, Dundee Burgers, Biff-Burgers, O.K. Big Burgers und Burger Boy Food-O-Ramas.

Viele der neuen Restaurants warben mit wundersamen technologischen Neuerungen. Die Bedienung am Auto wurde durch verschiedene Fernbestellsysteme wie Fone-A-Chef, Tele-tray und Electro-Hop ersetzt. Der Motormat war ein ausgeklügeltes Schienensystem, das Speisen und Getränke aus der Küche zu den parkenden Autos transportierte.[33] Bei der Biff-Bur-gerkette wurden die Burger unter glühenden Quartzröhren, die wie ein Heizgerät funktionierten, »rotierend gebraten«.[34] Die Insta-Burger-King Restaurants verfügten über zwei »Miracle Insta Machines«, von denen die eine Milchshakes bereiten, die andere Burger braten konnte.[35] »Beide Geräte sind *von Grund auf perfektioniert*«, versicherte das Unternehmen angehenden Franchisenehmern, außerdem »narrensicher, selbst ein Trottel kann sie bedienen«. Der Insta-Burger-Herd war ein komplizierter Apparat. Zwölf Hamburger in Rohform kamen in einzelnen Drahtkörbchen hinein, umkreisten zwei elektrische Heizelemente, wurden auf beiden Seiten gebraten und glitten dann über eine Rutsche in eine Pfanne mit Sauce, während die Hamburgerbrötchen an der Seite getoastet wurden. Er erwies sich jedoch als zu kompliziert, zeigte häufig Fehlfunktionen und wurde schließlich ausrangiert.

Die Fastfoodkriege in Südkalifornien – dem Geburtsort von Jack in the Box, McDonald's, Taco Bell und Carl's Jr. – wurden mit besonderer Heftigkeit ausgetragen. Die meisten alten Drive-Ins mussten schließen, weil sie gegen die günstigen Burgerketten mit Selbstbedienung nicht ankamen. Doch Carl Karcher hielt mit und eröffnete im ganzen Staat entlang der Freeways neue Restaurants. Vier dieser Schnellstraßen – Riverside, Santa Ana, Costa Mesa und Orange Freeway – führten schon bald durch Anaheim. Carl's Jr. war ein großer Erfolg, doch andere Ideen von Carl wären besser in der Schublade geblieben. In Carl's Whistle Stops waren die Angestellten wie Bahnarbeiter gekleidet, es gab Gerichte wie »Hobo Burger«, und elektrische Spielzeugeisenbahnen leiteten die Bestellungen in die Küche weiter. Drei dieser Restaurants wurden 1966 gebaut und bereits wenige Jahre später in Carl's Jr. Restaurants umgewandelt. Auch eine Kaffeebarkette im Schottenstil fand nie ihre Nische. Die Kellnerinnen bei »Scot's« trugen Karoröcke und servierten Gerichte, deren Namen etwas unglücklich gewählt waren, so etwa »The Clansman« (eine Anspielung auf den Ku-Klux-Klan).

Die führenden Fastfoodketten verbreiteten sich im ganzen Land; zwischen 1960 und 1973 stieg die Zahl der McDonald's-Filialen von etwa 250 auf 3000. Die Ölkrise 1973 versetzte der Fastfoodindustrie vorübergehend einen Dämpfer, denn die langen Schlangen vor den Tankstellen erweckten bei vielen den Eindruck, dass die amerikanische Automobilkultur in Gefahr war. Inmitten der Benzinknappheit fiel der Kurs der McDonald's-Aktie. Nach der Krise erholten sich die Aktienkurse der Fastfoodunternehmen wieder, doch McDonald's verstärkte seine Bemühungen, neben den Restaurants in den Randbezirken auch Restaurants in der Stadt zu eröffnen. An der Wall Street investierte man stark in die Fastfoodketten, und viele der frühen Pioniere wurden durch Manager ersetzt. Was als eine Reihe von kleinen, regionalen Unternehmen begonnen hatte, wurde zu einer Fastfoodindustrie, die einen wichtigen Bestandteil der amerikanischen Wirtschaft bildete.

Fortschritt

1976 wurde die neue Zentrale der Carl Karcher Enterprises, Inc. (CKE) auf dem gleichen Grundstück in Anaheim gebaut, auf dem einst die Farm der Familie Heinz gestanden hatte. Die Einweihungsfeier bildete einen der Höhepunkte in Carl Karchers Leben. Über eintausend Menschen versammelten sich in Abendgarderobe in einem Zelt auf dem Parkplatz zu einem festlichen Abendessen und anschließendem Tanz. 35 Jahre nachdem Carl Karcher seinen ersten Hotdog-Wagen gekauft hatte, war er Herr über eine der größten amerikanischen Fastfoodketten in Privatbesitz.[36] Carl gehörten Hunderte von Restaurants. Er zählte viele bekannte Amerikaner zu seinen Freunden, darunter den späteren US-Präsidenten und damaligen kalifornischen Gouverneur Ronald Reagan und den ehemaligen US-Präsidenten Richard Nixon. Carl hatte den Spitznamen »Mr. Orange County«. Er war großzügiger Gönner katholischer Wohltätigkeitsorganisationen, ein Mitglied des Malteserordens und unterstützte eifrig die Right-to-Life-Bewegung. Er besuchte sogar private Papstmessen im Vatikan. Doch trotz all der harten Arbeit wendete sich das Glück für Carl.

In den 80er Jahren ging CKE an die Börse, eröffnete Restaurants in Texas, erweiterte die Speisekarte um teurere Mahlzeiten und expandierte zum ersten Mal durch den Verkauf von Franchiselizenzen. Das neue Speiseangebot und die Restaurants in Texas gingen schlecht. Der Wert der CKE-Aktien sank. 1988 wurden Carl und mehrere Familienmitglieder von der Securities and Exchange Commission (SEC) der Insidergeschäfte bezichtigt.[37] Sie hatten kurz vor dem Kursverfall große Mengen an CKE-Aktien verkauft. Carl bestritt die Vorwürfe vehement und fühlte sich von der Publicity, die mit dem Fall einherging, gedemütigt. Dennoch erklärte er sich zu einer Übereinkunft mit der SEC bereit – um einen langen, teuren Rechtsstreit zu vermeiden, wie er sagte – und bezahlte über eine halbe Million Dollar Strafe.

In den frühen 90er Jahren tätigte Carl einige unkluge Investitionen im Immobiliengeschäft.[38] Als neue Filialen in Anaheim und im Inland Empire Bankrott gingen, musste Carl einen Großteil der Schulden übernehmen. Er hatte Immobilienmaklern gestattet, seine CKE-Aktien als Sicherheit für ihre Bankkredite zu verwenden. Carl wurde in zahlreiche Prozesse verwickelt. Plötzlich schuldete er den Banken über 70 Millionen Dollar. Der sinkende Kurs der CKE-Aktien erschwerte die Rückzahlung der Kredite. Im Mai 1992 starb Carls Bruder Don, treuer Berater und Präsident von CKE. Der neue Präsident versuchte, den Gewinn der Carl's Jr. Restaurants zu steigern, indem er Lebensmittel von geringerer Qualität einkaufte und die Preise senkte. Doch die Strategie vertrieb die Kunden.

Als Vorstandsvorsitzender von CKE suchte Carl nach Möglichkeiten zur Rettung des Unternehmens und zur Begleichung der Schulden. Er schlug vor, als Teil eines Joint Venture mit einer Kette namens Green Burrito in den Carl's Jr. Restaurants mexikanische Gerichte anzubieten. Aber einige Führungskräfte bei CKE waren dagegen und erklärten, der Plan würde Carl mehr nützen als dem Unternehmen. Carl war an dem Abkommen finanziell beteiligt, wenn der Vorstand von CKE zusagte, erhielt er einen persönlichen Kredit über sechs

Millionen Dollar von Green Burrito. Carl war empört, dass man seine Motive in Frage stellte und sein Unternehmen zugrunde richtete. CKE war nicht mehr das Unternehmen, das er einst gegründet hatte. Das neue Führungsteam hatte die langjährige Praxis abgeschafft, jede Vorstandssitzung mit dem Gebet des Heiligen Franziskus von Assisi und dem Treueeid auf die amerikanische Flagge zu beginnen. Carl beharrte darauf, dass der Green-Burrito-Plan funktionieren würde, und verlangte, dass der Vorstand einwilligte. Als dieser den Plan ablehnte, versuchte Carl, die Mitglieder auszuschalten. Stattdessen schalteten sie ihn aus. Am 1. März 1993 beschloss der CKE-Vorstand mit fünf gegen zwei Stimmen, Carl N. Karcher zu entlassen. Nur Carl und sein Sohn Carl Leo hatten gegen die Entlassung gestimmt. Carl fühlte sich betrogen. Er kannte viele Vorstandsmitglieder seit Jahren; sie waren alte Freunde, und Carl hatte sie reich gemacht. In einer Erklärung nach seiner Entlassung beschrieb Carl den CKE-Vorstand als »einen Haufen Abtrünniger« und bezeichnete sein Ausscheiden als »einen der traurigsten Tage« seines Lebens. Im Alter von 76 Jahren, über 50 Jahre nach der Geschäftsgründung, wurde Carl N. Karcher daran gehindert, sein eigenes Büro zu betreten. An den Türen wurden neue Schlösser angebracht.

Die Zentrale von CKE liegt immer noch auf dem Grundstück, auf dem die Familie Heinz einst Orangen anpflanzte. Heute duftet die Luft nicht mehr nach Zitrusfrüchten, und keine Orangenplantage ist zu sehen. In einer Stadt, in der einst Orangen- und Zitronenbäume in endlosen Reihen wuchsen und sich bis an den Horizont erstreckten, gibt es heute keine einzige Plantage mehr, nicht ein Hektar ist dem kommerziellen Anbau gewidmet. Die Einwohnerzahl von Anaheim liegt mittlerweile bei etwa 300 000, etwa 30 Mal soviel wie bei Carls Ankunft. An der Ecke, an der einst Carl's Drive-In Barbeque stand, ist heute ein Einkaufszentrum. Das CKE-Gebäude hat ein modernes Design im spanischen Stil mit weißen Säulen, Ziegelbögen und Fenstern aus dunklem Glas. Bei meinem

Besuch war es im Innern kühl und still. Auf dem Treppenabsatz passierte ich eine lebensgroße Statue des Heiligen Franziskus und oben wurde ich von Carl N. Karcher begrüßt.

Carl wirkte mit seinem braunkarierten Jacket, mit weißem Hemd, brauner Krawatte und flotten zweifarbigen Schuhen wie eine elegante Gestalt aus der Big-Band-Ära. Er war groß und kräftig und schien in bemerkenswert guter Verfassung. Die Wände seines Büros waren mit Tafeln und Andenken bedeckt. Fotografien zeigten Carl neben Präsidenten, berühmten Sportlern, ehemaligen Mitarbeitern, Enkeln, Priestern, Kardinälen, dem Papst und Michail Gorbatschow. Carl holte stolz ein gerahmtes Dokument von der Wand und zeigte es mir. Es war die Originalrechnung für seinen ersten Hotdog-Wagen in Höhe von 326 Dollar.

Acht Wochen nachdem Carl aus seinem Büro ausgesperrt worden war, hatte er die Übernahme des Unternehmens organisiert. Mittels komplizierter Transaktionen übernahm eine Gesellschaft unter Führung des Finanziers William P. Foley II einige Schulden von Carl, erhielt dafür einen Großteil seiner Aktien und übernahm die Kontrolle über CKE. Foley wurde der neue Vorstandsvorsitzende. Carl wurde zum emeritierten Vorsitzenden ernannt und erhielt sein altes Büro zurück. Fast alle Führungskräfte und Vorstandsmitglieder, die sich gegen Carl ausgesprochen hatten, verließen das Unternehmen. Der Green-Burrito-Plan wurde angenommen und erwies sich als Erfolg. Das neue Management schaffte die Wende, der Aktienkurs stieg wieder. Im Juli 1997 kaufte CKE für 327 Millionen Dollar Hardee's und wurde damit nach McDonald's, Burger King und Wendy's zur viertgrößten Hamburgerkette in den USA. Die Schilder mit dem lächelnden kleinen Stern von Carl's Jr. begannen, ganz Amerika zu erobern.

Beim Erzählen schien Carl erstaunt über seine eigene Lebensgeschichte. Er war seit 60 Jahren mit Margaret verheiratet. Er lebte seit fast 50 Jahren im gleichen Haus in Anaheim. Er hatte jeweils 20 Enkelinnen und Enkel. Für einen Mann von 80 Jahren besaß er ein beeindruckendes Gedächtnis und konnte rasch 50 Jahre zurückliegende Namen, Daten und Adressen herunterrattern. Er strahlte den leutseligen Optimismus und die gute Laune seines alten Freundes Ronald Reagan aus. »Meine Philosophie lautet ganz einfach: Gib niemals auf«, erklärte mir Carl. »Das Wort ›kann nicht‹ sollte nicht existieren ... Die richtige Einstellung ... und die Pennys und Dollars vermehren sich von selbst ... Das Leben ist schön, das Leben ist fantastisch, und so betrachte ich jeden Tag meines Lebens.« Trotz der Expansion von CKE blieben Carl Millionen Dollar an Schulden. Er hatte neue Kredite aufgenommen, um die alten zu bezahlen. In der schlimmsten finanziellen Misere flehten ihn seine Berater an, den Bankrott zu erklären. Carl lehnte ab; er hatte über acht Millionen Dollar von Freunden und Familienmitgliedern geliehen und wollte sich seinen Verpflichtungen nicht entziehen. An jedem Wochentag besuchte er um 6 Uhr morgens die Messe und kam um 7 Uhr ins Büro. »Mein Ziel für die nächsten beiden Jahre ist die Rückzahlung all meiner Schulden.«

Ich blickte aus dem Fenster und fragte ihn, was er empfinde, wenn er heute durch Anaheim fahre, mit all den Fastfoodrestaurants, Filialen großer Ketten und Einkaufszentren. »Nun, um ehrlich zu sein«, sagte er, »ich könnte nicht glücklicher sein.« Im Glauben, er habe die Frage missverstanden, formulierte ich sie neu und fragte, ob er je das alte Anaheim vermisse, die Farmen und die Zitrusbäume.

»Nein«, antwortete er. »Ich glaube an den Fortschritt.«

Carl war auf einer Farm ohne fließendes Wasser und ohne Elektrizität aufgewachsen. Er war einem harten Leben auf dem Land entkommen. Der Blick aus seinem Fenster störte ihn nicht, begriff ich nun. Er war ein Zeichen des Erfolges.

»Als ich meine Frau zum ersten Mal sah«, erklärte Carl, »war diese Straße geschottert ... heute ist sie asphaltiert.«

2. Treue Freunde

Bevor man das Ray A. Kroc Museum betritt, muss man den McStore passieren. Beide befinden sich im Erdgeschoss der Unternehmenszentrale von McDonald's an der One McDonald's Plaza in Oak Brook, Illinois. Das Gebäude hat ovale Fenster und eine graue Betonfassade – vermutlich wirkte dieser Baustil bei der Eröffnung vor 30 Jahren futuristisch. Heute wirkt er düster und trist, ein architektonisches Relikt aus der Nixon-Ära. Von der Anlage her erinnert das Gebäude an amerikanische Botschaften, die stets Kriegsgegner, Studentendemonstrationen und Fahnenverbrennungen anzogen. Der 30 Hektar große Campus der Hamburger University, des McDonald's-eigenen Schulungscenters für Manager, liegt nicht weit von der Zentrale entfernt. Shuttlebusse verkehren regelmäßig zwischen dem Campus und der McDonald's Plaza und transportieren gepflegte junge Männer und Frauen in Khakihosen, die ihren »Abschluss in Hamburgerologie« machen wollen. In den zweiwöchigen Kursen werden jedes Jahr mehrere tausend Manager, leitende Angestellte und Franchisenehmer geschult. Studenten von außerhalb nächtigen im Hyatt auf dem McDonald's-Campus. Die meisten Kurse befassen sich mit Personalmanagement, lehren Teamwork und Mitarbeitermotivation und propagieren »eine gemeinsame McDonald's-Sprache« und »eine gemeinsame McDonald's-Kultur«. Vor der McDonald's Plaza, dem Herzen des Hamburgerimperiums, stehen drei Fahnenmasten. An einem flattert die US-Flagge, am anderen die Flagge des Staates Illinois und am dritten eine leuchtend rote Flagge mit den goldenen Bögen.

Im McStore kann man Beanbag-McBurglar-Puppen kaufen, Telefone in Form von Pommes frites, Krawatten, Uhren, Schlüsselanhänger, Golftaschen und Matchbeutel, Schmuck, Babykleidung, Vesperdosen, Mousepads, Lederjacken, Postkarten, Spielzeuglaster und vieles mehr mit dem McDonald's-Logo. Man kann T-Shirts erwerben, die eine neue Version der amerikanischen Flagge zeigen: Die 50 weißen Sterne wurden durch das McDonald's-Logo ersetzt.

Folgt man den aufgemalten Fußabdrücken von Ronald McDonald vorbei an Regalen mit Geschirr und Gläsern in den hinteren Teil des Ladens, steht man vor einer Bronzebüste von Ray Kroc. Sie markiert den Eingang zum Museum. Kroc gründete die McDonald's Corporation, und seine Philosophie des QSC and V – Quality, Service, Cleanliness and Value (Qualität, Service, Sauberkeit und Wert) – dient noch heute als Richtlinie für das Unternehmen. Der in Bronze verewigte Mann ist mittleren Alters, hat schütteres Haar, glatte Wangen und einen intensiven Blick. In einer Glasvitrine in der Nähe sind Plaketten, Auszeichnungen und Briefe voll des Lobes ausgestellt. »Einer der Höhepunkte bei der Feier meines 61. Geburtstags«, schrieb zum Beispiel US-Präsident Nixon im Jahr 1974, »war der Vorschlag von Tricia, auf unserer Fahrt nach Palm Springs eine Pause einzulegen. Wir hielten bei McDonald's. Seit Jahren hatte ich von unseren Mädels gehört, dass der ›Big Mac‹ etwas Besonderes sei, und obwohl Mrs. Nixon meiner Meinung nach die besten Hamburger der Welt macht, sind wir beide davon überzeugt, dass McDonald's nicht weit davon entfernt ist ... Wenn die Köchin das nächste Mal frei hat, wissen wir, wo wir schnellen Service, fröhliche Gastfreundschaft – und vermutlich eines der besten Preis-Leistungsverhältnisse für Speisen in Amerika finden.« Andere Vitrinen enthalten Gegenstände aus Krocs Leben, Erinnerungsstücke an die langen Jahre der Armut und an seinen Lebensabend als Milliardär. Das Museum ist klein und schwach beleuchtet, jeder Gegenstand wird voller Ehrerbietung ausgestellt. Bei meinem Besuch war es leer

Ronald McDonald in der Schule

und still. Man kommt sich nicht vor wie in einem traditionellen Museum, in dem die einzelnen Exponate nummeriert, katalogisiert und beschrieben sind. Man kommt sich eher vor wie in einem Schrein.

Die Ausstellung ist voller technischer Tricks. Auf Knopfdruck erscheinen und verschwinden Dioramen. Aus Lautsprechern ertönen im passenden Augenblick die Stimmen von Freunden und Mitarbeitern Krocs – einer davon wird als »Vizepräsident für Individualität« bei McDonald's vorgestellt. Dunkle Vitrinen leuchten plötzlich auf und geben ihren Inhalt preis. Ein Kunstwerk an der Wand zeigt, wenn man von links darauf blickt, ein Bild von Ray Kroc. Betrachtet man es von rechts, sieht man die Buchstaben QSC und V. Noch gibt es keine lebensgroße Audio-Animatronic-Version des McDonald's-Gründers, die Witze und Anekdoten zum Besten gibt, doch sie würde in das Konzept passen. An einer interaktiven Station namens »Talk to Ray« werden Videoausschnitte gezeigt, wie Kroc in der *Phil Donahue Show* auftritt, von Tom Snyder interviewt wird und mit Reverend Robert Schuller am Altar der Crystal Cathedral in Orange County plaudert. Bei »Talk to Ray« kann der Besucher bis zu 36 vorformulierte Fragen zu verschiedenen Themen stellen, die Antworten werden von alten Videos mit Kroc geliefert. Bei meinem Besuch funktionierte das Gerät nicht richtig. Ray nahm meine Fragen nicht an, daher hörte ich zu, wie er die gleichen Reden stets von Neuem wiederholte.

Der an Disney erinnernde Ton des Museums verweist auf die zahlreichen Parallelen zwischen der McDonald's Corporation und der Walt Disney Company. Er erinnert auch an die ähnlichen Lebenswege der jeweiligen Gründer der Unternehmensriesen. Ray Kroc und Walt Disney stammen beide aus Illinois, ihre Geburtsjahre liegen nur ein Jahr auseinander (Disney im Jahr 1901, Kroc 1902), sie kannten einander als junge Männer, als sie im Ersten Weltkrieg im gleichen Sanitätsbataillon dienten, verließen beide den Mittleren Westen und siedelten sich in Südkalifornien an, wo sie eine zentrale Rolle bei der Schaffung neuer amerikanischer Industrien spielten. Der Filmkritiker Richard Schickel beschrieb Disneys starkes Bedürfnis, »jede Umgebung, die er bewohnte, zu ordnen, zu kontrollieren und sauber zu halten«.[1] Gleiches könnte man über Ray Kroc sagen, dessen Sauberkeitswahn und Kontrollbedürfnis zu einem der Wahrzeichen seiner Restaurantkette wurden. Kroc reinigte die Löcher in seinem Moppwringer mit der Zahnbürste.

Kroc und Disney brachen beide die Schule ab und führten später bei ihren Unternehmen eine formale Ausbildung ein. Das Schulungszentrum für die Mitarbeiter der Disney-Freizeitparks heißt Disneyland University. Doch noch wichtiger sind die gemeinsame Amerikavision der beiden Männer, ihre optimistische Fortschrittsgläubigkeit und ihre konservativen politischen Ansichten. Sie waren charismatische Figuren, die eine umfassende Unternehmensvision schufen, ein Gespür für die Stimmung in der Bevölkerung besaßen und zur Erledigung der kreativen und finanziellen Details auf andere vertrauten. Walt Disney schrieb weder die Drehbücher noch zeichnete er die Filmklassiker, die seinen Namen tragen. Die Versuche von Ray Kroc, die Speisekarte von McDonald's um neue Gerichte zu erweitern – wie etwa böhmische Kolatschen (gefüllte Teigtaschen) oder der Hulaburger mit gegrillter Ananas und Käse –, hatten keinen Erfolg. Doch beide Männer wussten, wie man die richtigen Mitarbeiter fand und motivierte. Während Disney schon früh Erfolg hatte und berühmter ist, war der Einfluss von Kroc vermutlich größer. Sein Unternehmen regte stärker zur Nachahmung an, übte größere Macht über die amerikanische Wirtschaft aus – und brachte ein Maskottchen hervor, das sogar noch bekannter ist als Micky Maus.[2]

Trotz ihres Erfolges als Geschäftsmänner und Unternehmer, als kulturelle Leitfiguren und Vertreter einer bestimmten Form des Amerikanismus liegt die vielleicht wichtigste Errungenschaft der beiden auf einem anderen Gebiet. Walt Disney und Ray Kroc waren begnadete Verkäufer. Sie perfektionierten die Kunst, Kinder zu Kunden zu machen. Ihr Erfolg veranlasste viele andere, ihre Marketingbemühungen auf Kinder auszudehnen. Mittlerweile sind die jüngsten Konsumenten Amerikas eine demographische Gruppe, die von den größten Unternehmen der Welt eifrig studiert, analysiert und als Zielgruppe anvisiert wird.

Walt und Ray

Ray Kroc übernahm das Speedee Service System der Brüder McDonald und schuf mit dessen landesweiter Verbreitung ein Fastfoodimperium. Obwohl Kroc ein Unternehmen gründete, das zum Symbol für die amerikanische Wirtschaft wurde, war er nie der typische Geschäftsmann in Anzug und Krawatte. Kroc war ein ehemaliger Jazzmusiker, der während der Prohibition in so genannten Flüsterkneipen und zumindest in einem Fall in einem Bordell gespielt hatte. Er war ein charmanter, lustiger und unermüdlicher Handelsreisender, der Jahre der Enttäuschungen hinter sich hatte, ein Willy Loman,[3] der mit Anfang Sechzig schließlich den Volltreffer landete. Kroc wuchs in Oak Park, Illinois, in der Nähe von Chicago auf. Sein Vater arbeitete für Western Union. Im ersten Jahr auf der Highschool entdeckte Ray Kroc die Freude am Verkaufen, als er in der Soda Fountain seines Onkels arbeitete. »Da lernte ich, wie man die Menschen mit einem Lächeln und mit Enthusiasmus beeinflussen kann«, erinnert sich Kroc in seiner Autobiographie *Grinding It Out*, »und ihnen einen Eisbecher verkauft, wenn sie eine Tasse Kaffee haben wollen.«[4]

Im Lauf der Jahre verkaufte Kroc Kaffeebohnen, Notenblätter, Pappbecher, Immobilien in Florida, Pulver für Instantgetränke namens »Malt-a-Plenty« und »Shake-a-Plenty« (ein Gerät, das sowohl als Sahne- als auch als Rasierschaumspender verwendet werden konnte), einen Portionierer für Eiscremewürfel und eine zusammenklappbare Tisch-Bank-Kombination namens »Fold-a-Nook«, die wie ein Klappbett in der Wand verschwand. Das Hauptproblem bei den Eiscremewürfeln war nach Krocs Ansicht, dass sie vom Teller rutschten, wenn man sie essen wollte. Kroc verwendete bei all diesen Dingen die gleiche Verkaufstaktik: Er passte sich den Kunden an. Obwohl er einen Rückschlag nach dem anderen hinnehmen musste, blieb er felsenfest davon überzeugt, dass der Erfolg nur eine Frage der Zeit war. »Wenn man daran glaubt, und richtig daran glaubt«, erklärte Kroc später seinen Zuhörern, »kann man unmöglich scheitern. Egal was es ist – man kann es schaffen!«[5]

Als Ray Kroc 1954 zum ersten Mal das neue Selbstbedienungsrestaurant der Brüder McDonald in San Bernardino betrat, war er als Vertreter für Milchshake-Mixer unterwegs. McDonald's wurde sein bester Kunde. Das Multimixgerät, das Kroc verkaufte, bereitete fünf Milchshakes gleichzeitig zu. Kroc staunte, dass die Brüder acht solcher Maschinen brauchten. Er hatte auf seinen Reisen bei der Vorführung der Multimixer viele Restaurantküchen gesehen, doch so etwas wie das McDonald's Speedee Service System war ihm noch nie begegnet. »Als ich das sah«, schrieb er später, »kam ich mir vor wie ein moderner Newton, dem gerade eine Idaho-Kartoffel auf den Kopf geplumpst ist.«[6] Er sah das Restaurant »mit den Augen eines Handelsreisenden« und malte sich bereits aus, an jeder viel befahrenen Kreuzung im Land ein McDonald's zu errichten.

Richard und »Mac« McDonald waren weniger ehrgeizig. Sie zogen aus dem Restaurant einen Gewinn von 100 000 Dollar im Jahr, was damals eine enorme Summe war.[7] Sie besaßen bereits ein großes Haus und drei Cadillacs. Sie reisten nicht gern. Erst vor kurzem hatten sie ein Angebot von der Carnation Milk Company abgelehnt, die sich von der Eröffnung weiterer McDonald's-Restaurants einen erhöhten Milchshake-Absatz erhoffte. Kroc überzeugte die Brüder, ihm die landesweiten

Franchise-Rechte zu verkaufen. Die beiden konnten zu Hause bleiben, während Kroc umherreiste und sie sogar noch reicher machte. Jahre später beschrieb Richard McDonald seinen ersten Eindruck von Kroc, jenen Moment, der schon bald zum Entstehen der weltweit größten Restaurantkette führen sollte: »Dieser kleine Kerl spaziert herein, und sagt mit hoher Stimme ›Hi‹.«[8]

Nachdem die Vereinbarung mit den McDonald-Brüdern unter Dach und Fach gebracht war, schrieb Kroc einen Brief an Walt Disney. Im Jahr 1917 hatten beide ein falsches Alter genannt, um dem Roten Kreuz beitreten und am Krieg in Europa teilnehmen zu können. Ihr letztes Gespräch lag eindeutig lange zurück. »Lieber Walt«, hieß es in dem Brief. »Die Anrede scheint vermessen, doch ich bin mir sicher, dass Sie keine andere Anrede von mir wünschen. Mein Name ist Ray A. Kroc … Ich betrachte oft das Foto der Kompanie A, das wir in Sound Beach, Connecticut, aufgenommen haben, und verbinde damit viele schöne Erinnerungen.« Nach diesen einleitenden Worten kam Kroc zum Geschäft: »Vor kurzem habe ich die nationale Franchise-Vertretung für das McDonald's-System übernommen und möchte mich erkundigen, ob die Möglichkeit besteht, ein McDonald's in Ihrem Disneyland Development zu errichten.«[9]

Walt Disney sandte Kroc eine herzliche Antwort und leitete seinen Vorschlag an die Abteilung weiter, die für die Vergabe der Konzessionen im Freizeitpark zuständig war. Disneyland befand sich noch im Bau, seine Eröffnung wurde von Millionen amerikanischer Kinder sehnlichst erwartet, und Kroc hegte große Hoffnungen. Einer Darstellung zufolge verlangte Disney's Firma von Kroc, den Preis der Pommes frites von 10 Cent auf 15 Cent zu erhöhen; Disney wollte den Aufschlag als Bezahlung für die Gewährung der Konzession.[10] Die Geschichte endet damit, dass Ray Kroc es ablehnte, seine treuen Kunden auszubeuten. Die Darstellung klingt sehr unwahrscheinlich, vermutlich handelt es sich um die verspätete Bemühung seitens der McDonald's Corporation, den gescheiterten Verhandlungen noch eine positive Seite abzugewinnen. Bei der Eröffnung von Disneyland im Juli 1955 – ein Ereignis, bei dem Ronald Reagan für ABC als Co-Moderator auftrat – bestand die Gastronomie aus Restaurants von Welch's, Stouffer's und Aunt Jemima. McDonald's fehlte. Noch spielte Kroc nicht in der gleichen Liga. In *Grinding It Out* schrieb Kroc über Disney als junger Mann: »Er galt als komischer Vogel, weil er immer, wenn wir frei hatten und in die Stadt gingen, um nach Mädchen Ausschau zu halten, im Lager blieb und zeichnete.«[11]

Unabhängig von den Gefühlen der beiden Männer füreinander erwies sich Walt Disney in vielerlei Hinsicht als Vorbild für Ray Kroc. Der Erfolg von Disney stellte sich wesentlich früher ein. Im Alter von 21 Jahren hatte er dem Mittleren Westen den Rücken gekehrt und sein eigenes Filmstudio in Los Angeles gegründet. Noch bevor er 30 wurde, war Disney berühmt. In *The Magic Kingdom* (1997) beschreibt Steven Watts Disneys Versuche, die Technik der Massenproduktion auf die Filmproduktion in Hollywood zu übertragen.[12] Disney hegte große Bewunderung für Henry Ford und führte im Disney-Studio, das schon bald als »Fun Factory« bezeichnet wurde, die Fließbandproduktion und eine strikte Arbeitsteilung ein. Anstatt komplette Szenen zu zeichnen, erhielten die Künstler genau definierte Aufgaben und zeichneten und colorierten Disney-Figuren, während Aufseher sie beobachteten und die Zeit stoppten, wie lange sie für jede Folie brauchten. In den 30er Jahren wurde das Produktionssystem in den Studios organisiert wie eine Automobilfabrik. »Hunderte junger Leute wurden ausgebildet und in eine Maschine zur Herstellung von Unterhaltung eingegliedert«, erklärte Disney.

Die Arbeitsbedingungen in dieser Fabrik waren jedoch kein Spaß. 1941 streikten Hunderte von Disney-Animatoren und sprachen sich für einen Eintritt in die Screen Cartoonists Guild aus. Die anderen bedeutenden Zeichentrickstudios in

Hollywood hatten bereits Abkommen mit der Gewerkschaft unterzeichnet. Disneys Vater war überzeugter Sozialist, und Disneys Filme hatten lange Zeit den »Kleinen Mann« populistisch gefeiert. Doch Walt Disneys Reaktion auf den Streik zeugte von einer ganz anderen politischen Haltung. Er entließ Angestellte, die Sympathie für die Gewerkschaft bekundeten, billigte, dass private Wachen Streikposten verprügelten, versuchte, eine firmeneigene Pseudo-Gewerkschaft durchzusetzen, holte zur Durchsetzung einer Übereinkunft ein Mitglied des organisierten Verbrechens aus Chicago und setzte eine ganzseitige Anzeige in die Zeitschrift *Variety*, in der Führer der Screen Cartoonists Guild als Kommunisten bezeichnet wurden. Der Streik endete jedoch erst, als Disney schließlich den Forderungen der Gewerkschaft nachgab. Diese Erfahrung verbitterte ihn. In der Überzeugung, dass kommunistische Agenten für seine Schwierigkeiten verantwortlich waren, trat Disney später als Zeuge vor dem Komitee unamerikanischer Umtriebe auf, diente dem FBI als geheimer Informant und unterstützte eifrig die Schwarze Liste von Hollywood. Auf dem Höhepunkt der gewerkschaftlichen Auseinandersetzungen in seinem Studio hatte Disney eine Rede vor seinen Mitarbeitern gehalten und argumentiert, dass die Lösung ihrer Probleme nicht bei der Gewerkschaft liege, sondern in *einer guten Arbeitsleistung.* »Vergesst nicht«, erklärte Disney, »es ist ein universales Gesetz, dass die Starken überleben und die Schwachen auf der Strecke bleiben, und ich schere mich nicht darum, welcher idealistische Plan ausgeheckt wird, nichts kann daran etwas ändern.«[13]

Jahrzehnte später verwendete Ray Kroc eine ähnliche Sprache, um seine politische Philosophie darzulegen. Zweifellos beeinflussten die Jahre, die Kroc als Handelsreisender verbracht hatte – als er seine eigenen Bestellformulare und Musterbücher mit sich trug, an zahllose Türen klopfte, allein vor den Kunden stand und immer wieder abgewiesen wurde –, sein Menschenbild. »Es ist lächerlich, sie als Industrie zu bezeichnen«, erklärte Kroc einem Reporter 1972 und verwarf damit jede differenziertere Analyse der Fastfoodbranche. »Sie ist keine Industrie. Da heißt es jeder gegen jeden. Ich mache sie fertig, und zwar, bevor sie mich fertigmachen. Wir sprechen über die amerikanische Version vom Überleben des Stärkeren.«[14]

Während Disney rechtsgerichtete Gruppierungen unterstützte und Wahlplakate für die Republikaner gestaltete, hielt sich Kroc von der Politik fern – mit einer Ausnahme. 1972 spendete Kroc 250 000 Dollar für die Wiederwahlkampagne von US-Präsident Nixon.[15] Das Geld wurde in kleinere Summen aufgeteilt und durch verschiedene bundesstaatliche und lokale republikanische Ausschüsse geschleust. Nixon hatte demnach guten Grund, McDonald's zu mögen, noch lange bevor er einen Hamburger der Kette probiert hatte. Kroc hatte den Präsidenten nie kennen gelernt; die Spende basierte nicht auf einer persönlichen Beziehung oder gar Freundschaft. In jenem Jahr versuchte die Fastfoodindustrie, den Kongress und das Weiße Haus zur Verabschiedung eines neuen Gesetzes zu bewegen, die so genannte »McDonald's Bill«, aufgrund derer der Arbeitgeber 16- bis 17-jährigen Mitarbeitern 20 Prozent weniger Lohn als den Mindestlohn zahlen durften. Zu der Zeit, in der Kroc 250 000 Dollar spendete, verdienten die Angestellten bei McDonald's etwa 1,60 Dollar die Stunde. Der Vorschlag zur Umgehung des Mindestlohns reduzierte den Stundenlohn auf knapp unter 1,30 Dollar.

Die Nixon-Regierung unterstützte diese Gesetzesinitiative und erlaubte McDonald's außerdem eine Preiserhöhung bei den Viertelpfündern (Hamburger Royal), während andere Fastfoodketten an obligatorische Lohn- und Preiskontrollen gebunden waren. Die Höhe und der Zeitpunkt von Krocs Spende weckten bei den Demokraten den Verdacht, Kroc versuche, politisch Einfluss zu nehmen. Empört über die Beschuldigung, bezeichnete Kroc seine Kritiker später als »Hurensöhne«.[16] Der Aufruhr führte dazu, dass Kroc sich in Zukunft bei der Unterstützung politischer Kandidaten zurückhielt. Aber er behielt eine Schwäche für den 30. Präsidenten der USA (1923–1929), Calvin Coolidge, dessen Ansichten über harte Arbeit und Selbstständigkeit in der McDonald's-Zentrale zur Schau gestellt wurden.

Ein besserer Lebensstandard

Trotz seiner leidenschaftlichen Abneigung gegen den Sozialismus und die Einmischung des Staates in die freie Wirtschaft griff Walt Disney in den 40er Jahren zur Stützung seines Unternehmens auf staatliche Mittel zurück. Der Streik der Trickfilmzeichner hatte das Disney-Studio in eine prekäre Finanzsituation gebracht. Disney bemühte sich um staatliche Aufträge, und bald machten diese 90 Prozent der Produktion des Studios aus.[17] Im Zweiten Weltkrieg produzierte Disney zahlreiche Propaganda- und Schulungsfilme für Soldaten, darunter *Food Will Win the War*, *High-Level Precision Bombing* und *A Few Quick Facts About Venereal Disease*. Nach dem Krieg setzte Disney die enge Zusammenarbeit mit ranghohen Militärs und Rüstungsfirmen fort. Jenen Menschen, die in Angst vor der atomaren Vernichtung lebten, vermittelte Disney ein Gefühl der Sicherheit, indem er die neuesten technischen Errungenschaften wunderbar und aufregend erscheinen ließ. Sein Glaube an das Gute in der amerikanischen Technologie kommt treffend im Titel eines Film zum Ausdruck, den das Disney-Studio für Westinghouse Electric produzierte: *The Dawn of Better Living* (Das Heraufdämmern eines besseren Lebensstandards).

Disneys Technikbegeisterung zeigte sich auch in einem Bereich seines Freizeitparks namens »Tomorrowland« und in den gleichnamigen Beiträgen zu seiner wöchentlichen Fernsehsendung. »Tomorrowland« befasste sich mit einem breiten Spektrum, das von der Raumfahrt bis zu Haushaltsgeräten der

Zukunft reichte, und stellte den Fortschritt als unabwendbare Entwicklung dar hin zu einer größeren Lebensqualität für den Verbraucher. Allerdings gab es von Anfang an auch eine dunkle Seite bei Tomorrowland. Die Technik wurde ohne moralische Bedenken gepriesen. Doch einiges erwies sich später als nicht so segensreich – und manche beteiligten Wissenschaftler waren nicht unbedingt geeignete Vorbilder für die Kinder des Landes.

Mitte der 50er Jahre half zum Beispiel Wernher von Braun bei der Produktion einer Disney-Fernsehreihe über die Erforschung des Weltraums und trat als Co-Moderator auf. »Der Mensch im Weltall« und andere Tomorrowland-Episoden zu diesem Thema waren ungeheuer populär und trieben die Unterstützung der Öffentlichkeit für ein amerikanisches Weltraumprogramm weiter voran. Zu der Zeit war von Braun der führende Raketenspezialist des amerikanischen Militärs, nachdem er im Dritten Reich ebenfalls führend an der Entwicklung der Fernrakete A 4, der späteren V 2, beteiligt war.[18] Mindestens 20 000 Zwangsarbeiter, darunter viele Kriegsgefangene, starben in Dora-Nordhausen, der Produktionsstätte der V-Waffen während des Zweiten Weltkriegs. Weniger als zehn Jahre nach der Befreiung von Dora-Nordhausen erteilte von Braun den Zeichnern von Disney Anweisungen und entwarf eine der Attraktionen in Disneyland, die so genannte Mondrakete. Heinz Haber, ein weiterer wichtiger Berater bei Tomorrowland – und später der leitende wissenschaftliche Berater für Walt Disney Productions –, forschte im Zweiten Weltkrieg für das Luftfahrtmedizinische Forschungsinstitut des Reichsluftfahrtministeriums im Bereich Hochgeschwindigkeitsflüge in großer Höhe.[19] Zur Bewertung der Risiken für die deutschen Piloten führte das Institut Experimente mit den Häftlingen des Konzentrationslagers Dachau durch. Die Häftlinge, die die Experimente überlebten, wurden getötet und dann obduziert. Haber verließ Deutschland nach dem Krieg und gab sein Wissen an die amerikanische Luftwaffe weiter.

Später moderierte er zusammen mit von Braun Disneys »Der Mensch im Weltall«. Als die Eisenhower-Regierung an Disney mit dem Auftrag herantrat, eine Sendung zu produzieren, in der die zivile Nutzung von Atomkraft propagiert wurde, kam wiederum Heinz Haber zum Zuge.[20] Er moderierte die Disney-Sendung »Unser Freund, das Atom« und verfasste unter dem gleichen Titel ein populäres Jugendsachbuch.[21] In beiden wurden die Risiken der Kernspaltung verschwiegen. »Unser Freund, das Atom« wurde von General Dynamics gesponsert, einem Hersteller von Atomreaktoren, der auch die Fahrt im Atom-U-Boot in Disneys Tomorrowland finanzierte.

Wie ein Magnet zog Disneyland zahlreiche Sponsoren an. Walt Disney hatte als beliebtester Anbieter von Kinderunterhaltung den direkten Zugang zu dieser besonders empfänglichen Zielgruppe – und andere Unternehmen nutzten dies eifrig für ihre Zwecke aus. Monsanto baute das ganz aus Plastik bestehende Haus der Zukunft in Disneyland. General Electric unterstützte das »Karussell des Fortschritts«, bei dem eine Audio-Animatronic-Hausfrau in ihrer futuristischen Küche vom »großen, schönen, wunderbaren Morgen« sang. Richfield Oil bot utopische Automobilfantasien und eine Attraktion, die passenderweise Autopia hieß. »Hier verlassen Sie das Heute«, stand auf dem Schild am Eingang von Disneyland, »und betreten die Welt von gestern, morgen und der Fantasie«.

In erster Linie bot Disneyland den Besuchern eine außergewöhnliche Realitätsflucht; so etwas hatten die Leute noch nie gesehen. Die Ironie dahinter ist, dass Disneys von Unternehmen und der Vorstadtidylle geprägte Welt von morgen schon bald zum Anaheim von heute wurde. Bereits zehn Jahre nach seiner Eröffnung lag Disneyland nicht mehr inmitten eines ländlichen Idylls mit Orangenhainen, sondern inmitten von billigen Motels, Verkehrsstaus auf dem Santa Ana Freeway, Fastfoodrestaurants und Gewerbeflächen. Anfang der 60er Jahre ließ sich die harsche Realität des Heute kaum noch ignorieren, und Disney begann von größeren Projekten zu träumen, von Disney World, einem Ort, der noch weiter von den Kräften entfernt war, bei deren Entfesselung er geholfen hatte, von einer Fantasie, die sich noch besser kontrollieren ließ.

Neben anderen kulturellen Innovationen bahnte Walt Disney einer Marketingstrategie den Weg, die als »Synergie« bekannt wurde. In den 30er Jahren schloss er Lizenzverträge mit Dutzenden von Firmen über die Verwendung von Micky Maus auf deren Produkten und in deren Anzeigen ab. Der Film *Schneewittchen* aus dem Jahr 1938 stellte einen Wendepunkt in der Vermarktung von Filmen dar: Vor der Erstaufführung hatte Disney 70 Lizenzverträge abgeschlossen.[22] Schneewittchen-Spielzeug, -Bücher, -Kleider, -Snacks und -Schallplatten waren bereits im Handel, als der Film in die Kinos kam. Später nutzte Disney das Fernsehen, um einen Grad an Synergie zu erreichen, der alles übertraf, was man bisher gewagt hatte. Die erste Fernsehsendung *One Hour in Wonderland* (1950) lief auf eine Werbeveranstaltung für den kommenden Disney-Film *Alice in Wonderland* hinaus. Die erste Disney-Fernsehserie *Disneyland* (1954) bot wöchentlich Meldungen über den Fortgang der Bauarbeiten am Vergnügungspark. Der Sender ABC, der die Fernsehsendung ausstrahlte, war finanziell an dem Projekt in Anaheim beteiligt. Der andere bedeutende Investor von Disneyland, Western Printing and Lithography, druckte Disney-Bücher wie *The Walt Disney Story of Our Friend the Atom*. Getarnt als Fernsehunterhaltung, waren die Folgen von *Disneyland* oft nichts anderes als Werbeinformationssendungen, in denen Filme, Bücher, Spielzeug, der Freizeitpark und vor allem Walt Disney selbst beworben wurden, die lebende Inkarnation einer Marke, der Mann, der alle Produkte zu einer fröhlichen, freundlichen, patriotischen Idee verknüpfte.

In den schwierigen ersten Jahren von McDonald's konnte Ray Kroc von solchen Marketinginstrumenten nur träumen. Stattdessen musste er sich auf seinen Verstand, sein Charisma und seinen Instinkt für Werbung verlassen. Kroc war von dem, was er verkaufte, stets überzeugt und vertrieb die Franchiselizenzen für McDonald's mit geradezu religiösem Eifer. Er kannte sich auch ein wenig mit Publicity aus, nachdem er in den 20er Jahren Talente beim Vorsprechen für einen Radiosender in Chicago gesichtet hatte und jahrelang als Jazzmusiker in Nachtklubs aufgetreten war. Kroc beauftragte eine PR-Firma, die von einem Gagschreiber und einem ehemaligen Roadmanager von MGM geführt wurde, McDonald's in die Nachrichten zu bringen. Zielgruppe der neuen Restaurantkette sollte die Jugend sein. Die McDonald-Brüder hatten die Familie als Zielgruppe anvisiert, und Kroc verfeinerte nun ihre Marketingstrategie. Er wählte den richtigen Moment. Amerika erlebte einen Baby-Boom; nach dem Zweiten Weltkrieg war die Zahl der Geburten in die Höhe geschnellt. Kroc wollte ein sicheres, sauberes, typisch amerikanisches Restaurant für Kinder und Jugendliche schaffen. Der Franchise-Vertrag von McDonald's verlangte von jedem neuen Restaurant, die amerikanische Flagge zu hissen. Kroc wusste, dass die Art, wie man Speisen verkaufte, genauso wichtig war wie der Geschmack des Essens. Er erzählte den Leuten gern, dass er eigentlich nicht in der Gastronomie, sondern im Showgeschäft tätig sei. Die Werbung auf Kinder auszurichten war eine kluge, pragmatische Entscheidung. »Ein Kind, dem unsere Fernsehreklame gefällt«, erklärte Kroc, »und das seine Großeltern zu McDonald's schleppt, bringt uns zwei neue Kunden.«[23]

Das erste Maskottchen der McDonald's Corporation war Speedee, ein zwinkernder kleiner Koch mit einem Hamburger anstelle des Kopfes. Die Figur wurde später in Archie McDonald umbenannt, denn das Maskottchen von Alka Seltzer hieß ebenfalls Speedy, und es schien unklug, zwischen den beiden Marken eine Verbindung herzustellen. 1960 beschloss Oscar Goldstein, Franchisenehmer von McDonald's in Washington D.C., eine Kindersendung im Lokalfernsehen namens *Bozo's Circus* zu sponsern. Bozos Auftritte in einem McDonald's-Restaurant lockten stets viele Zuschauer an. Als der lokale NBC-Sender *Bozo's Circus* 1963 absetzte, beauftragte

Goldstein den Star der Sendung – Willard Scott, der spätere Wettermann der NBC *Today Show* –, einen neuen Clown zu erfinden, der im Restaurant auftrat. Eine Werbeagentur entwarf das Kostüm, Scott lieferte den Namen Ronald McDonald, und ein Star war geboren.[24] Zwei Jahre später stellte die McDonald's Corporation Ronald McDonald im ganzen Land mit einer großen Werbekampagne vor. Die Rolle wurde allerdings nicht mehr von Willard Scott gespielt. Er wurde für zu übergewichtig befunden; McDonald's wollte jemand Schlankeren, der die Burger, Shakes und Pommes frites des Unternehmens verkaufte.

Die Expansion der McDonald's-Restaurantkette Ende der 60er Jahre fiel mit dem sinkenden Erfolg der Walt Disney Company zusammen. Disney selbst lebte nicht mehr, und seine Vision von Amerika umfasste all das, wogegen die Jugendlichen der 60er Jahre revoltierten. Obwohl man McDonald's kaum als Förderer von Vollwertkost und bewusstseinserweiternden Drogen bezeichnen kann, besaß die Kette den großen Vorteil, etwas Neues darzustellen – außerdem hatten Ronald McDonald, seine Kleidung und seine Freunde etwas Abgedrehtes an sich. Als das McDonald's-Maskottchen seinem Rivalen Micky Maus beim Wiedererkennungswert Konkurrenz zu machen begann, schmiedete Kroc Pläne für den Bau eines eigenen Disneyland. Er war ein äußerst wettbewerbsorientierter Mensch, der, wenn möglich, gern alte Rechnungen beglich. »Wenn sie am Ertrinken wären«, sagte Kroc einmal über seine geschäftlichen Konkurrenten, »würde ich ihnen den Wasserschlauch in den Hals stecken.«[25] Kroc plante, 600 Hektar Land nördlich von Los Angeles zu kaufen und dort einen neuen Freizeitpark zu bauen.[26] Der Park wurde vorläufig Western World genannt und sollte Cowboys zum Thema haben. Andere Führungskräfte bei McDonald's waren gegen die Idee, weil sie befürchteten, Western World würde Mittel aus dem Restaurantgeschäft abziehen und Verluste in Millionenhöhe machen. Kroc bot an, das Grundstück mit seinem eigenen

Geld zu kaufen, hörte aber schließlich auf seine Berater und verwarf den Plan. Später erwog die McDonald's Corporation den Kauf von Astro World in Houston. Doch anstatt in einen großen Freizeitpark zu investieren, verfolgte das Unternehmen schließlich einen dezentralen Ansatz und errichtete überall in den USA Spielplätze, die so genannten Playlands und McDonaldlands.

Die Fantasiewelt von McDonaldland entlieh vieles von Walt Disneys Magic Kingdom. Don Ament, ein ehemaliger Szenenbildner für Disney, verlieh McDonaldland sein charakteristisches Aussehen. Richard und Robert Sherman – die unter anderem die Lieder in Disneys *Mary Poppins* und »It's a Great, Big, Beautiful Tomorrow« und »It's a Small World, After All« für Disneyland geschrieben und komponiert hatten – wurden mit den ersten Werbespots für McDonaldland beauftragt. Ronald McDonald, Mayor McCheese und die anderen Figuren in der Werbung machten aus McDonald's mehr als nur ein Restaurant. McDonaldland – mit seinem Hamburgerbeet, den Bäumen mit Apfeltaschen und dem Brunnen mit Fisch-Macs – wies eine entscheidende Gemeinsamkeit mit Disneyland auf. Fast alles war zu verkaufen. Schon bald nahm McDonald's in der Vorstellungswelt der Kleinkinder, dem Zielpublikum der Marketingstrategen, erheblichen Raum ein. Die Restaurantkette erweckte in der Vorstellungswelt der Kinder eine Reihe erfreulicher Imaginationen: leuchtende Farben, ein Spielplatz, Spielzeug, ein Clown, Getränke mit Strohhalm, Essen in handlichen kleinen Happen, die wie ein Geschenk verpackt waren. Wie sein Ex-Kamerad beim Roten Kreuz hatte Kroc es geschafft, den Kindern zusammen mit Pommes frites etwas Immaterielles zu verkaufen.

Kinder als Kunden

Vor 25 Jahren richteten nur wenige amerikanische Unternehmen ihre Marktstrategie auf Kinder aus – Disney, McDonald's, die Hersteller von Süßwaren, Spielzeug und Corn Flakes. Heute sind Kinder die Zielgruppe von Telefongesellschaften, Ölgesellschaften, Automobilbauern, Bekleidungsgeschäften und Restaurantketten. Der explosionsartige Anstieg der Kinderwerbung begann in den 80er Jahren. Viele berufstätige Eltern hatten ein schlechtes Gewissen, weil sie weniger Zeit mit ihren Kindern verbrachten, und gaben daher mehr Geld für sie aus. Ein Marketingexperte bezeichnete die 80er Jahre als »das Jahrzehnt des kindlichen Konsumenten«.[27] Nachdem die Werbewirtschaft Kinder jahrelang ignoriert hatte, wurden sie nun unter die Lupe genommen. Größere Werbeagenturen verfügen heute über Kinderabteilungen, einzelne Marketingfirmen konzentrieren sich sogar gänzlich auf Kinder. Diese Unternehmen haben im Allgemeinen wohlklingende Namen: Small Talk, Kid Connection, Kid2Kid, Gepetto Group, Just Kids, Inc. Wenigstens drei Branchenmagazine – *Youth Market Alert, Selling to Kids* und *Marketing to Kids Report* – befassen sich mit Marktforschung und aktuellen Werbekampagnen. Kinderwerbung wird von den Bemühungen vorangetrieben, nicht nur den aktuellen, sondern auch den zukünftigen Konsum zu steigern. In der Hoffnung, dass nostalgische Kindheitserinnerungen an eine Marke zur lebenslangen Markentreue führen, planen die Unternehmen heute Werbestrategien, die »von der Wiege bis zur Bahre« reichen sollen. Sie haben erkannt, was Ray Kroc und Walt Disney schon vor langer Zeit begriffen hatten: Die »Markentreue« einer Person kann bereits im zarten Alter von zwei Jahren beginnen.[28] Tatsächlich hat die Marktforschung herausgefunden, dass Kinder oft vor ihrem eigenen Namen ein Markenlogo erkennen.[29]

Die mittlerweile eingestellte Werbekampagne mit Joe Camel, bei der eine Zeichentrickfigur den Verkauf der Zigaretten steigern sollte, zeigte, wie leicht sich Kinder von einem geeigneten Maskottchen beeinflussen lassen. Eine Untersuchung, die 1991 im *Journal of the American Medical Association* erschien, kam zu dem Schluss, dass fast alle amerikanischen Sechsjährigen Joe Camel erkannten, er war ihnen beinahe so vertraut wie Micky Maus.[30] Eine weitere Untersuchung zeigte, dass ein Drittel der Zigaretten, die illegal an Minderjährige verkauft wurden, Zigaretten der Marke Camel waren.[31] Eine Marketingagentur führte kürzlich eine Umfrage in Einkaufszentren im ganzen Land durch, in der Kinder ihre liebste Fernsehreklame beschreiben sollten. Laut der CME KidCom Ad Traction Study II, die 1999 bei der Kids' Marketing Conference in San Antonio, Texas, vorgestellt wurde, waren die Spots von Taco Bell mit einem sprechenden Chihuahua die beliebtesten im Bereich Nahrungsmittel. Auch die Spots von Pepsi und Nike schnitten gut ab, des größten Zuspruchs erfreute sich jedoch die Budweiser-Reklame.[32]

Die Werbeflut, die heutzutage auf Kinder einströmt, hat ein konkretes Ziel. »Es geht nicht nur darum, Kinder zum Quengeln zu bringen«, erklärt ein Marketingspezialist in *Selling to Kids*. »Es geht darum, ihnen einen bestimmten Grund zu geben, nach dem Produkt zu verlangen.«[33] Vor Jahren beschrieb der Soziologe Vance Packard Kinder als eine Art »Handelsvertreter«, deren Aufgabe es ist, andere Menschen, insbesondere ihre Eltern, davon zu überzeugen, das zu kaufen, was sie wollten.[34] Heute verwenden Marketingexperten Begriffe wie »Leverage«, »Nudge Factor« und »Pester Power«, um die beabsichtigte Wirkung ihrer Methoden zu erklären: nämlich ganz konkret die Kinder dazu zu bringen, bei den Eltern zu quengeln, und zwar richtig zu quengeln.

James U. McNeal, Professor für Marketing an der Texas A&M University, gilt als führende Autorität auf diesem Gebiet. In seinem Buch *Kids As Customers* (1992) bietet McNeal eine gründliche Analyse der von »Kindern gewünschten Macharten und Reize«.[35] Er unterteilt jugendliche Quengeltaktiken in sieben Hauptkategorien. Das *bettelnde* Quengeln wird von Wortwiederholungen wie »Bitte« oder »Mami, Mami, Mami« begleitet. Das *beharrliche* Quengeln umfasst konstantes Bitten um das gewünschte Produkt und beinhaltet oft den Satz »Ich frage nur noch ein einziges Mal«. *Eindringliches* Quengeln ist extrem penetrant und umfasst subtile Drohungen wie »Na gut, dann frage ich eben Papa«. *Demonstratives* Quengeln ist besonders risikoreich und zeichnet sich oft durch schwere Wutanfälle in aller Öffentlichkeit aus. Dabei hält das Kind die Luft an, weint oder weigert sich, den Laden zu verlassen. *Versüßtes* Quengeln verspricht im Gegenzug für einen Kauf Zuneigung und basiert oft auf scheinbar von Herzen kommenden Erklärungen wie »Du bist der beste Papa auf der ganzen Welt«. *Drohendes* Quengeln ist eine jugendliche Form der Erpressung mit Androhungen, die Eltern auf ewig zu hassen oder wegzulaufen, wenn das Kind etwas nicht bekommt. *Mitleids*quengeln arbeitet damit, dass das Kind todunglücklich sein, von anderen gehänselt oder sozial gebrandmarkt sein wird, wenn die Eltern nicht eine bestimmte Ware kaufen. All diese Bittformen und Varianten können kombiniert werden, wie McNeals Untersuchungen ergaben, »doch Kinder neigen dazu, bei einer oder zwei Varianten zu bleiben, die sich bei den eigenen Eltern ... als besonders effektiv erwiesen haben.«

McNeal tritt nicht dafür ein, aus Kindern brüllende Monster zu machen, die die Luft anhalten, bis sie ihren Willen durchgesetzt haben. Er beschäftigt sich seit über 30 Jahren mit dem »kindlichen Konsumenten« und glaubt an einen traditionelleren Marketingansatz. »Der Schlüssel liegt darin, dass Kinder in einem Unternehmen ... so etwas wie Vater und Mutter, Opa und Oma sehen«, argumentiert der Marktstratege. »Entsprechend kann ein Unternehmen, wenn es sich mit universalen Werten wie Patriotismus, nationaler Verteidigung und Gesundheit in Verbindung bringt, diese Ansichten bei Kindern fördern.«[36]

Bevor Werbestrategen das Verhalten von Kindern beeinflussen können, müssen sie deren Geschmack kennen.[37] Marktforscher führen heutzutage nicht nur Umfragen unter Kindern in Einkaufszentren durch, sondern organisieren auch Fokusgruppen für Kinder, die gerade zwei oder drei Jahre alt sind. Sie analysieren Zeichnungen von Kindern, mieten Kinder für Fokusgruppen, veranstalten Pyjamapartys und fragen die Kinder dann bis tief in die Nacht aus. Marktforscher schicken Kulturanthropologen als »Coolness-Jäger« in Wohnhäuser, Läden, Fastfoodrestaurants und an andere Orte, an denen sich Kinder aufhalten, um deren Verhalten zu beobachten. Marktforscher lesen alles über die kindliche Entwicklung und durchforsten die Arbeiten von Theoretikern wie Erik Erikson und Jean Piaget nach nutzbaren Erkenntnissen. Sie studieren das Fantasieleben kleiner Kinder und verwenden ihre Erkenntnisse dann in der Werbung und bei der Gestaltung von Produkten.

Dan S. Acuff, Präsident von Youth Market System Consulting und Autor von *What Kids Buy and Why* (New York 1997), betont die Bedeutung der Traumforschung. Untersuchungen deuten darauf hin, dass die Träume von Kindern bis zum Alter von ungefähr sechs Jahren zu 80 Prozent von Tieren handeln.[38] Rundliche, weiche Geschöpfe wie der Dinosaurier Barney, Disneys Zeichentrickfiguren oder die Teletubbies sprechen kleine Kinder daher eindeutig an. Character Lab, eine Abteilung von Youth Market System Consulting, verwendet eine eigene Technik namens Character Appeal Quadrant Analysis, um Unternehmen bei der Entwicklung neuer Maskottchen behilflich zu sein. Die Technik soll fiktive Figuren schaffen, die dem Grad der kognitiven und neurologischen Entwicklung der anvisierten Altersgruppe perfekt entsprechen.

Seit Jahren gelten Kinderklubs als effektives Mittel, Werbung zielgruppengerecht zu gestalten und demographische Informationen zu sammeln. Die Klubs sprechen das grundlegende Bedürfnis von Kindern nach Status und Zugehörigkeit an. Einer der Wegbereiter war Disneys Mickey Mouse Club, der bereits 1930 gegründet wurde. In den 80er und 90er Jahren boomten die Kinderklubs. Unternehmen benutzten sie, um an Namen, Adressen und persönliche Kommentare von ihren jungen Kunden zu gelangen. »Werbebotschaften, die über einen Klub vermittelt werden, kann man nicht nur persönlicher gestalten«, erklärt James McNeal, »sondern auch auf ein bestimmtes Alter oder eine geographische Gruppe abstimmen.«[39] Ein gut strukturierter und geführter Kinderklub kann sich enorm positiv auf das Geschäft auswirken. Laut den Angaben einer Führungskraft bei Burger King ist der Absatz von Kindermenüs seit der Gründung des Burger King Kids Club im Jahr 1991 um 300 Prozent gestiegen.[40]

Ein weiteres wichtiges Instrument ist das Internet. Eine von der US-Regierung in Auftrag gegebene Untersuchung der Websites für Kinder kam 1998 zu dem Schluss, dass bei 89 Prozent um persönliche Angaben der Kinder gebeten wurde; nur bei einem Prozent war es erforderlich, dass die Kinder die Genehmigung ihrer Eltern einholten, bevor sie die Informationen weitergaben.[41] Eine Figur auf der McDonald's-Website erklärte den Kindern, Ronald McDonald sei »die oberste Autorität bei allem«.[42] Auf der Site wurden die Kinder ermuntert, Ronald McDonald ihr Lieblingsessen bei McDonald's, ihr Lieblingsbuch, ihre Lieblingsmannschaft und ihren Namen zu nennen.[43] Mittlerweile werden Kinder auf den Websites von Fastfoodketten nicht mehr aufgefordert, persönliche Informationen weiterzugeben, ohne zuvor ihre Eltern zu fragen; dank eines Gesetzes zum Schutz der Privatsphäre von Kindern im Internet, das im April 2000 in Kraft trat, ist dies in den USA inzwischen verboten.

Trotz der wachsenden Bedeutung des Internets bleibt jedoch das Fernsehen das wichtigste Medium für die Kinderwerbung. Deren Auswirkungen wurden lange Zeit kontrovers diskutiert. 1978 versuchte die Federal Trade Commission (FTC), das Verbot sämtlicher Werbespots zu erreichen, die sich an Kinder unter sieben Jahren richteten. Untersuchungen hatten gezeigt, dass kleine Kinder oft nicht den Unterschied zwischen Programm und Werbung erkannten. Sie begriffen auch den eigentlichen Zweck der Werbung nicht und hielten die Werbeversprechen für wahr. Michael Pertschuk, Vorsitzender der FTC, argumentierte, man müsse Kinder vor der Werbung schützen, denn diese nutze ihre Unreife aus.[44]

Das von der FTC vorgeschlagene Verbot wurde von zahlreichen Verbraucherverbänden und Kinderschutzorganisationen unterstützt. Die Industrielobby nutzte ihren Einfluss auf den Kongress und versuchte, Einschränkungen bei der Werbung für Kinder zu verhindern. Im April 1981, drei Monate nach dem Amtsantritt von US-Präsident Ronald Reagan, hieß es in einem internen Bericht der FTC, ein Verbot der auf Kinder ausgerichteten Werbung sei praktisch nicht durchführbar, woraufhin der Vorschlag abgeschmettert wurde. »Wir sind über die vernünftige Empfehlung der FTC sehr erfreut«, verkündete der Vorsitzende der National Association of Broadcasters.[45]

Die Kinderwerbung am Samstagmorgen, die vor 20 Jahren wütende Debatten auslöste, scheint heute eher idyllischen Zeiten zu entspringen. Weit entfernt von einem Verbot, wird die auf Kinder ausgerichtete TV-Werbung heute 24 Stunden am Tag mit zuschaltbaren Untertiteln und in Stereo gesendet. Nickelodeon, Disney Channel, Cartoon Network und andere Kinderkanäle liefern mittlerweile 80 Prozent der Sendungen, die von Kindern gesehen werden.[46] Keiner dieser Sender existierte vor 1979. Ein amerikanisches Kind verbringt heute im Durchschnitt 21 Stunden in der Woche vor dem Fernseher – das sind jedes Jahr etwa eineinhalb Monate. Damit ist jedoch noch nicht die Zeit erfasst, in der sich Kinder mit Videofilmen, Videospielen oder dem Computer beschäftigen. Im Verlauf eines Jahres sieht ein Kind über 30 000 Werbespots.[47] Selbst die Kleinsten sehen viel fern. Etwa ein Viertel der amerikanischen Kinder zwischen zwei und fünf Jahren hat einen Fernseher im Zimmer.[48]

Perfekte Synergie

Fastfoodketten geben etwa drei Milliarden Dollar im Jahr für Fernsehwerbung aus, doch ihre Marketingbemühungen um Kinder gehen weit über konventionelle Werbespots hinaus.[49] Die McDonald's Corporation bietet heute bei ihren Restaurants in den USA über 8000 Spielplätze an, bei Burger King gibt es über 2000 Spielplätze. Ein Hersteller dieser so genannten Playlands erklärt, warum die Fastfoodanbieter die großen Plastikgebilde bauen lassen: »Playlands locken Kinder an, die bringen Eltern mit, und Eltern bringen Geld.«[50] Weil amerikanische Städte und Gemeinden weniger Geld für die Freizeitgestaltung von Kindern ausgeben, sind Fastfoodrestaurants zum Treffpunkt für Familien mit kleinen Kindern geworden. Jeden Monat besuchen etwa 90 Prozent der amerikanischen Kinder im Alter zwischen drei und neun Jahren ein McDonald's.[51] Die Wippen, Rutschen und Behälter mit Plastikbällen haben sich als effektives Lockmittel erwiesen. »Im Grunde genommen«, heißt es in einem Artikel über Fastfood in *Brandweek*, »lautet der Schlüssel zum Herzen der Kinder jedoch Spielzeug, Spielzeug, Spielzeug.«[52]

Die Fastfoodindustrie ging Verbindungen mit den führenden Spielzeugherstellern des Landes ein und verschenkt mit den Kindermenüs einfaches Spielzeug oder verkauft aufwändigere Spielsachen zu günstigen Preisen. Die wichtigsten Spielzeugtrends der vergangenen Jahre – darunter Pokémon-Karten, Cabbage Patch Kids und Tamagotchis – wurden von den Werbeaktionen der Fastfoodketten unterstützt. Eine erfolgreiche Promotion kann den wöchentlichen Umsatz von Kindermenüs leicht verdoppeln oder verdreifachen. Oft bieten die Ketten verschiedene Versionen der Spielsachen an und erreichen damit, dass kleine Kinder und erwachsene Sammler, die den kompletten Satz haben wollen, mehrmals kommen. Im Jahr 1999 brachte McDonald's 80 verschiedene Typen von Furby unters Volk. Laut dem *Tomart's Price Guide to McDonald's*

Happy Meal Collectibles sind einige Fastfood-Gratisbeigaben heute Hunderte von Dollar wert.[53]

Rod Taylor, Kolumnist bei *Brandweek*, bezeichnete die Gratisbeigabe des Teenie Beanie Babys von McDonald's im Jahr 1997 als eine der erfolgreichsten Promotion-Aktionen in der Geschichte der amerikanischen Werbung.[54] Damals verkaufte McDonald's in einer Woche im Durchschnitt 100 Millionen Happy Meals. Selten erzielte eine Marketingbemühung derart außergewöhnliche Umsätze bei ihrer Zielgruppe. Zielgruppe der Happy Meals sind Kinder zwischen drei und neun Jahren; innerhalb von zehn Tagen wurden etwa vier Happy Meals mit Beanie Baby an jedes amerikanische Kind dieser Altersgruppe abgesetzt. Natürlich wurden nicht alle Happy Meals für Kinder gekauft. Viele erwachsene Sammler kauften Teenie Beanie Baby Happy Meals, behielten die Puppen und warfen das Essen weg.

Der Wettbewerb um junge Kunden brachte die Fastfoodketten nicht nur auf Marketing-Allianzen mit Spielzeugfirmen, sondern auch mit Sportverbänden und Hollywood-Studios. McDonald's führte Werbeaktionen mit der National Basketball Association (NBA) und den Olympischen Spielen durch. Pizza Hut, Taco Bell und Kentucky Fried Chicken unterzeichneten einen Dreijahresvertrag mit der National Collegiate Athletic Association. Wendy hat sich mit der National Hockey League zusammengeschlossen. Burger King und Nickelodeon, Denny's und Major League Baseball, McDonald's und Fox Kids Network gingen alle Partnerschaften ein, in denen Werbung für Fastfood mit Unterhaltung für Kinder vermischt wird. Burger King verkaufte Chicken Nuggets in der Form von Teletubbies. McDonald's vertreibt eine eigene Serie von Kindervideos mit Ronald McDonald. *The Wacky Adventures of Ronald McDonald* wird von Klasky-Csupo produziert, dem Unternehmen, das auch *Rugrats* und die *Simpsons* macht. Die Videos zeigen die Figuren aus McDonaldland und werden für 3,49 Dollar verkauft. »Wir sehen darin eine große Chance«, erklärte das

Unternehmen in einer Pressemitteilung, »zur Schaffung einer bedeutungsvolleren Beziehung zwischen Ronald und den Kids.«[55]

Sämtliche Cross-Promotions stärken die Bindungen zwischen Hollywood und der Fastfoodindustrie. In den vergangenen Jahren warben die großen Studios Führungskräfte aus der Fastfoodbranche ab. Susan Frank, ehemals Marketingchefin bei McDonald's, arbeitete später im Marketing bei Fox Kids Network. Heute leitet sie einen neuen, familienorientierten Sender, der Hallmark Entertainment und der Jim Henson Company, dem Erfinder der Muppets, gemeinsam gehört. Ken Snelgrove, der lange Jahre im Marketing bei Burger King und McDonald's arbeitete, ist heute bei MGM beschäftigt. Brad Ball, früher Vorstand Marketing bei McDonald's, leitet heute die Marketingabteilung von Warner Brothers. Kurz nach seinem Wechsel meinte Ball gegenüber dem *Hollywood Reporter*, zwischen dem Verkauf von Filmen und dem Verkauf von Hamburgern bestehe kein großer Unterschied.[56] John Cywinski, ehemals Marketingchef bei Burger King, wurde 1996 Leiter der Marketingabteilung bei Walt Disney Film und wechselte später zu McDonald's. Vierzig Jahre nach Bozos erstem Werbeauftritt bei McDonald's kann man die amerikanische Fastfoodkultur mit all den Marketing-Deals, Gratisbeigaben und dem Austausch von Führungskräften nicht mehr von der Popkultur der amerikanischen Kinder unterscheiden.

Im Mai 1996 unterzeichnete die Walt Disney Company ein zehnjähriges globales Marketingabkommen mit der McDonald's Corporation. Durch die Verbindung mit einem Fastfoodunternehmen erhält ein Hollywoodstudio im Allgemeinen zwischen 25 Millionen und 45 Millionen Dollar an zusätzlicher Werbung für einen Film, was oft eine Verdoppelung des Budgets bedeutet. Diese Lizenzgeschäfte werden normalerweise pro Film ausgehandelt; das Abkommen von 1996 erteilte McDonald's die Exklusivrechte an allen Film- und Videoproduktionen des Studios. Einige Branchenkenner nahmen an, Disney werde von dem Geschäft mehr profitieren, weil das Unternehmen damit eine stete Quelle an Marketingmitteln gewann.[57] Laut den Bedingungen des Vertrags dürfen die Disneyfiguren nicht gezeigt werden, wie sie in einem McDonald's-Restaurant sitzen oder Speisen der Kette verzehren. Zu Beginn der 80er Jahre hatte die McDonald's Corporation Kaufangebote vonseiten Disneys abgelehnt; zehn Jahre später klang die Führungsriege von McDonald's etwas defensiv bei der Erklärung, warum Disney mehr Einfluss auf die Durchführung der gemeinsamen Promotion-Aktionen hatte.[58] »Viele Menschen können sich nicht daran gewöhnen, dass zwei große Weltmarken mit dieser Glaubwürdigkeit eine derartige Arbeitsbeziehung eingehen«, erklärte eine McDonald's-Führungskraft einem Reporter. »Es geht um ihre Freizeitparks, ihren nächsten Film, ihre Figuren, ihre Videos … Das ist größer als ein Hamburger. Langfristig gesehen geht es um die Integration unserer beiden Marken.«[59]

Der Kreis hat sich geschlossen, das Lebenswerk von Walt Disney und Ray Kroc ist in perfekter Synergie vereint. Einst verkaufte McDonald's Hamburger und Pommes frites vor den Freizeitparks von Disney. Das Ethos von McDonaldland und Disneyland, das ohnehin nie weit auseinander lag, ist schließlich eins geworden. Heute kann man ein Happy Meal im »Happiest Place on Earth« kaufen, wie Disney seine Freizeitparks gerne bezeichnet.

Die Essenz der Marke

Den besten Einblick in das Denken der Marketingleute aus der Fastfoodbranche geben ihre eigenen Worte. Das Unternehmen stand vor zahlreichen Problemen. »Der Umsatz geht zurück«, heißt es in einem vertraulichen Memo. »Kunden sagen uns, Burger King und Wendy's machen ihre Arbeit besser und bieten … besseres Essen zu günstigeren Preisen.« Die Marktforschung ergab, dass die Umsätze in einigen Schlüsselbereichen bedroht waren. »Immer mehr Kunden sagen uns«, schrieb eine Führungskraft, »McDonald's sei ein großes Unternehmen, das nur verkaufen wolle ... und zwar so viel wie möglich.« Die emotionale Bindung zu McDonald's, die viele Kunden bereits »als Kleinkinder« ausgebildet hatten, drohte schwächer zu werden. Die neue Rundfunk- und Fernsehwerbung musste den Verbrauchern das Gefühl geben, dass McDonald's sich immer noch um sie bemühte. Das McDonald's von heute musste mit dem McDonald's von damals, das die Leute liebten, in Verbindung gebracht werden. »Die Herausforderung der Kampagne«, schrieb Ray Bergold, Topmanager im Marketing von McDonald's, »besteht darin, die Kunden zu überzeugen, dass McDonald's ihr ›treuer Freund‹ ist.«

Laut diesen Unterlagen sollten die Marketing-Allianzen mit anderen Marken positive Gefühle für McDonald's wecken, indem die Kunden etwas, das sie mochten, mit McDonald's assoziierten. Die Werbung sollte die Pommes frites des Unternehmens mit »der Spannung und Begeisterung« in Verbindung bringen, die viele Menschen für die NBA empfinden. Der Stolz, den die Olympischen Spiele weckten, sollte die Einführung eines neuen Hamburgers mit mehr Fleisch erleichtern. Die Verbindung zur Walt Disney Company galt als besonders wichtig, denn sie sollte »die Wahrnehmung der Marke McDonald's verbessern«. In einem Memo versuchte man, die psychologischen Mechanismen zu erklären, die vielen Besuchen bei McDonald's zugrunde lagen: Eltern gingen mit ihren Kindern zu McDonald's, weil sie »wollen, dass die Kids sie lieben ... es gibt ihnen das Gefühl, gute Eltern zu sein«. Ein Einkauf bei Disney war die »ultimative« Möglichkeit, Kinder glücklich zu machen, doch für jeden Tag war das zu teuer. Die Werbung musste aus diesen Gefühlen Kapital schlagen und den Eltern klar machen, dass sie NUR BEI MCDONALD'S GANZ LEICHT EIN BISSCHEN DISNEY-MAGIE bekommen konnten. Die Werbung, die auf »Minivan-Eltern« abzielte, trug die unausgesprochene Botschaft, dass ein Besuch bei McDonald's die einfachste Möglichkeit bot, »sich als gute Eltern zu fühlen«.

Das grundlegende Ziel der »My McDonald's«-Kampagne, die aus diesen Vorschlägen hervorging, bestand darin, dem Kunden das Gefühl zu geben, dass McDonald's »sich um ihn kümmert« und »ihn kennt«. In einem internen Memo, in dem die Kampagne erklärt wurde, heißt es: »Die Essenz, die McDonald's verkörpert, lautet ›Treuer Freund‹ ... ›Treuer Freund‹ umfasst das Wohlwollen und die einzigartige emotionale Bindung, die Kunden aufgrund ihrer Erfahrungen bei McDonald's empfinden ... Unser Ziel besteht darin, Kunden glauben zu machen, McDonald's sei ihr ›Treuer Freund‹. Beachten Sie bitte, dass dies ohne die Verwendung der Worte ›Treuer Freund‹ erfolgen soll ... Jede Werbung [sollte] ehrlich sein ... Jede Botschaft wird geschmackvoll sein und den Eindruck vermitteln, sie stamme von einem treuen Freund.« Dabei sollten die Worte »treuer Freund« vermieden werden, weil ihre verfrühte Erwähnung »eine Markenessenz abnutzen« könnte, die sich in der Zukunft für den Gebrauch bei verschiedenen nationalen, ethnischen und demographischen Gruppen als wertvoll erweisen könnte. »Treuer Freund« hin oder her, auf der ersten Seite des Memos stand in dicken roten Lettern: »DER GEBRAUCH ODER DIE WEITERGABE DIESES MATERIALS OHNE GENEHMIGUNG KANN EINE ZIVILRECHTLICHE ODER STRAFRECHTLICHE VERFOLGUNG NACH SICH ZIEHEN.«

McTeachers und Coke Dudes

Mittlerweile genügt den Fastfoodketten die Beeinflussung von Kindern über Spielplätze, Spielzeug, Zeichentrickfiguren, Filme, Videos, wohltätige Zwecke und Freizeitparks nicht mehr, auch Preisausschreiben, Spiele und Klubs, Fernsehen, Rundfunk, Zeitschriften und das Internet reichen nicht aus. Jetzt verschaffen sie sich Zutritt zu den letzten werbefreien Bastionen des amerikanischen Lebens. 1993 erwies sich der 11. Distrikt in Colorado Springs als Trendsetter, indem er als erster Schulbezirk in den USA Reklame für Burger King in den Gängen der Schule und an den Seiten der Schulbusse zuließ. Wie viele andere staatliche Schulen in Colorado litt der 11. Distrikt aufgrund wachsender Schülerzahlen und der ablehnenden Haltung der Wähler gegenüber Steuererhöhungen zugunsten der Ausbildung unter Geldmangel. Die ersten Werbeverträge mit Burger King und King Sooper waren für den Bezirk eine Enttäuschung, denn sie brachten gerade mal 37 500 Dollar im Jahr – kaum mehr als einen Dollar pro Schüler.[60] Deshalb entschloss sich die Schulbehörde 1996, bei den anstehenden Verhandlungen die Hilfe eines Profis in Anspruch zu nehmen. Sie verpflichtete Dan DeRose, Präsident von DD Marketing, Inc., aus Pueblo in Colorado. DeRose stellte spezielle Werbepakete für Sponsoren aus der Wirtschaft zusammen. Für 12 000 Dollar bekam ein Unternehmen fünf Anzeigen auf Schulbussen, Werbung in den Gängen aller 52 Schulen des Bezirks, Anzeigen in den Schulzeitungen, ein Banner im Stadion, Anzeigen über der Anzeigentafel der Schule bei Sportveranstaltungen und Gratistickets zu den Sportveranstaltungen der Schulen.

Innerhalb eines Jahres hatte DeRose die Werbeeinnahmen des 11. Distrikts fast verdreifacht.[61] Doch sein größter Erfolg sollte noch kommen. Im August 1997 handelte DeRose einen Zehnjahresvertrag aus, mit dem Coca Cola zum alleinigen Getränkelieferanten des Bezirks wurde. Das Geschäft brachte den Schulen während der Vertragsdauer 11 Millionen Dollar ein (abzüglich der Gebühren für DD Marketing). Außerdem durfte ein Schüler im letzten Jahr der Highschool, der per Losverfahren ausgewählt wurde, gute Noten und keine Fehlzeiten hatte, einen 1998er Chevy Cavalier kostenlos nutzen.

Die Marketingbemühungen des Distrikts wurden schon bald von anderen Schulbezirken in Colorado übernommen. Die Schulbehörde in Colorado Springs war zwar nicht als Erste auf die Idee gekommen, Löcher im Budget des Schulbezirks mit Hilfe von Sponsoren aus der Unternehmenswelt zu stopfen. Doch mit ihren Komplettangeboten und dem systematischen Ansatz hob sie das System auf eine neue Ebene. Hunderte von Schulbezirken überall in den USA treffen mittlerweile ähnliche Arrangements oder ziehen sie zumindest in Erwägung. Amerikanische Kinder verbringen etwa sieben Stunden am Tag und insgesamt 150 Tage im Jahr in der Schule. Diese Stunden waren bislang größtenteils frei von Werbung, Promotion-Aktionen und Marktforschung – für viele Unternehmen ein frustrierender Umstand. Heute vermarkten die Fastfoodketten des Landes ihre Produkte in der Schule über konventionelle Werbekampagnen, Unterrichtsmaterial und Franchiseverträgen beim Schulessen sowie mit Hilfe einer Reihe von unorthodoxen Methoden.

Die Befürworter von Werbung in der Schule argumentieren, sie sei notwendig zur Vermeidung finanzieller Engpässe; Gegner wenden ein, dass die Schulkinder gezwungenermaßen zum Publikum der Marketingstrategen werden. Gesetzlich zum Schulbesuch verpflichtet, würden sie gedrängt, die Werbung zu betrachten, mit der ihre eigene Ausbildung finanziert wird. Potenziell sind amerikanische Schulen Goldgruben für Unternehmen, die auf der Suche nach jungen Verbrauchern sind. »Entdecken Sie Ihren eigenen Gewinnstrom am Schultor«, behauptete eine Broschüre bei der Kids Power Marketing Conference 1997. »Ob es sich nun um Erstklässler handelt, die gerade lesen lernen, oder um Teenager, die ihr erstes Auto kaufen wollen, wir garantieren für die Einführung Ihres Produkts und Ihrer Firma bei den Schülern in der traditionellen Umgebung des Klassenzimmers.«[62]

DD Marketing mit Büros in Colorado Springs und Pueblo hat sich zum führenden Unterhändler für Werbeverträge mit Schulen entwickelt. Dan DeRose begann seine Karriere als Gründer des Minor League Football Systems und fungierte Ende der 80er Jahre als Teambesitzer und Spieler gleichzeitig. 1991 wurde er Sportdirektor an der University of Southern Colorado in Pueblo. Bereits im ersten Jahr sammelte er bei Sponsoren aus der Wirtschaft 250 000 Dollar für die Schulmannschaften. Bald trieb er Millionen Dollar für den Bau von Sportanlagen auf dem Campus auf. DeRose hatte ein Talent dafür, große Unternehmen um Spenden anzugehen, und gründete DD Marketing, um seine Fähigkeiten zugunsten von Schulen und gemeinnützigen Organisationen einzusetzen. Getränkehersteller und Sportschuhfabrikanten unterstützen schon lange das Sportangebot an den Colleges, aber Dan DeRose erkannte schnell, dass die Marketingmöglichkeiten noch nicht ausgeschöpft waren. Nachdem er 1996 sein erstes Angebotspaket für Colorado Springs ausgehandelt hatte, arbeitete er für den Schulbezirk Grapevine-Colleyville in Texas. Die Behörde hätte nie an Werbung gedacht, wie der stellvertretende Leiter dem *Houston Chronicle* erklärte, »wenn wir nicht akut Geld brauchen würden«.[63] DeRose bot nicht nur Werbeflächen in den Gängen, Stadien und auf den Bussen des Schulbezirks an, sondern auch auf Dächern – für die Passagiere, die auf dem nahe gelegenen Flughafen Dallas-Fort Worth starteten und landeten – und für die Voice-Mail-Systeme. »Sie haben den Schulbezirk Grapevine-Colleyville erreicht, stolzer Partner von Dr. Pepper«, lautete eine von DeRose vorgeschlagene Ansage.[64] Obwohl einige Mitarbeiter der Schulbehörde die wilden Ideen des Marketingstrategen aus Colorado mit Skepsis betrachteten, handelte DeRose im Juni 1997 einen Exklusivvertrag zwischen dem Grapevine-Colleyville School District und Dr. Pepper in Höhe von 3,4 Millionen Dollar aus. Schon bald zierte Dr.-Pepper-Reklame die Dächer.

Dan DeRose erläutert Journalisten, dass seine Arbeit den Schulbezirken das Geld bringt, das sie dringend brauchen. Indem er bei den Geboten für Exklusivverträge einen Getränkehersteller gegen den anderen ausspielt, treibt er die Werbepreise der Schulen in die Höhe. »In Kansas City bekamen sie früher 67 Cent pro Kind«, erklärte er einem Reporter, »jetzt sind es 27 Dollar.« Die großen Getränkehersteller mögen De-

Rose nicht und gehen Verhandlungen mit ihm aus dem Weg. Er sieht in ihrer Feindseligkeit ein Zeichen des Erfolgs. DeRose glaubt nicht, dass die Werbung an Schulen die Kinder korrumpiert, und zeigt für Kritiker wenig Verständnis. »Es gibt auch Leute, die Penicillin kritisieren«, meinte er gegenüber der *Fresno Bee*.[65] In den drei Jahren nach seinem bahnbrechenden Vertrag für den 11. Distrikt in Colorado Springs handelte DeRose Verträge für 17 Universitäten und 60 staatliche Schulbezirke aus. Ein Vertrag aus dem Jahr 1997 mit einem Schulbezirk in Derby, Kansas, umfasste die Verpflichtung, ein Pepsi GeneratioNext Resource Center in einer Grundschule einzurichten. Bislang zeichnet DeRose für Verträge mit Getränkefirmen in einer Höhe von über 200 Millionen Dollar verantwortlich.[66] Üblicherweise verlangt er im Vorfeld kein Honorar, sondern nimmt nach Vertragsabschluss eine Provision, die zwischen 25 und 35 Prozent der Gesamteinnahmen liegt.

Die drei großen Getränkehersteller des Landes geben heute hohe Summen dafür aus, den Limonadenkonsum der amerikanischen Kinder zu steigern. Coca Cola, Pepsi und Cadbury-Schweppes (Hersteller von Dr. Pepper) kontrollieren 90,3 Prozent des amerikanischen Marktes, mussten jedoch rückläufige Umsätze in Asien verkraften.[67] Die Amerikaner trinken bereits 210 Liter pro Person und Jahr – das sind 630 Dosen pro Person.[68] Coca Cola hat sich das Ziel gesetzt, den Absatz der unternehmenseigenen Produkte in den USA um mindestens 25 Prozent pro Jahr zu steigern.[69] Der Markt bei den erwachsenen Konsumenten stagniert, daher bietet der erhöhte Absatz von Limonade an Kinder eine willkommene Möglichkeit, die Verkaufsziele zu erreichen. »Die Beeinflussung von Grundschülern ist für die Vermarkter von Soft Drinks sehr wichtig«, heißt es in einem Artikel von *Beverage Industry* im Januar 1999, »weil sich Geschmack und Gewohnheiten von Kindern erst noch ausbilden.«[70] Achtjährige gelten als die idealen Kunden, vor ihnen liegen noch etwa 65 Jahre des Konsums. »Der Auftritt in Schulen ist überaus sinnvoll«, lautet das Fazit des Branchenjournals.

Auch die Fastfoodketten profitieren erheblich, wenn Kinder mehr Limonade trinken. Chicken Nuggets, Hamburger und andere Hauptgerichte der Fastfoodrestaurants haben im Allgemeinen die niedrigste Gewinnspanne, Soft Drinks dagegen die höchste. »Bei McDonald's sind wir dankbar«, berichtete ein Topmanager der *New York Times*, »dass die Leute zum Essen gerne etwas trinken.« Niemand auf der Welt verkauft so viel Coca Cola wie McDonald's. Die Fastfoodketten kaufen den Coca-Cola-Sirup für etwa 4,25 Dollar pro Gallone (4,546 Liter). Eine mittlere Cola, die für 1,29 Dollar verkauft wird, enthält Sirup im Wert von 9 Cent. Kauft man stattdessen eine große Cola, wie es das nette Mädchen hinter der Theke immer vorschlägt, erhält man zusätzlich Sirup im Wert von 3 Cent – was für McDonald's einen weiteren Reingewinn von 17 Cent bedeutet.[71]

»Liquid Candy«, eine Studie des Center for Science in the Public Interest aus dem Jahr 1999, beschreibt, wer von den neuesten Marketingbemühungen der Getränkeindustrie ganz und gar nicht profitiert: die Kinder.[72] 1978 trank ein männlicher Teenager in den USA im Durchschnitt etwa 200 Gramm Limonade am Tag. Heute nimmt er fast die dreifache Menge zu sich und bezieht neun Prozent seiner täglichen Kalorienzufuhr aus Soft Drinks. Der Limonadenkonsum bei den weiblichen Teenagern hat sich im gleichen Zeitraum verdoppelt und liegt heute bei durchschnittlich 340 Gramm pro Tag. Eine beträchtliche Zahl von männlichen Teenagern trinkt heute jeden Tag fünf oder mehr Dosen Limonade. Jede Dose entspricht einer Zuckerzufuhr von zehn Teelöffeln. Coca Cola, Pepsi, Mountain Dew und Dr. Pepper enthalten außerdem Koffein. Diese Limonaden bieten leere Kalorien und haben weitaus nahrhaftere Getränke vom amerikanischen Speiseplan verdrängt. Ein exzessiver Limonadenkonsum in der Kindheit kann zu Kalziumdefiziten führen und erhöht die

Wahrscheinlichkeit für Knochenbrüche. Vor 20 Jahren tranken männliche Teenager in den USA doppelt so viel Milch wie Limonade, heute trinken sie doppelt so viel Limonade. Auch unter amerikanischen Kleinkindern ist der Konsum von Soft Drinks üblich. Etwa ein Fünftel der Ein- und Zweijährigen in den Vereinigten Staaten trinkt Limonade. »In einem besonders verabscheuungswürdigen Marketing-Schachzug«, berichtet Michael Jacobson, Autor von »Liquid Candy«, »fördern Pepsi, Dr. Pepper und Seven Up die Verabreichung von Soft Drinks an Babys, indem sie ihre Logos in Lizenz an einen großen Hersteller von Trinkflaschen vergeben, an Munchkin Bottling, Inc.« Eine 1997 veröffentlichte Untersuchung im *Journal of Dentistry for Children* kam zu dem Schluss, dass tatsächlich viele Kleinkinder aus diesen Flaschen mit Limonade gefüttert wurden.

Die Marketingbemühungen der großen Getränkefirmen in Schulen wurden jedoch nicht überall begrüßt. Behörden in San Francisco und Seattle lehnten die Genehmigung für Werbung an Schulen ab. »Es liegt in unserer Verantwortung, dass die Schulen nicht kommerziellen Interessen, sondern den Kindern dienen«, erklärte ein Mitglied des San Francisco Board of Education.[73] Es kam auch bereits zu Protesten einzelner Schüler. Im März 1998 versammelten sich 1200 Schüler der Greenbriar Highschool in Evans, Georgia, in roter und weißer Kleidung auf dem Parkplatz der Schule, um das Wort »Coke« darzustellen. An der Schule war Pädagogischer Tag zum Thema Coca Cola, und zu diesem Anlass waren eigens mehrere Manager von Coca Cola angereist. Greenbriar High hoffte, den Preis über 500 Dollar zu gewinnen, den man der Highschool mit der besten Idee für die Gestaltung von Coca-Cola-Rabattmarken versprochen hatte. Im Rahmen der Veranstaltung hatten Mitarbeiter von Coca Cola den Schülern Unterricht in Wirtschaft erteilt und mit ihnen einen Coca-Cola-Kuchen gebacken. Ein Fotograf wurde mit einem Kran über dem Parkplatz positioniert, um den menschlichen C-O-K-E-Schriftzug für die Nachwelt aufzunehmen. Als der Fotograf mit den Aufnahmen begann, enthüllte Mike Cameron – ein Greenbriar-Schüler aus der Abschlussklasse, der im Buchstaben C stand –, plötzlich ein T-Shirt mit der Aufschrift »Pepsi«. Seine Aktion machte ebenso wie die Tatsache, dass er sofort vom Unterricht suspendiert wurde, im ganzen Land Schlagzeilen. Die Schulleiterin verkündete, Cameron hätte für seinen Streich eine Woche von der Schule ausgeschlossen werden können, beließ es aber bei einem Tag. »Ich betrachte das nicht als Streich«, erklärte Mike Cameron der *Washington Post*, »ich bin ein Individualist. So bin ich nun einmal.«[74]

Die meisten Werbekampagnen an Schulen sind subtiler als die Aktion »Coke in Education« an der Greenbriar Highschool. Die steigenden Kosten für Schulbücher brachten Tausende von amerikanischen Schulbezirken dazu, Lehrmaterial zu verwenden, das von Unternehmen gesponsert wird. Eine Untersuchung der Consumers Union aus dem Jahr 1998 über diese Lehrmaterialien ergab, dass 80 Prozent tendenziös waren und den Schülern unvollständige oder subjektive Informationen lieferten, die den Produkten und Ansichten des Sponsors den Vorzug gaben. So lehrte *Decision Earth* von Procter & Gamble, dass ein Kahlschlag der Wälder gut für die Umwelt sei, und in Lehrhilfen von der Exxon Education Foundation hieß es, fossile Brennstoffe würden kaum Umweltprobleme schaffen, außerdem seien alternative Energiequellen zu teuer. In einem Arbeitsbuch, das von der American Coal Foundation gesponsert wurde, verharmloste man die Angst vor dem Treibhauseffekt und behauptete, »die Erde kann von einer erhöhten Kohlendioxydmenge eher profitieren als Schaden nehmen«.[75] Die Consumers Union stellte fest, dass das Programm »Book It!« von Pizza Hut – das Kinder, die das angestrebte Leseniveau erreichen, mit einer Pizza belohnt – »stark kommerziell« sei. Im Schuljahr 1999/2000 nahmen etwa 20 Millionen Grundschüler am »Book It!«-Programm teil; vor kurzem erweiterte Pizza Hut die Aktion um eine Million Vorschüler.[76]

Lifetime Learning Systems ist der größte Vermarkter und Hersteller von Lernhilfen, hinter denen Sponsoren aus der Industrie stehen. Die Gruppe nimmt für sich in Anspruch, dass ihre Publikationen von über 60 Millionen Schülern im Jahr verwendet werden. »Jetzt können Sie mit speziellen Lernmaterialien, die in Hinblick auf Ihre spezifischen Marketing-Ziele zusammengestellt wurden, die Klassenzimmer erobern«, verkündet Lifetime Learning in einem Prospekt für Kunden aus dem Unternehmensbereich. »Über diese Materialien werden Ihre Produkte oder Ihre Ansichten zum Mittelpunkt der Diskussionen im Klassenzimmer«, heißt es in einer anderen Broschüre, »... das Kernstück in einem dynamischen Prozess, der ein langfristiges Bewusstsein schafft und eine anhaltende Veränderung in der Einstellung bewirkt.«[77] Die Steuersenkungen, die den amerikanischen Schulen Probleme bereiten, erwiesen sich für Unternehmen wie Exxon, Pizza Hut und McDonald's geradezu als Goldgrube, denn das Geld, das diese Unternehmen für »Ausbildungs«-Materialien aufwenden, lässt sich von der Steuer absetzen.

Fastfoodketten machen Werbung auf Channel One, dem kommerziellen Sender, dessen Programme heute fast an jedem Schultag in Klassenzimmern gezeigt und von acht Millionen Schüler der Middle-, Junior- und Highschools gesehen werden – ein Teenager-Publikum, das 50 Mal größer ist als das von MTV.[78] Fastfoodketten platzieren Werbung bei Star Broadcasting, einem Unternehmen aus Minnesota, das seine Radiosendungen in Schulkorridore, Aufenthaltsräume und Cafeterien überträgt. Außerdem werben die Ketten über den Verkauf von Schulessen für sich. Für eine stärkere Markentreue akzeptieren sie sogar niedrigere Gewinnspannen. Mindestens 20 Schulbezirke in den USA sind Franchisenehmer der Sandwichkette Subway, weitere 1500 Bezirke haben mit Subway Lieferverträge, und neun betreiben Subway-Sandwichwagen.[79] Die Produkte von Taco Bell werden in etwa 4500 Schulkantinen verkauft. Pizza Hut, Domino's und McDonald's verkaufen mittlerweile ebenfalls Speisen in den Schulen des Landes. Die American School Food Service Association schätzt, dass etwa 30 Prozent der staatlichen Highschools in den USA heute Marken-Fastfood anbieten.[80] Grundschulen in Fort Collins, Colorado, servieren an speziellen Tagen Speisen von Pizza Hut, McDonald's und Subway. »Wir versuchen, mehr wie die Fastfoodrestaurants zu wirken, in denen die Kinder einen Großteil ihrer Freizeit verbringen«, erklärte ein Mitglied der Schulbehörde in Colorado gegenüber der *Denver Post.* »Wir wollen, dass die Kids das Schulessen und die Cafeteria cool finden, dass wir ›in‹ sind und nicht wie eine staatliche Anstalt wirken …«[81]

Die neuen Partnerschaften mit der Industrie bringen die Schulbehörden oft in eine unangenehme Lage. Der Vertrag mit Coca Cola, den DD Marketing für den 11. Distrikt von Colorado Springs ausgehandelt hatte, erwies sich als nicht so lukrativ wie anfänglich angenommen.[82] Im Vertrag waren nämlich jährliche Verkaufszahlen festgelegt. Der Schuldistrikt musste in den ersten drei Jahren nach Vertragsabschluss mindestens 70 000 Kisten mit Coca-Cola-Produkten pro Jahr verkaufen, sonst verringerten sich die Zahlungen von Coca Cola. Im Schuljahr 1997/98 verkauften die Grund-, Mittel- und Hochschulen des Bezirks nur 21 000 Kisten. Cara DeGette, Nachrichtenredakteurin der Wochenzeitung *Colorado Springs Independent*, bekam ein Memorandum von John Bushey, einem Mitarbeiter der Schulbehörde, an die Schuldirektoren in die Hände. Am 28. September 1998, zu Beginn des neuen Schuljahrs, informierte Bushey die Rektoren darüber, dass der Getränkeverkauf nicht den Quoten entsprach und deswegen die Einnahmen der Schulen betroffen sein könnten. Den Schülern sollte daher erlaubt werden, Cola-Getränke in die Klassenzimmer mitzunehmen, schlug er vor. Außerdem sollten die Getränkeautomaten so aufgestellt werden, dass die Schüler den ganzen Tag Zugang dazu hätten. »Untersuchungen zeigen, dass der Verkauf eng mit der Verfügbarkeit zusammenhängt«, schrieb Bushey. »Der Schlüssel ist der Standort.« Falls es den Rektoren unangenehm sei, dass die Schüler während des Unterrichts Coca Cola tranken, empfahl er, den Konsum von Fruchtsäften, Tees und Mineralwasser zu erlauben, Getränke des Unternehmens, die ebenfalls an den Automaten verkauft wurden. Am Schluss unterzeichnete John Bushey das Memorandum und gab sich selbst den Beinamen »the Coke Dude« (»der Cola-Typ«).

Bushey verließ Colorado Springs im Jahr 2000 und zog nach Florida. Er ist heute Rektor der Highschool in Celebration, einer geplanten Wohnsiedlung, die von der Celebration Company betrieben wird, einem Tochterunternehmen von Disney.

3. Hinter der Theke

Der Blick von der Gold Camp Road auf Colorado Springs ist spektakulär. Die alte Straße führt vom Stadtrand nach Cripple Creek, einst ein Goldgräbernest mit echten Banditen, heute eine Spielerstadt mit Einarmigen Banditen und Tagesausflüglern aus Aurora. Die Reisebusse fahren auf dem besser ausgebauten Highway 67 nach Cripple Creek, denn die Gold Camp Road ist eine unbefestigte Straße mit engen Haarnadelkurven, ohne Leitplanken und mit zahlreichen jähen Abbruchkanten. Seit Jahren kommen die Schüler der Cheyenne Mountain Highschool am Wochenende hierher, parken an Stellen mit guter Aussicht und feiern Partys. In einer klaren Nacht meint man, die Sterne und die Lichter der Stadt seien miteinander verbunden und würden sich gegenseitig spiegeln. Die Autos und Lastwagen auf der Interstate 25, die nach Denver im Norden und Pueblo im Süden führt, sind winzige, weiße, langsam dahingleitende Punkte. Wo die Stadt in die Prärie übergeht, schwinden die Lichter, am Horizont wirkt das Land dunkler als der Himmel. Wenn die Sonne aufgeht und man alles dort unten erkennen kann, ist der Ausblick allerdings bei weitem nicht mehr so schön.

Eine Fahrt durch die verschiedenen Stadtviertel von Colorado Springs wirkt wie ein Querschnitt durch Sedimentgestein, dessen verschiedene Schichten jeweils einen Schnappschuss einer anderen historischen Epoche bieten. Das Zentrum von Colorado Springs hat sich eine altmodische, eigenständige Atmosphäre bewahrt. Abgesehen von einem Kinko's, einer Bruegger's Bagel Bakery, einem Subway und mehreren Starbucks-Filialen gibt es keine Ladenketten, kein einziger Gap weit und breit. Eine bunte Mischung aus Läden in lokaler Hand säumt die Hauptstraße. Der Chinook Bookshop am nördlichen Ende der Straße verteidigt hartnäckig seine Unabhängigkeit – seine Betreiber zählen noch zu den belesenen und kultivierten Buchhändlern, die heute im ganzen Land immer seltener werden. Dann gibt es noch eine Eisdiele namens Michelle's, die seit fast 50 Jahren besteht, und eine Ecke weiter einen Laden für Westernkleidung namens Lorig's, der die Rancher vor Ort seit 1932 ausstattet. Ein altes Kino mit dem Spitznamen »The Peak«, das mit viel Neon renoviert wurde, besitzt einen Charme, der sich niemals als Massenprodukt reproduzieren ließe. Verlässt man jedoch das Zentrum und fährt Richtung Nordosten, erreicht man eine völlig andere Welt.

Am Nordrand der Stadt in der Nähe des Colorado College gibt es zahlreiche alte viktorianische Häuser und Bungalows im Missionsstil aus der Zeit vor dem Ersten Weltkrieg. Dann kommen Häuser im spanischen Stil und Häuser aus Lehmziegeln, die zwischen den Weltkriegen beliebt waren. Daran schließen sich Häuser mit versetzten Geschossen im Kolonialstil und Häuser im Ranchstil aus den 60er Jahren an, kleine, bescheidene, fröhliche Häuschen.

Doch auf dem Academy Boulevard ist man plötzlich von den harten, handfesten Zeugnissen der Entwicklung Colorados in den vergangenen 20 Jahren umgeben. Endlose Vorstadtviertel mit Namen wie Sagewood, Summerfield und Fairfax Ridge bedecken das Land, Abertausende von fast identischen Häusern – die architektonische Entsprechung des Fastfood – überziehen die Prärie; ohne den geringsten Respekt für die natürliche Form der Landschaft wurden sie auf Hügel und Kammrücken gebaut und schreien förmlich nach einem Blitzeinschlag. Umgeben von Toren, Mäuerchen und mickrigen, frisch gepflanzten Bäumen, die sich im Wind biegen. Die Häuser wirken, als ob sie nicht von Menschenhand, sondern von einer gigantischen Maschine erbaut worden wären, die sie in

der gleichen Form goss und hier fix und fertig fallen ließ. In diesen neuen Teilorten kann man leicht die Orientierung verlieren und stundenlang zwischen Nor'wood, Briargate, Stetson Hills, Antelope Meadows und Chapel Ridge umherirren, ohne je etwas zu finden, das einen Block vom anderen unterscheidet – abgesehen von den Hausnummern. Straßen enden plötzlich ohne Vorwarnung, und Gehsteige führen direkt in die Prärie und in hohe wilde Gräser, die noch nicht in Rasen umgewandelt wurden.

Der Academy Boulevard liegt inmitten dieses wild wuchernden Molochs und fungiert als dessen wichtigste Nord-Süd-Verbindung. Im Abstand von wenigen Kilometern scheinen Fastfoodfilialen in geballter Form sich selbst zu reproduzieren, immer wieder erscheinen längs der Straße Burger King, Wendy's, McDonald's, Subway, Pizza Hut und Taco Bell mit den gleichen Gebäuden und Schildern, einer Endlosschleife gleich. Man kann 20 Minuten lang fahren, kommt an einer weiteren Ballung von Fastfoodrestaurants vorbei und hat das Gefühl, man wäre überhaupt nicht vorwärtsgekommen. Im tagtäglichen Feierabendverkehr, wenn die Autos Stoßstange an Stoßstange stehen, wenn Fahrzeuge, Straße und Ladenketten in Zwielicht getaucht sind und die Berge in der Ferne vorübergehend nicht zu sehen sind, sieht der Academy Boulevard genau wie der Harbor Boulevard in Anaheim aus, er ist nur etwas neuer. Die Straße erinnert an zahllose Einkaufsstraßen in Orange County – und die Ähnlichkeit ist kaum zufällig.

Space Mountain

Die neuen Wohnviertel in Colorado Springs ähneln nicht nur rein äußerlich den Siedlungen in Südkalifornien, sondern werden auch in großer Zahl von Menschen bewohnt, die Kalifornien erst kürzlich verlassen haben. Ein kompletter Lebensstil wurde zusammen mit den wirtschaftlichen Grundlagen von der Westküste in die Rocky Mountains verlegt. Seit Beginn der 90er Jahre zählt Colorado Springs zu den am schnellsten wachsenden Städten des Landes. Die Berge, die klare Luft, weite, offene Räume und das ungewöhnlich milde Klima ziehen Menschen an, die von Verkehr, Kriminalität und Luftverschmutzung in anderen Städten genug haben. Etwa ein Drittel der Einwohner lebt seit weniger als fünf Jahren in der Stadt.[1] In vielerlei Hinsicht ist Colorado Springs heute das, was Los Angeles vor 50 Jahren war – ein Mekka für die desillusionierte Mittelschicht, ein Vorbote kultureller Trends, ein Ausblick in die Zukunft. Seit 1970 hat sich die Einwohnerzahl im Ballungsraum von Colorado Springs mehr als verdoppelt und liegt heute bei etwa einer halben Million.[2] Die Stadt ist ein typisches Beispiel für »Sprawl«, das unkontrollierte Städtewachstum mit geringer Dichte; sie ist flächenmäßig größer als die Zwei-Millionen-Stadt Denver.[3]

Ähnlich wie Los Angeles war Colorado Springs in der ersten Hälfte des 20. Jahrhunderts eine verschlafene Touristenstadt, eine Enklave reicher Kurgäste und Ruheständler, die von Weideland umgeben war. Die Stadt mit dem Spitznamen »Little London« war der Tummelplatz für die Sprösslinge der Finanzleute von der Ostküste, für mittellose Aristokraten und Goldgräber, die in Cripple Creek fündig geworden waren. Die bekanntesten Attraktionen waren das Broadmoor-Hotel und der Garden of the Gods, eine Ansammlung großer Felsformationen. Während der Weltwirtschaftskrise ging der Tourismus stark zurück, viele Menschen zogen weg, etwa ein Fünftel des Wohnraums in der Stadt stand leer.[4] Doch der Ausbruch des Zweiten Weltkriegs bot große wirtschaftliche Chancen. Wie Los Angeles war Colorado Springs schon bald von den staatlichen Rüstungsausgaben abhängig. Die Eröffnung von Camp Carson und der Peterson Army Air Base brachte Tausende von Soldaten in das Gebiet; hinzu kamen eine direkte Kapitalinvestition von 30 Millionen Dollar und eine jährliche Gehaltssumme in doppelter Höhe.[5] Nach dem Krieg wurden in Colorado Springs dank seiner strategischen Lage (in der Mitte des Kontinents, außerhalb der Reichweite sowjetischer Bomber), des angenehmen Klimas und der Freundschaften, die im Broadmoor-Hotel zwischen lokalen Geschäftsleuten und Offizieren der Air Force entstanden waren, mehrere neue Militärstützpunkte errichtet. 1951 wurde das Air Defense Command in die Stadt verlegt, aus der sich schließlich das North American Aerospace Command mit seinem Vorposten im Cheyenne Mountain entwickelte. Drei Jahre später wurden 70 Quadratkilometer im Norden der Stadt als Standort für die neue Air Force Academy ausgewählt. In der Folgezeit wuchs die Zahl der in Colorado Springs stationierten Soldaten und war schließlich höher als die Einwohnerzahl der Stadt vor dem Zweiten Weltkrieg.

Obwohl die lokale Wirtschaft heute wesentlich breiter gefächert ist, hängt noch immer fast die Hälfte der Arbeitsplätze in Colorado Springs vom Militär ab.[6] Während in den 90er Jahren im ganzen Land wichtige Stützpunkte geschlossen wurden, eröffnete man in Colorado Springs neue. Ein Großteil des »Star Wars«-Systems, der Raketenabwehr im Weltraum, wird auf der Schriever Air Force Base einige Kilometer östlich der Stadt entwickelt und getestet, und die Peterson Air Force Base beherbergt eine der neuesten und technisch aufwändigsten Einheiten Amerikas – das Space Command. Dort werden die Militärsatelliten der USA gestartet, betrieben und bewacht, die Raketen des Landes getestet, gewartet und verbessert. Außerdem werden hier die exotischen, im All stationierten Waffen zum Angriff auf feindliche Satelliten, Flugkörper und sogar Ziele am Boden erforscht. Die Mitarbeiter des Space Command glauben, dass die USA über kurz oder lang ihren ersten Krieg im Weltraum führen werden. Sollte es je so weit kommen, steht Colorado Springs im Mittelpunkt des Geschehens. Das Motto der lokalen Luftwaffeneinheit verspricht passenderweise eine neue Form amerikanischer Sprengkraft: »In Your face from Outer Space.«[7]

Die Präsenz der Hightech-Militäranlagen zog Rüstungsfirmen nach Colorado Springs, die überwiegend aus Kalifornien stammten. Kaman Services siedelte sich 1957 an. Hewlett Packard folgte 1962. TRW, ein Unternehmen aus Südkalifornien, eröffnete seine erste Niederlassung in Colorado Springs 1968. Litton Data Systems verlagerte 1976 eine Abteilung von Van Nuys in Kalifornien hierher. Kurz darauf verkaufte Ford Aerospace ein Grundstück mit 40 000 Quadratmetern in Orange County und erwarb mit dem Geld 1,2 Quadratkilometer in Colorado Springs. Heute gehen zahlreiche Rüstungsfirmen in der Stadt ihren Geschäften nach. Die modernen Kommunikationssysteme, die für diese Firmen und das Militär installiert wurden, zogen auch die Hersteller von Computerchips sowie Telemarketing- und Softwareunternehmen in die Stadt. Neben gut ausgebildeten Arbeitskräften und der Lebensqualität ist auch die örtliche Einstellung zur Arbeit ein wichtiger Pluspunkt. In einer von der Industrie- und Handelskammer von Colorado Springs herausgegebenen Broschüre wird vermerkt, dass der Anteil der Gewerkschaftsmitglieder in der privaten Industrie bei 0,0 Prozent liegt.[8] Colorado Springs sieht sich heute als die Hightech-Hauptstadt der Rocky Mountains. Unternehmensführer werben für die Stadt mit Spitznamen wie »Silicon Mountain«, »Space Mountain« und »Space Capital of the Free World«.

Die neuen Unternehmen und Einwohner aus Südkalifornien brachten neue Ansichten mit. R. C. Hoiles, Besitzer des *Orange County Register* und späterer Gründer der Freedom-Zeitungskette, kaufte 1946 die größte Tageszeitung in Colorado Springs, den *Gazette-Telegraph*. Hoiles war politisch konservativ eingestellt, ein Verfechter des Wettbewerbs und des freien Unternehmertums; in seinen Leitartikeln hatte er Herbert Hoover angegriffen, sich zu stark nach links zu orientieren.[9] In den 80er Jahren kaufte die Freedom-Zeitungskette die einzige Konkurrenz der *Gazette* in der Stadt auf, die *Colorado Springs Sun*, eine Zeitung mit liberalerer Einstellung, die ums

Überleben kämpfte. Nach der Übernahme der *Sun* wurden alle Mitarbeiter entlassen, und die Zeitung wurde eingestellt. 1990 beschloss James Dobson, seine religiöse Organisation »Focus on the Family« von Pomona, einem Vorort von Los Angeles, nach Colorado Springs zu verlagern. Dobson ist Kinderpsychologe, Radiomoderator und Autor eines Bestsellers über Kindererziehung, *Dare to Discipline* (»Mut zur Disziplin«, 1970).[10] Er macht schwache Eltern für die Exzesse der Jugend und die Gegenkultur in den 60er Jahren verantwortlich, setzt sich dafür ein, Kinder mit einem »neutralen Objekt« zu verprügeln und ist der Ansicht, dass Eltern Kindern im Vorschulalter zwei grundlegende Botschaften vermitteln müssen: »(1.) Ich liebe dich mehr, als du verstehen kannst, mein Kleines ... (2.) Weil ich dich so liebe, muss ich dich lehren, mir zu gehorchen.« Obwohl Focus on the Family weniger bekannt ist als Jerry Falwells Moral Majority oder Pat Robertsons Christian Coalition, erwirtschaftet Dobsons Organisation wesentlich höhere Einnahmen.[11]

Die Ansiedlung von Focus on the Family trug dazu bei, aus Colorado Springs ein Mekka für christliche Gruppierungen zu machen. Die Stadt war schon immer konservativer als Denver, doch dieser Konservatismus ging normalerweise mit der im amerikanischen Westen üblichen Haltung von leben und leben lassen einher. Doch zu Beginn der 90er Jahre wandten sich religiöse Gruppen in Colorado Springs offen gegen Feminismus, Homosexualität und Darwins Evolutionstheorie. Die Stadt wurde zum Hauptquartier von etwa 60 religiösen Organisationen, von denen einige groß und bekannt waren, andere dagegen sorgsam auf Unauffälligkeit achteten. International Bible Society, Christian Booksellers Association, World Radio Missionary Fellowship, Young Life, Fellowship of Christian Cowboys und World Christian Incorporated, um nur einige zu nennen, siedelten sich in Colorado Springs an.

Heute gibt es keinen einzigen gewählten Amtsinhaber in Colorado Springs – oder in El Paso County, dem umliegenden

Gerichtsbezirk –, der Mitglied der Demokratischen Partei ist. Tatsächlich trat dort für die Wahlen zum Kongress im Jahr 2000 nicht einmal ein demokratischer Kandidat an. Diese politischen Veränderungen der jüngsten Zeit fanden in weniger extremer Form in der gesamten Rocky-Mountains-Region statt. Noch vor einer Generation war sie eines der liberalsten Gebiete des Landes; 1972 waren alle Gouverneure der acht Gebirgsstaaten – Arizona, Colorado, Montana, Nevada, New Mexico, Wyoming, sogar Idaho und Utah – Demokraten. Seit 1998 sind alle Gouverneure dieser Bundesstaaten ebenso wie drei Viertel der entsprechenden Senatoren Republikaner. Die Region hat mehr überzeugte Republikaner vorzuweisen als der amerikanische Süden.[12] Wie in Colorado Springs spielte bei diesem Rechtsruck der enorme Zustrom an weißen Wählern aus der Mittelschicht eine entscheidende Rolle. Zu Beginn der 90er Jahre war Kaliforniens Abwanderungsquote zum ersten Mal in seiner Geschichte höher als die Zuwanderung. Zwischen 1990 und 1995 verließ ungefähr eine Million Menschen Südkalifornien, viele davon zogen in Richtung der Rocky-Mountains-Staaten.[13] William H. Frey, emeritierter Professor für Demographie an der University of Michigan, bezeichnete diese Wanderungsbewegung als »die neue weiße Flucht«.[14] 1998 fiel der Anteil der weißen Bevölkerung in Kalifornien zum ersten Mal seit dem Goldrausch unter 50 Prozent. Der Exodus der Weißen hat auch das politische Gleichgewicht in Kalifornien verschoben und aus der Geburtsstätte der Reagan-Revolution einen der stabilsten demokratischen Bundesstaaten des Landes gemacht.

Viele Probleme, die weiße Familien der Mittelschicht aus Kalifornien vertrieben, treten nun auch in den Rocky-Mountains-Staaten auf. Anfang der 90er Jahre zogen etwa 100 000 Menschen pro Jahr nach Colorado.[15] Allerdings stiegen die Ausgaben der öffentlichen Hand nicht in entsprechendem Maße. Die Wähler in Colorado hatten 1992 eine Taxpayers Bill of Rights erlassen, durch die den öffentlichen Ausgaben enge Grenzen gesetzt wurden. Die Initiative orientierte sich an der kalifornischen Proposition 13 und wurde vor allem von Douglas Bruce verfochten, einem Großgrundbesitzer aus Colorado Springs, der zuvor in Los Angeles gelebt hatte. Ende der 90er Jahre rangierten die Ausgaben für Bildung und Erziehung von Colorado an 49. Stelle unter den Bundesstaaten; die Feuerwehren im ganzen Staat waren unterbesetzt und Teile der Interstate 25 in Colorado Springs waren mit dreimal so viel Autos verstopft, als für die Straße vorgesehen waren.[16] Dabei verfügte die Regierung des Bundesstaats über einen jährlichen Überschuss von 700 Millionen Dollar, den sie aber von Gesetzes wegen nicht zur Lösung dieser Probleme verwenden durfte.[17] Die Entwicklung entlang der Front Range von Colorado ist noch nicht so weit fortgeschritten wie die Zersiedelung in Los Angeles – wo ein Drittel der Oberfläche heute mit Autobahnen, Straßen und Parkplätzen versiegelt ist –, doch das kann noch kommen.[18]

Colorado Springs vermittelt den Eindruck einer Stadt, deren Identität noch nicht festgelegt ist. Viele alteingesessene Bewohner sind gegen den Extremismus der Neuankömmlinge und zeigen dies mit Autoaufklebern, auf denen »Don't Californicate Colorado« steht. Die Stadt ist hin- und hergerissen zwischen verschiedenen Zukunftsvisionen von Amerika. Colorado Springs hat 28 charismatische christliche Gemeinden und fast doppelt so viele Pfandleiher, einen Lord's Vineyard Bookstore und einen First Amendment Adult Bookstore, eine christliche medizinische und zahnmedizinische Gesellschaft und ein Holey Rollers Tattoo Parlor. Es gibt ein christliches Sommerlager, dessen Gründer David Noebel die Gefahren des Rock 'n' Roll in einem Pamphlet mit dem Titel *Communism, Hypnotism, and the Beatles* (»Kommunismus, Hypnotismus und die Beatles«) beschrieben hat. Es gibt ein Lokal für Schwule mit dem Namen The Hide & Seek, wo sich der Verband der schwulen Rodeoreiter trifft. Es gibt einen Schulleiter, der vor kurzem eine Gruppe sechzehnjähriger Mädchen mit Disziplinarstrafen belegte, weil sie ein Buch über Hexerei gelesen und angeblich gehext hatten. Die Verrücktheit, die man früher mit Los Angeles assoziierte, gedeiht nun in Colorado Springs – die merkwürdige kreative Energie, die dort entsteht, wo die Zukunft bewusst geschaffen wird, wo Menschen zwischen Visionären und Spinnern unterscheiden müssen. Zu Beginn eines neuen Jahrtausends scheint dort alles möglich zu sein. Die kulturelle und physische Landschaft von Colorado Springs befindet sich im Umbruch.

Trotz all der öffentlichen Diskussion in Colorado über Luftfahrt, Biotechnologie, Software, Telekommunikation und andere zukunftsträchtige Branchen ist der größte private Arbeitgeber des Bundesstaates die Gastronomie.[19] In Colorado Springs ist die Gastronomie deutlich schneller gewachsen als die Einwohnerzahl. In den vergangenen 30 Jahren hat sich die Zahl der Restaurants verfünffacht, die Zahl der Filialen von Restaurantketten sogar verzehnfacht. 1967 gab es in Colorado Springs insgesamt gerade mal 20 Filialen von Restaurantketten. Heute gibt es allein 21 Filialen von McDonald's.

Die Fastfoodketten profitieren von der unkontrollierten Ausbreitung der Stadt, sie beschleunigen sie und prägen ihre Optik. Mit riesigen Schildern sollen Autofahrer angelockt werden; ohnehin sind Autos in den Augen der Fastfoodunternehmen das, was Raubtiere als ihre Beute betrachten. Die Ketten leben mit dem Verkehr, je mehr, desto besser, und errichten neue Restaurants vorzugsweise an Kreuzungen, an denen man mit einer Verkehrszunahme rechnet und die Erschließung bald beginnt, die Grundstückspreise aber noch niedrig sind. Fastfoodrestaurants dienen oft als Stoßtruppen der Landschaftszersiedelung, sie landen schon früh und weisen anderen den Weg. Einige Ketten folgen gern einem Führer: Wenn ein neues McDonald's eröffnet, machen es ihm bald andere Fastfoodketten nach, weil sie annehmen, es handle sich um einen guten Standort.

Doch trotz der Milliarden, die für Marketing und Promotion

ausgegeben werden, trotz der Werbespots in Rundfunk und Fernsehen, trotz all der Bemühungen, eine Markenbindung zu schaffen, müssen die großen Ketten mit der beunruhigenden Tatsache leben, dass über 70 Prozent der Besuche in Fastfoodrestaurants »impulsiv« erfolgen.[20] Die Entscheidung, anzuhalten und einen Hamburger zu essen, wird ganz spontan getroffen, ohne groß darüber nachzudenken. Die Mehrheit der Kunden plant nicht, bei Burger King, Wendy's oder McDonald's zu essen. Oft hat der Kunde nicht einmal vor, eine Pause für eine Mahlzeit einzulegen – bis er ein Schild sieht, ein bekanntes Gebäude, die goldenen Bögen. Fastfood ist – wie die Artikel neben der Supermarktkasse – ein Impulskauf. Um Erfolg zu haben, müssen Fastfoodrestaurants gesehen werden.

Die McDonald's Corporation hat die Kunst der Standortwahl für ein Restaurant perfektioniert. In den Anfangstagen flog Ray Kroc mit einer Cessna umher und suchte nach Schulen, um in deren Nähe neue Restaurants zu gründen.[21] Später suchte McDonald's mit Hilfe von Hubschraubern neben Highways und Straßen nach billigem Land, das im Zentrum zukünftiger Vororte liegen würde. In den 80er Jahren wurde die Kette zu einem der größten Abnehmer von kommerziellen Satellitenbildern, mit denen sie das Städtewachstum aus dem Weltall vorherzusagen versuchte.[22] Später entwickelte McDonald's ein Computerprogramm namens Quintillion, das die Standortwahl automatisierte, indem es Satellitenbilder mit genauen Karten, demographischen Daten und den Umsatzzahlen bestehender Läden verknüpfte. »Geographische Informationssysteme« wie Quintillion werden heute routinemäßig von Fastfoodketten und Einzelhändlern für die Standortwahl verwendet. Wie es in einer Werbebroschüre heißt, erlaubt die von McDonald's entwickelte Software dem Geschäftsmann, »seine Kunden mit der gleichen Ausrüstung auszuspionieren, wie sie für den Kalten Krieg verwendet wurde«.[23]

McDonald's benutzt Colorado Springs als Teststandort für neue Entwicklungen in der Restauranttechnologie, für Software und Apparate, die Lohnkosten senken und das Fastfood noch schneller zubereiten sollen. Steve Bigari, Besitzer von fünf McDonald's-Restaurants in der Stadt, zeigte mir die neuen Apparate im Restaurant an der Constitution Avenue, einem postmodernen Gebäude mit abgerundeten Formen am Ostrand der Stadt. Die Fahrspuren für das Drive-In haben automatische Sensoren im Asphalt zur Überwachung des Verkehrs. Getränkeroboter wählen die richtigen Becher, füllen Eis und dann das Getränk ein. Mit Druckluft betriebene Spender spritzen immer die gleiche Menge Ketchup oder Senf auf die Brötchen. Ein kompliziert aussehendes Gerät holt tiefgekühlte Pommes frites aus weißen Plastikbehältern, verteilt sie in Drahtkörbe für die Friteuse, senkt sie in das heiße Fett, holt sie ein paar Minuten später wieder heraus, schüttelt sie kurz, gibt sie wieder ins Fett, bis die Pommes frites genau die richtige Beschaffenheit haben, und kippt sie dann unter Heizlampen, wo sie knusprig bleiben, bis sie serviert werden. Monitore in der Küche zeigen sofort die Kundenbestellungen an. Die Küche wird im Grunde von Computersoftware gesteuert, sie teilt den Mitarbeitern die Aufgaben gemäß der höchsten Effizienz zu und sagt zukünftige Bestellungen aufgrund des Kundenstroms voraus.

Bigari, ein freundlicher, gutmütiger Mann, war begeistert von seiner Arbeit und stolz auf die neuen Apparate. Er erklärte mir, dass die neue Software die »Just in Time«-Produktionsphilosophie der japanischen Automobilhersteller auf die Fastfoodindustrie übertrage und McDonald's diese Philosophie in »Made for You« umbenannt habe. Während er mir einen Apparat nach dem anderen vorführte – darunter auch eine Speisekarte in Form eines Minicomputers, der Bestellungen per Funk übermittelt –, legte ein Trupp Bauarbeiter auf der anderen Straßenseite letzte Hand an einen neuen Vorort namens Constitution Hills an. Die Straßen trugen patriotische Namen, und die Viehfarm am anderen Ende der Straße stand zum Verkauf.

Durchsatz

Jeden Samstag steht Elisa Zamot um 5.15 Uhr morgens auf. Ein harter Kampf. Ihre kleinen Schwestern Cookie und Sabrina schlafen noch tief und fest. Um 5.30 Uhr hat Elisa geduscht, sich frisiert und die McDonald's-Uniform angezogen. Sie ist sechzehn, hübsch und zierlich, hat strahlende Augen und eine olivfarbene Haut. Elisa ist bereit für die Arbeit des Tages. Normalerweise fährt ihre Mutter sie die etwa 800 Meter zum Restaurant, doch manchmal geht Elisa auch zu Fuß und verlässt das bescheidene Haus bereits vor Sonnenaufgang. Es liegt an einem viel befahrenen Highway im Süden von Colorado Springs in einem Arbeiterviertel. Den ganzen Tag über hört man im Haus das Rauschen der vorbeifahrenden Autos. Doch wenn Elisa zur Arbeit aufbricht, sind die Straßen noch ruhig, der Himmel ist dunkel, und in den kleinen Häusern und Wohnungen an der Straße brennt noch kein Licht.

Bei McDonald's lässt der Manager sie hinein. Manchmal ist das Ehepaar, das die Reinigungsarbeiten durchführt, noch nicht ganz fertig. Häufiger jedoch sind Elisa und der Manager allein im Restaurant mit seinem leeren Parkplatz. Während der nächsten Stunde bereiten die beiden alles vor. Sie schalten die Öfen und Grills ein. Sie gehen in den Keller und holen Lebensmittel und Vorräte für die Morgenschicht: Pappbecher, Einpackpapier, Pappschachteln und Gewürze; aus dem großen Kühlraum Speck, Pancakes und Schneckennudeln, Bratkartoffeln, Brötchen und McMuffins. Sie holen die Tetrapaks mit der Fertigmischung für Rührei und das Orangensaftkonzentrat. Oben beginnen sie dann mit der Zubereitung, bevor die ersten Kunden eintreffen. Einige Sachen werden in der Mikrowelle aufgetaut, andere auf dem Grill gebraten. Die fertigen Speisen kommen in spezielle Warmhaltebehälter.

Das Restaurant öffnet um 7 Uhr. Etwa eine Stunde lang halten Elisa und der Manager die Stellung und bedienen sämtliche Kunden allein. Wenn der Andrang stärker wird, beginnen andere Angestellte mit ihrer Schicht. Elisa arbeitet hinter der Theke. Sie nimmt die Bestellungen an und reicht den Kunden vom Frühstück bis zum Mittagessen die vollen Tabletts. Wenn sie schließlich nach sieben Stunden hinter der Kasse den Heimweg antritt, tun ihr die Füße weh. Sie ist fix und fertig. Daheim lässt sie sich auf die Couch im Wohnzimmer fallen und schaltet den Fernseher an. Am nächsten Morgen steht sie wieder um 5.15 Uhr auf, und alles fängt von vorne an.

Entlang des Academy Boulevard, des South Nevada Drive, Circle Drive und der Woodman Road halten Teenager wie Elisa den Betrieb in den Fastfoodrestaurants von Colorado Springs aufrecht. Das Geschehen in den Küchen der Fastfoodketten wirkt oft wie eine Szene aus *Bugsy Malone*, einem Film, in dem alle Schauspieler Kinder sind und so tun, als seien sie Erwachsene. In keiner anderen Industrie in den USA sind so viele Heranwachsende tätig. Etwa zwei Drittel der in Fastfoodrestaurants Beschäftigten sind jünger als 20 Jahre.[24] Teenager öffnen die Filialen am Morgen, schließen sie in der Nacht und erledigen in der übrigen Zeit alle anderen anfallenden Arbeiten. Selbst die Manager und Assistant Manager sind manchmal noch keine zwanzig. Dabei erfordert die Arbeit in einer Fastfoodküche keineswegs speziell jugendliche Angestellte. Anstatt auf eine kleine, stabile, gut bezahlte und gut ausgebildete Belegschaft zu vertrauen, bevorzugt die Fastfoodindustrie ungelernte Teilzeitkräfte, die eine niedrige Bezahlung akzeptieren. Teenager sind die perfekten Kandidaten für diese Jobs, weil sie nicht nur weniger kosten, sondern auch aufgrund ihrer jugendlichen Unerfahrenheit leichter zu kontrollieren sind.

Die Beschäftigungspraktiken der Fastfoodindustrie haben ihren Ursprung in der Fließbandfertigung, die von den amerikanischen Herstellern zu Beginn des 20. Jahrhunderts übernommen wurde. Der Wirtschaftshistoriker Alfred D. Chandler argumentiert, dass ein hoher »Durchsatz« der wichtigste Aspekt dieser Systeme der Massenfertigung war.[25] Der Durchsatz einer Fabrik beinhaltet Geschwindigkeit und Volumen ihrer Fertigung – laut Chandler ein wesentlich wichtigeres Maß als die Zahl der Beschäftigten oder der Wert der Maschinen. Mit innovativer Technologie und richtiger Organisation können wenige Arbeiter billig eine enorme Gütermenge produzieren.

Obwohl die Brüder McDonald den Begriff »Durchsatz« vermutlich nie gehört hatten und nichts mit »wissenschaftlichem Management« anfangen konnten, begriffen sie instinktiv die grundlegenden Prinzipien und wandten sie auf das Speedee Service System an. Das von ihnen entwickelte Betriebssystem für Restaurants wurde in den vergangenen 50 Jahren häufig kopiert und verfeinert. Die Idee der Fließbandproduktion bildete jedoch stets den Kern und hat die Arbeitsbedingungen von Millionen Amerikanern beeinflusst, aus Gastronomieküchen kleine Fabriken gemacht und altvertraute Speisen in industriell gefertigte Waren verwandelt.

In den Burger-King-Restaurants werden die gefrorenen Hackfleischportionen auf ein Fließband gelegt und in einen Grill befördert, aus dem sie 90 Sekunden später fertig gebraten wieder herauskommen. Auch bei den Öfen von Pizza Hut und Domino's werden Fließbänder benutzt, um standardisierte Backzeiten zu gewährleisten. Die Öfen bei McDonald's sehen mit ihren großen Stahlhauben, die rauf- und runterfahren und die Hamburger von beiden Seiten gleichzeitig braten, wie Wäschemangeln aus. Burger, Hühnchen, Pommes frites und Brötchen treffen alle tiefgekühlt bei McDonald's ein. Milchshakes und Soft Drinks werden als Sirup geliefert. In den Restaurants von Taco Bell werden die Speisen nicht zubereitet, sondern »montiert«. Die Guacamole wird nicht in der Küche zubereitet, sondern in einer Fabrik in Michoacán in Mexiko hergestellt, tiefgekühlt und dann in den Norden verfrachtet.[26] Das Fleisch für die Tacos wird tiefgekühlt und vorgebraten in Vakuumverpackungen angeliefert. Die Bohnen sind gefriergetrocknet und sehen aus wie bräunliche Cornflakes. Der Kochvorgang ist sehr einfach. »Man gibt bei allem Wasser dazu«, berichtete mir ein Angestellter von Taco Bell. »Einfach heißes Wasser.«

Obwohl Richard und »Mac« McDonald die Arbeitsteilung in der Gastronomie einführten, wurde das eigentliche Produktionssystem des hohen Durchsatzes und der Detailversessenheit erst von einem McDonald's-Mitarbeiter namens Fred Turner geschaffen. 1958 erstellte Turner ein Handbuch für Betrieb und Ausbildung. Darin wurde auf 75 Seiten fast jeder Handgriff exakt festgelegt. So mussten Hamburger stets in sechs akkuraten Reihen auf den Grill gelegt werden und die Pommes frites waren genau 0,71 Zentimeter dick. Das McDonald's-Betriebshandbuch von heute hat zehnmal so viele Seiten und wiegt knapp zwei Kilo. Im Unternehmen als »die Bibel« bekannt, umfasst es genaue Instruktionen, wie die verschiedenen Geräte benutzt werden sollen, wie jedes Gericht auf der Speisekarte auszusehen hat und wie die Angestellten Kunden begrüßen sollen. Unternehmer, die sich nicht an die Vorschriften halten, können ihre Franchiselizenz verlieren. Die Zubereitungsangaben stehen nicht nur im Handbuch, sondern sind oft schon in die Maschinen integriert. In einer McDonald's-Küche summt und blinkt es überall, damit die Angestellten wissen, was zu tun ist.

An der Theke erteilen die Computerkassen ihre eigenen Befehle. Wenn eine Bestellung abgegeben wurde, leuchten Tasten auf und schlagen weitere Menübestandteile zur Ergänzung vor. Die Mitarbeiter hinter der Theke sind angewiesen, den Umfang einer Bestellung zu erhöhen, indem sie Sonderangebote empfehlen, nach einem Dessertwunsch fragen oder auf die Ersparnis beim Kauf eines größeren Getränks hinweisen. Dabei sollen sie stets fröhlich und freundlich wirken. »Lächeln Sie bei der Begrüßung und hinterlassen Sie einen positiven ersten Eindruck«, rät ein Ausbildungshandbuch von Burger King. »Zeigen Sie, dass SIE SICH FREUEN, DEN KUNDEN ZU SEHEN. Achten Sie bei der fröhlichen Begrüßung auf Augenkontakt.«[27]

Die strikte Reglementierung in den Fastfoodrestaurants schafft standardisierte Produkte und erhöht den Durchsatz. Und sie verleiht den Unternehmen große Macht über ihre Angestellten. »Wenn das Management genau festlegt, wie jede Aufgabe erledigt werden muss ... und seine eigenen Vorschriften zu Tempo, Leistung, Qualität und Technik durchsetzt«, stellt der Soziologe Robin Leidner fest, »sind die Mitarbeiter in zunehmendem Maße austauschbar.«[28] Das Management ist nicht mehr auf deren Kenntnisse oder Fertigkeiten angewiesen, denn diese sind bereits in die Betriebssysteme und Maschinen einprogrammiert. Jobs, die so vereinfacht wurden, sind leicht zu besetzen. Die Bindung an einen bestimmten Mitarbeiter wird durch die Leichtigkeit, mit der er ersetzt werden kann, deutlich verringert.

Das rapide Wachstum der Branche fiel mit der Zeit zusammen, als die starken Jahrgänge des Babybooms ins arbeitsfähige Alter kamen. Teenager waren in vielerlei Hinsicht ideale Kandidaten für die Niedriglohn-Jobs. Da die meisten noch zu Hause lebten, konnten sie für Löhne arbeiten, die einen Erwachsenen nicht ernährt hätten, außerdem boten sich ihnen aufgrund ihrer geringen Qualifizierung bis dahin nur wenige andere Beschäftigungsmöglichkeiten. Ein Job in einem Fastfoodrestaurant wurde zum amerikanischen Initiationsritus in die Arbeitswelt, eine erste Beschäftigung, die schon bald zu Gunsten besserer Angebote aufgegeben wurde. Die flexiblen Arbeitszeiten in der Fastfoodindustrie lockten auch Hausfrauen, die ein zusätzliches Einkommen brauchten. Als die Zahl der Teenager wegen geburtenschwächerer Jahrgänge zurückging, stellten die Fastfoodketten andere Beschäftigte ein: Immigranten, die noch nicht lange im Land waren, Senioren und Behinderte.

Bei mindestens 16 Prozent der in der amerikanischen Gastronomie Beschäftigten ist Englisch nur die Zweitsprache, etwa ein Drittel dieser Gruppe spricht überhaupt kein Englisch.[29] In der Fastfoodbranche ist der Anteil der Angestellten ohne Englischkenntnisse sogar noch höher. Viele kennen nur die Namen der Gerichte auf der Speisekarte; sie sprechen »McDonald's-Englisch«.

Die Fastfoodindustrie beschäftigt heute einige der am stärksten benachteiligten Mitglieder der amerikanischen Gesellschaft. Oft lehrt sie Menschen, die kaum lesen können, ein unregelmäßiges Leben führen oder generell von der Gesellschaft ausgeschlossen sind, erst einmal grundlegende Arbeitsanforderungen wie etwa pünktlich zur Arbeit zu kommen. Viele Franchisenehmer kümmern sich um das Wohl ihrer Mitarbeiter. Doch die Haltung der Fastfoodindustrie zu Fragen wie Mitarbeiterschulung, Mindestlöhnen, Gewerkschaften und Überstundenzuschlägen deutet darauf hin, dass ihre Motive für die Einstellung von Jugendlichen, Armen und Behinderten nicht gerade von Nächstenliebe geprägt sind.

Streicheleinheiten

Bei einer Konferenz für Gastronomiebedarf traten 1999 die amerikanischen Topmanager von Burger King, McDonald's und Tricon Global Restaurants, Inc. (Besitzer von Taco Bell, Pizza Hut und Kentucky Fried Chicken) zu einer Diskussionsrunde zusammen und sprachen über Arbeitskräftemangel, Weiterbildung für Mitarbeiter, Computerisierung und die moderne Küchentechnologie.[30] Die drei Branchenriesen beschäftigen heute etwa 3,7 Millionen Menschen weltweit, betreiben ungefähr 60 000 Restaurants und eröffnen alle zwei Stunden ein neues. Nachdem die Führungskräfte ihren intensiven Wettbewerb um die Gunst der Kunden für einen Moment beiseite geschoben hatten, erkannten sie, dass sie bei Beschäftigungsfragen und Arbeitsbedingungen völlig einer Meinung waren. »Wir sind zu dem Schluss gekommen, dass wir einander unterstützen sollten«, erklärte Dave Brewer, Vice President der technischen Entwicklungsabteilung bei KFC. »Zur Unterstützung dieser Industrie haben wir uns zu einem Team zusammengeschlossen.« Eines der wichtigsten gemeinsamen Ziele war die Weiterentwicklung der Küchengeräte, damit weniger Geld für die Schulung der Mitarbeiter ausgegeben werden musste. »Die Ausrüstung muss so einfach zu bedienen sein, dass man seine Arbeit eher richtig als falsch erledigt«, riet Jerry Sus, leitender Ingenieur für technische Ausstattung bei McDonald's. »Je einfacher die Benutzung für den Mitarbeiter ist, desto weniger müssen wir ihn schulen.« John Reckert – Direktor für Strategie, Forschung und Entwicklung bei Burger King – zeigte sich hinsichtlich der Vorteile neuer Technologien optimistisch. »Wir können Geräte entwickeln, die nur auf eine Art funktionieren«, erklärte er. »Heute gibt es noch viele Möglichkeiten, wie ein Mitarbeiter sie falsch benutzen und die Produktion zum Stocken bringen kann ... Wenn ein Gerät nur eine Möglichkeit zulässt, muss man nicht viel schulen.« Anstatt der Belegschaft schriftliche Anweisungen zu erteilen, schlug ein Diskussionsteilnehmer vor, auf Fotografien der Speisen und Getränke zu vertrauen. »Wenn Anweisungen erforderlich sind, sollte man sie ganz einfach formulieren, auf dem Niveau eines Fünftklässlers, und sie in Spanisch und Englisch aufschreiben.« Alle Topmanager waren sich darüber einig, dass »Null-Training« das Ideal der Fastfoodindustrie sei, auch wenn man es vielleicht nie ganz erreichen könne.

Während in aller Stille enorme Summen für die Forschung und Technologie zur Vermeidung von Mitarbeiterschulungen ausgegeben werden, kassieren die Fastfoodketten hunderte Millionen Dollar an staatlichen Subventionen für die »Schulung« ihrer Mitarbeiter. Dank staatlicher Programme wie Targeted Jobs Tax Credit und dessen Nachfolger Work Opportunity Tax Credit beanspruchten die Ketten jahrelang Steuervergünstigungen von bis zu 2400 Dollar für jeden neuen Niedriglohnarbeiter, den sie einstellten. 1996 kam eine Untersuchung des amerikanischen Arbeitsministeriums zu dem Ergebnis, dass 92 Prozent dieser Beschäftigten ohnehin eingestellt worden wären – und dass die neue Beschäftigung ein Teilzeitjob war, wenig Schulungen beinhaltete und keinerlei zusätzliche Leistungen bot.[31] Eigentlich waren die Subventionsprogramme dafür gedacht, Unternehmen zu unterstützen, die Armen eine Ausbildung boten.

Versuche, die Subventionszahlungen einzustellen, wurden vom National Council of Chain Restaurants und seinen Verbündeten im Kongress strikt abgelehnt. Das Work Opportunity Tax Credit Program wurde 1996 erneuert. Für das folgende Jahr wurden 385 Millionen Dollar bereit gestellt.[32] Fastfoodrestaurants mussten einen Mitarbeiter nur 400 Stunden beschäftigen, um das Geld zu bekommen – und erhielten natürlich wieder Geld, wenn der Mitarbeiter kündigte und ein anderer eingestellt wurde. Die amerikanischen Steuerzahler haben die starke Personalfluktuation in dieser Industrie subventioniert, indem sie Steuerbefreiungen für Arbeitnehmer boten, die nur wenige Monate beschäftigt waren und keine Ausbildung erhielten. Die Branchenorganisation, die zur Erhaltung der staatlichen Subventionen gebildet wurde, nennt sich »Committee for Employment Opportunities« (Ausschuss für Beschäftigungschancen). Bill Signer, ihr wichtigster Lobbyist, erklärte dem *Houston Chronicle*, es sei nichts Falsches an der Verwendung staatlicher Subventionen zur Schaffung schlecht bezahlter, kurzfristiger Jobs ohne Ausbildung. Zur Rechtfertigung der minimalen Schulung, die diese Beschäftigten erhalten, meinte Signer: »Sie müssen krabbeln lernen, bevor sie gehen können.«[33]

Die Mitarbeiter, von denen die Fastfoodindustrie das Krabbeln erwartet, stellen heute die bei weitem größte Gruppe der Niedriglohnempfänger in den USA. Im Land gibt es etwa eine Million Erntehelfer und 3,5 Millionen Beschäftigte im Fastfoodbereich.[34] Erdbeerpflücken ist sicher mühsamer als die Zubereitung von Hamburgern, doch beide Tätigkeiten werden mit Menschen besetzt, die jung, ungelernt und bereit sind, gegen geringe Bezahlung viele Stunden lang zu arbeiten. Der Personalwechsel bei beiden Tätigkeiten zählt zu den höchsten in der amerikanischen Wirtschaft. In der Fastfoodindustrie liegt die jährliche Fluktuationsrate zwischen 300 und 400 Prozent, das heißt, ein Beschäftigter wird im Durchschnitt alle drei bis vier Monate entlassen oder kündigt selbst. [35]

Der Anteil der Mindestlohnempfänger ist in der Fastfoodindustrie höher als in jeder anderen amerikanischen Branche.[36] Folglich gehört ein niedriger Mindestlohn seit langem zur Unternehmensplanung. Von 1968 bis 1990, als die Fastfoodindustrie die höchste Wachstumsrate aufwies, sank der reale Wert des amerikanischen Mindestlohns um fast 40 Prozent. Ende der 90er Jahre war der Realwert des amerikanischen Mindestlohns immer noch um 27 Prozent niedriger als Ende der 60er Jahre.[37] Dennoch wehrt sich die National Restaurant Association (NRA) vehement gegen eine Erhöhung des Mindestlohns auf staatlicher, bundesstaatlicher oder lokaler Ebene. Etwa 60 große Fastfoodunternehmen – darunter Jack in the Box, Wendy's, Chevy's und Red Lobster – unterstützen einen Gesetzentwurf, der den staatlichen Mindestlohn im Grunde abschaffen würde, indem er den einzelnen Bundesstaaten erlaubt, sich darüber hinwegzusetzen. Pete Meersman, Präsident der Colorado Restaurant Association, empfiehlt ein staatliches Gastarbeiterprogramm, mit dem billige ausländische Arbeitskräfte für die Gastronomie ins Land geholt werden können.[38]

Während die Reallöhne der in der Gastronomie Beschäftigten in den vergangenen 30 Jahren zurückgingen, stiegen die Verdienste der Topmanager erheblich. Laut einer Umfrage von *Nation's Restaurant News* aus dem Jahr 1997 betrug die durchschnittliche Bezahlung für Führungskräfte 131 000 Dollar im Jahr, eine Steigerung um 20 Prozent gegenüber dem Vorjahr.[39] Die Hebung des Mindestlohns um einen Dollar würde die Kosten eines Hamburgers um etwa zwei Cent erhöhen.[40]

1938, in der Talsohle der Weltwirtschaftskrise, verabschiedete der amerikanische Kongress ein Gesetz, mit dem die Ausbeutung der wehrlosen amerikanischen Arbeiter verhindert werden sollte. Der Fair Labor Standards Act legte den ersten staatlichen Mindestlohn des Landes fest und schränkte die Kinderarbeit ein. Außerdem schrieb er vor, Beschäftigten, die über 40 Stunden in der Woche arbeiteten, für jede zusätzliche Stunde Überstundenlohn zu bezahlen. Der Überstundenlohn wurde auf mindestens das Anderthalbfache des regulären Lohns festgesetzt.

Heute haben nur wenige Angestellte in der Fastfoodindustrie ein Anrecht auf Überstundenzahlungen – und noch weniger erhalten sie. Etwa 90 Prozent der Beschäftigten werden pro Stunde bezahlt, erhalten keine Zusatzleistungen und werden nur zur Arbeit gerufen, wenn sie gebraucht werden.[41] Wenn es viel zu tun gibt, müssen sie länger als üblich bleiben, wenn es wenig zu tun gibt, werden sie früher heimgeschickt. Die Geschäftsführung achtet darauf, dass niemand mehr als 40 Stunden in der Woche arbeitet, damit keine Überstunden bezahlt werden müssen. In einem typischen McDonald's- oder Burger-King-Restaurant sind etwa 50 Mitarbeiter beschäftigt. Sie arbeiten im Durchschnitt 30 Stunden in der Woche.[42] Dadurch werden die Lohnkosten auf ein Minimum reduziert.

Nur die wenigsten Mitarbeiter sind fest angestellt. Ein Fastfoodrestaurant mit 50 Mitarbeitern beschäftigt vier bis fünf Manager und Assistant Manager. Sie verdienen etwa 23 000 Dollar im Jahr und erhalten normalerweise Zahlungen für die Krankenversicherung sowie andere Zusatzleistungen oder eine Beteiligung am Umsatz.[43] Sie haben Chancen auf eine Karriere im Unternehmen, müssen dafür aber auch zahlreiche unentgeltliche Überstunden leisten und arbeiten oft bis zu 70 Stunden in der Woche. Die Fluktuation unter Assistant Managern ist besonders hoch. Die Tätigkeit bietet wenig Gelegenheiten, eigenständige Entscheidungen zu treffen. Computerprogramme, Ausbildungshandbücher und die Maschinen in der Küche bestimmen jeden Handgriff.

Fastfoodmanager haben die Macht, Mitarbeiter einzustellen, zu entlassen und einzuteilen. Ein Großteil ihrer Arbeitszeit wird auf die Motivation der Belegschaft verwendet. In Ermangelung guter Bezahlung und sicherer Anstellung versuchen die Ketten, in ihrer jungen Belegschaft »Teamgeist« zu wecken. Mitarbeitern, die nicht fleißig sind, zu spät kommen oder nicht gerne länger arbeiten, wird das Gefühl vermittelt, sie würden allen anderen das Leben schwer machen und ihre Kollegen im Stich lassen. Seit Jahren bietet die McDonald's Corporation ihren Managern Schulungen zur »Transaktionsanalyse« an, psychologische Techniken, die mit dem Buch *I'm OK – You're OK* von Thomas A. Harris (1969, dt. *Ich bin O.K., Du bist O.K.*) populär wurden.[44] Eine dieser Techniken heißt »Stroking« (Streicheleinheiten) – eine Mischung aus positiver Verstärkung, bewusstem Lob und Anerkennung, die viele Teenager zu Hause nicht bekommen. Die »Streicheleinheiten« können einem Mitarbeiter das Gefühl vermitteln, dass sein Beitrag wirklich geschätzt wird. Außerdem ist diese Methode deutlich günstiger als eine Gehaltserhöhung oder Überstundenzuschläge.

Häufig belohnen Fastfoodketten die Manager, die ihre Lohnkosten niedrig halten; eine Maßnahme, die zu Missbrauch führt. 1997 kamen Geschworene im Bundesstaat Washington zu dem Schluss, dass Taco Bell seine Belegschaft systematisch gezwungen hatte, ohne Stechuhr zu arbeiten, damit sie keine Überstundenbezahlungen erhielten. Die Bonusleistungen für die Restaurantleiter von Taco Bell waren an ihren Erfolg bei der Senkung der Lohnkosten gebunden. Die Manager hatten dafür verschiedene kreative Möglichkeiten ersonnen. Mitarbeiter mussten warten, bis es im Restaurant viel zu tun gab, bevor sie mit ihrer Schicht begannen. Die Restaurantreinigung musste von den Mitarbeitern außerhalb der Arbeitszeit erledigt werden. Manchmal wurde die Belegschaft sogar mit Essen anstelle von Geld bezahlt.[45] Bei vielen der betroffenen Mitarbeiter handelte es sich um Minderjährige und Immigranten, die noch nicht lange im Land waren. Bevor es bei dem Prozess in Washington zu einer Verurteilung kam, einigten sich beide Seiten außergerichtlich; Taco Bell erklärte sich mit Lohnnachzahlungen in Millionenhöhe einverstanden, sah dies aber nicht als Schuldeingeständnis. Das Unternehmen hatte 16000 ehemaligen und noch beschäftigten Mitarbeitern zu wenig bezahlt. Eine Angestellte namens Regina Jones hatte regelmäßig 70 bis 80 Stunden in der Woche gearbeitet, war aber nur für 40 Stunden bezahlt worden.[46] In Oregon und Kalifornien stehen noch ähnliche Prozesse gegen Taco Bell aus.

Lügendetektoren

Nachdem die Soziologin Ester Reiter ein Jahr lang bei Burger King gearbeitet hatte, kam sie zu dem Schluss, dass bei den Beschäftigten in der Fastfoodbranche vor allem eine Eigenschaft geschätzt wird: »Gehorsam«.[47] In anderen Industrien, die von der Fließbandproduktion beherrscht wurden, erstritten die Gewerkschaften für die Beschäftigten höhere Löhne, formale Beschwerdemöglichkeiten und ein Mitspracherecht bei der Durchführung der Arbeit. Der hohe Personalwechsel in Fastfoodrestaurants, die Teilzeitbeschäftigung und der Randgruppenstatus vieler Mitarbeiter erschweren jedoch eine Organisation der Beschäftigten. Außerdem bekämpfen die Fastfoodketten (auch außerhalb der USA, wie man an der Behinderung von Betriebsräten in Deutschland sieht) die Gewerkschaften mit dem gleichen Eifer, den sie bereits im Kampf gegen eine Erhöhung des Mindestlohns an den Tag legten.

Die McDonald's Corporation besteht darauf, dass ihre Franchisenehmer bei der Zubereitung der Speisen, beim Einkauf, bei der Gestaltung des Restaurants und bei zahllosen anderen Details genau den Anweisungen folgen. Die Vorschriften des Unternehmens umfassen alles, sogar Details wie die Größe der Gurkenscheiben und den Umfang der Pappbecher. Wenn es jedoch um Tarifsätze geht, hält sich das Unternehmen auffallend zurück und lässt seinen Franchisenehmern freie Hand. Diese Politik gibt den Restaurantbetreibern die Möglichkeit, die Bezahlung entsprechend dem örtlichen Arbeitsmarkt festzusetzen – und entbindet die McDonald's Corporation von jeglicher formalen Verantwortung für drei Viertel der Beschäftigten des Unternehmens. Die dezentralen Anstellungsbedingungen von McDonald's trugen dazu bei, eine Organisation der Beschäftigten zu verhindern. Doch sobald in einem Restaurant Bestrebungen deutlich werden, sich gewerkschaftlich zu organisieren, zeigt McDonald's plötzlich ungeheures Interesse am emotionalen und finanziellen Wohlbefinden der dortigen Belegschaft.

Ende der 60er und Anfang der 70er Jahre versuchten die McDonald's-Mitarbeiter in den USA, in Gewerkschaften einzutreten. Als Reaktion darauf entwickelte das Unternehmen raffinierte Methoden, um die Gewerkschaften fernzuhalten. Ein »Bereitschaftsdienst« aus erfahrenen Restaurantleitern und Mitgliedern der Unternehmensleitung wurde zu einem Restaurant geschickt, sobald man ein Engagement der Gewerkschaft vermutete.[48] Mit unzufriedenen Mitarbeitern wurden informelle Aussprachen geführt. Die Beschäftigten wurden ermutigt, ihre Empfindungen mitzuteilen. Sie fühlten sich geschmeichelt und ernst genommen. Noch wichtiger war jedoch, dass man ihnen Informationen über die Pläne der Gewerkschaft und über Sympathisanten entlockte. Wenn die Gespräche ihre Wirkung verfehlten, wählte man einen direkteren Ansatz.

1973 behauptete eine Gruppe junger McDonald's-Beschäftigter bei einer erbitterten Kampagne zur gewerkschaftlichen Organisation in San Francisco, sie seien von Managern zu Tests mit dem Lügendetektor gezwungen, über die Aktivitäten der Gewerkschaft verhört und mit Entlassung bedroht worden, wenn sie die Auskunft verweigerten.[49] Sprecher von McDonald's räumten ein, dass Lügendetektoren eingesetzt wurden, leugneten aber jeden damit verbundenen Zwang. Bryan Seale, Arbeitsrechtsbeauftragter von San Francisco, untersuchte alte Einstellungsunterlagen von McDonald's und fand im Kleingedruckten einen entsprechenden Paragraphen. Dieser besagte, dass Mitarbeiter, die sich nicht mit einem Lügendetektortest einverstanden erklärten, entlassen werden konnten. Seale ordnete an, dass McDonald's auf diese Maßnahme verzichten müsse, denn sie verstieß gegen Gesetze des Bundesstaates. Er wies McDonald's außerdem an, in den Restaurants keine Trinkgelder mehr anzunehmen, weil die Kunden getäuscht wurden: Die Trinkgelder für die Belegschaft wurden vom Unternehmen einbehalten.

Die Kampagne zur gewerkschaftlichen Organisation in San Francisco schlug wie alle anderen Versuche der Gewerkschaften bei McDonald's fehl – mit einer Ausnahme. Die Mitarbeiter von McDonald's in Mason City, Iowa, stimmten 1971 für den Beitritt in die United Food and Commercial Workers Union. Allerdings existierte die Gewerkschaft nur vier Jahre. Heute verlangt McDonald's von seinen Arbeitnehmern nicht mehr, sich Tests mit einem Lügendetektor zu unterziehen, und rät seinen Franchisenehmern sogar, sich an die Arbeitsgesetze der Bundesstaaten zu halten. Dennoch reisen die Topmanager aus der Unternehmensleitung immer noch von Oak Brook in Illinois an, wenn sie eine gewerkschaftliche Aktion befürchten, selbst wenn sich das Restaurant im Ausland befindet. Persönliche Aussprachen und teure Anwälte erwiesen sich als effektives Mittel zur Beendigung von Arbeitskämpfen. Dank der Unterstützung durch die Unternehmensführung konnten die Franchisenehmer Hunderte von gewerkschaftlichen Organisationsversuchen vereiteln.

Trotz der Fehlschläge in den vergangenen 30 Jahren versucht immer mal wieder eine Gruppe engagierter Teenager, sich bei McDonald's gewerkschaftlich zu organisieren. Im Februar 1997 wollten die Mitarbeiter eines McDonald's-Restaurants in St. Hubert, einem Vorort von Montreal, der Teamsters

Union beitreten. Mehr als drei Viertel der Belegschaft füllten Mitgliedsanträge in der Hoffnung aus, das einzige gewerkschaftlich organisierte McDonald's in Nordamerika zu schaffen. Tom und Mike Cappelli, die Betreiber des Restaurants, boten 15 Anwälte auf – wodurch auf vier Mitarbeiter ein Anwalt kam – und reichten eine Reihe von Klagen ein, um den Versuch zu behindern.[50] Gewerkschaftsführer argumentierten, dass jede Verzögerung den Interessen von McDonald's diene, weil die Cappellis aufgrund der Fluktuation innerhalb der Belegschaft neue Mitarbeiter einstellen konnten. Aber nach einem Jahr des Rechtsstreits unterstützte immer noch die Mehrheit der Mitarbeiter die Gewerkschaft. Der Arbeitsrechtsbeauftragte von Quebec setzte für den 10. März 1998 eine letzte Anhörung für die Gewerkschaft an.

Tom und Mike Cappelli schlossen kurzerhand ihre McDonald's-Filiale, und zwar am 12. Februar, genau eine Woche bevor die Gewerkschaft offiziell zugelassen wurde. Die Beschäftigten wurden donnerstags benachrichtigt, freitags wurde die Filiale dicht gemacht. Die örtlichen Gewerkschaftsvertreter waren empört. Clement Godbout, Leiter der Quebec Federation of Labour, warf McDonald's vor, das Restaurant als unmissverständliche Warnung für seine Beschäftigten in Kanada geschlossen zu haben. Er bezeichnete McDonald's als »eines der gewerkschaftsfeindlichsten Unternehmen der Welt«.[51] Die McDonald's Corporation leugnete, dass sie etwas mit der Entscheidung zu tun habe. Tom und Mike Cappelli behaupteten, das Restaurant in St. Hubert habe, obwohl es seit 17 Jahren am gleichen Standort existierte, Verlust gemacht.

McDonald's verfügt ungefähr über 1000 Restaurants in Kanada. Die Chance, dass ein McDonald's-Restaurant bankrott geht, liegt laut der Statistik der Kette seit Anfang der 90er Jahre bei 300 zu 1.[52] »Hat da jemand etwas von McUnion gesagt?«, wurde später in einem Leitartikel in Kanada gefragt. »Nicht, wenn man seinen McJob behalten will.«[53]

Es war nicht das erste Mal, dass ein McDonald's-Restaurant

mitten in einer solchen Auseinandersetzung plötzlich geschlossen wurde. Anfang der 70er Jahre setzten die Mitarbeiter eines McDonald's in Lansing, Michigan, die gewerkschaftliche Organisation durch. Sämtliche Beschäftigte wurden entlassen, das Restaurant wurde geschlossen und eine Straße weiter ein neues errichtet – die Mitarbeiter, die der Gewerkschaft beigetreten waren, wurden selbstverständlich nicht wieder eingestellt. Diese Taktik erwies sich als bemerkenswert erfolgreich. Als dieses Buch verfasst wurde, war kein Mitarbeiter der etwa 15 000 McDonald's-Restaurants in Nordamerika gewerkschaftlich organisiert.

Jugendschutz

In fast jedem Fastfoodrestaurant in Colorado Springs hängt ein Schild oder ein Plakat, auf dem nach neuen Mitarbeitern gesucht wird. Die Fastfoodketten wurden zu Opfern ihres eigenen Erfolges, da jedes Unternehmen versucht, dem anderen die jugendlichen Mitarbeiter abzuwerben. Heute sitzen Teenager am Empfang von Hotels, arbeiten im Telemarketing oder verkaufen Turnschuhe im Einkaufszentrum. Die niedrige Arbeitslosenquote in Colorado Springs erschwert die Suche nach billigen Arbeitskräften noch zusätzlich. Der Wettbewerb im Fastfoodgewerbe hat zugenommen. Ketten, die sich seit Jahren in der Stadt gegenseitig Konkurrenz machen, eröffnen immer neue Filialen, während andere erstmals auf den Markt treten. Carl's Jr. hat in Colorado Springs eigenständige Restaurants und Filialen in Texaco-Tankstellen eröffnet. Wenn ein Fastfoodrestaurant schließen muss, eröffnet oft ein neues am gleichen Standort, wie eine Armee, die den Vorposten eines geschlagenen Feindes einnimmt. Anstatt eine neue Flagge zu hissen, wird ein neues Schild aufgestellt.

Die lokalen Fastfood-Franchisenehmer verfügen über wenig Möglichkeiten, ihre Kosten zu senken, denn Miete, Franchisegebühren und der Einkauf bei den vom Unternehmen genehmigten Zulieferern sind festgelegt. Einzig auf die Lohnkosten haben sie einen gewissen Einfluss und versuchen, diese natürlich so niedrig wie möglich zu halten. Die Personalstruktur der Restaurants verlangt steten Nachschub an jungen und ungelernten Arbeitskräften. Doch die unmittelbaren Bedürfnisse der Fastfoodketten und die langfristigen Bedürfnisse der Teenager stimmen nicht überein.

An der Cheyenne Mountain Highschool gibt es nur wenige Schüler, die für Fastfoodrestaurants arbeiten. Die meisten sind weiß und gehören zur Mittelschicht. In den Sommerferien arbeiten die Jungen oft als Golf-Caddies oder Bademeister. Die Mädchen verdienen sich als Babysitter im Broadmoor-Hotel Geld. Wenn die Schüler vom Cheyenne Mountain während des Schuljahrs arbeiten, suchen sie sich lieber einen Job im Einkaufszentrum, die Mädchen in Bekleidungsgeschäften wie Gap oder Limited, die Jungen in Sportgeschäften wie Athlete's Foot. Bei diesen Jobs bekommt man Prozente beim Einkaufen und hat die Chance, mit Freunden zu plaudern, die einen Einkaufsbummel machen. Die Bezahlung ist oft weniger wichtig als der soziale Status. Die Arbeit als Hostess in einem besseren Kettenrestaurant wie Carriba's, T.G.I. Friday's oder dem Outback Steakhouse gilt als attraktiv, selbst wenn man nur einen minimalen Lohn erhält. Die Arbeit in einem Fastfoodrestaurant ist dagegen verpönt.

Jane Trogdon ist Vertrauenslehrerin an der Harrison Highschool in Colorado Springs. Diese hat einen schlechten Ruf und gilt als Schule, an der Gangs ihr Unwesen treiben. Die üble Nachrede ist eigentlich nicht gerechtfertigt; vielleicht stammt sie daher, weil viele der ärmsten Teenager der Stadt die Schule besuchen. Etwa 60 Prozent der Schüler stammen aus Familien mit niedrigem Einkommen. In dieser Stadt mit einem relativ geringem Minderheitenanteil sind nur 40 Prozent der Schüler von Harrison High weiß. Das Schulgebäude ist sauber und modern und befindet sich im Süden der Stadt direkt an der Interstate 25. Auf der anderen Seite der Schnell-straße verlockt ein neues Multiplex-Kino mit 24 Leinwänden die Schüler zum Schwänzen. An dieser Schule findet man zahlreiche Teenager, die in Fastfoodrestaurants arbeiten.

Die Lehrer unterrichten hier nicht gern, viele bleiben nicht lange. Jane Trogdon allerdings arbeitet hier seit der Eröffnung der Schule im Jahr 1967. In den vergangenen 30 Jahren hat Trogdon enorme Veränderungen bei den Schülern beobach-tet. Harrison war schon immer eine Schule für die sozial Be-nachteiligten, doch die Jugendlichen heute scheinen ärmer als je zuvor. Früher war es selbst in vielen Familien mit niedri-gem Einkommen so, dass der Vater arbeitete und die Mutter zu Hause die Kinder großzog. Heute ist niemand mehr zu Hau-se, denn beide Eltern müssen arbeiten, um die Familie über Wasser zu halten, oft haben sie sogar mehrere Jobs. Viele Kin-der auf der Harrison High School sind schon früh auf sich al-lein gestellt. Die Eltern wenden sich in zunehmendem Maße an die Schule und bitten die Lehrer, den Schülern Disziplin beizubringen und ihnen den richtigen Weg zu weisen. Die Lehrer geben trotz der Respektlosigkeit der Schüler und gele-gentlicher Gewaltandrohungen ihr Bestes. Trogdon macht sich Sorgen wegen der großen Zahl von Jugendlichen, die nach der Schule direkt zur Arbeit gehen, hauptsächlich in Fastfoodrestaurants. Auch die Zahl der Arbeitsstunden beun-ruhigt sie.

Zwar müssen einige Schüler zur Unterstützung ihrer Fami-lien arbeiten, doch die meisten nehmen einen Job nach der Schule an, um sich ein Auto leisten zu können. In den weit-läufigen Vororten von Colorado Springs scheint ein eigenes Auto schon fast eine Notwendigkeit. Raten, Unterhalt und Versicherung belaufen sich leicht auf 300 Dollar im Monat. Da immer mehr Schüler arbeiten, beteiligen sich immer weni-ger an außerschulischen Aktivitäten und Sportangeboten. Sie arbeiten bis spät in die Nacht, vernachlässigen ihre Hausauf-gaben und kommen bereits erschöpft zum Unterricht. In Colorado endet die Schulpflicht mit 16 Jahren. Für viele Schüler, die bereits das »wahre Leben« kennen, die arbeiten und ihr eigenes Geld verdienen, ist es verlockend, die Schule einfach abzubrechen. Fastfoodketten, Einzelhändler und Telemarketingfirmen werben eifrig um die billigen Arbeitskräfte. Jedes Jahr beginnen etwa 400 Jugendliche an der Harrison Highschool. Nur die Hälfte davon macht den Abschluss, etwa 50 Jugendliche gehen danach aufs College.

Als Jane Trogdon zur Harrison High kam, tobte der Vietnamkrieg. Damals kam es zwischen langhaarigen Schülern und Jugendlichen, deren Väter beim Militär waren, immer wieder zu handfesten Auseinandersetzungen. Heute stellt Trogdon an der Schule eine allgemeine Gleichgültigkeit fest. Der Aufruhr früherer Zeiten ist einer traurigen Anomie gewichen. »Ich habe unzählige Schüler, die schrecklich mutlos sind«, meint Trogdon. »Ich habe noch nie erlebt, dass sich so viele junge Menschen so fühlen.«

Trogdons Beobachtungen werden von dem Bericht *Protecting Youth at Work* über Kinderarbeit gestützt, der von der National Academy of Sciences 1998 veröffentlicht wurde. Laut diesem Bericht stellen die vielen Stunden, die amerikanische Teenager heute bei der Arbeit verbringen, ein großes Risiko für ihren weiteren beruflichen Erfolg dar. In zahlreichen Studien wurde festgestellt, dass Jugendliche, die während des Schuljahrs bis zu 20 Stunden in der Woche arbeiten, allgemein von der Erfahrung profitieren und stärkeres Verantwortungsgefühl und höhere Selbstachtung gewinnen.[54] Dagegen steigt bei Jugendlichen, die mehr arbeiten, die Wahrscheinlichkeit, sitzen zu bleiben und die Schule abzubrechen. Männliche Teenager, die mehr als 20 Stunden arbeiten, neigen eher zu Suchtproblemen und zu kleineren Straftaten. Diese negativen Auswirkungen lassen sich leicht erklären: Wenn die Jugendlichen arbeiten, sind sie weder zu Hause noch in der Schule. Wenn der Job langweilig, zu stark reglementiert oder sinnlos ist, kann aus ihm mit der Zeit eine lebenslange Abneigung gegen Arbeit entstehen. Diese Auswirkungen sind besonders bei armen und sozial benachteiligten Jugendlichen zu beobachten. Während der Bericht der National Academy of Sciences die Vorteile von Arbeit im richtigen Maß betont, warnt er gleichzeitig davor, mit kurzfristigen Überlegungen die langfristigen Aussichten von Millionen amerikanischer Schulkinder zu beschneiden.

Elisa Zamot ist im dritten Jahr an der Harrison High. Neben den Wochenenden arbeitet sie während der Woche noch an zwei Tagen nach der Schule bei McDonald's. Insgesamt verbringt sie etwa 30 bis 35 Stunden pro Woche im Restaurant. Sie verdient den Mindestlohn. Ihre Eltern Carlos und Cynthia sind liebevoll, aber streng. Sie sind Puertoricaner und zogen von Lakewood in New Jersey nach Colorado Springs. Die Eltern achten darauf, dass Elisa ihre Schularbeiten macht, außerdem muss sie abends zu einer bestimmten Zeit zu Hause sein. Meist ist Elisa ohnehin zu müde, um lange auszugehen. Ihr Schulbus fährt um sechs Uhr morgens, der Unterricht beginnt um sieben.

Seit ihrer Kindheit wollte Elisa bei McDonald's arbeiten – ein Wunsch, den viele der McDonald's-Mitarbeiter hatten, die ich in Colorado Springs traf. Doch mittlerweile hasst Elisa ihren Job und möchte kündigen. Bei der Arbeit an der Theke bekommt sie ständig unfreundliche Bemerkungen und Beschwerden zu hören. Viele Kunden blicken auf die Mitarbeiter von Fastfoodrestaurants herab und behandeln sie respektlos. Die stets freundliche Elisa wird oft von Fremden angebrüllt, die wütend sind, weil ihre Bestellung zu lange dauert oder etwas damit nicht stimmt. Eine ältere Frau warf einen Hamburger nach ihr, nur weil Senf darauf war. Elisa hofft, bald bei Wal-Mart oder einem Bekleidungsgeschäft arbeiten zu können, egal wo, Hauptsache nicht in einem Fastfoodrestaurant. Eine gute Freundin von ihr arbeitet bei FutureCall, der größten Telemarketingfirma in Colorado Springs mit vielen jugendlichen Arbeitskräften. Sie arbeitet dort zusätzlich zu ihrem Schulbesuch etwa 40 Stunden die Woche. Die Bezahlung ist sehr gut, aber die Arbeitsbedingungen hören sich schlecht an. Die strikte Reglementierung am Arbeitsplatz, die die Fastfoodketten einführten, wird von den amerikanischen Telemarketingfirmen zu neuen Extremen geführt.

»ZEIT, DIE SCHEINCHEN EINZUBRINGEN!«, heißt es in einer Stellenanzeige von FutureCall, »Jede Menge Scheine!«[55] Die Anzeige verspricht einen Stundenlohn von 10 bis 15 Dollar für Mitarbeiter, die über 40 Stunden in der Woche arbeiten. Elisas Freundin ist 16 Jahre alt. Nach der Schule arbeitet sie bis 22 Uhr im FutureCall-Gebäude am North Academy Boulevard und blickt dabei ununterbrochen auf einen Computerbildschirm. Der Computer wählt automatisch Anschlüsse im ganzen Land an. Wenn jemand abhebt, erscheint sein Name zusammen mit dem Angebot auf dem Bildschirm, das der »Teleservice Representative« (TSR) im Namen von bekannten Kreditkartenunternehmen, Telefongesellschaften und Einzelhändlern unterbreiten soll. Die Mitarbeiter sind angewiesen, niemanden ein Angebot ablehnen zu lassen, ohne nachzuhaken. Der Bildschirm bietet eine Auswahl möglicher »Widerlegungen«. Die Mitarbeiter schaffen etwa 15 »Präsentationen« in der Stunde, machen ihr Angebot und widerlegen die ablehnenden Antworten der Angerufenen, um zu vermeiden, dass diese auflegen. Etwa neun von zehn Angerufenen lehnen das Angebot ab, doch die eine Person, die zusagt, reicht, um das Unternehmen profitabel zu machen. Aufseher patrouillieren an Hunderten von identischen Kabinen entlang, sagen gelegentlich ein paar aufmunternde Worte, hören bei Gesprächen mit, schlagen Argumente vor und achten darauf, dass keiner der jugendlichen Beschäftigten während der Arbeit Schulaufgaben macht. Bei FutureCall wird man sogar noch strenger kontrolliert als bei McDonald's.

Nach dem Schulabschluss möchte Elisa gern in Princeton studieren. Sie spart den Großteil ihres Verdienstes für ein Auto. Der Rest wird für Kleider, Schuhe und das Schulessen verwendet. Viele Schüler von Harrison sparen nichts von ih-

rem Verdienst, sondern kaufen sich Beeper, Handys, Stereo-
anlagen und Designer-Klamotten. Derzeit tragen die Jugendlichen an der Harrison High School Tommy Hilfiger und die
Hip-Hop-Marke FUBU; Calvin Klein ist out. Die Hip-Hop-Kul-
tur regiert, der Trend der Westcoast hat Colorado Springs erreicht.

Bei meinen Interviews mit den Schülern der Highschools
vor Ort hörte ich immer wieder Berichte von Fünfzehnjähri-
gen, die Zwölfstundenschichten in Fastfoodrestaurants ableis-
ten, und von Sechzehnjährigen, die bis lange nach Mitternacht arbeiten. Der Fair Labor Standards Act verbietet die Beschäftigung von Kindern unter 16 Jahren über mehr als drei
Stunden an einem Schultag oder nach 19 Uhr. Die bundesstaatlichen Gesetze von Colorado verbieten eine länger als
acht Stunden dauernde Beschäftigung von Jugendlichen unter 18 Jahren, außerdem dürfen sie bei ihrer Tätigkeit nicht
mit gefährlichen Maschinen arbeiten. Laut den Aussagen der
Beschäftigten, mit denen ich sprach, sind in den Fastfoodrestaurants von Colorado Springs Verstöße gegen die staatlichen
und bundesstaatlichen Gesetze durchaus üblich. George[56], ein
ehemaliger Mitarbeiter von Taco Bell, erzählte mir, dass er
manchmal bei der Schließung des Restaurants half, also bis
zwei oder drei Uhr morgens arbeitete. Damals war er 16 Jahre
alt. Robbie, ein sechzehnjähriger Mitarbeiter von Burger King,
sagte, er mache regelmäßig Zehn-Stunden-Schichten. Und
Tommy, ein Siebzehnjähriger, prahlte mit seiner Geschicklich-
keit im Umgang mit dem elektrischen Tomatenschneider bei
McDonald's, den er eigentlich gar nicht bedienen dürfte. »Ich
bin ein Experte für das verdammte Ding«, meinte er, »weil ich
der Einzige bin, der weiß, wie man damit umgeht.« Er arbeitet
auch an der Fritteuse, obwohl das vom Gesetz ebenfalls nicht
erlaubt ist. Keiner dieser Teenager war zum Verstoß gegen die
Gesetze gezwungen worden; im Gegenteil, sie schienen ganz
wild auf diese Tätigkeiten zu sein.

Den meisten Schülern, mit denen ich mich unterhielt, gefiel die Arbeit in den Fastfoodrestaurants. Sie klagten zwar, die Arbeit sei langweilig und monoton, doch es gefiel ihnen, Geld zu verdienen, von der Schule und den Eltern wegzukommen, Freunde bei der Arbeit zu treffen und so viel Zeit wie möglich zu vertrödeln. Nur wenigen Jugendlichen gefiel die Arbeit an der Theke oder der Umgang mit den Kunden. Sie arbeiteten viel lieber in der Küche, wo sie sich mit Freunden unterhalten und Blödsinn machen konnten. Beliebt waren Essensschlachten. In einer Taco-Bell-Filiale wurden unbeliebte Kollegen und Mitarbeiter, die neu waren oder die gekündigt hatten, zu Zielscheiben für Ladungen aus dem Sour-Cream- und Guacamole-Portionierer. »Dieser Typ, Leo, er roch noch wochenlang nach Guacamole«, prahlte später einer der Täter.

Die Persönlichkeit des Restaurantleiters bestimmte größtenteils, ob die Arbeit dort eine positive oder negative Erfahrung war. Gute Manager vermittelten Stolz auf die Arbeit und schufen eine fröhliche Atmosphäre. Sie erlaubten Änderungen bei der Schichteinteilung und ermunterten die Jugendlichen zur Erledigung der Schularbeiten. Andere waren unberechenbar, hackten auf Mitarbeitern herum, brüllten sie an und verlangten zu viel. Die Folge war eine hohe Fluktuation. Eine leitende Angestellte in einem McDonald's in Colorado Springs brachte regelmäßig ihre fünfjährige Tochter mit zur Arbeit und erwartete, dass die Mitarbeiter zusätzlich den Babysitter spielten.

Von all den Mitarbeitern, die ich in den Fastfoodrestaurants Colorado Springs kennen lernte, sprach keiner von einer gewerkschaftlichen Vertretung. Vermutlich war ihnen noch nie der Gedanke gekommen. Wenn den Kids die Arbeitsbedingungen oder der Manager nicht gefallen, kündigen sie und suchen sich einen Job in einem anderen Betrieb, und der ganze Kreislauf beginnt wieder von vorn.

Kriminalität in den eigenen Reihen

In den USA ist die Verletzungsquote bei jugendlichen Beschäftigten doppelt so hoch wie bei Erwachsenen, alljährlich verletzen sich rund 200 000.[57] Die häufigsten Arbeitsunfälle in Fastfoodrestaurants sind Stürze, Zerrungen und Verbrennungen. Außerdem ging das Wachstum der Fastfoodindustrie in den USA mit einem Anstieg der Gewalttaten am Arbeitsplatz einher. Jeden Monat werden etwa vier bis fünf Mitarbeiter von Fastfoodrestaurants bei der Arbeit getötet, normalerweise bei einem Überfall.[58] Obwohl die meisten Überfälle ohne Blutvergießen ablaufen, ist der Prozentsatz der Gewaltverbrechen in der Branche überraschend hoch. 1998 kamen in den Vereinigten Staaten mehr Fastfoodmitarbeiter bei der Arbeit ums Leben als Polizisten.

Die amerikanischen Fastfoodrestaurants sind für bewaffnete Raubüberfälle mittlerweile attraktiver als Lebensmittelläden, Tankstellen oder Banken.[59] Im Einzelhandel vertraut man zunehmend auf die Bezahlung per Kreditkarte, aber in Fastfoodrestaurants wird nach wie vor meist in bar bezahlt. Während Lebensmittelläden viel dafür getan haben, die Bargeldmenge in den Kassen zu reduzieren (bei den Filialen von 7-Eleven bedeutet ein Überfall im Durchschnitt einen Verlust von 37 Dollar), liegen in den Fastfood-Kassen oft Tausende von Dollar.[60] Tankstellen und Banken schirmen ihre Angestellten heute routinemäßig hinter schusssicheren Schaltern ab, doch in den meisten Restaurants wäre diese Sicherheitsmaßnahme undurchführbar. Die gleichen Eigenschaften, die sie so kundenfreundlich machen – die Lage an Kreuzungen und Schnellstraßenabfahrten, sogar die Drive-Through-Schalter –, erleichtern auch eine rasche Flucht.

Der Überfall auf ein Fastfoodrestaurant erfolgt meist, wenn nur wenige Mitarbeiter anwesend sind: am frühen Morgen, bevor die Kunden kommen, oder lange nach Mitternacht, kurz vor Geschäftsschluss, wenn nur noch ein paar sechzehnjährige Mitarbeiter und ein vielleicht zwanzigjähriger Assistant Manager ausharren. Bei einem Überfall werden die Mitarbeiter oft in den Kühlraum im Keller gesperrt. Die Räuber leeren die Kassen und den Safe und setzen sich dann ab.

Die gleichen demographischen Gruppen, die in großer Zahl in Fastfoodrestaurants arbeiten – Jugendliche und sozial Benachteiligte –, sind auch zu einem Großteil für die Gewaltverbrechen im Land verantwortlich. Branchenuntersuchungen zufolge sind bei etwa zwei Dritteln der Überfälle Mitarbeiter oder ehemalige Angestellte beteiligt.[61] Die Kombination aus schlechter Bezahlung, hoher Fluktuation und reichlich Bargeld in der Kasse ist häufig Anreiz für ein Verbrechen. Eine Untersuchung des National Food Service Security Council, einem Ausschuss, der von den großen Fastfoodketten gegründet wurde, ergab 1999, dass die Hälfte aller in der Gastronomie Beschäftigten in irgendeiner Weise Geld oder Eigentum stahl – der Diebstahl von Nahrungsmitteln wurde getrennt erfasst.[62] Ein Mitarbeiter stahl im Durchschnitt 218 Dollar pro Jahr; neue Mitarbeiter stahlen fast 100 Dollar mehr.[63] Untersuchungen von Jerald Greenberg, Professor für Betriebswirtschaft an der University of Ohio und Experte für Kriminalität am Arbeitsplatz, zeigten, dass Mitarbeiter ihren Arbeitgeber weniger bestehlen, wenn sie mit Respekt und Achtung behandelt werden. »Das leuchtet jedem ein«, meint Greenberg, »aber offensichtlich praktiziert es nicht jeder.«[64] Die gleiche Wut, die zu den meisten kleineren Diebstählen führt, der gleiche Wunsch, sich gegen einen Arbeitgeber zu wehren, dessen Verhalten als ungerecht empfunden wird, kann auch zu einem bewaffneten Überfall führen. Meist sind gerade die Restaurantmanager die Opfer bei den Verbrechen in Fastfoodrestaurants. Vor kurzem erkannte der Day Manager eines McDonald's in Moorpark, Kalifornien, den maskierten Räuber, der den Safe leerte. Es war der Night Manager.

Die Occupational Safety and Health Administration (OSHA) versuchte Mitte der 90er Jahre, Richtlinien für die Prävention von Verbrechen in Restaurants und Geschäften herauszugeben, die nachts oder spät abends noch geöffnet haben. Anlass für die OSHA war unter anderem, dass bei Frauen Totschlag zur Hauptursache für Todesfälle am Arbeitsplatz geworden war. Die vorgeschlagenen Maßnahmen waren völlig freiwillig und wirkten harmlos. So empfahl die OSHA zum Beispiel, dass man Läden, die nachts geöffnet hatten, übersichtlich gestalten und Parkplätze gut beleuchten sollte.[65] Dennoch reagierte die National Restaurant Association zusammen mit Verbänden aus anderen Branchen umgehend und rekrutierte über hundert Kongressabgeordnete, die sich gegen die Richtlinien der OSHA zur Verhinderung von Gewalttaten im Einzelhandel wenden sollten. Eine Untersuchung der *Los Angeles Times* ergab, dass viele der Kongressabgeordneten vor kurzem Spenden von der NRA und der National Association of Convenience Stores erhalten hatten. »Wer kann etwas gegen Richtlinien haben, die das Leben von Frauen am Arbeitsplatz retten sollen?«, fragte Joseph Dear, ehemaliger Vorsitzender der OSHA, einen Reporter von der *Los Angeles Times*, und gab auch gleich die Antwort: »Die Unternehmen, die diese Frauen beschäftigen.«[66]

Die Gastronomie kämpft nicht nur gegen Richtlinien zur Verhinderung von Gewalt am Arbeitsplatz, sondern gegen jegliche Vorschriften der OSHA. Bei einem »Gipfeltreffen« der Branche zum Thema Gewalt im Jahr 1997 argumentierten Vertreter der großen Ketten, die Richtlinien der OSHA könnten von Klägern bei Prozessen infolge eines Verbrechens ausgenutzt werden, die Richtlinien seien völlig unnötig, außerdem bestehe kein Bedarf, die Regierung mit »potenziell schädlichen« Überfallstatistiken zu beliefern.[67] Die Gruppe kam zu dem Schluss, dass die OSHA in eine reine Clearing-Stelle für Informationen umgewandelt werden sollte, ohne die Macht, Strafgebühren aufzuerlegen oder Sicherheitsmaßnahmen durchzusetzen. Einer der stärksten Kritiker der OSHA im Kongress ist Jay Dickey, ein Republikaner aus Arkansas, dem einst zwei Taco Bells gehörten. Im Januar 1999 beteiligte sich das National Council of Chain Restaurants an der Gründung einer neuen Organisation, die als Lobby gegen die OSHA-Vorschriften fungieren sollte. Ihr Name lautet »Alliance for Workplace Safety« (»Allianz für Sicherheit am Arbeitsplatz«).

Die führenden Fastfoodketten versuchen, die Gewalttaten zu verringern, indem sie Millionen Dollar für neue Sicherheitsmaßnahmen ausgeben – Videokameras, Alarmknöpfe, Drop-Safes, Alarmanlagen, zusätzliche Beleuchtung. Doch selbst schwer bewachte Fastfoodrestaurants bleiben verwundbar. Im April 2000 wurde ein Burger King auf dem Gelände des Luftwaffenstützpunktes Offut in Nebraska von zwei Männern mit Skimasken und Schrotflinten überfallen. Sie trugen rote Burger-King-Hemden und entkamen mit über 7000 Dollar. Joseph A. Kinney, Präsident des National Safe Workplace Institute, vertritt die Ansicht, dass die Fastfoodindustrie ihre Arbeitsverhältnisse grundlegend umgestalten muss. Lohnerhöhungen und echtes Engagement für die Beschäftigten würden mehr zur Eindämmung der Verbrechen tun als Investitionen in versteckte Überwachungskameras. »Keine andere amerikanische Branche«, erklärt Kinney, »wird so häufig von ihren eigenen Mitarbeitern ausgeraubt.«[68]

Den wenigsten der jungen Mitarbeiter, mit denen ich mich in Colorado Springs unterhielt, war bewusst, dass ihre Arbeit am frühen Morgen oder späten Abend sie in Gefahr brachte. Jose dagegen machte sich keine Illusionen. Er war ein neunzehnjähriger Assistant Manager mit einem schlauen, verschlagenen Gesichtsausdruck. Vor seiner Arbeit bei McDonald's hatte er sein Geld in einem anderen Bundesstaat als Drogenkurier und Dealer verdient. Er hatte miterlebt, wie Freunde von ihm umgebracht worden waren. Viele seiner Verwandten saßen aufgrund von Gewalttaten oder Drogenkriminalität im Gefängnis. Jose hatte all das hinter sich gelassen; sein Job bei McDonald's war Teil seines neuen Lebens. Die Arbeit als Assistant Manager gefiel ihm, weil sie nicht allzu mühsam schien.

Was seine persönliche Sicherheit anging, wollte er jedoch nicht auf McDonald's vertrauen. Er erzählte mir, dass in seinem Restaurant erst Videokameras installiert wurden, als die Teeny Beanie Babys angeboten wurden. »Junge, die Leute wollten die Dinger wirklich klauen«, berichtete er. »Man musste sie im Auge behalten.« Spät in der Nacht zählt Jose oft das Geld und schließt das Restaurant. Er bringt immer eine Schusswaffe mit zur Arbeit, auch wenn das illegal ist, und auch einige seiner Kollegen tragen Waffen. Jose hat keine Angst, wenn eines Nachts ein bewaffneter Räuber durch die Tür spaziert. »Es gibt nichts, was er mir antun könnte«, meinte Jose nüchtern, »das ich nicht auch ihm antun könnte.«

Die Ermordung von fünf Wendy's-Mitarbeitern bei einem Raubüberfall in Queens, New York, im Mai 2000 erregte in den Medien große Aufmerksamkeit. Die Morde waren grausig, einer der Mörder hatte zuvor in dem Restaurant gearbeitet. Doch Verbrechen und Fastfood sind in der amerikanischen Gesellschaft so allgegenwärtig, dass ihre häufige Kombination normalerweise übersehen wird. Nur wenige Wochen vor dem Massaker bei Wendy's in Queens wurden zwei ehemalige Mitarbeiter von Wendy's in South Bend in Indiana für die Ermordung von zwei Kollegen bei einem Raubüberfall, der 1400 Dollar einbrachte, zu Gefängnisstrafen verurteilt. Zwei andere Ex-Mitarbeiter von Wendy's in Anchorage, Alaska, wurden des Mordes an ihrem Night Manager bei einem Raubüberfall angeklagt. Jede Woche werden Hunderte von Fastfoodrestaurants ausgeraubt.[69] Das FBI unterhält keine landesweite Statistik für Überfälle auf Restaurants, und die Gastronomie will sie nicht offenlegen. Allerdings geben lokale Zeitungsmeldungen einen Einblick in diese Verbrechen.

Ein Querschnitt der letzten Jahre: Bewaffnete Räuber überfielen 19 Restaurants von McDonald's und Burger King an der Interstate 85 zwischen Virginia und North Carolina. Ein ehemaliger Koch eines Shoney's Restaurants in Nashville, Tennessee, wurde zum Fastfood-Serienkiller und tötete zwei Mitarbeiter eines Captain D's, drei Mitarbeiter von McDonald's und zwei Mitarbeiter von Baskin Robbins, deren Leichen später in einem State Park gefunden wurden. Ein Dekan von der Texas Southern University wurde bei einem Überfall auf ein Kentucky Fried Chicken in Houston erschossen. Der Dekan hatte mit seinem Auto in der Schlange des Drive-Through-Schalters gewartet, als die Räuber versuchten, ihm sein Auto zu rauben. Der Manager eines McDonald's in einem Wal-Mart-Supermarkt in Durham, North Carolina, wurde bei einem Überfall von zwei Maskierten erschossen. In Barstow, Kalifornien, wurde ein neunzehnjähriges Mädchen bei einer Schießerei zwischen einem Räuber und einem Polizisten außer Dienst, der sich nur zufällig in dem McDonald's aufhielt, getötet. Der 20 Jahre alte Manager eines McDonald's in Sacramento, Kalifornien, musste bei einem bewaffneten Raubüberfall sterben, weil er einen der Räuber erkannte, einen ehemaligen Mitarbeiter. Es war der erste Tag des Managers in seiner neuen Stellung. Der ehemalige Mitarbeiter eines McDonald's in Vallejo in Kalifornien schoss auf drei Frauen, die im Restaurant arbeiteten, weil er bei der Bewerbung für eine neue Stelle abgelehnt worden war; eine der Frauen starb, der Mörder verließ lachend das Restaurant. In Colorado Springs verurteilten die Geschworenen einen ehemaligen Mitarbeiter wegen Mordes, weil er drei jugendliche Mitarbeiter und die Managerin eines Restaurants von Chuck E. Cheese förmlich hingerichtet hatte. Die Morde geschahen in Aurora, Colorado, kurz vor Betriebsschluss. Der Polizei bot sich beim Eintreffen eine makabre Szene. Die Leichen lagen in einem leeren Restaurant, während die Alarmanlage heulte, die Lichter der Spielautomaten aufleuchteten, ein Staubsauger lief und die mechanischen Tiere von Chuck E. Cheese weiterhin fröhlich Kinderlieder sangen.

Spaß an der Arbeit

Das Thema der 38. Annual Multi-Unit Foodserver Operators Conference vor einigen Jahren in Los Angeles lautete »Menschen: Sie allein machen den Unterschied«. Die meisten der 1400 Teilnehmer waren Betreiber von Kettenrestaurants und ihre leitenden Angestellten. Im Festsaal des Century Plaza Hotel drängten sich Männer und Frauen in teurer Kleidung, eine wohlhabende Schar, die aussah, als hätte sie schon seit längerem keine Hamburger mehr gebraten und keinen Fußboden mehr aufgewischt. Die Workshops der Konferenz hießen »Dual Branding: Fallbeispiele aus der Praxis«, »Segment-Marketing: Die richtige Botschaft für den richtigen Markt« und »Verantwortung für das Ziel: Die Dimensionen der Standortwahl im Wandel«. Die besten Radio- und Fernsehwerbespots wurden prämiert. Restaurants wurden in die Fine Dining Hall of Fame aufgenommen. Ketten konkurrierten um den Titel »Betreiber des Jahres«. Unternehmen aus dem Gastronomiebedarf zeigten in einer Ausstellung ihre neuesten Produkte: Dips, Toppings, Gewürze, Hightech-Öfen, Ungezieferzernichtungsmittel. Das vorherrschende Gesprächsthema in den angebotenen Workshops, auf den Gängen und an der Hotelbar war jedoch, wie man billige Arbeitskräfte bei einer Wirtschaftslage finden sollte, in der die Arbeitslosigkeit auf den tiefsten Stand seit 24 Jahren gesunken war.

James C. Doherty, der damalige Herausgeber der *Nation's Restaurant News*, hielt eine Rede, in der er die Gastronomie drängte, statt auf billige Arbeitskräfte und einen ständigen Personalwechsel auf Maßnahmen in der Personalpolitik zu vertrauen, die langfristige Berufsaussichten und Karrierechancen schufen. Wie sollen Arbeitnehmer in dieser Branche eine Zukunft für sich erkennen, wenn sie Mindestlöhne erhalten und keine Sozialversicherungsbeiträge bezahlt bekommen? Doherty's Vorschläge bekamen höflichen Applaus.

Die programmatische Rede der Veranstaltung wurde von

David Novak gehalten, dem Präsidenten von Tricon Global Restaurants. Sein Unternehmen betreibt mehr Restaurants als jedes andere der Welt – 30 000 Pizza Huts, Taco Bells und Kentucky Fried Chickens. Als ehemaliger Werbeexperte bezauberte der Mann mit dem jungenhaften Gesicht die Zuhörer mit seiner Vortragsweise. Novak sprach von der Anerkennung, die sein Unternehmen den Mitarbeitern zu geben versuchte, die Motivationsgespräche, die Auszeichnungen, die besonderen Preise in Form von Plastikchilischoten und Gummihühnern. Seiner Ansicht nach motiviert man Menschen am besten mit Spaß. »Zyniker müssen sich eine andere Branche suchen«, meinte er.[70] Die Auszeichnungen für Mitarbeiter würden ein Gefühl von Stolz und Achtung erzeugen und zeigen, dass das Management alles im Auge behielt; außerdem kosteten sie nicht viel. »Wir wollen ein großartiges Unternehmen für die Menschen sein, die es großartig machen«, verkündete Novak. Andere Redner sprachen von Teamwork, mehr Eigeninitiative für die Mitarbeiter und Spaß an der Arbeit.

In der anschließenden Diskussionsrunde kamen dann die wahren Gedanken der versammelten Restaurantbetreiber und Führungskräfte ans Licht. Norman Brinker, als Gründer von Bennigan's und Steak and Ale, Besitzer von Chili's und eifriger Spender für die Republikaner eine Legende in der Branche, sprach seine Gefühle einfach, direkt und ohne Platitüden aus: Er sehe Chancen für Gewerkschaften, warnte er, und der Gedanke lasse ihn »schaudern«. Brinker forderte jeden Zuhörer auf, mehr Geld für die wichtigsten Lobbyisten der Branche zu spenden. »Und [Senator] Kennedy setzt sich für einen Mindestlohn von 7,25 Dollar ein«, fuhr er fort. »das wird ein Spaß, was? Ich liebe die Vorstellung. Und wie – schlagt mich tot!« Im Gelächter der Menge, den Zurufen und dem Beifall für Brinkers Kampfansage an die Gewerkschaften und die Regierung wurde das Gerede über Teamwork wieder in die richtige Perspektive gerückt.

4. Erfolg

Matthew Kabong lenkt seinen 83er Buick LeSabre durch die nächtlichen Straßen von Pueblo in Colorado und sucht nach einem Trailerpark namens Meadowbrook. Auf dem Rücksitz liegen zwei Pizzas von Little Caesars und eine Tüte mit Crazy Bread. »Willkommen in meinem Büro«, meint er und dreht das Radio auf, das sanften Rhythm and Blues spielt. Kabong ist in Nigeria geboren und in Atlanta, Georgia, aufgewachsen. Er studiert Elektrotechnik, hofft, eines Tages ein Radio Shack zu besitzen und liefert an vier bis fünf Abenden in der Woche Pizza für Little Caesars aus. Er erhält den Mindestlohn, dazu kommen noch ein Dollar pro Lieferung und Trinkgelder. An einem guten Abend verdient er etwa 50 Dollar. Wir passieren einen Straßenzug nach dem anderen mit bescheidenen kleinen Häusern, weiß verputzt und mit Stuckarbeiten, vor Jahrzehnten gebaut, mit Pickups in der Einfahrt und Spielzeug auf dem Rasen. Pueblo ist die südlichste Stadt entlang der Front Range und liegt eigentlich nur 65 Kilometer von Colorado Springs entfernt, doch jahrzehntelang lag sie in einer anderen Welt. Die Stadt, in der überwiegend Arbeiter und Latinos leben, war mit ihren Stahlwerken nie so hip wie Boulder, nie so geschäftig wie Denver oder so aristokratisch wie Colorado Springs. In Pueblo baute nie jemand ein Polo-Feld, und die Snobs im Norden sagen immer noch, die Stadt liege »am Arsch von Colorado«.

Wir biegen ab und finden Meadowbrook. Alle Wohnwagen sehen gleich aus, etwas ramponiert an den Kanten stehen sie säuberlich aufgereiht da. Kabong parkt, und als er Radio und

Scheinwerfer ausschaltet, wirkt die Straße plötzlich dunkel und leer. Dann bellt irgendwo ein Hund, in der Nähe geht die Tür eines Wohnwagens auf und Licht fällt auf einen Kiesweg. Ein kleines blondes Mädchen von etwa sieben Jahren lächelt Kabong an, gibt ihm 15 Dollar, nimmt das Essen und sagt ihm, er könne das Wechselgeld behalten. Hinter ihr im Wohnwagen bewegt sich etwas, ein kurzer Blick in das Leben anderer Menschen; eine saubere Küche, das Flimmern eines Fernsehers. Die Tür wird geschlossen, und Kabong geht zurück zum Buick. Er hat 1,76 Dollar Trinkgeld in der Tasche, bis jetzt die höchste Summe des Abends.

Die tiefe Kluft zwischen Colorado Springs und Pueblo mit ihren seit langem bestehenden sozialen, kulturellen, politischen und wirtschaftlichen Unterschieden verringert sich allmählich. Bei einer Fahrt durch Pueblos Straßen kann man den nahenden Wandel spüren, er liegt förmlich in der Luft. In den 80er Jahren betrug die Arbeitslosigkeit in der Stadt etwa zwölf Prozent, und Investoren machten sich rar. Nun taucht jeden Monat etwas Neues auf, neue Straßen um die Pueblo Mall, neue Kinos, ein neues Applebee's, ein Olive Garden, ein Home Depot, ein großes Marriott-Hotel. Die Filialen kriechen entlang der Interstate 25 von Colorado Springs Richtung Süden. Auf ehemaligen Viehweiden werden Straße um Straße Häuser im Ranchstil errichtet. Noch boomt Pueblo nicht, doch es ist bereit und wartet nur darauf, so zu werden wie alle anderen Städte.

Das Little Caesars, für das Kabong arbeitet, liegt im Viertel Belmont gegenüber von einem Dunkin' Donuts in der Nähe der University of Southern Colorado. In dem kleinen würfelförmigen Gebäude befanden sich früher eine Filiale von Godfather's Pizza und davor eine Milchbar. Im Restaurant gibt es ein halbes Dutzend braune Resopaltische, rote Backsteinmauern, einen Kaugummiautomaten neben der Theke und einen weiß-braun gefleckten Linoleumfußboden. Das Lokal ist sauber, wurde aber schon längere Zeit nicht mehr renoviert. Die

Kunden, die vorbeikommen oder Pizzas bestellen, sind Studenten vom College, Arbeiter, große Familien. Die Pizzas von Little Caesars sind groß und günstig.

In der Küche arbeiten fünf Leute, belegen die Pizzas, schieben sie in den Ofen, holen Getränke und nehmen Bestellungen am Telefon entgegen. Julio, ein neunzehnjähriger Junge, der bereits zweifacher Vater ist, schiebt eine Pizza vom Fließband des alten Blodgett-Ofens. Er backt gerne Pizza und verdient damit 6,50 Dollar die Stunde. Bei Little Caesars und den anderen Pizzaketten wurden die Öfen automatisiert, doch die Pizzas sind immer noch handgemacht. Sie werden nicht einfach aus der Tiefkühltruhe geholt. Scott, ein anderer Fahrer, wartet auf die nächste Lieferung. Er trägt ein gelbes T-Shirt von Little Ceasars, auf dem »Think Big!« steht. Scott arbeitet, um seine Studiengebühren und den 4000-Dollar-Kredit für seinen Jeep Baujahr 1988 zu bezahlen. Er besucht die University of Southern Colorado, will Jura studieren und danach zum FBI. Dave Feamster, der Besitzer des Restaurants, lehnt ganz ungezwungen hinter der Theke und scheint die Zeit mit seinen Latino-Mitarbeitern und den Kunden zu genießen – gleichzeitig wirkt er jedoch völlig fehl am Platz.

Feamster stammt aus einem Arbeiterviertel in Detroit. Er spielte schon früh in der Eishockey-Jugendliga und ging später mit einem Sportstipendium auf ein College in Colorado Springs. In seinem letzten Jahr war Feamster amerikanischer Nationalspieler und spielte als Verteidiger für die Chicago Black Hawks. Nach einem Abschluss in Betriebswirtschaft am Colorado College wurde für ihn ein Kindheitstraum wahr, denn er spielte in der National Hockey League. In seinen ersten drei Jahren mit der Mannschaft erreichten die Black Hawks die Playoffs, und Feamster musste gegen einige seiner Idole antreten, darunter Wayne Gretzky und Mark Messier. Feamster war kein großer Star, doch er spielte gern Eishockey, verdiente gut und reiste im ganzen Land herum – nicht schlecht für ein Arbeiterkind aus Detroit.

Im März 1984 erlitt Feamster während eines Spiels gegen die Minnesota North Stars einen Belastungsbruch am unteren Ende der Wirbelsäule. Die folgenden drei Monate trug Feamster ein Stützkorsett, das von der Brust bis zur Taille reichte, doch der angebrochene Wirbel heilte nicht. Beim Training im Herbst fühlte sich Feamster nicht gut. Die Black Hawks wollten, dass er spielte, doch ein Arzt an der Mayo-Klinik warnte ihn: »Wenn Sie mein Sohn wären, würde ich Ihnen raten, sich einen anderen Job zu suchen, etwas anderes zu machen.«

Von den Black Hawks gab es zum Abschied weder einen Händedruck noch gute Wünsche für den weiteren Lebensweg. Feamster wurde nicht einmal zur Weihnachtsfeier der Mannschaft eingeladen. Er wurde ausbezahlt, und das war's. Ein Jahr lang war er völlig orientierungslos. Er hatte einen Abschluss in Betriebswirtschaft, hatte jedoch den größten Teil seiner Studienzeit mit Eishockey verbracht. Er hatte keine Ahnung von Wirtschaft. Feamster besuchte einen Kurs, um sich zum Reisekaufmann ausbilden zu lassen. Er war der einzige Mann unter lauter achtzehn- und neunzehnjährigen Frauen. Nach drei Wochen bat ihn die Lehrerin nach dem Unterricht um ein Gespräch: »Was machen Sie hier?«, fragte sie ihn. »Sie wirken wie ein aufgeweckter Bursche. Das ist nichts für Sie.« An dem Tag brach er den Kurs ab, fuhr stundenlang ziellos umher, hörte Bruce Springsteen und fragte sich, was er tun sollte.

Bei einem Klassentreffen vom College in Colorado Springs schlug ihm ein alter Freund vor, Franchisenehmer für Little Caesars zu werden. Feamster hatte in Detroit in Eishockey-Jugendmannschaften mit den Söhnen des Unternehmensgründers Mike Ilitch gespielt. Sein Freund wählte die Telefonnummer für ihn. Nach wenigen Wochen spülte Feamster Teller und buk Pizzas in Little-Caesars-Restaurants in Chicago und Denver. Das schien sehr weit weg von der NHL. Bevor Feamster die Franchiselizenz erwerben konnte, musste er monatelang jeden Aspekt des Geschäfts kennen lernen. Er wurde wie jeder andere Assistant Manager ausgebildet und verdiente 300 Dollar die Woche. Zunächst fragte er sich, ob die Idee wirklich so gut war. Eine Little-Caesars-Lizenz kostete 15 000 Dollar und würde fast seine gesamten Ersparnisse aufzehren.

Hingabe an einen neuen Glauben

Ein Franchisenehmer zu werden ist eine merkwürdige Mischung: Man gründet ein eigenes Geschäft und arbeitet doch für jemand anderen. Einem Franchisevertrag liegt der Wunsch beider Parteien zugrunde, Geld zu verdienen und dabei jedes Risiko zu vermeiden. Der Franchisegeber will ein bestehendes Unternehmen erweitern, ohne eigene Gelder auszugeben. Der Franchisenehmer will sein eigenes Geschäft gründen, aber nicht alles für eine neue Idee riskieren. Der eine liefert einen Markennamen, die Betriebsplanung, Fachwissen, die richtige Ausrüstung und ein Liefersystem. Der andere bringt das Geld auf und erledigt die Arbeit. Spannungen sind bei dieser Beziehung vorprogrammiert. Der eine gibt Möglichkeiten zur Einflussnahme ab, weil ihm das Unternehmen nicht ganz gehört; der andere opfert einen Großteil seiner Unabhängigkeit, weil er sich an die Regeln der Firma halten muss. Alle sind zufrieden, wenn Gewinn gemacht wird, aber wenn etwas schiefgeht, entwickelt sich aus der Franchisevereinbarung oft genug ein ungleicher Machtkampf. Fast immer gewinnt der Franchisegeber.

Franchisesysteme gibt es in der einen oder anderen Form seit dem 19. Jahrhundert. 1898 verfügte General Motors nicht über genügend Kapital, um Verkäufer für neue Automobile einzustellen, daher verkaufte das Unternehmen Franchiseverträge an interessierte Autohändler und gab ihnen die Exklusivrechte für bestimmte Gebiete. Franchising war eine geniale Möglichkeit, aus einem neuen Unternehmen eine neue Branche zu machen. »Anstatt dass die Firma den Verkäufer bezahlt«, erklärte Stan Luxenberg, ein Historiker, der sich mit Franchising befasst, »bezahlt der Verkäufer die Firma.«[1] Die Automobil-, Getränke-, Öl- und die Motelbranche vertrauten später für ihr anfängliches Wachstum auf Franchising. Doch erst die Fastfoodindustrie machte aus dem Franchising ein Geschäftsmodell, das bald von Einzelhandelsketten überall in den USA nachgeahmt wurde.

Das Franchisesystem gab neuen Fastfoodketten die Möglichkeit, mit Hilfe der Hoffnungen und des Geldes kleiner Investoren rapide zu expandieren. Traditionelle Modelle der Kapitalbeschaffung waren den Gründern der Ketten, den Schulabgängern und Besitzern von Drive-Ins, denen »richtige« geschäftliche Referenzen fehlten, oft versperrt. Weder Banken noch die Wall Street waren erpicht darauf, in diese neue Industrie zu investieren. Dunkin' Donuts und Kentucky Fried Chicken gehörten zu den ersten Ketten, die Franchiselizenzen verkauften. Doch erst McDonald's perfektionierte dieses System und baute die Kette aus, ohne die strikte Kontrolle über die Produkte abzugeben.

Der Erfolg von McDonald's basierte unter anderem auch auf Ray Krocs Geduld. Andere Ketten verlangten hohe Gebühren im Voraus, verkauften die Rechte für ganze Gebiete und verdienten zusätzlich durch den Verkauf von Lebensmitteln an die Franchisenehmer. Kroc war nicht von Gier getrieben; die Franchisegebühr für McDonald's betrug ursprünglich 950 Dollar. Kroc schien wesentlich interessierter, etwas zu verkaufen als die finanziellen Details auszutüfteln, wollte lieber mit McDonald's expandieren als schnell Geld verdienen. Tatsächlich verdienten die Franchisenehmer von McDonald's Ende der 50er Jahre oft mehr als der Unternehmensgründer.[2]

Nachdem Kroc die ersten Lizenzen an Mitglieder seines Country-Klubs verkauft hatte, beschloss er, anstelle von reichen Geschäftsleuten, die McDonald's nur als Investition unter vielen betrachteten, lieber Menschen anzuwerben, die ihre eigenen Restaurants betrieben. Wie der Verkünder eines neuen Glaubens forderte Kroc die Menschen auf, ihr bisheriges Leben aufzugeben und es völlig McDonald's zu widmen. Um das Engagement angehender Franchisenehmer auf die Probe zu stellen, bot er ihnen oft ein Restaurant fern der Heimat an und erlaubte ihnen nicht, noch andere Geschäfte zu betreiben. Sie mussten mit nur einem McDonald's-Restaurant ein neues Leben beginnen. Wer Krocs Anweisungen widersprach oder sie ignorierte, hatte die Chance verspielt, ein zweites McDonald's zu bekommen. Doch trotz dieses diktatorischen Verhaltens hatte Kroc auch ein offenes Ohr für die Ideen und Beschwerden seiner Franchisenehmer. Ronald McDonald, der Big Mäc, der Egg McMuffin und der Fischmäc wurden von ihnen vor Ort entwickelt. Kroc war eine inspirierende Vaterfigur, der Partner mit »gesundem Menschenverstand«, mit »Mumm und Stehvermögen« suchte, die harte Arbeit nicht scheuten. Wer ein erfolgreicher Partner von McDonald's werden wollte, musste weder über »eine außergewöhnliche Begabung noch besondere intellektuelle Fähigkeiten« verfügen. Kroc verlangte von seinen Franchisenehmern vor allem Loyalität und völlige Hingabe – im Gegenzug versprach er ihnen, sie reich zu machen.[3]

Während Kroc durch das Land reiste, die gute Nachricht von McDonald's verbreitete und Franchiselizenzen verkaufte, entwickelte sein Geschäftspartner Harry J. Sonneborn eine geniale Strategie, um den finanziellen Erfolg der Kette zu gewährleisten und die Franchisenehmer noch stärker zu kontrollieren. Anstatt das Geld mit der Forderung nach hohen Lizenzgebühren oder dem Verkauf von Grundstoffen zu verdienen, fungierte die McDonald's Corporation einfach als Vermieter fast sämtlicher Franchisenehmer in den USA. Das Unternehmen kaufte Grundstücke und vermietete sie an die Partner mit einem Aufschlag von mindestens 40 Prozent. Ungehorsam gegenüber der McDonald's Corporation kam dem Bruch des Mietvertrags gleich, ein Verhalten, das den Ausschluss des Franchisenehmers nach sich ziehen konnte. Zusätzliche Mietgebühren basierten auf dem Jahreserlös des Restaurants. Diese neue Strategie erwies sich für McDonald's als enorm profitabel. »Wir sind nicht in der Fastfoodbranche tätig, sondern in erster Linie auf dem Grundstückssektor«, erklärte Sonneborn einmal einer Gruppe von Wall-Street-Investoren und brachte damit eine unsentimentale Sichtweise gegenüber McDonald's zum Ausdruck, die Kroc nie gebilligt hätte. »Der einzige Grund, warum wir Hamburger für 15 Cent verkaufen, ist der, dass sich mit diesem Produkt die größten Gewinne erzielen lassen, was unsere Pächter in die Lage versetzt, uns pünktlich die Pachten zu zahlen.«[4]

In den 60er und 70er Jahren brachte McDonald's wie in den 90er Jahren Microsoft reihenweise neue Millionäre hervor. In den harten Zeiten für die McDonald's Corporation, als das Geld noch knapp war, bezahlte Kroc seine Sekretärin mit Aktien. June Martinos zehnprozentiger Anteil an McDonald's ermöglichte es ihr später, nicht mehr zu arbeiten und komfortabel auf einem Anwesen am Meer in Palm Beach zu leben. Der Reichtum von Krocs Sekretärin übertraf den der Brüder McDonald bei weitem, die 1961 ihren Anspruch auf 0,5 Prozent der Jahreseinnahmen abtraten. Nach Steuern brachte der Verkauf Richard und »Mac« McDonald jeweils etwa eine Million. Hätten die Brüder ihren 0,5-Prozent-Anteil an den Einnahmen behalten, anstatt ihn an Ray Kroc abzutreten, wäre ihr Einkommen daraus auf über 180 Millionen Dollar im Jahr gestiegen.[5]

Krocs Beziehung zu den Brüdern McDonald war von Anfang an stürmisch. Er hegte eine tiefe Abneigung gegen die beiden und behauptete, dass sie daheim saßen und den Lohn einstrichen, während er schwere Arbeit leistete – sich »abquälte, ächzte und schwitzte wie ein Galeerensklave«.[6] Seine ursprüngliche Vereinbarung mit den Brüdern räumte ihnen das Recht ein, Veränderungen im Betriebssystem der Kette zu blockieren. Bis 1961 behielten die Brüder die alleinige Weisungsbefugnis über die Restaurants, die ihren Namen trugen, eine Tatsache, die Kroc maßlos ärgerte. Er musste 2,7 Millionen

Dollar aufnehmen, um die Brüder auszuzahlen; Sonneborn arrangierte die Finanzierung für das Geschäft mit einer kleinen Gruppe von Investoren, die sich aus Stiftungen, Schulen und vor allem der Princeton University zusammensetzte. Als Bedingung für die Abfindung verlangten die Brüder, ihr erstes Restaurant in San Bernardino zu behalten, die Geburtsstätte der Kette. »Schließlich eröffnete ich ein McDonald's gegenüber von ihrem Restaurant, das sie in Big M umtaufen mussten«, berichtete Kroc stolz in seinen Memoiren, »und vertrieb sie damit aus dem Geschäft.«[7]

Der enorme Erfolg von McDonald's schuf nicht nur Nachahmer in derselben Branche, sondern im gesamten amerikanischen Einzelhandel. Das Franchisesystem erwies sich in jeder Branche als profitables Mittel, neue Unternehmen zu etablieren. Einige Ketten wuchsen über ihre Franchise-Filialen, andere über unternehmenseigene Läden; McDonald's expandierte letztendlich mit Hilfe beider Varianten. Langfristig betrachtet, waren bei der Expansion von McDonalds jedoch nicht die Finanzierung entscheidend, sondern ganz andere Aspekte: die Betonung von Einfachheit und Uniformität sowie die Fähigkeit, die gleiche Verkaufsumgebung an verschiedenen Orten zu schaffen. 1969 beschlossen Donald und Doris Fisher, einen Laden in San Francisco zu eröffnen, der Jeans so verkaufte, wie McDonald's, Burger King und Kentucky Fried Chicken Speisen verkauften. Zielgruppe waren Jugendliche, daher wählten sie einen Namen, der die Teenager der Gegenkultur ansprechen sollte: Gap, von »Generation Gap« (Kluft der Generationen). Dreißig Jahre später gab es in den USA über 1700 Filialen von Gap, GapKids und babyGap in Firmenbesitz. Zu den Innovationen von Gap gehört, dass das Unternehmen die Vermarktung von Kinderkleidung veränderte und seine Mode für Erwachsene auf die Mode für Kleinkinder und sogar Babys übertrug.

Mit der wachsenden Ausbreitung der Franchiseläden und Ladenketten in den USA ähnelte der Bummel über eine Einkaufsstraße immer mehr dem Gang durch die Regalreihen eines Supermarkts. Anstatt etwas aus dem Regal zu nehmen, geht man in ein Geschäft. Die Ladengestaltung jeder Kette ist die Verpackung, die urheberrechtlich genauso streng geschützt ist wie das Design einer Seifenschachtel.[8] McDonald's wies mit der rigorosen Kontrolle des inneren und äußeren Erscheinungsbildes seiner Restaurants den Weg hin zur Standardisierung des amerikanischen Einzelhandels. Ende der 60er Jahre begann McDonald's mit dem Abriss der von Richard McDonald entworfenen Restaurants, den Gebäuden mit den goldenen Bögen über dem schrägen Dach. Die neuen Restaurants hatten Backsteinmauern und Mansardendächer. Da man sich bei McDonald's sorgte, wie die Kunden auf diese Veränderung reagierten, wandte man sich an Louis Cheskin, einen bekannten Designberater und Psychologen. Er sprach sich gegen eine völlige Abschaffung der goldenen Bögen aus, weil diese seiner Meinung nach große Bedeutung im Unterbewusstsein der Kunden hätten. Laut Cheskin ähnelten die goldenen Bögen zwei großen Brüsten, »den Brüsten der Mutter McDonald's«.[9] Es sei nicht sinnvoll, auf die Anziehungskraft dieses universalen und dennoch irgendwie uramerikanischen Symbols zu verzichten. Das Unternehmen hielt sich an Cheskins Rat und behielt die goldenen Bögen bei; es nutzte sie, um das *M* von McDonald's zu bilden.

Freies Unternehmertum mit staatlichen Krediten

Heute kostet ein Franchisevertrag mit Burger King oder Carl's Jr. etwa 1,5 Millionen Dollar; ein Franchisenehmer von McDonald's zahlt ungefähr ein Drittel des Betrags, wenn er ein Restaurant eröffnen will (da das Unternehmen das Grundstück gepachtet hat oder besitzt). Eine Lizenz von einer weniger bekannten Kette – zum Beispiel Augie's, Buddy's Bar-B-Q, Happy

Joe's Pizza & Ice Cream Parlor, The Chicken Shack, Gumby Pizza, Hot Dog on a Stick oder Tippy's Taco House – erhält man bereits für 50 000 Dollar. Manche Franchisenehmer wählen eine größere Kette, weil ihnen diese ein Gefühl der Sicherheit vermittelt, andere investieren lieber in ein kleineres, neueres Konzept und hoffen, dass Ketten wie Buck's Pizza oder K-Bob's Steakhouses zum neuen McDonald's werden.

Befürworter des Franchising sahen in diesem System lange die sicherste Möglichkeit für die Selbstständigkeit. Die International Franchise Association (IFA), ein Verband, der von den großen Ketten unterstützt wird, veröffentlicht seit Jahren Untersuchungen, die »beweisen«, dass Franchisenehmer wesentlich besser abschneiden als unabhängige Geschäftsleute. Eine Umfrage der IFA aus dem Jahr 1998 ergab, dass 92 Prozent aller Franchisenehmer sich selbst als »erfolgreich« betrachteten.[10] Allerdings war der Kreis der Befragten von vornherein eingeschränkt: Alle waren noch im Geschäft. Die Franchisenehmer, die Bankrott gegangen waren, wurden natürlich nicht gefragt, ob sie sich für erfolgreich erachteten. Timothy Bates, Wirtschaftsprofessor an der Wayne State University, glaubt, dass die IFA die Vorteile des Franchising stark übertreibt. Eine Untersuchung, die Bates für eine staatliche Kreditanstalt durchführte, zeigte, dass 38,1 Prozent der neuen Franchiseunternehmen in den ersten vier bis fünf Jahren nach der Eröffnung schließen mussten.[11] Die Misserfolgsquote bei neuen unabhängigen Unternehmen lag im gleichen Zeitraum um 6,2 Prozent niedriger. Laut einer anderen Untersuchung waren drei Viertel der amerikanischen Unternehmen, die 1983 mit dem Verkauf von Franchiselizenzen begannen, 1993 nicht mehr im Geschäft.[12] »Kurz gesagt«, erläutert Bates, »ist der Weg in die Selbstständigkeit über das Franchisesystem mit einer höheren Rate an Geschäftspleiten und niedrigeren Gewinnen verbunden als der unabhängige Besitz eines Unternehmens.«[13]

In letzter Zeit häufen sich die Konflikte zwischen Franchisegebern und Franchisenehmern. Da der amerikanische Markt für Fastfood allmählich gesättigt ist, liegen Restaurants derselben Kette immer enger beieinander. Franchisenehmer bezeichnen diese Praktik als »Encroachment« (Beeinträchtigung) und wehren sich dagegen. Wenn in der Nähe einer Filiale eine neue Niederlassung der gleichen Kette eröffnet, werden die Kunden abgezogen, und die Umsätze sinken. Die meisten Franchisegeber machen jedoch einen Großteil ihres Gewinns mit Gebühren, die auf dem Gesamtumsatz basieren – und mehr Restaurants bedeuten im Allgemeinen auch mehr Umsatz. 1978 verabschiedete der Kongress das erste Gesetz zur Regulierung des Franchising. Zu der Zeit arbeiteten einige Ketten nach dem Schneeballsystem. Sie beschönigten potenzielle Risiken, kassierten im Vorfeld hohe Gebühren und prellten kleine Anleger um Millionen Dollar. Die Federal Trade Commission verlangt von den Ketten mittlerweile ausführliche Unterlagen mit den Regeln für zukünftige Franchisenehmer. Oft sind solche Erklärungen mehr als 100 Seiten lang.

Das Bundesgesetz verlangt vor einem Verkauf eine völlige Offenlegung, schreibt jedoch nicht vor, wie Franchiseunternehmen danach betrieben werden. Wenn der Vertrag unterzeichnet ist, sind Franchisenehmer auf sich allein gestellt. Obwohl sie sich an die Direktiven des Unternehmens halten müssen, gelten die Gesetze zum Schutz von Arbeitnehmern nicht für sie. Obwohl sie das Investitionskapital für ihre Unternehmen aufbringen müssen, gelten die Gesetze zum Schutz unabhängiger Unternehmer nicht für sie. Und obwohl sie ihr Material selbst einkaufen, beziehen sich auch die Gesetze zum Verbraucherschutz nicht auf sie. Laut Bundesgesetz ist es vollkommen legal, wenn eine Fastfoodkette von ihren Zulieferern Provisionen (so genannte »Rabatte«) erhält, ein neues Restaurant neben einem bereits bestehenden eröffnet oder einen Franchisenehmer zur Räumung zwingt, ohne einen Grund zu nennen oder eine Entschädigung zu zahlen.

Laut Susan Kezios, Präsidentin der American Franchisee Association, verlangen die Verträge der Fastfoodketten oft, dass ein Franchisenehmer auf sein Recht, nach dem bundesstaatlichen Gesetz zu klagen, verzichtet; dass er ungeachtet der Preise nur bei bestimmten Zulieferern kauft; dass er das Restaurant nur an einen Interessenten verkauft, dem die Kette zustimmt, und dass er die Beendigung des Vertrags nach Ermessen der Kette akzeptieren muss. Bei der Auflösung eines Vertrags kann der Franchisenehmer seine gesamte Investition verlieren. Franchisenehmer fürchten sich manchmal, ihre Kette öffentlich zu kritisieren, weil ihnen Repressalien drohen, zum Beispiel die Weigerung, zusätzliche Restaurants zu bekommen oder einen Franchisevertrag am Ende seiner 20-jährigen Laufzeit zu verlängern, manchmal kann Kritik auch die sofortige Auflösung eines bestehenden Vertrags zur Folge haben. Ralston-Purina beendete einmal die Verträge von 642 Jack-in-the-Box-Franchisenehmern und ließ ihnen nur 30 Tage Zeit zum Auszug.[14] Eine Gruppe von McDonald's-Franchisenehmern, die gegen das Vordringen weiterer Filialen der Kette auf ihrem Gebiet kämpfen will, hat eine Organisation namens Consortium Members, Inc., gegründet. Die Gruppe gibt über den ehemaligen McDonald's-Franchisenehmer Richard Adams Erklärungen heraus, weil die Mitglieder ihre Namen nicht nennen wollen.

Fastfoodketten werden regelmäßig von Franchisenehmern verklagt, die sich über »Encroachment« ärgern, über die überzogenen Preise der Zulieferer, über unfaire Bankrotte und Vertragsauflösungen. In den 90er Jahren war Subway in mehr rechtliche Auseinandersetzungen mit Franchisenehmern verwickelt als jede andere Kette – mehr als Burger King, Kentucky Fried Chicken, McDonald's, Pizza Hut, Taco Bell und Wendy's zusammen.[15] Dean Sager, ehemaliger Wirtschaftsexperte für das Small Business Committee des amerikanischen Repräsentantenhauses, bezeichnete Subway als »schlimmsten« Franchisegeber in den Vereinigten Staaten. »Subway ist das größte Problem beim Franchising«, erklärte Sager dem Magazin *For-*

tune 1998, »und bietet sich als Paradebeispiel für jeden [Franchise-] Missbrauch an, den man sich vorstellen kann.«[16]

Subway wurde 1965 von Frederick DeLuca gegründet, der 1000 Dollar von einem Freund der Familie borgte und damit einen Sandwichladen in Bridgeport, Connecticut, eröffnete. DeLuca war damals 17 Jahre alt. Heute verfügt Subway über etwa 15 000 Restaurants, rangiert damit gleich hinter McDonald's und eröffnet jedes Jahr mehrere tausend neue Filialen. DeLuca ist fest entschlossen, die größte Fastfoodkette der Welt aufzubauen. Viele Klagen gegen Subway entstehen aufgrund seines ungewöhnlichen Systems zur Rekrutierung neuer Franchisenehmer. Die Kette vertraut beim Verkauf neuer Subway-Franchiseverträge auf »Entwicklungsagenten«. Diese Agenten erhalten von Subway kein festes Gehalt, sie sind im Prinzip selbstständige Subunternehmer, Vertreter, deren Einkommen größtenteils von der Zahl der Subways abhängt, die in ihrem Gebiet eröffnen. Die Subunternehmer erhalten die Hälfte der einmaligen Franchisegebühr, die von den neu Angeworbenen entrichtet wird, dazu ein Drittel der jährlichen Lizenzgebühren sowie ein Drittel der »Übertragungsgebühr«, wenn ein Restaurant verkauft wird. Agenten, die ihre monatliche Verkaufsquote nicht erreichen, müssen dem Unternehmen manchmal ihr Defizit erstatten. Sie stehen unter ständigem Druck, neue Restaurants zu eröffnen, auch wenn das den Umsatz der Subways beeinträchtigt, die bereits in der Nähe existieren. Laut einer Untersuchung der kanadischen *Financial Post* aus dem Jahr 1995 ist das ganze System offensichtlich »fast genauso stark auf den Verkauf von Franchiseverträgen ausgerichtet wie auf den Verkauf von Sandwiches«.[17]

Die Eröffnung eines Subway-Restaurants kostet ungefähr 100 000 Dollar und ist damit die niedrigste Investition, die eine der großen Fastfoodketten verlangt. Die jährliche Lizenzgebühr, die Subway von seinen Partnern verlangt – acht Prozent des Gesamterlöses – zählt dagegen zu den höchsten. Ein Topmanager von Subway gab zu, dass vermutlich 90 Prozent der neuen Franchisenehmer den Vertrag unterzeichnen, ohne ihn vorher gelesen oder ins Handelsregister geschaut zu haben. Etwa 30 bis 50 Prozent der neuen Franchisenehmer von Subway sind Immigranten, viele davon sprechen nicht fließend Englisch.[18] Um einigermaßen über die Runden zu kommen, müssen sie oft 60 bis 70 Stunden in der Woche arbeiten und mehr als eine Subway-Filiale kaufen.

Im November 1999 schlug der Kongressabgeordnete Howard Coble, ein konservativer Republikaner aus North Carolina, ein Gesetz vor, laut dem sich Franchisegeber an die gleichen grundlegenden Geschäftsprinzipien zu halten hatten wie andere amerikanische Unternehmen. Cobles Gesetzesentwurf sollte Franchiseketten zum ersten Mal verpflichten, in »gutem Glauben« zu handeln, ein grundlegender Bestandteil des amerikanischen Handelsrechts. Das Gesetz sollte außerdem das »Encroachment« einschränken, für eine Vertragsauflösung einen »guten Grund« verlangen, Franchisenehmern erlauben, sich in Verbänden zu organisieren, ihnen die Möglichkeit geben, bei verschiedenen Zulieferern einzukaufen, und ihnen das Recht einräumen, ihre Franchisegeber vor einem Bundesgericht zu verklagen.[19] »Wir streben nicht danach, jemanden zu bestrafen«, sagte Coble bei der Vorstellung seines Plans zur Reform des Franchisesystems. »Wir wollen nur Ordnung und Vernunft in einen Bereich unserer Wirtschaft bringen, der stark wächst und sich vielleicht in wachsendem Maße unserer Kontrolle entzieht.«[20] Iowa hat 1992 ähnliche Franchisevorschriften eingeführt, ohne Burger King oder McDonald's zu vertreiben. Dennoch sind die International Franchise Association und die Fastfoodketten gegen Cobles Gesetz. Die IFA beauftragte Allen Coffey Jr., einen ehemaligen Rechtsberater des House Judiciary Committee, und Andy Ireland, einen ehemaligen Kongressabgeordneten der Republikaner und ranghöchstes Mitglied im Small Business Committee des Repräsentantenhauses, ihnen bei der Torpedierung einer stärkeren staatlichen Regulierung des Franchising zu helfen. Während seiner Zeit als Kongressabgeordneter hatte Andy Ireland Franchisenehmer kritisiert, die nach einer Gesetzesreform strebten, und sie als »Jammerlappen« bezeichnet, die zur Regierung gerannt kämen, anstatt die Verantwortung für ihre geschäftlichen Fehlentscheidungen selbst zu übernehmen.[21]

Nach den Anhörungen zu Cobles Gesetz im Kongress behauptete die IFA in einer Pressemitteilung, eine staatliche Regulierung des Franchising würde »Vertragsverhandlungen des freien Unternehmertums« stören und einen der vitalsten und dynamischsten Bereiche der amerikanischen Wirtschaft schwer schädigen. »Der Erfolg kleiner Unternehmen und des Franchisesystems allgemein basiert auf dem Vertrauen in Lösungen, die der Markt bietet«, erklärte IFA-Präsident Don DeBolt.[22] Obwohl die IFA jegliche Einmischung des Staates in den freien Markt offiziell ablehnt, unterstützt der Verband seit langem Programme zur Vergabe staatlicher Kredite an Fastfoodketten.

Seit über 30 Jahren nutzt die Fastfoodindustrie die Small Business Administration (SBA) zur Finanzierung neuer Restaurants – und machte damit aus einer staatlichen Einrichtung, die selbstständigen kleinen Unternehmen helfen sollte, ein Instrument, das zu ihrer Vernichtung beiträgt. Eine Untersuchung des amerikanischen Bundesrechnungshofes aus dem Jahr 1981 stellte fest, dass die SBA zwischen 1967 und 1979 1800 Franchise-Kredite gewährt und so unter anderem die Gründung neuer Burger-King- und McDonald's-Restaurants subventioniert hatte.[23] Zehn Prozent der Franchise-Kreditnehmer konnten den Zahlungsverpflichtungen nicht nachkommen. Im gleichen Zeitraum wurden nur vier Prozent der selbstständigen Unternehmen mit einem SBA-Kredit zahlungsunfähig. In New York City verteilte die SBA 13 Kredite an Burger-King-Franchisenehmer, elf davon gingen pleite. Laut einer Untersuchung des Kongresses »experimentierte« die Kette damals und benutzte staatliche Kredite zur Eröffnung von

Restaurants an schlechten Standorten.[24] Burger King verlor mit der Schließung der Restaurants keinen Cent. Die amerikanischen Steuerzahler waren für die Franchisegebühren aufgekommen, für das Gebäude, das Grundstück, die Ausstattung und die Lebensmittel.

Einer aktuellen Studie der Heritage Foundation zufolge vergibt die SBA immer noch günstige Kredite an einige der größten Unternehmen des Landes.[25] 1996 gewährte die SBA fast eine Milliarde Dollar an Krediten für neue Franchisenehmer. Die Fastfoodbranche erhielt mehr Kredite von der SBA als jede andere. Dank der staatlichen Gelder wurden 1996 von 52 verschiedenen Ketten fast 600 neue Fastfoodrestaurants eröffnet. Subway profitierte besonders von den SBA-Krediten. Von ihren 755 neuen Filialen, die in jenem Jahr eröffnet wurden, stützten sich 109 auf eine staatliche Finanzierung.

Jenseits von Pueblo

Das Franchise-Abkommen, das Dave Feamster 1984 unterzeichnete, verlieh ihm die Exklusivrechte an der Eröffnung von Little-Caesars-Restaurants im Großraum Pueblo. Neben der Lizenzgebühr musste er dem Unternehmen fünf Prozent des Jahresumsatzes abtreten und zusätzliche vier Prozent in einen Werbeetat einzahlen. Die meisten Franchisenehmer von Little Caesars müssen noch das Kapital für den Kauf oder Bau ihrer eigenen Restaurants aufbringen. Da Feamster das Geld nicht hatte, gab ihm das Unternehmen einen Kredit. Bevor er auch nur eine einzige Pizza verkauft hatte, war er mit 200 000 Dollar verschuldet.

Obwohl Feamster vier Jahre am College in Colorado Springs studiert hatte, das weniger als eine Autostunde entfernt liegt, war er nie in Pueblo gewesen. Er mietete ein kleines Haus in der Nähe seines neuen Restaurants in einem Viertel, in dem überwiegend Arbeiter aus der Stahlindustrie lebten. In einem ähnlichen Viertel war er aufgewachsen. Feamster dachte, er würde dort nur einige Monate wohnen, doch schließlich lebte er dort sechs Jahre lang allein und widmete seine gesamte Energie dem Geschäft. Er öffnete jeden Morgen das Restaurant und schloss es abends wieder, buk Pizzas, lieferte sie aus, wischte den Boden auf und erledigte auch sonst alles, was getan werden musste. Seine mangelnde Erfahrung in der Gastronomie machte er durch sein Geschick im Umgang mit den unterschiedlichsten Menschen wett. Wenn eine ältere Kundin ihn anrief und sich über die Qualität der Pizza beschwerte, hörte er ihr geduldig zu und stellte sie dann ein, um zukünftige Beschwerden entgegenzunehmen.

Feamster brauchte drei Jahre, bis er seine Schulden zurückgezahlt hatte. Heute gehören ihm fünf Restaurants von Little Caesars: vier in Pueblo und eines in der nahe gelegenen Stadt Lamar. Sein Jahresumsatz liegt bei etwa 2,5 Millionen Dollar. Feamster hat ein gutes Einkommen, lebt aber bescheiden. Als ich das Restaurant einer konkurrierenden Pizzakette in Colorado Springs besuchte, ließ das Unternehmen einen Pressesprecher aus New York City einfliegen, der mich auf Schritt und Tritt begleitete. Feamster ließ mir bei den Interviews mit seinen Angestellten völlig freie Hand, ich konnte sie ungestört befragen und in seinem Unternehmen herumschnüffeln, solange ich wollte. Er meinte, er habe nichts zu verbergen. Sein kleines Büro hinter der Filiale in Belmont ist jedoch in einem fortgeschrittenen Stadium der Unordnung, voll gestopft mit Stapeln durchhängender Kartons. Während viele Konkurrenten computerunterstützte Betriebssysteme nutzen, die eine Bestellung automatisch auf die Monitore in der Küche weiterleiten, sind Feamsters Restaurants in der Ära der Kugelschreiber und gelben Quittungsdurchschläge stehen geblieben.

Feamster hat sich mittlerweile in Pueblo sehr gut eingelebt. Seine Frau ist Lehrerin, ihre Familie lebt seit fünf Generationen in der Stadt. Gemeinnützige Arbeit nimmt einen Großteil seiner Freizeit in Anspruch und scheint nicht vom Wunsch nach Publicity getrieben. Feamster spendet Geld an lokale Wohltätigkeitsorganisationen und hält Vorträge an Schulen. Einigen seiner Festangestellten bezahlt er die Collegegebühren, solange sie einen Schnitt von 3,0 oder besser haben. Vor kurzem half er bei der Zusammenstellung des ersten Highschool-Eishockeyteams der Stadt, das Spieler aus dem ganzen Bezirk anzieht. Feamster bezahlte die Trikots und die Ausrüstung und arbeitet als Assistenztrainer. Die Spieler sind größtenteils Latinos und stammen aus einem Milieu, in dem es keine lange, glorreiche Tradition auf dem Eis gibt. Die Mannschaft spielt regelmäßig gegen Highschools aus Colorado Springs, an denen Eishockey bereits etabliert ist. Dennoch hat es die Mannschaft in zwei ihrer ersten drei Saisons bis in die Playoffs geschafft.

Trotz der harten Arbeit ist der zukünftige Erfolg von Feamsters Unternehmen keineswegs garantiert. Little Caesars ist zwar die viertgrößte Pizzakette des Landes, ihr Marktanteil geht jedoch seit 1992 kontinuierlich zurück. Hunderte von Little-Caesars-Restaurants wurden bereits geschlossen. Einige Franchisenehmer der Kette haben aus Unzufriedenheit mit dem Management des Unternehmens einen unabhängigen Verband gegründet. Andere haben ihre Beiträge für den gemeinsamen Werbeetat verweigert. Feamster allerdings fühlt sich der Familie Ilitch und dem Unternehmen verpflichtet, denn sie gab ihm eine Chance. Dennoch macht er sich Sorgen über die geringen Ausgaben für Werbung. Noch beunruhigender ist die Eröffnung eines Restaurants von Papa John's in Pueblo. Papa John's ist die am schnellsten wachsende Pizzakette in den USA und eröffnet jeden Monat etwa 30 neue Restaurants. Im Herbst 1998 eröffnete Papa John's die erste Filiale in Pueblo, und im darauffolgenden Jahr kamen bereits drei weitere hinzu.

Das Schicksal von Dave Feamsters Restaurants hängt nun vom Verhalten seiner Angestellten gegenüber jedem einzelnen Kunden ab. Rachel Velaquez, die Managerin des Little

Caesars in Belmont, nimmt ihren Job sehr ernst und tut ihr Bestes zur Motivation der Belegschaft. Sie arbeitet seit 1988 für Feamster. Damals war sie sechzehn, und niemand anderes wollte sie einstellen. Im nächsten Jahr kaufte sie sich von ihrem Verdienst ein Auto. Heute verdient sie bei einer Arbeitswoche von 50 Stunden etwa 22 000 Dollar im Jahr. Außerdem zahlt Feamster für ihre Krankenversicherung und steuert jedes Jahr einige tausend Dollar für ihren Pensionsfonds bei. Rachel lernte 1991 ihren Mann in diesem Little Caesars kennen, sie war damals Co-Managerin und er war Trainee. Heute arbeitet ihr Mann bei einer Firma für Industriebedarf. Sie haben zwei kleine Kinder. Eine Großmutter sieht nach ihnen, wenn Rachel bei der Arbeit ist. Im hinteren Teil der Küche hat Rachel in einem kleinen Vorratsraum ihr improvisiertes Büro: ein schwarzer Tisch, ein Stuhl, ein ramponierter Aktenschrank, eine Liste mit den Telefonnummern der Angestellten, die auf eine Schachtel geklebt ist, und ein Schild, auf dem »Lächeln« steht.

An einem Dienstagmorgen treffen sich 14 von Feamsters Angestellten gegen sieben Uhr in der Filiale in Belmont. Feamster hat Karten für eine Veranstaltung namens »Erfolg« in der McNichols Sports Arena in Denver spendiert. Sie beginnt um 8 Uhr 15 und geht bis etwa 18 Uhr abends. Berühmte Gastredner wie Henry Kissinger, Barbara Bush und der ehemalige britische Premier John Major werden auftreten. Sponsor der Veranstaltung ist eine Gruppe namens »Peter Lowe International, the Success Authority«. Die Tickets kosten Feamster jeweils 90 Dollar. Er hat einen Kleinbus gemietet und seinen Angestellten frei gegeben. Er weiß nicht genau, was sie erwartet, hofft jedoch, dass es ein beeindruckendes Ereignis sein wird. Feamster möchte, dass seine jungen Mitarbeiter erkennen, dass »es eine Welt da draußen gibt, eine Welt jenseits von Pueblo«.

Der Parkplatz der McNichols Arena ist überfüllt. Die Veranstaltung ist seit Tagen ausverkauft, und es herrscht gespannte

Erwartung. Personen des öffentlichen Lebens von diesem Kaliber kommen nicht jede Woche nach Denver. In der Halle sitzen 18 000 Menschen, und fast alle sind weiß, gepflegt und wohlhabend – allerdings nicht so wohlhabend, wie sie es gerne wären. Diese Menschen wollen mehr. Es sind Handelsreisende, Angehörige des mittleren Managements, Franchisenehmer. In den Gängen und Korridoren, wo man normalerweise Hot Dogs und Mützen der Denver Nuggets kauft, wird *Peter Lowe's Success Yearbook* für 19,95 Dollar angeboten, »American Sales Leads auf CD-Rom« gibt es für 375 Dollar, und Zig Ziglar bietet seine »Geheimnisse, einen Verkauf perfekt zu machen« (zwölf Kassetten) für 120 Dollar und »Alles von Zig« (57 Kassetten, vier Bücher und elf Videos) zum Sonderpreis für 995 Dollar an, als »Seminarsonderangebot«.

Peter Lowe bringt diese Massenveranstaltungen seit 1991 auf die Bühne. Die »Autorität des Erfolges« ist 42 Jahre alt und lebt in Tampa, Florida. Seine Eltern waren anglikanische Missionare, die die materiellen Annehmlichkeiten ihres Lebens in Vancouver für die Arbeit mit den Armen aufgaben. Lowe wurde in Pakistan geboren und besuchte die Woodstock School in Mussoorie in Indien, wählte jedoch für sich einen anderen Weg. 1984 kündigte er seinen Job als Computer-Verkäufer und organisierte sein erstes »Erfolgsseminar«. Der Gastauftritt von Ronald Reagan bei einer seiner Veranstaltungen bewog bald auch andere Prominente, Lowes Arbeit zu unterstützen. Im Gegenzug erhalten sie zwischen 30 000 und 60 000 Dollar pro Rede – für etwa eine halbe Stunde Arbeit. Zu den Gastrednern der letzten Zeit gehören: George Bush, Oliver North, Barbara Walters, William Bennett, Colin Powell, Charlton Heston, Dr. Joyce Brothers und Mario Cuomo.

Rachel Vasquez kann kaum glauben, dass sie inmitten so vieler Menschen sitzt, die ein eigenes Unternehmen haben, unter so vielen Menschen in Anzug und Krawatte. Die Sitzplätze der Angestellten von Little Caesars sind nur wenige Meter von der Bühne entfernt. So etwas haben sie noch nie erlebt. Trotz der Größe der Arena kommt es den 14 Fastfood-Mitarbeitern aus Pueblo so vor, als seien die berühmten Leute auf der Bühne zum Greifen nah.

»Sie sind die Elite Amerikas«, verkündet Brian Tracy, Autor von *The Psychology of Selling*, der Menge. »Sagen Sie sich: Ich mag mich! Ich mag mich! Ich mag mich!« Auf ihn folgt Henry Kissinger, der Anekdoten aus der Außenpolitik erzählt. Dann fordert Peter Lowes attraktive Frau Tamara die Zuschauer zu einem Tanzwettbewerb auf; dem Gewinner winkt eine Reise nach Disneyland. Vier Teilnehmer klettern auf die Bühne, Dutzende Wasserbälle werden in die Menge geworfen, aus den Lautsprechern tönt »Surfin' USA« von den Beach Boys, und 18 000 Zuschauer fangen an zu tanzen. Als nächste Rednerin tritt Barbara Bush zu der »Fanfare for the Common Man« auf, ihr Lächeln wird auf zwei riesige Videoeinwände projiziert. Sie erzählt eine Geschichte, die mit dem Satz anfängt: »Wir hatten die ganze Bande in Kennebunkport …«

Beim Auftritt von Peter Lowe gehen Feuerwerkskörper in die Luft, und buntes Konfetti fällt von der Decke. Der schlanke, rothaarige Mann im grauen Zweireiher rät den Zuhörern, fröhlich zu sein, sich selbst Mut anzuerziehen, sich selbst Optimismus beizubringen und nie aufzugeben. Er empfiehlt seine Kassettenreihe »Success Talk«, die in der Halle verkauft wird und monatlich ein Interview mit jeweils »einem der erfolgreichsten Menschen unserer Zeit« verspricht. Nach einer kurzen Pause enthüllt er die grundlegende Voraussetzung für Erfolg. Er fordert die Menge auf zum Gebet: »Herr Jesus Christus, ich brauche dich. Ich möchte, dass du in mein Leben trittst und mir meine Sünden vergibst.«

Lowe hat sich vom Glauben seiner Eltern losgesagt, einem Glauben, der heute hoffnungslos altmodisch erscheint. Die Sanftmütigen werden nicht mehr die Erde erben; die Draufgänger werden sie bekommen und alles, was darauf wandelt. Der Christ, der zu den Armen, den Kranken, den Geknechteten, zu den Lepraopfern und Prostituierten ging, hatte eindeutig keine Ahnung von Marketing. Er wurde in einen Unternehmer der Moderne verwandelt, den größten Superstarverkäufer aller Zeiten, der aus dem Nichts eine multinationale Truppe aufbaute. Lowe spricht zu den Zuhörern über die Gnade. Doch die Verehrung des Verkaufs und der Prominenz durchdringt seine Bücher, seine Gästelisten, seine Radiosendungen und Seminare. »Gehen Sie nicht wahllos Verbindungen ein«, predigt Peter Lowe in seinem *Peter Lowe's Success Yearbook* zu 19,95 Dollar. »Setzen Sie sich das Ziel, bestimmte wichtige Leute kennen zu lernen. Stellen Sie sich vor, wie Sie mit ihnen sprechen. Planen Sie im Voraus, welche Fragen Sie ihnen stellen ... Wenn sie eine Beziehung zu einer wichtigen Person aufbauen wollen, bereiten Sie sich vor, sagen Sie etwas, das Ihr Verständnis für die Leistungen der Person zum Ausdruck bringt ... Jeder mag Geschenke. Jemandem, der einem gerade etwas Schönes geschenkt hat, kann man sich nur schwer widersetzen oder Distanz zeigen ... Nehmen sie die Einstellung eines Superstars an ... Lächeln Sie. Ein Lächeln sagt den Menschen, dass Sie sie mögen, dass Sie Interesse an ihnen haben. Was für eine ansprechende Botschaft!« So lauten die Lehren seines Evangeliums, die guten Nachrichten, die große Hallen füllen und Kassetten verkaufen.

Zu den Klängen von *Chariots of Fire* schiebt Lowe Christopher Reeve in seinem Rollstuhl auf die Bühne. Die Menge applaudiert begeistert. Reeves Gesicht wird von längerem grauen Haar eingerahmt. Der Schlauch eines Beatmungsgeräts führt vom Rücken seines blauen Sweatshirts zu einem würfelförmigen Gerät an seinem Rollstuhl. Reeve beschreibt, wie es war, um zwei Uhr nachts in einem Krankenhausbett zu liegen, allein und bewegungsunfähig, mit dem Gefühl, es werde nie wieder hell. Seine Stimme ist klar und stark, doch er muss nach wenigen Worten immer wieder Atempausen einlegen. Er dankt den Zuhörern für ihre Unterstützung und gesteht, dass ihr freundlicher Empfang einer der Gründe ist, warum er bei solchen Veranstaltungen auftritt; dies hilft ihm, guten Mutes zu bleiben. Sein Rednerhonorar spendet er Organisationen, die Rückenmarkforschung betreiben.

»Ich musste die materielle Welt verlassen«, sagt Reeve. In der Halle wird es ganz still; in jeder Pause könnte man eine Stecknadel fallen hören. »Als ich 24 war, verdiente ich Millionen«, fährt er fort. »Ich war ganz schön selbstzufrieden ... war egoistisch und vernachlässigte meine Familie ... Seit meinem Unfall habe ich erkannt ... dass Erfolg etwas ganz anderes bedeutet.« Einige Zuhörer beginnen zu weinen. »Ich sehe Menschen, die diese konventionellen Ziele erreichen«, sagt er in einem milden, gleichmäßigen Ton. »*Nichts davon zählt.*«

Seine Worte schneiden ruhig und sehr präzise durch die salbungsvollen Reden der letzten Stunden. Jeder in der Halle, egal, wie gierig oder eifrig er nach einer Beförderung strebt, jeder der 18 000 weiß tief im Innern seines Herzens, dass Reeve Recht hat, dass seine Worte nur allzu wahr sind. Die neuesten Vorhaben, die Pläne, den Weg nach oben mit Marketing, Filialen und Franchising zu erreichen, egal was es kostet, die Stimmung, jetzt Colorado zu unterwerfen, schwindet binnen Sekunden. Männer und Frauen in den Sitzreihen wischen sich die Tränen weg, sind nicht nur von dem berührt, was dieser Mann durchgemacht hat, sondern auch von der plötzlichen Erkenntnis, dass es auch in ihrem Leben eine Leere gibt, die nagend und unausgefüllt ist.

Kaum ist Reeve von der Bühne gefahren, tritt Jack Groppel, der nächste Redner, ans Mikrofon und legt los: »Sagt mal, Leute, habt ihr je in eurem Leben eine Diät gemacht?«

Teil Zwei
Fleisch und Kartoffeln

5. Warum die Pommes so gut schmecken

Auf dem Weg zur J.-R.-Simplot-Fabrik in Aberdeen, Idaho, fährt man durch das Zentrum von Aberdeen mit seinen 2000 Einwohnern und hält sich Richtung Norden, vorbei an einem halben Dutzend Läden an der Hauptstraße. Bei der Tiger Hut, einem alten Hamburger-Stand, der nach der örtlichen Schulmannschaft benannt ist, biegt man rechts ab, fährt über Schienen, wo Güterzüge mit Zuckerrüben beladen werden, und ist nach 400 Metern am Ziel. Es riecht, als ob jemand Kartoffeln kocht. Die Simplot-Fabrik ist ein niedriges rechteckiges Gebäude, sauber und ordentlich. Auf dem Mitarbeiter-Parkplatz stehen reihenweise Pickups, davor weht eine große amerikanische Flagge. Aberdeen liegt mitten im Bingham County, wo mehr Kartoffeln angepflanzt werden als in jedem anderen Verwaltungsbezirk von Idaho. In der Simplot-Fabrik werden 24 Stunden am Tag und an 310 Tagen im Jahr aus Kartoffeln Pommes frites gemacht. Sie wurde in den 50er Jahren errichtet und ist nach Branchenstandards eher klein. Etwa eine Million Pfund Kartoffeln werden dort am Tag verarbeitet.

Im Innern des Gebäudes führt ein Labyrinth aus roten Förderbändern in die Maschinen hinein und hinaus. Dort werden die Kartoffeln gewaschen, sortiert, geschält, geschnitten, blanchiert, mit Heißluft getrocknet, frittiert und schockgefroren. Arbeiter in weißen Kitteln und Helmen sorgen für einen reibungslosen Ablauf, behalten die Kontrollleuchten im Auge und überprüfen die Qualität der Pommes frites. Aus den Maschinen ergießen sich Ströme geschnittener Kartoffeln. Die Fabrik vermittelt eine fröhliche, bescheidene Atmosphäre wie in der Eisenhower-Ära, als ob der Traum vom technischen Fortschritt, von einem besseren Leben dank Tiefkühlkost in Erfüllung gegangen wäre. Das ganze Unternehmen ist vom Geist eines Mannes durchdrungen: John Richard Simplot, dem Kartoffelbaron Amerikas, dessen scheinbar unerschöpfliche Energie und Risikobereitschaft ein Pommes-frites-Imperium schufen. Als die bei weitem bedeutendste Figur in einem der konservativsten Bundesstaaten des Landes weist Simplot widersprüchliche Züge auf, die die wirtschaftliche Entwicklung des amerikanischen Westens bestimmten, eine merkwürdige Mischung aus unverwüstlichem Individualismus und der Abhängigkeit von staatlichen Ländereien und Ressourcen. Auf einem Porträt über dem Empfang in der Fabrik in Aberdeen trägt er das verschlagene Grinsen eines Spielers zur Schau, dem der große Wurf gelungen ist.

J. R. Simplot wurde 1909 geboren. Ein Jahr später zog seine Familie von Dubuque in Iowa nach Idaho. Das staatlich geförderte Kultivierungsprojekt am Snake River sollte die Wüste im südlichen Idaho in fruchtbares Farmland verwandeln. Simplots Vater wurde einer der Siedler, die kostenlos Land erhielten, wenn sie es bearbeiteten. Simplot musste schon früh bei der schweren Arbeit auf der Farm helfen. Er rebellierte gegen seinen dominanten Vater, brach mit fünfzehn die Schule ab und ging weg von zu Hause. In einem Kartoffellagerhaus in der Kleinstadt Declo in Idaho fand er Arbeit. Simplot sortierte Kartoffeln von Hand mit einem »Schüttel-Sortierer« und arbeitete 9 bis 10 Stunden am Tag für 90 Cent die Stunde. In der Pension, in der er ein Zimmer gemietet hatte, lernte Simplot eine Gruppe Lehrer kennen, die nicht in bar, sondern in zinsbringenden Anrechtsscheinen bezahlt wurden. Simplot kaufte ihnen die Scheine für 50 Cent pro Dollar ab – und verkaufte sie dann an die Bank vor Ort für 90 Cent pro Dollar. Mit seinem Verdienst kaufte Simplot ein Gewehr, einen alten Lastwagen und 600 Schweine für einen Dollar das Stück. Er baute in der Wüste einen Herd, bestückte ihn mit Buschwerk, schoss wilde Pferde, zog ihnen das Fell ab, verkaufte ihre Häute für zwei Dollar das Stück, kochte das Fleisch und verfütterte das Pferdefleisch im Winter an seine Schweine. Im Frühjahr verkaufte Simplot die Schweine für 12,50 Dollar das Stück und wurde mit 16 Jahren Kartoffelbauer.

In den 20er Jahren stand die Kartoffelindustrie von Idaho noch ganz am Anfang. Die Gebirgslage des Staates, die warmen Tage und kalten Nächte, die leichte vulkanische Erde und ausreichend Wasser für die Bewässerung machte Idaho zum idealen Anbauort für Kartoffeln von der Sorte Russet Burbank. Simplot pachtete 65 Hektar Land und kaufte dann eine Farmausrüstung und ein Gespann. Von seinem Pachtherrn, Lindsay Maggart, lernte er den Kartoffelanbau. Maggart steigerte den Ernteertrag, indem er jedes Jahr neue Stecklinge pflanzte. 1928 kauften Simplot und Maggart einen elektrischen Kartoffelsortierer, eine zu der Zeit bemerkenswerte Erfindung. Simplot sortierte für seine Freunde und Nachbarn Kartoffeln, doch Maggart wollte das neue Gerät mit niemandem teilen. Die beiden Männer stritten sich um den Kartoffelsortierer, bis sie sich schließlich einigten, mit einem Münzwurf über den Besitz zu entscheiden. J. R. Simplot gewann, bekam den Sortierer, verkaufte seine Farmausrüstung und gründete ein eigenes Geschäft in einem Kartoffelkeller in Declo. Er reiste übers Land, steckte das Gerät in die nächstmögliche Steckdose oder Fassung einer Glühbirne und sortierte für die Farmer die Kartoffeln. Schon bald kaufte und verkaufte er Kartoffeln, eröffnete Lagerhäuser und baute Beziehungen zu Händlern im ganzen Land auf. Wenn J. R. Simplot Bauholz für ein neues Lagerhaus brauchte, fuhren er und seine Leute einfach runter nach Yellowstone und fällten ein paar Bäume. Zehn Jahre später war Simplot der größte Kartoffelhändler im Westen und betrieb 33 Lagerhäuser in Oregon und Idaho.

Simplot handelte auch mit Zwiebeln. 1941 fragte er sich, warum die Burbank Corporation, ein Unternehmen in Kalifornien, bei ihm so viele Zwiebeln bestellte. Simplot reiste nach Kalifornien und folgte einem der Lastwagen des Unternehmens zu einer Pflaumenplantage in Vacaville. Die Burbank Corporation nutzte die Trockengeräte für Pflaumen zur Trocknung von Zwiebeln. Simplot kaufte sofort einen Trockner mit sechs Röhren und richtete seine eigene Dehydrierfirma in Caldwell in Idaho ein. Die Fabrik wurde am 8. Oktober 1941 eröffnet. Zwei Monate später traten die Vereinigten Staaten in den Zweiten Weltkrieg ein, und Simplot verkaufte seine getrockneten Zwiebeln an die US-Streitkräfte. Das Geschäft war sehr gewinnbringend. Das getrocknete Zwiebelpulver, erinnerte er sich später, war wie »Goldstaub«.[1]

Die J. R. Simplot Dehydrating Company perfektionierte schon bald eine neue Methode zur Trocknung von Kartoffeln und wurde damit zu einem der wichtigsten Lebensmittellieferanten für das amerikanische Militär im Zweiten Weltkrieg. 1942 beschäftigte das Unternehmen 100 Arbeiter in der Fabrik in Caldwell, 1944 waren es bereits 1200. Das Unternehmen in Caldwell wurde zur größten Dehydrieranlage der Welt. J. R. Simplot verwendete seine Gewinne aus dem Geschäft mit dem Militär für den Kauf von Kartoffel- und Rinderfarmen, den Bau von Düngerfabriken und Sägewerken, für Anteile an Bergwerken und die Erschließung einer großen Phosphatmine im Indianerreservat Fort Hall. Bei Kriegsende baute Simplot seine eigenen Kartoffeln an, düngte sie mit seinem eigenen Phosphat, verarbeitete sie in seinen Fabriken, versandte sie in Kisten aus seinen Sägewerken und verfütterte die übrigen Kartoffelschalen an sein Vieh. Er war 36 Jahre alt.

Nach den Krieg investierte Simplot hohe Summen in die Tiefkühlung von Lebensmitteln, da sie seiner Meinung nach die Mahlzeiten der Zukunft liefern würde. Clarence Birdseye hatte in den 20er Jahren verschiedene Techniken zur Schockgefrierung patentieren lassen. Der Verkauf von Birdseyes neuen Produkten wurde jedoch dadurch beeinträchtigt, dass nur wenige amerikanische Lebensmittelhändler und noch weniger Haushalte eine Tiefkühltruhe besaßen. Nach dem Zweiten

Weltkrieg stieg der Verkauf von Kühlschränken, Tiefkühltruhen und anderen Küchengeräten sprunghaft an. Die 50er Jahre wurden zum »Goldenen Zeitalter der Lebensmitteltechnologie«, um in den Worten des Historikers Harvey Levenstein zu sprechen,[2] ein Jahrzehnt, in dem eine wunderbare Neuerung nach der anderen versprach, das Leben der amerikanischen Hausfrauen zu erleichtern: tiefgekühlter Orangensaft, Tiefkühl-TV-Dinner, Miracle Whip. Auf die mageren Jahre der Weltwirtschaftskrise folgte eine Fülle neuer Lebensmittel in den Regalen der neuen Supermärkte vor den Toren der Stadt. Die Werbung ließ konservierte Lebensmittel besser als frische erscheinen, denn sie waren moderner und auf das Raumzeitalter ausgerichtet. Laut Levenstein verwiesen viele Restaurants stolz auf ihre Dosensuppen, und eine Kette namens Tad's 30 Varieties of Meals führte ein Dutzend Tiefkühlgerichte auf ihrer Speisekarte. Die Gäste bei Tad's bereiteten die Tiefkühlspeisen selbst in Mikrowellenherden neben dem Tisch zu.[3]

Die Kühlschränke, die nach dem Krieg gebaut wurden, hatten Eisfächer, und J. R. Simplot machte sich Gedanken über die Lebensmittel, die Hausfrauen dort gerne lagern würden. Er versammelte ein Team von Chemikern unter der Führung von Ray Dunlap zur Entwicklung eines Produkts um sich, das enormes Potenzial versprach: tiefgekühlte Pommes frites. Die Amerikaner verzehrten mehr Pommes frites als je zuvor, und die Sorte Russet Burbank war aufgrund ihrer Größe und ihres hohen Stärkegehalts die ideale Kartoffel zum Frittieren. Simplot wollte billige tiefgekühlte Pommes frites entwickeln, die genauso gut wie frische schmeckten. Obwohl bereits Thomas Jefferson das Rezept für Pommes frites 1802 aus Paris in die USA mitgebracht hatte, wurden die frittierten Kartoffelstäbchen erst in den 20er Jahren des 20. Jahrhunderts richtig bekannt.[4] Die Amerikaner aßen ihre Kartoffeln traditionell gekocht, als Kartoffelbrei oder als gebackene Kartoffeln. Pommes frites wurden in den USA durch Veteranen aus dem Ersten Weltkrieg populär, die sie in Europa genossen hatten, und durch die Drive-In-Restaurants, die in den 30er und 40er Jahren entstanden. Pommes frites konnte man ohne Messer und Gabel servieren, außerdem ließen sie sich leicht auch beim Autofahren verzehren. Allerdings war ihre Zubereitung extrem zeitaufwändig. Simplots Lebensmittelchemiker experimentierten mit verschiedenen Methoden zur Massenproduktion. Dabei mussten sie eine Reihe von Fehlschlägen hinnehmen und zum Beispiel lernen, dass die Kartoffelstäbchen auf den Boden der Fritteuse sinken und verbrennen können. Doch eines Tages kam Dunlap mit einigen Pommes frites in Simplots Büro, die tiefgekühlt gewesen und im heißen Fett wieder ausgebacken worden waren. Simplot kostete sie, erkannte, dass die Herstellungsprobleme gelöst waren, und sagte: »Verdammt gute Sache.«[5]

J. R. Simplot begann 1953 mit dem Verkauf von tiefgekühlten Pommes frites. Anfangs war der Absatz enttäuschend. Obwohl sie vorfrittiert waren und im Backofen zubereitet werden konnten, schmeckten sie am besten, wenn sie in heißem Öl erhitzt wurden, was ihre Attraktivität für vielbeschäftigte Hausfrauen minderte. Simplot musste Großkunden finden, Restaurantbesitzer, die die enorme Arbeitsersparnis bei tiefgekühlten Pommes erkannten.

»Die Pommes frites [waren] ... geradezu heilig für mich«, schrieb Ray Kroc in seinen Memoiren, »ihre Zubereitung war ein Ritual, das man gewissenhaft befolgen musste«.[6] Der Erfolg von Richard und »Mac« McDonald's erstem Hamburgerrestaurant basierte ebenso auf der Qualität ihrer Pommes frites wie auf dem Geschmack der Burger. Die Brüder McDonald hatten ein kompliziertes System für die Zubereitung knuspriger Pommes frites entwickelt, das später noch verbessert wurde. McDonald's frittierte dünn geschnittene Kartoffeln von der Sorte Russet Burbank in speziellen Fritteusen, die eine Öltemperatur von über 163 Grad Celsius halten konnten.[7] Mit der Expansion der Kette wurde es immer schwieriger – aber auch umso wichtiger –, die Konsistenz und Qualität der Pommes frites konstant zu halten. J. R. Simplot besprach sich 1963 mit Ray Kroc. Der Wechsel zu tiefgekühlten Pommes frites sagte Kroc zu, denn so konnte er gleiche Qualität gewährleisten und Lohnkosten sparen. McDonald's bezog seine frischen Kartoffeln von etwa 175 verschiedenen lokalen Lieferanten, und die Angestellten brauchten viel Zeit für das Schälen und Schneiden.[8] Simplot bot an, eine neue Fabrik allein für die Herstellung der McDonald's Pommes frites zu bauen, und Kroc erklärte sich bereit, Simplots Pommes frites zu testen, ging aber keine langfristige Verpflichtung ein. Der Handel wurde mit einem Handschlag bekräftigt.

Im darauffolgenden Jahr begann McDonald's mit dem Verkauf der Pommes frites von J. R. Simplot. Die Kunden bemerkten keinerlei Geschmacksveränderung. Und die Kostenersparnis durch die Verwendung eines Tiefkühlprodukts machte Pommes frites zu einem der gewinnbringendsten Angebote auf der Speisekarte – wesentlich gewinnbringender als Hamburger. Simplot wurde rasch zum Hauptlieferanten für Pommes frites bei McDonald's. Damals hatte McDonald's etwa 725 Restaurants in den USA. Zehn Jahre später waren es bereits über 3000. Simplot verkaufte seine tiefgekühlten Pommes frites auch an andere Restaurantketten und beschleunigte so das Wachstum der Fastfoodindustrie. Auch die Essgewohnheiten der Bevölkerung wurden durch Simplot verändert. Die Amerikaner verzehren schon seit langem mehr Kartoffeln als jedes andere Lebensmittel mit Ausnahme von Molkereiprodukten und Weizenmehl. Im Jahr 1960 verzehrte ein Amerikaner im Durchschnitt 37 Kilo frische Kartoffeln und etwa zwei Kilo tiefgekühlte Pommes frites. Heute isst ein Amerikaner im Durchschnitt 22 Kilo frische Kartoffeln pro Jahr – und knapp 14 Kilo tiefgekühlte Pommes frites.[9] Neunzig Prozent dieser Pommes frites werden in Fastfoodrestaurants gekauft. Tatsächlich avancierten Pommes frites zu dem am häufigsten verkauften Gericht in der amerikanischen Gastronomie.[10]

J. R. Simplot, der Junge ohne Schulabschluss, zählt heute zu den reichsten Männern der Vereinigten Staaten. Sein Unternehmen, das sich immer noch im Familienbesitz befindet, baut neben Kartoffeln auch Mais, Erbsen, Broccoli, Avocados und Karotten an und verarbeitet diese; es züchtet Vieh und verarbeitet das Fleisch, stellt Kunstdünger her und vertreibt ihn, baut Phosphat und Kieselerde ab, produziert Öl, Ethanol und Erdgas. 1980 stellte Simplot einigen Ingenieuren eine Million Dollar als Startkapital zur Verfügung, die im Keller einer Zahnarztpraxis in Boise, Idaho, arbeiteten. Zwanzig Jahre später war seine Investition in Micron Technology – ein Hersteller von Computerchips und der größte private Arbeitgeber in Idaho – etwa 1,5 Milliarden Dollar wert. Simplot ist außerdem einer der größten Grundbesitzer des Landes. »Ich war mein ganzes Leben lang ein Landei«, erzählte mir Simplot lachend. Noch als Teenager kaufte er mit geborgtem Geld 7000 Hektar am Snake River für 1,20 Dollar pro Hektar. Heute besitzt sein Unternehmen 35 000 Hektar bewässertes Farmland, und Simplot persönlich gehört mehr als doppelt so viel Weideland. Auch ein Großteil des Zentrums von Boise und eine Villa in den Hügeln mit Blick über die Stadt gehören ihm. Zu Hause hisst er eine riesige amerikanische Flagge an einem Mast, der zehn Stockwerke hoch ist. Zusätzlich zu seinem Besitz hat Simplot über 800 000 Hektar Land vom Staat gepachtet. Seine ZX-Ranch in Südoregon ist mit einer Breite von 104 Kilometern und einer Länge von 260 Kilometern die größte Viehranch in den Vereinigten Staaten. Insgesamt herrscht Simplot über ein Gebiet, das größer ist als der Bundesstaat Delaware.[11]

Obwohl J. R. Simplot ein Multimilliardär ist, blieb er stets bescheiden. Er trägt Cowboystiefel und Jeans, isst bei McDonald's und fährt seinen Wagen selbst, einen Lincoln Continental, auf dessen Nummernschildern »MR. SPUD« (»Mr. Kartoffel«) steht. Für Abstraktionen scheint er wenig übrig zu haben, Religion ist für ihn ein Haufen »Hokus Pokus«, und sein

Kartoffelimperium beschreibt er ganz sachlich: »Groß und real, kein Scheiß«.[12] Seit einiger Zeit tritt Simplot ein wenig kürzer. Wegen eines schlimmen Sturzes gab er mit 80 das Reiten auf; 1999 wurde er 90 und hörte mit dem Skifahren auf. Als CEO seines Unternehmens trat er 1994 zurück, doch nach wie vor kauft er Land und sieht sich nach neuen Fabriken um. »Verdammt, Junge, ich bin nur ein alter Farmer, der Glück hatte«, meinte Simplot, als ich ihn nach dem Schlüssel zu seinem Erfolg fragte. »Ich handelte nur ein einziges Mal wirklich schlau, und das sollten Sie sich merken – 99 Prozent aller Menschen hätten verkauft, wenn sie ihre ersten 25 oder 30 Millionen gemacht hätten. Ich verkaufte nicht. Ich blieb einfach dabei.«

Der Fehler, allein dazustehen

Die Produktion tiefgekühlter Pommes frites wird immer stärker vom Wettbewerb geprägt. Obwohl die J. R. Simplot Company den Großteil der Pommes frites für McDonald's in den USA liefert, gibt es heute zwei größere Anbieter:[13] Marktführer Lamb Weston und McCain, eine kanadische Firma, die nach dem Kauf von Ore-Ida im Jahr 1997 zum zweitgrößten Pommes-frites-Unternehmen wurde. Simplot, Lamb Weston und McCain kontrollieren mittlerweile etwa 80 Prozent des amerikanischen Markts für tiefgekühlte Pommes frites, nachdem sie die meisten ihrer kleineren Konkurrenten zur Aufgabe gezwungen oder aufgekauft haben.[14] Die drei Pommes-Giganten konkurrieren miteinander um die lohnenden Aufträge der Fastfoodketten. Tiefgekühlte Pommes sind zu einem austauschbaren Massengut geworden, das mit einer niedrigen Gewinnspanne in großen Mengen hergestellt wird. Preisunterschiede von nur wenigen Pfennigen pro Pfund können bei einem Vertragsabschluss den Ausschlag geben. Die Fastfoodketten profitieren von dieser Entwicklung, denn dadurch sinken die Einkaufspreise und der Verkauf von Pommes frites wird noch profitabler. Der Angriff von Burger King auf die Überlegenheit der Pommes bei McDonald's, der 1997 mit einer Werbekampagne im Wert von 70 Millionen Dollar gestartet wurde, war größtenteils von der enormen Gewinnspanne motiviert, die mit Pommes frites möglich ist.[15] Fastfoodunternehmen kaufen Pommes frites für etwa 30 Cent das Pfund ein, frittieren sie in Öl und verkaufen sie dann für 6 Dollar das Pfund.

Ende der 50er Jahre wurden in Idaho erstmals mehr Kartoffeln geerntet als in Maine, was auf den Aufstieg der Pommes-frites-Industrie und die Produktivitätssteigerung der Farmer in Idaho zurückzuführen ist.[16] Seit 1980 hat sich die Tonnage der in Idaho angebauten Kartoffeln fast verdoppelt, und der durchschnittliche Ertrag pro Hektar ist um fast 30 Prozent gestiegen.[17] Doch die außergewöhnlichen Gewinne, die mit dem Verkauf von tiefgekühlten Pommes frites gemacht wurden, gelangten kaum bis zu den Farmern. Paul Patterson, Professor für Agrarwirtschaft an der University of Idaho, beschreibt den derzeitigen Markt für Kartoffeln als »Oligopson« – eine Marktsituation, bei der wenige Käufer Macht über zahlreiche Anbieter ausüben. Die Konzerne aus der Lebensmittelindustrie tun alles, um die Preise der Kartoffelbauern zu drücken. Die gesteigerte Produktivität der Farmer in Idaho senkt die Preise noch weiter, wodurch sich die Gewinne zu den weiterverarbeitenden Unternehmen und Fastfoodketten verlagern. Von den 1,50 Dollar, die eine große Portion Pommes frites etwa kostet, gehen vielleicht zwei Cent an die Bauern, die die Kartoffeln anpflanzen.[18]

Die Kartoffelfarmer von Idaho stehen unter dem enormen Druck, entweder ihre Betriebe zu vergrößern – oder aufzugeben. Die Vergrößerung der Anbaufläche erhöht die Gesamteinnahmen und ermöglicht höhere Kapitalinvestitionen, doch damit steigt auch das Risiko. Der Anbau von Kartoffeln in Bingham County kostet etwa 1500 Dollar pro Morgen.[19]

Ein typischer Kartoffelbauer, der dort etwa 400 Morgen be-
wirtschaftet, verschuldet sich mit über einer halben Million
Dollar, bevor er auch nur eine einzige Kartoffel verkauft. Die
neueste Ausrüstung für die Kartoffelernte – knallrote Maschinen, die in Idaho von einem Unternehmen namens Spudnik
hergestellt werden – kann einen Farmer Hunderttausende
Dollar kosten. Um in die Gewinnzone zu kommen, müsste er
etwa fünf Dollar pro Zentner Kartoffeln erzielen. In der Saison
1996/97 fiel der Kartoffelpreis auf 1,50 Dollar pro Zentner. Re-
korderneten im ganzen Land und billige Importe aus Kanada
schufen ein enormes Überangebot. Für viele Farmer wäre es
profitabler gewesen, die Kartoffeln auf dem Feld verfaulen zu
lassen, als sie zu so niedrigen Preisen zu verkaufen. Allerdings
war dies nicht möglich, denn faulende Kartoffeln können
dem Boden schaden. Seitdem haben sich die Preise etwas erholt, bleiben aber ungewöhnlich niedrig. Das Jahreseinkommen eines Kartoffelbauern in Idaho hängt größtenteils vom
Wetter, vom Weltmarkt und den Launen der Konzerne ab.
»Das Einzige, was ich wirklich kontrollieren kann«, meinte
ein Farmer, »ist die Zeit, wann ich morgens aufstehe.«

In den vergangenen 25 Jahren hat die Hälfte aller Kartoffelbauern in Idaho aufgegeben.[20] Im gleichen Zeitraum ist die
Anbaufläche für Kartoffeln gestiegen.[21] Familienbetriebe müssen Agrarfabriken weichen, die sich über Tausende von Morgen erstrecken. Die riesigen industriellen Anbaubetriebe sind
aus Verwaltungsgründen in kleinere Einheiten unterteilt, und
oft werden dafür Farmer eingestellt, die von ihrem Land vertrieben wurden. Die Besitzverhältnisse in der Landwirtschaft
im amerikanischen Westen gleichen mehr und mehr den Ver-
hältnissen im vorindustriellen England. »Der Kreis schließt
sich«, erläutert Paul Patterson. »Im ländlichen Idaho findet
man in zunehmendem Maße zwei Klassen von Menschen:
diejenigen, die die Farmen betreiben, und diejenigen, die sie
besitzen.«

Die Verwaltung der Potato Growers of Idaho (PGI) befindet

sich in einem Büro in der Nähe des Kartoffelmuseums in Blackfoot. Die PGI ist eine gemeinnützige Organisation, die Farmer mit Marktinformationen versorgt und ihnen beim Aushandeln der Verträge mit der Lebensmittelindustrie hilft. Bert Moulton, ein langjähriger PGI-Mitarbeiter, ist ein großer Mann mit Bürstenschnitt; er sieht aus wie ein konservativer Republikaner und klingt wie ein altmodischer Populist. Moulton glaubt, dass die Bildung einer Kooperative oder eines Verbandes zur Koordinierung von Vermarktung und Produktionsmengen die letzte Hoffnung für die Kartoffelbauern von Idaho darstellt. Derzeit leben die meisten Farmer in Gebieten, wo es nur einen oder zwei Unternehmen gibt, die Kartoffeln aufkaufen. »Rein rechtlich betrachtet, sollen die Abnehmer sich nicht absprechen«, erklärt Moulton. »Aber man weiß, dass sie es tun.« Vor noch nicht allzu langer Zeit gehörten die großen Pommes-frites-Firmen in Idaho Menschen, die starke Bindungen zur lokalen Bevölkerung hatten. J. R. Simplot genoss bei den meisten Farmern große Achtung; er schien immer bereit, sie durch ein mageres Jahr zu bringen. Moulton meint, dass die Pommes-frites-Fabriken heute von »Managern aus Harvard geleitet werden, die nicht wissen, ob Kartoffeln auf Bäumen oder in der Erde wachsen«. Die global operierenden Lebensmittelkonzerne betreiben ihre Pommes-frites-Fabriken in verschiedenen Regionen und verlagern ständig die Produktion, um von den günstigsten Kartoffelpreisen zu profitieren. Die wirtschaftliche Zukunft einzelner Farmer oder ganzer Gemeinden zählt in ihrem Gesamtkonzept nicht.

Vor einigen Jahren versuchte die PGI, eine offizielle Allianz mit den Kartoffelbauern in Oregon und Washington einzugehen, ein Unterfangen, das die Produzenten der drei Staaten miteinander verbunden hätte, die den Großteil des amerikanischen Kartoffelanbaus bestreiten. Die Allianz wurde von einem großen Verarbeitungsbetrieb hintertrieben, der mit einigen wichtigen Kartoffelbauern lukrative Verträge abschloss. Moulton glaubt, dass auch die Farmer in Idaho nicht ganz unschuldig an ihrer misslichen Lage sind. Lange galten die Farmer als die Aristokraten des ländlichen Idaho, und auch heute halten sie stur an ihrer Unabhängigkeit fest und sind nicht bereit, sich zusammenzuschließen. »Einige von ihnen klammern sich bis zur Armut an ihre Unabhängigkeit«, sagt er. Heute sind noch etwa 1100 Farmer in Idaho übrig – gerade genug, um die Aula einer Highschool zu füllen.[22] Etwa die Hälfte gehört der PGI an, doch die Organisation benötigt mindestens drei Viertel als Mitglieder, um wirklich Verhandlungsmacht zu haben. Die »Joint Ventures«, die verarbeitende Betriebe den Farmern mittlerweile mit der Kartoffelsaat und der Finanzierung der Ernte anbieten, sollten die noch vorhandenen Illusionen von Unabhängigkeit endgültig vertreiben. »Wenn sich die Kartoffelbauern nicht zusammenschließen«, warnt Bert Moulton, »enden sie als Pächter.«

Das Verhalten der Kartoffelbauern in Idaho kündet von einer Form unlogischen Denkens, das in vielen Wirtschaftslehrbüchern beschrieben wird. »Der Trugschluss der Verallgemeinerung« ist ein logischer Denkfehler – die fälschliche Annahme, dass das, was gut für den Einzelnen ist, auch gut ist für alle anderen. Wenn zum Beispiel ein Zuschauer bei einem vollen Konzert aufsteht, hat er einen besseren Blick auf die Bühne. Wenn aber alle Zuschauer aufstehen, hat niemand einen besseren Blick. Seit Ende des Zweiten Weltkriegs wurden die Landwirte in den USA davon überzeugt, eine neue Technologie nach der anderen zu übernehmen, in der Hoffnung, die Erträge zu verbessern, die Kosten zu senken und die Nachbarn zu übertrumpfen. Durch die Übernahme dieses industriellen Modells der Landwirtschaft – das sich ausschließlich auf die Höhe der Investitionen und Erträge konzentriert, das die Spezialisierung auf ein Anbauprodukt fördert, das auf Kunstdünger, Pestizide, Fungizide, Herbizide, modernste Erntemaschinen und Bewässerungsanlagen vertraut – wurden die amerikanischen Landwirte zu den produktivsten der Welt. Jede Produktivitätssteigerung hat jedoch mehr Bauern von ihrem

Land vertrieben. Die Bleibenden sind den Unternehmen verpflichtet, die Saatgut und Setzlinge liefern, sowie den verarbeitenden Betrieben, die die Ernte kaufen. William Heffernan, Professor für ländliche Soziologie an der University of Missouri, sagt, dass die amerikanische Landwirtschaft einer Sanduhr gleicht.[23] An der Spitze stehen etwa zwei Millionen Landwirte; am Boden sind die 275 Millionen Verbraucher, und der enge Teil in der Mitte ist das Dutzend multinationaler Konzerne, die mit jeder Transaktion Gewinn machen.

Food Design

Der Geschmack der Pommes frites von McDonald's wird seit langem von Kunden, Konkurrenten und sogar Essenskritikern gelobt. James Beard liebte die Pommes frites von McDonald's.[24] Ihr besonderer Geschmack stammt nicht von den Kartoffeln, die McDonald's einkauft, der Technologie, mit der sie hergestellt werden, oder den Fritteusen, in denen sie frittiert werden. Andere Ketten kaufen ihre Pommes frites bei den gleichen großen Herstellern, verwenden ebenfalls die Sorte Russet Burbank und haben in ihren Restaurantküchen die gleichen Fritteusen. Der Geschmack von Fastfood-Pommes frites wird größtenteils vom Frittierfett bestimmt.[25] Jahrzehntelang wurden die Pommes frites von McDonald's in einer Mischung aus etwa sieben Prozent Sojaöl und 93 Prozent Rindertalg frittiert. Die Mischung gab den Pommes frites ihren besonderen Geschmack – und mehr gesättigtes Rinderfett pro Gramm als ein McDonald's Hamburger.[26]

Aufgrund der starken Kritik am hohen Cholesteringehalt der Pommes frites wechselte McDonald's 1990 zu reinem Pflanzenfett. Der Wechsel stellte das Unternehmen vor eine enorme Herausforderung: Wie stellt man Pommes frites her, die dezent nach Rind schmecken, ohne sie in Rindertalg zu frittieren? Ein Blick auf die Liste der Zutaten, die nun für die

Zubereitung der Pommes frites von McDonald's verwendet werden, deutet die Lösung des Problems an. Am Ende der Liste steht ein scheinbar harmloser, doch merkwürdig mysteriöser Begriff: »Aroma«.[27] Die tiefgekühlten Kartoffeln und das Frittierfett von McDonald's enthalten beide »natürliches Aroma«. Das erklärt nicht nur, warum die Pommes so gut schmecken, sondern auch, warum Fastfood – oder im Prinzip fast alles, was wir heute essen – so schmeckt, wie es schmeckt.

Öffnen Sie Ihren Kühlschrank, Ihre Tiefkühltruhe und Ihre Küchenschränke, und werfen Sie einen Blick auf die Zutatenliste Ihrer Nahrungsmittel. Fast überall finden Sie die Bezeichnung »natürliches Aroma« oder »naturidentisches Aroma«. Die Ähnlichkeiten zwischen diesen beiden weiten Geschmackskategorien sind wesentlich größer als ihre Unterschiede. Bei beiden handelt es sich um vom Menschen geschaffene Zusätze, die den meisten industriell hergestellten Nahrungsmitteln den Geschmack geben. Der erste Kauf eines Nahrungsmittels geschieht vielleicht aufgrund der Verpackung oder seiner Werbung, doch die Folgekäufe werden hauptsächlich vom Geschmack bestimmt. Etwa 90 Prozent des Geldes, das Amerikaner für Lebensmittel ausgeben, entfallen auf industriell gefertigte Nahrungsmittel.[28] Doch die Konservierungs-, Tiefkühl- und Dehydriermethoden zur Haltbarmachung zerstören einen Großteil ihres Geschmacks. Seit dem Ende des Zweiten Weltkriegs ist in den USA ein ganzer Industriezweig entstanden, der verarbeitete Lebensmittel genießbar macht. Ohne die Geschmacksindustrie könnte die Lebensmittelindustrie von heute gar nicht existieren. Die Namen der führenden amerikanischen Fastfoodketten und ihrer beliebtesten Speisen sind Teil der amerikanischen Populärkultur. Allerdings kennen nur wenige Menschen die Unternehmen, die den Geschmack dieser Speisen herstellen.

Die Aromaindustrie gibt sich sehr geheimnisvoll. Die führenden Unternehmen wollen weder die genaue Zusammensetzung der Aromastoffe noch die Namen ihrer Kunden preisgeben. Geheimhaltung gilt als unabdingbar, um den Ruf beliebter Marken zu schützen. Die Fastfoodketten möchten die Öffentlichkeit verständlicherweise glauben machen, dass der Geschmack ihrer Speisen in ihren Restaurantküchen entsteht, und nicht in fernen Fabriken, die von anderen Firmen betrieben werden.

Der New Jersey Turnpike verläuft mitten durch das Zentrum der Geschmacksindustrie, ein industrieller Korridor, der gesprenkelt ist mit Raffinerien und chemischen Fabriken. International Flavors & Fragrances (IFF), der größte Geschmackshersteller der Welt, hat eine Produktionsstätte an der Ausfahrt 8A in Dayton, New Jersey; Givaudan, das zweitgrößte Aromaunternehmen der Welt, hat eine Fabrik in East Hanover. Haarman & Reimer, die größte deutsche Geschmacksfirma, unterhält ebenso wie Takasoga, der größte japanische Hersteller von Aromastoffen, eine Fabrik in Teterboro. V. Mane Fils, das größte französische Unternehmen der Branche, hat eine Fabrik in Wayne, Bush Boake Allen sitzt in Montvale und Heavenly Flavors in Bayonne. Zahlreiche Firmen stellen in den Industriegebieten von New Jersey zwischen Teaneck und South Brunswick ihre Aromastoffe her. In dieser Region werden etwa zwei Drittel der Aromazusätze erzeugt, die in den USA verkauft werden.[29]

Die IFF-Fabrik in Dayton ist ein riesiges, blassblaues Gebäude mitten in einem Industriegebiet, an dessen Vorderseite ein moderner Verwaltungskomplex angebaut wurde. Bei meinem Besuch waren Dutzende von Sattelschleppern an der IFF-Laderampe geparkt, und eine dünne Dampfwolke stieg aus dem Fabrikschlot. Bevor ich die Fabrik betreten durfte, musste ich eine Geheimhaltungserklärung unterschreiben, dass ich die Markennamen von Produkten mit IFF-Aromen nicht verraten würde. Die Fabrik erinnerte mich an Willy Wonkas Schokoladenfabrik aus dem gleichnamigen Film. Durch die Gänge schwebten wundervolle Düfte, Männer und Frauen in sauberen weißen Laborkitteln gingen ihrer Arbeit nach, und auf

Labortischen und Regalen standen Hunderte kleiner Glasfla-schen. Die Fläschchen enthielten starke, aber empfindliche Geschmackssubstanzen, die durch das braune Glas vor Licht geschützt wurden und mit runden Plastikdeckeln fest ver-schlossen waren. Die langen chemischen Namen auf den wei-ßen Schildchen waren für mich so rätselhaft wie mittelalterli-ches Latein. Es waren die Namen von Substanzen, die wie Zaubertränke gemischt und in neue Substanzen umgewandelt werden.

Den Herstellungsbereich der IFF-Fabrik durfte ich nicht be-suchen, da man fürchtete, ich würde Betriebsgeheimnisse stehlen. Stattdessen sah ich verschiedene Labors und Ver-suchsküchen, wo der Geschmack bekannter Marken getestet und angeglichen wird und ganz neue Geschmacksrichtungen entstehen. Das Snack- und Salzgebäck-Labor von IFF ist für den Geschmack von Kartoffelchips, Tortilla Chips, Broten, Crackern, Getreideflocken und Haustiernahrung verantwort-lich. Das Süßwarenlabor entwickelt den Geschmack von Eis-creme, Keksen, Süßwaren, Zahnpasta, Mundwasser und säure-bindenden Mitteln. Auf den Labortischen sah ich überall be-kannte, stark beworbene Produkte. Das Getränkelabor ist voll mit bunten Flüssigkeiten in klaren Flaschen. Das Labor liefert das Aroma für beliebte Soft Drinks, isotonische Getränke, Eis-tees und Fruchtsäfte, für organische Sojadrinks, Biere, wein-haltige Getränke und andere Alkoholika. In einer Versuchskü-che sah ich einen Chemiker mittleren Alters mit eleganter Krawatte unter dem Laborkittel, der sorgfältig Kekse mit wei-ßem Zuckerguss und rosa und weißen Zuckerstreuseln be-strich. In einer anderen Versuchsküche sah ich einen Pizza-ofen, einen Grill, eine Maschine für Milchshakes und eine Fritteuse, wie ich sie schon hinter der Theke von unzähligen Fastfoodrestaurants gesehen hatte.

Neben Aromen und Geschmacksverstärkern stellt IFF als größtes Geschmacksunternehmen der Welt auch die Düfte von sechs der zehn meistverkauften Parfüms der USA her: unter anderem für Beautiful von Estée Lauder, Happy von Clinique, Polo von Ralph Lauren und Eternity von Calvin Klein.[30] IFF liefert auch den Duft für Haushaltsprodukte wie Deodorant, Spülmittel, Seife, Shampoo, Möbelpolitur und Bohnerwachs. Sämtliche Duft- und Aromastoffe werden mittels desselben grundlegenden Prozesses hergestellt: Flüchtige Chemikalien werden so manipuliert, dass sie einen bestimmten Duft schaffen. Die Chemie hinter dem Duft Ihres Rasierschaums ist im Grunde die gleiche wie die hinter dem Geschmack Ihres Fertiggerichts.

Das Aroma einer Speise kann für 90 Prozent ihres Geschmacks verantwortlich sein.[31] Wissenschaftler sind heute der Ansicht, dass der Mensch den Geschmackssinn entwickelte, um sich vor Vergiftungen zu schützen. Essbare Pflanzen schmecken im Allgemeinen süß, tödliche bitter. Die Geschmacksknospen auf der Zunge können etwa ein halbes Dutzend Grundgeschmacksrichtungen unterscheiden, darunter: süß, sauer, bitter, salzig und umami (ein Geschmack, der kürzlich von japanischen Wissenschaftlern entdeckt wurde, ein voller, köstlicher Geschmack, der durch Aminosäuren, vor allem Glutamat, in Nahrungsmitteln wie Schellfisch, Pilzen, Kartoffeln und Algen hervorgerufen wird).[32] Im Vergleich zum menschlichen Geruchssinn bieten die Geschmacksknospen allerdings ein relativ eingeschränktes Mittel zur Geschmackserkennung, denn die Nase des Menschen kann Tausende von verschiedenen chemischen Aromen wahrnehmen. Tatsächlich ist »Geschmack« in erster Linie der Geruch von Gasen, freigesetzt durch die Chemikalien, die man sich gerade in den Mund gesteckt hat.

Das Trinken, Lutschen oder Kauen einer Substanz setzt flüchtige Gase frei. Sie steigen aus dem Mund durch die Nasenlöcher oder durch die Verbindung zwischen Mund und Nase zu einer dünnen Schicht von Nervenzellen auf, das so genannte olfaktorische Epithelgewebe, das sich oben in der Nase direkt zwischen den Augen befindet. Das Gehirn kombiniert die komplexen Duftsignale des Epithelgewebes mit den einfachen Geschmackssignalen von der Zunge, ordnet dem, was sich im Mund befindet, einen Geschmack zu und entscheidet, ob es sich um etwas handelt, das man essen will.

Babys mögen süße Geschmacksrichtungen und lehnen bittere ab; diese Erkenntnis verdanken wir Wissenschaftlern, die verschiedene Substanzen in den Mund von Kleinkindern rieben und dann deren Reaktionen festhielten.[33] Die Geschmacksvorlieben eines Menschen werden wie seine Persönlichkeit in den ersten Lebensjahren über den Prozess der Sozialisation ausgebildet. Kleinkinder lernen, scharfes und würziges Essen zu mögen, fade Naturkost oder Fastfood, je nachdem, was die Menschen in ihrer Umgebung essen. Aroma und Gedächtnis scheinen untrennbar miteinander verbunden zu sein. Ein Geruch kann plötzlich einen lang vergessenen Augenblick in Erinnerung rufen und der Geschmack der in der Kindheit konsumierten Speisen einen unauslöschlichen Eindruck hinterlassen. Erwachsene fühlen sich oft davon angezogen, ohne zu wissen warum. Diese »Trost-Nahrungsmittel« spenden Freude und Bestätigung, eine Tatsache, die Fastfoodketten zu nutzen versuchen. Kindheitserinnerungen an Happy Meals können dazu führen, dass man auch als Erwachsener häufig zu McDonald's geht, wie etwa die »Heavy Users« der Kette, Kunden, die vier bis fünf Mal pro Woche dort essen.[34]

Das menschliche Streben nach Aroma ist bislang eine größtenteils verkannte und unerforschte Kraft in der Geschichte. Durch den Gewürzhandel entstanden Königreiche, unerforschte Gebiete wurden bereist, Religionen und Philosophien wurden verändert. 1492 stach Christoph Kolumbus auf der Suche nach einem kürzeren Seeweg nach Indien, dem Land der Gewürze, in See. Auch heute ist der Einfluss des Geschmacks auf dem Weltmarkt entscheidend. Der Aufstieg und Niedergang von Unternehmensimperien – von Getränkeherstellern, Snackproduzenten und Fastfoodketten – wird häufig vom Geschmack ihrer Produkte bestimmt.

Die Aromaindustrie entstand Mitte des 19. Jahrhunderts, als man mit der Herstellung haltbarer Nahrungsmittel im großen Maßstab begann. Die ersten Lebensmittelproduzenten erkannten das Bedürfnis nach Geschmackszusätzen und wandten sich an Parfümhersteller, die Erfahrung mit Duftölen, Essenzen und flüchtigen Aromen hatten. Die großen Parfümhäuser in England, Frankreich und den Niederlanden produzierten viele der ersten Aromakompositionen. Zu Beginn des 20. Jahrhunderts übernahm die mächtige deutsche chemische Industrie die Führung bei der Produktion von Aromastoffen. Angeblich soll ein deutscher Wissenschaftler Methylanthranilat, eines der ersten künstlichen Aromen, zufällig beim Mischen von Chemikalien in seinem Labor entdeckt haben. Plötzlich füllte der süße Duft von Weintrauben das Labor.

Nach dem Zweiten Weltkrieg verlagerte sich die Parfümindustrie von Europa in die USA und siedelte sich in New York City in der Nähe des Garment District und der Modehäuser an. Mit der Parfümindustrie kam auch die Aromaindustrie, die später wegen des Platzbedarfs ihrer Fabriken nach New Jersey umsiedelte. Bis in die 50er Jahre, als der Verkauf von konservierten Lebensmitteln sprunghaft anstieg, wurden künstliche Geschmackszusätze hauptsächlich für Backwaren, Süßigkeiten und Getränke verwendet. Die Erfindung des Gas-Chromatographen und des Massenspektrometers – Geräte, mit denen man flüchtige Gase in geringen Mengen erkennen kann – steigerte die Zahl der synthetischen Aromen erheblich. Mitte der 60er Jahre erzeugte die amerikanische Aromaindustrie Geschmacksstoffe, die den Geschmack von Würzmischungen, Fertiggerichten und unzähligen neuen Speisen aufpolierten.

Die amerikanische Aromaindustrie hat heute einen Jahresumsatz von etwa 1,4 Milliarden Dollar.[35] Jedes Jahr werden etwa 10 000 neue industriell gefertigte Lebensmittel in den USA eingeführt.[36] Fast alle brauchen Geschmackszusätze. Etwa neun von zehn der neuen Produkte scheitern.[37] Das Wachstum von IFF spiegelt das Gesamtwachstum der Aromaindustrie. IFF wurde 1958 durch die Fusion von zwei kleineren Unternehmen gegründet. Sein Jahresumsatz hat sich seit den frühen 70er Jahren fast um das Fünfzehnfache gesteigert.[38] Mittlerweile unterhält das Unternehmen Produktionsstätten in 22 Ländern.

Die Eigenschaft, die der Mensch vor allem in einem Nahrungsmittel sucht, nämlich den Geschmack, ist darin normalerweise in einer äußerst geringen Menge enthalten. Erst die modernen Spektrometer, Gaschromatographen und Geräte zur Headspaceanalyse ermöglichen eine detaillierte Auflistung der Aromabestandteile einer Speise und spüren chemische Aromen in so geringen Mengen wie ein Teil auf eine Milliarde auf. Die menschliche Nase ist allerdings noch wesentlich sensitiver als jede bislang erfundene Maschine. Eine Nase kann Aromen in so winzigen Mengen wie wenige Teile pro Billion erkennen – eine Menge, die 0,0000000003 Prozent entspricht. Komplexe Aromen wie Röstkaffee oder gebratenes Fleisch können aus flüchtigen Gasen von fast 1000 verschiedenen Chemikalien bestehen. Der Duft einer Erdbeere entsteht aus der Interaktion von mindestens 350 verschiedenen Chemikalien, die in winzigen Mengen vorhanden sind. Die Substanz, die den dominierenden Geschmack von Gemüsepaprika liefert, ist noch in so geringen Mengen wie 0,02 Teile pro Milliarde zu schmecken; ein Tropfen genügt für fünf normal große Schwimmbecken voll Wasser.[39] Der Aromazusatz wird im Allgemeinen an letzter oder vorletzter Stelle in der Liste der Zutaten von industriell hergestellten Nahrungsmitteln aufgeführt (nur Farbstoffe werden häufig in noch geringeren Mengen verwendet). Folglich kostet der Geschmack industriell gefertigter Lebensmittel oft weniger als die Verpackung. Soft Drinks enthalten einen höheren Anteil an Aromazusätzen als die meisten anderen Produkte. Das Aroma in einer Dose Cola kostet etwa einen halben Cent.[40]

Die US-Gesundheitsbehörde verlangt von der Aromaindustrie keine genaue Erklärung über die Inhaltsstoffe ihrer Zusätze, solange die Chemikalien von der Behörde als GRAS (Generally Regarded As Safe – Im Allgemeinen als sicher erachtet) eingestuft werden. Dies ermöglicht den Unternehmen die Geheimhaltung ihrer Formeln und verschleiert auch die Tatsache, dass die Aromazusätze manchmal mehr Zutaten enthalten als die Speisen, denen damit Geschmack verliehen wird. Der allgegenwärtige Begriff »naturidentisches Erdbeeraroma« gibt wenig Aufschluss über die chemischen Zauberkunststücke und die Herstellungsfertigkeiten, die einem hochindustriell verarbeiteten Lebensmittel den Geschmack von Erdbeeren verleihen.

Ein typischer künstlicher Erdbeergeschmack, wie er zum Beispiel in einem Erdbeer-Milchshake von Burger King verwendet wird, enthält die folgenden Zutaten: Essigsäureamylester, Amylbutyrat, Amylvalerianat, Allylphenylether, Anysilformiat, Benzylacetat, Benzylisobutyrat, Buttersäure, Cinnamyl-Isobutyrat, Cinnamylvalerianat, ätherisches Kognacöl, Diacetyl, Dipropylketon, Ananasäther, Zimtsäureethylester, Heptansäureethylester, Milchsäureethylester, Ethylmethylphenylglycidat, Ethylnitrat, Ethylpropionat, Valeriansäureethylester, Heliotropin, Hydroxyphenyl-2-butanon (zehnprozentige Lösung in Alkohol), α-Jonon, Isobutylanthranilat, Isobutylbutyrat, ätherisches Zitrusöl, Maltol, 4-Methylacetophenon, Methylanthranilat, Benzoesäuremethylester, Methylcinnamat, 2-Octinsäuremethylester, Methylnaphthylketon, Gaultherolin, Minzöl, Pomeranzenblütenöl, Nerolin, Nerylisobutyrat, Irisöl, Phenethylalkohol, Rosenöl, Rumether, γ-Undecalacton, Vanillin und Lösungsmittel.[41]

Obwohl Geschmacksstoffe normalerweise aus einer Mischung vieler verschiedener flüchtiger chemischer Substanzen entstehen, liefert ein einzelner Bestandteil oft das dominierende Aroma. Riecht man die chemische Substanz allein, vermittelt sie einen unmissverständlichen Eindruck von der Speise. Der Ester Ethyl-2-methylbutyrat zum Beispiel riecht nach Apfel. Die industriell hergestellten Lebensmittel von heute sind der optimale Träger: Man kann beliebige Substanzen hinzufügen und so einen bestimmten Geschmack erzeugen. Gibt man Methyl-2-peridylketon hinzu, schmeckt etwas nach Popcorn, nimmt man dagegen 3-Hydroxybutansäureethylester, schmeckt es nach Marshmellows. Die Möglichkeiten sind heutzutage nahezu unbegrenzt. Ohne das Aussehen oder den Nährwert zu beeinflussen, kann man industriell verarbeitete Lebensmittel sogar mit Aromastoffen wie Hexanal (dem Geruch von frisch gemähtem Gras) oder 3-Methylbutansäure (Körpergeruch) versetzen.

Die 60er Jahre waren die Blütezeit der künstlichen Aromen. Die synthetischen Versionen der Geschmackskomponenten waren nicht gerade subtil, doch das mussten sie angesichts der Beschaffenheit der industriell produzierten Lebensmittel auch nicht sein. In den vergangenen 20 Jahren bemühte sich die Nahrungsmittelindustrie, für ihre Produkte nur »natürliche« oder »naturidentische« Aromen zu verwenden. Laut den Vorschriften der amerikanischen Gesundheitsbehörde dürfen diese Aromen nur aus natürlichen Quellen stammen – von Kräutern, Gewürzen, Früchten, Gemüse, Rindfleisch, Hühnerfleisch, Hefe, Baumrinde, Wurzeln usw. Die Verbraucher bevorzugen die natürlichen Aromen auf dem Etikett, weil sie diese für gesünder halten. Die Unterscheidung zwischen natürlichen und künstlichen Aromastoffen kann willkürlich und absurd sein und mehr darauf basieren, wie das Aroma gewonnen wurde, als darauf, was es tatsächlich enthält. »Ein natürliches Aroma«, meint Terry Acree, Professor für Lebensmitteltechnologie an der Cornell University, »ist ein Aroma, das mit einer veralteten Technik gewonnen wird.«[42] Natürliche und künstliche Aromastoffe enthalten manchmal genau die gleichen chemischen Substanzen, wurden jedoch mit unterschiedlichen Methoden hergestellt. Essigsäureamylester zum Beispiel liefert die dominierende Note beim Bananengeschmack. Wenn man ihn mit einem Lösungsmittel aus Bananen destilliert, ist Essigsäureamylester ein natürliches Aroma.

Erzeugt man es durch die Vermischung von Essig mit Amylalkohol unter der Beigabe von Schwefelsäure als Katalysator, ist Essigsäureamylester ein künstliches Aroma. In beiden Fällen riecht und schmeckt es gleich. Der Begriff »natürliches Aroma« wird heute in der Zutatenliste fast jedes Lebensmittels aufgeführt, vom Erdbeer-Biojoghurt bis zur scharfen Tacosauce von Taco Bell.

Ein natürliches Aroma ist nicht zwangsläufig gesünder oder reiner als ein künstliches. Wenn Mandelgeschmack (Benzoylwasserstoff) auf natürliche Weise aus Pfirsich- und Aprikosensteinen gewonnen wird, enthält er Spuren von Blausäure, einem tödlichen Gift. Auf andere Weise gewonnener Benzoylwasserstoff – durch die Vermischung von Nelkenöl und dem Bananenaroma Essigsäureamylester – enthält keine Blausäure. Dennoch gilt er rein rechtlich als künstliches Aroma und wird deutlich billiger verkauft. Natürliche und künstliche Aromen werden heute in den gleichen chemischen Fabriken hergestellt, Orte, die nur wenige Menschen mit Mutter Natur in Verbindung bringen würden. Diese Aromen als »natürlich« zu bezeichnen, erfordert eine flexible Haltung gegenüber der deutschen Sprache und eine erhebliche Portion Ironie.

Die Wissenschaftler, die den Geschmack für einen Großteil der in den USA verzehrten Speisen kreieren, bilden eine kleine, elitäre Gemeinschaft, die so genannten Flavoristen oder Aromatiker. Bei ihrer Arbeit stützen sie sich auf verschiedene Disziplinen: Biologie, Psychologie, Physiologie und die organische Chemie. Geschmack wird durch die Mischung unterschiedlicher chemischer Substanzen in winzigen Mengen erzeugt, ein Vorgang, der zwar nach wissenschaftlichen Regeln abläuft, aber auch eine gewisse künstlerische Begabung erfordert. In einem Zeitalter, in dem empfindliche Aromen, feine Geschmacksempfindungen und Mikrowellenherde nicht so einfach miteinander zu verbinden sind, hat der Flavorist die Aufgabe, Illusionen von Lebensmitteln heraufzubeschwören und, um es mit den Worten aus dem Prospekt eines Aromaunternehmens auszudrücken, die »Sympathie beim Verbraucher« zu gewährleisten.[43] Die Flavoristen, mit denen ich mich unterhielt, waren charmant, weltoffen und humorvoll. Sie waren auch, den Geboten ihres Gewerbes entsprechend, sehr diskret. Sie gehörten zu der Art von Wissenschaftlern, die nicht nur guten Wein zu schätzen wissen, sondern auch die chemischen Substanzen nennen können, die jeder Traube ihr einzigartiges Aroma verleihen. Ein Flavorist verglich seine Arbeit mit der Komposition von Musik. Eine gut gemachte Aromaverbindung besitzt eine Kopfnote, auf die eine Herznote und dann die Basisnote folgen, wobei unterschiedliche Chemikalien für jede Phase verantwortlich sind. Der Geschmack eines Lebensmittels kann durch winzige Veränderungen bei der Aromamischung radikal verändert werden. »Ein kleiner Duft hat einen langen Weg hinter sich«, erklärte ein Flavorist.

Um industriell hergestellten Lebensmitteln den richtigen Geschmack zu verleihen, muss ein Flavorist auch stets deren sensorische Eigenschaften berücksichtigen, das so genannte Mouthfeel – die einzigartige Kombination aus Konsistenz und chemischen Interaktionen, die sich darauf auswirkt, wie der Geschmack wahrgenommen wird. Mouthfeel kann durch den Einsatz verschiedener Fette, Gummis, Stärken, Emulgatoren und Stabilisatoren abgestimmt werden. Die chemischen Aromasubstanzen eines Nahrungsmittels lassen sich genau analysieren, das Gefühl im Mund ist jedoch viel schwerer zu messen. Wie drückt man die Knusprigkeit von Pommes frites in Zahlen aus? Es gibt Lebensmitteltechnologen, die in der Grundlagenforschung der Rheologie arbeiten, einem Teilgebiet der Physik, in dem die beim Fließen und bei der Deformation von Materialien auftretenden Erscheinungen untersucht werden. Mittlerweile sind hochkomplizierte Geräte auf dem Markt, mit denen das Gefühl im Mund gemessen werden kann. Der Universal TA-XT2 Texture Analyzer, der von der Texture Technologies Corporation gebaut wird, führt Berechnungen auf der Grundlage von Daten durch, die aus 25 verschiedenen Sonden stammen.[44] Bei dem Gerät handelt es sich im Grunde um einen künstlichen Mund, es misst die wichtigsten rheologischen Eigenschaften eines Lebensmittels – Elastizität, Festigkeitsgrenze, Dichte, Knusprigkeit, Biss, Klebrigkeit, Klumpenbildung, Zähigkeit, Nachgiebigkeit, Glitschigkeit, Sämigkeit, Weichheit, Feuchtigkeit, Saftigkeit und Dehnbarkeit.

Einige der wichtigsten Fortschritte bei der Aromaherstellung sind in der Biotechnologie zu beobachten. Komplexe Aromen werden durch Gärung, Enzymreaktionen, mit Pilzkulturen und Gewebekulturen gewonnen. Sämtliche Aromen, die mit diesen Methoden erzeugt werden – auch die, die aus der Synthetisierung von Schimmelpilzen gewonnen werden –, gelten bei der amerikanischen Gesundheitsbehörde als natürliche Aromen.[45] Die neuen, auf Enzymen basierenden Herstellungsverfahren schaffen sehr lebensechte Milcharomen. Ein Unternehmen bietet nun nicht mehr nur Buttergeschmack an, sondern frische, cremige Butter, Butter mit Käsegeschmack, Butter mit Milchgeschmack, würzige geschmolzene Butter und superkonzentriertes Butteraroma als Pulver oder in flüssiger Form. Mit Hilfe neuer Gärmethoden und Techniken bei der Erhitzung von Gemischen aus Zucker und Aminosäuren konnte ein wesentlich realistischerer Fleischgeschmack geschaffen werden. Die McDonald's Corporation möchte die Herkunft des natürlichen Aromas, das den Pommes frites beigefügt wird, nicht offenlegen. Auf Anfrage des *Vegetarian Journal* gab man bei McDonald's jedoch zu, dass der charakteristische Geschmack der Pommes frites zum Teil von »tierischen Produkten« stammt.[46]

Andere beliebte Fastfoodspeisen erhalten ihr Aroma aus unerwarteter Quelle. Der Grilled Chicken Sandwich von Wendy's zum Beispiel enthält Rinderextrakt.[47] Der in Deutschland nicht mehr verkaufte Grilled Chicken DeLuxe von Burger King enthielt »natürliches Raucharoma«.[48] Eine Firma namens Red Arrow Products Company hat sich auf Raucharoma spezialisiert, das Grillsaucen und Fleisch- und Wurstwaren zugesetzt wird. Es wird mit verkohlten Sägespänen hergestellt, die dabei freigesetzten chemischen Aromastoffe werden eingefangen, mit Hilfe von Lösungsmitteln verflüssigt und in Flaschen abgefüllt, damit andere Unternehmen Lebensmittel verkaufen können, die scheinbar im Rauch zubereitet wurden. Flüssigrauch zu verwenden ist in Deutschland zwar verboten, wird aber dennoch praktiziert.[49]

In einem Besprechungszimmer von IFF zeigte mir Brian Grainger eine Kostprobe seiner Fähigkeiten. Es war ein ungewöhnlicher Geschmackstest, denn es gab keine Speisen zu verkosten. Grainger ist leitender Flavorist bei IFF, ein leise sprechender Chemiker mit grau meliertem Haar, englischem Akzent und einer Vorliebe fürs Understatement. Man könnte ihn leicht für einen britischen Diplomaten oder den Besitzer einer Brasserie mit zwei Michelinsternen im Londoner Westend halten. Wie viele andere in der Aromaindustrie besitzt er ein altmodisches Feingefühl, das aus der Alten Welt zu stammen scheint und nicht zu unser markensüchtigen, egozentrischen Zeit passt. Als ich vorschlug, das IFF-Logo auf Produkte mit IFF-Aromen zu setzen – anstatt andere Marken in den Genuss der Kundenbindung und Sympathie kommen zu lassen, die diese Aromen auslösen –, widersprach mir Grainger höflich und versicherte mir, dass es dazu nie kommen würde. In Ermangelung öffentlicher Anerkennung lobt die exklusive Geheimgesellschaft der Aromachemiker ihre Arbeit gegenseitig. Oft kann Grainger durch die Analyse der Aromaformel eines Produkts erkennen, welcher Kollege bei der Konkurrenz sie entwickelt hat. Gerne geht er durch Supermärkte und betrachtet die vielen Produkte, die seine Aromen enthalten, auch wenn niemand anderes davon weiß.

Grainger brachte ein Dutzend Glasfläschchen aus dem Labor. Er öffnete jede Flasche, und ich tauchte einen Dufttestfilter hinein. Bei den Filtern handelte es sich um lange weiße Papierstreifen, die Aromasubstanzen aufnehmen, ohne Nebengerüche zu erzeugen. Bevor ich mir den Papierstreifen unter die Nase hielt, schloss ich die Augen. Dann atmete ich tief ein, und eine Speise nach der anderen wurde aus den Glasfläschchen heraufbeschworen. Ich roch frische Kirschen, schwarze Oliven, Röstzwiebeln und Shrimps. Eine besonders bemerkenswerte Kreation von Grainger überraschte mich wirklich. Kaum hatte ich die Augen geschlossen, roch ich plötzlich einen gegrillten Hamburger. Das Aroma war fast unheimlich, geradezu ein Wunder. Es roch, als ob jemand im Raum Hamburger auf einem heißen Grill briet. Aber als ich die Augen wieder aufmachte, sah ich nur einen weißen Papierstreifen und einen lächelnden Flavoristen.

Millionen und Abermillionen Pommes frites

Auf dem Höhepunkt der Kartoffelernte besuchte ich die Fabrik von Lamb Weston in American Falls in Idaho. Sie ist eine der größten Pommes-frites-Fabriken der Welt und beliefert McDonald's. Die Produktionskapazität ist mehr als dreimal so groß wie die der Simplot-Fabrik in Aberdeen. Die Produktionsstätte entspricht dem neuesten Stand der Technik; hier werden Rohstoffe und künstliche Zusätze kombiniert, um das Lieblingsessen der Amerikaner herzustellen.

Lamb Weston wurde 1950 von F. Gilbert Lamb gegründet, dem Erfinder eines wichtigen Geräts zur Pommes-frites-Herstellung. Beim Lamb Water Gun Knife werden Kartoffeln mit Hochdruck und einer Geschwindigkeit von 35 Metern pro Sekunde durch ein Gitter scharfer Stahlklingen geschossen und so in perfekt geformte Pommes frites geschnitten. Um die Idee auszuprobieren, testete Gil Lamb das erste Water Gun Knife auf einem Firmenparkplatz und schoss Kartoffeln aus einem Feuerwehrschlauch. Lamb verkaufte sein Unternehmen 1988 an ConAgra. Heute stellt Lamb Weston über 130 verschiedene Sorten Pommes frites her.

Der Fabrikleiter Bud Mandeville führte mich eine enge Holztreppe im Innern eines der Lagerhäuser hinauf. Im obersten Stockwerk führte die Treppe zu einem Laufsteg, und unter meinen Füßen sah ich einen Kartoffelberg, der sechs Meter hoch, 30 Meter breit und so lang wie zwei Footballfelder war. Im Gebäude war es kühl und dunkel, die Temperatur wurde das ganze Jahr über konstant auf sieben Grad Celsius gehalten. Im Dämmerlicht sahen die Kartoffeln wie Sandkörner am Strand aus. Ich stand in einem von sieben Lagergebäuden der Fabrik.

Draußen rollten Lastwagen von den Feldern an und brachten frisch geernteten Nachschub. Die Lastwagen kippten ihre Ladung auf Gitterförderbänder, die die größeren Kartoffeln in die Fabrik beförderten, während die kleinen sowie Schmutz und Steine auf den Boden fielen. Das Förderband führte zu einer so genannten Steinfalle, einem Wassertank, in dem die Kartoffeln schwammen und die Steine auf den Grund sanken. Die Fabrik benutzte Wassersysteme, in denen die Kartoffeln in die eine oder andere Richtung trieben, unterschiedliche Größen in verschiedene Haltebecken geleitet wurden und dann in einen ein Meter tiefen Kanal kamen, der unter dem Zementboden verlief. Das Innere der Fabrik war grau, weitläufig und gut beleuchtet. Es gab riesige Rohre, die an der Wand entlangliefen, Stege aus Stahl, Arbeiter mit Helmen und zahlreiche laute Maschinen. Wenn keine Kartoffeln vorbeigeschaukelt und -getrieben wären, hätte man die Fabrik für eine Ölraffinerie halten können.

Fließbänder leiteten die nassen, sauberen Kartoffeln in eine Maschine, in der sie zwölf Sekunden lang bedampft wurden, wodurch das Wasser unter der Schale zum Kochen gebracht wurde und die Schale abplatzte. Dann kamen die Kartoffeln in einen vorgeheizten Tank und wurden durch das Lamb Water Gun Knife geschossen. Als schnürsenkeldicke Pommes frites tauchten sie wieder auf. Vier Videokameras prüften sie aus verschiedenen Blickwinkeln und suchten nach Fehlern. Wenn ein Pomme frite mit Makel gefunden wurde, gab eine optische Sortiermaschine einen kurzen Stoß Druckluft ab, mit dem das schlechte Kartoffelstäbchen aus der Fertigungsstraße geblasen wurde. Es landete auf einem separaten Förderband, das zu einer Maschine mit winzigen automatischen Messern führte. Dort wurde die schlechte Stelle präzise entfernt, bevor das Kartoffelstäbchen wieder zur Hauptfertigungsstraße zurückgeleitet wurde.

Aufgesprühtes heißes Wasser blanchierte die Pommes frites, heiße Luft trocknete sie wieder, und 25 000 Pfund kochendes Öl frittierten sie leicht vor. Mit Ammoniak gekühlte Luft fror sie blitzschnell ein, eine computergesteuerte Sortiermaschine unterteilte sie in Drei-Kilo-Portionen, und ein Gerät richtete sie mit Hilfe der Zentrifugalkraft exakt in die gleiche Richtung aus. Die Pommes frites wurden in braune Tüten verpackt und diese von Robotern in Pappschachteln gestapelt und von anderen Robotern auf Holzpaletten gepackt. Von Menschen gesteuerte Gabelstapler fuhren die Paletten zur Lagerung in ein Kühlhaus. Im Kühlhaus sah ich zehn Millionen Kilogramm Pommes frites, die meisten für McDonald's, in Schachteln zehn Meter hoch aufgetürmt, und die Stapel erstreckten sich über etwa 40 Meter. Und dabei war das Kühlhaus erst halb voll. Jeden Tag halten ein Dutzend Güterwaggons und etwa zwei Dutzend Sattelschlepper vor dem Kühlhaus, werden mit Pommes frites beladen und fahren dann zu den McDonald's-Restaurants in Boise, Pocatello, Phoenix, Salt Lake City, Denver, Colorado Springs und anderen Orten auf der Strecke.

In der Nähe des Kühlhauses befindet sich das Labor, in dem Frauen in weißen Kitteln Tag und Nacht Pommes frites analysieren, ihren Zucker- und Stärkegehalt messen und ihre Farbe prüfen. Im Herbst gibt Lamb Weston den Pommes frites Zucker bei, im Frühjahr wird ihnen Zucker entzogen, um das ganze Jahr über einheitlichen Geschmack und gleiches Aussehen zu gewährleisten. Alle halbe Stunde wird eine neue Pommes-Portion in Fritteusen ausgebacken, die identisch mit den

Fritteusen der Fastfoodküchen sind. Bei meinem Besuch reichte mir eine Frau im Laborkittel einen Pappteller mit Premium Extra Longs, der Sorte Pommes frites, die bei McDonald's verkauft wird, einen Salzstreuer und etwas Ketchup. Die Pommes auf dem Teller wirkten im Labor völlig fehl am Platz, in dieser surrealen Lebensmittelfabrik mit ihren Computerbildschirmen, digitalen Anzeigen, glänzenden Metallplattformen und Evakuierungsplänen für den Fall, dass Ammoniak austritt. Die Pommes frites waren köstlich – knusprig und goldbraun, aus Kartoffeln, die am Morgen noch im Boden waren. Ich aß meinen Teller leer und bat um eine weitere Portion.

6. Auf der Weide

Hank war die erste Person, mit der ich mich in Colorado Springs traf.[1] Er war ein bekannter Ranchbesitzer aus der Gegend, und ich rief ihn an, um zu erfahren, wie sich der Erschließungsdruck und die Vorgaben der Fastfoodindustrie auf die Viehzucht auswirkten. Im Juli 1997 bot er mir eine Führung über die ehemaligen und nun zersiedelten Weideflächen an. Wir trafen uns in der Lobby meines Hotels. Hank war 42 Jahre alt und sah gut genug aus, um als Hollywood-Cowboy durchzugehen, groß und unverwüstlich, mit Jeans, alten Stiefeln und einem großen weißen Cowboyhut. Doch sein Dodge Minivan passte nicht recht zu diesem Image, außerdem war er zu intelligent, um sich auf ein Stereotyp festlegen zu lassen. Hank erwies sich vom ersten Handschlag an als guter Kamerad. Er hatte seine festen Ansichten, nahm sich selbst aber nicht zu ernst. Wir fuhren stundenlang in Colorado Springs umher und sahen uns an, wie der neue Westen den alten zu Grabe trug.

Bei der Fahrt durch Viertel wie Broadmoor Oaks und Broadmoor Bluffs in den Ausläufern des Cheyenne Mountain zeigte mir Hank all die großen neuen Häuser auf kleinen Grundstücken, die in einem Gebiet lagen, das im Wechsel von einigen Generationen immer wieder von Flächenbränden heimgesucht wurde. Die Häuser waren von hübschen, ausgebleichten braunen Gräsern, Steppenläufern und Krüppeleichen umgeben – ideales Zündholz. Wie in Südkalifornien können diese Hänge schon beim kleinsten Funken wie etwa einer Zigarette, die aus einem Auto geworfen wird, in Flammen aufgehen. Die

Häuser sahen solide und wohlhabend aus, gaben keinen Hinweis auf ihre Gefährdung und hatten eine wunderbare Aussicht.

Hanks Ranch lag etwa 30 Kilometer südlich der Stadt. Auf unserer Fahrt dorthin öffnete sich die Landschaft allmählich und zeigte Ausblicke auf den wahren Westen – die weite, offene Landschaft, deren Schönheit auf ihrer Einsamkeit basiert, zieht die Menschen an und verliert dann langsam ihren Reiz. Durch seine Mitgliedschaft in verschiedenen lokalen und überregionalen Organisationen versuchte Hank, die Kluft zwischen Rinderzüchtern und Umweltschützern zu überbrücken und Gemeinsamkeiten zwischen den seit langem verfeindeten Gruppen zu schaffen. Er war kein reicher New-Age-Typ, der gerne Cowboy spielte. Sein Einkommen stammte von den etwa 400 Rindern auf seiner Ranch. Hank kümmerte sich nicht darum, was politisch richtig war, und hatte wenig Geduld mit Umweltschützern aus der Stadt, die die Rinderzüchter diffamierten. Seiner Meinung nach schadete ein guter Rancher dem Land weit weniger als ein Stadtbewohner. »Für mich ist Natur nichts Abstraktes«, sagte er. »Meine Familie lebt jeden Tag damit.«

Als wir auf der Ranch ankamen, führte Hanks Frau Susan gerade ihr Pferd aus dem Korral. Sie war blond und attraktiv, groß und durchtrainiert. Ihre Töchter Allie und Kris, sechs und acht Jahre alt, rannten herbei und begrüßten uns, ganz aufgeregt darüber, dass ihr Dad daheim war und Besuch mitgebracht hatte. Sie kletterten in den Wagen und begleiteten uns bei unserer Fahrt über die Ranch. Hank wollte mir den Unterschied zwischen seiner Form der Rinderzucht und der »Vergewaltigung des Landes« zeigen. Während wir einen Feldweg entlangfuhren, blickte ich auf sein Haus zurück und dachte, wie klein es in dieser Landschaft wirkte. Auf einer Fläche, die hundert, wenn nicht sogar tausend Mal größer war als die Rasenflächen der Villen von Colorado Springs, lebte die Familie in einem bescheidenen Blockhaus.

Hank praktizierte eine Form der Beweidung, die das Weideverhalten der Wapitihirsche und Büffelherden zum Vorbild hatte, Tieren, die seit Jahrtausenden auf dieser Kurzgrasprärie leben. Seine Ranch war in 35 getrennte Weiden unterteilt. Die Rinder verbrachten zehn oder elf Tage auf einer Weide und wurden dann auf die nächste getrieben. Dadurch haben die heimischen Pflanzen wie Moskitogras und Büffelgras Zeit, sich zu erholen. Hank hielt an und zeigte mir einen nahe gelegenen Bach. Auf überweidetem Land wird normalerweise zuerst das Bachufer zerstört, da sich die Rinder im kühlen Schatten am Wasser sammeln und alles abgrasen. Hanks Bach war mit Stacheldraht eingezäunt, und das Ufer war üppig bewachsen und grün. Dann zeigte mir Hank den Fountain Creek, der mitten durch das Gelände der Ranch verlief, und mir wurde klar, dass er schon andere Gäste so umhergeführt hatte. Die Tour hatte eine klare Reihenfolge und einen Sinn.

Fountain Creek war ein langer, hässlicher Spalt von etwa einem Meter Breite und 4,5 Meter Tiefe. Die Ufer waren aufgrund der Erosion eingebrochen, umgestürzte Bäume und Äste bedeckten das Bachbett, und in der Mitte existierte noch ein dünnes Rinnsal Wasser. »Das entstand durch das Abwasser vom letzten Gewitter in Colorado Springs«, erklärte Hank. Der Kontrast zwischen den Auswirkungen seiner Ranch auf das Land und den Auswirkungen der Stadt war kaum zu übersehen. Das rasche Wachstum von Colorado Springs war ohne Stadtplanung, Gebietsausweisungen oder den Bau von Entwässerungssystemen erfolgt. Je mehr Flächen in der Stadt versiegelt waren, desto mehr Wasser floss direkt in den Fountain Creek, anstatt im Boden zu versickern. Das überschüssige Wasser aus Colorado Springs wusch den Boden neben dem Creek aus und trug Schlamm und Geröll bis nach Kansas. Hank verlor im wahrsten Sinne des Wortes jedes Jahr ein Stück von seiner Ranch, es wurde vom Regenwasser der Stadt weggeschwemmt. Eine Ranch in der Nähe verlor nach einem heftigen Gewitter in Colorado Springs an einem einzigen Tag vier

Hektar. Während Hank auf dem bröckelnden Ufer stand und leidenschaftlich von der Gruppe zum Schutz der Wasserscheide erzählte, die er mit ins Leben gerufen hatte, mir von Rückhaltebecken, grünen Korridoren und den Vorteilen durchlässiger Parkplätze mit Kiesboden berichtete, schweiften meine Gedanken ab, und ich dachte: »Der Kerl wird einmal Gouverneur von Colorado.«

Kurz vor Sonnenuntergang entdeckten wir eine Herde Antilopen und setzten ihnen nach. Der verflixte Minivan holperte über die Prärie wie ein Pferd in vollem Galopp, Hank vom Jagdfieber gepackt hinterm Steuer, die Mädchen kreischend auf dem Rücksitz. Wir hatten einen Chrysler-Motor, Servolenkung und Scheibenbremsen, aber die Antilopen, ungefähr zwei Dutzend, besaßen überlegene Anmut, schlugen scharfe und unerwartete Haken und sprangen mit hoch erhobenen Köpfen mühelos voraus. Nach einer vergeblichen Jagd ließ Hank die Herde ziehen, bog nach rechts ab und steuerte den Minivan einen niedrigen Hügel hinauf. Er wollte mir noch etwas zeigen. Die Mädchen sahen aufmerksam aus dem Fenster und suchten mit geröteten Gesichtern nach weiterem Wild. Als wir die Spitze des Hügels erreicht hatten, blickte ich nach unten und sah ein riesiges Oval, glänzend und brandneu. Einen Augenblick lang wusste ich nicht, was es war. Es sah aus wie ein Muster, das von Außerirdischen geschaffen und im Nirgendwo fallen gelassen worden war. »Stock Car Rennen«, erklärte Hank sachlich. Die Haupttribünen um die Bahn waren riesig, ebenso die Parkplätze. Schwarzer Asphalt und weiße Linien bedeckten die Prärie, Tausende von leeren Plätzen, die auf Autos warteten.

Die Rennstrecke war neu. Im Sommer wurden dort an jedem Wochenende Rennen veranstaltet. Man konnte die Motoren und die Zuschauer bis zu Hanks Haus hören. Doch die Rennen waren nicht das Hauptproblem. Am meisten störten Hank und Susan die Trainingsläufe. Mitten am Tag ertönte in einer der schönsten Landschaften Amerikas plötzlich das

Dröhnen von Stock Cars, die ihre Runden drehten. Einen Moment lang saßen wir schweigend auf dem Hügel und starrten auf das Asphaltoval der Rennstrecke im Zwielicht wie auf ein beunruhigendes Omen. Hank blieb lange genug, um mir klar zu machen, was es bedeutete, dass die Bedrohung nun näher rückte, dann fuhren wir zurück. Die Rennstrecke war wieder verschwunden, außer Sicht, und die Mädchen saßen immer noch zufrieden auf dem Rücksitz und plauderten, ohne sich des Problems bewusst zu sein, während die Sonne hinter den Bergen unterging.

Ein neuer Trust

Viehzüchter und Cowboys waren lange Zeit die Ikonen des amerikanischen Westens. Die einen verehrten sie als Symbole der Freiheit und Selbstständigkeit, die anderen verurteilten sie als Rassisten, wirtschaftliche Parasiten und Umweltzerstörer. Eine Tatsache über amerikanische Viehzüchter lässt sich jedoch nicht leugnen: Sie verschwinden immer schneller. In den vergangenen 20 Jahren verkaufte etwa eine halbe Million Rinderzüchter ihr Vieh und gab auf.[2] Vielen der verbleibenden rund 800 000 amerikanischen Rinderzüchter geht es schlecht. Sie suchen sich Nebenbeschäftigungen. Sie verkaufen Vieh ohne Gewinn oder sogar mit Verlust. Besonders schlecht geht es den Ranchern mit 300 bis 400 Stück Vieh, die ihre Ranch selbst betreiben und allein von deren Ertrag leben. Diese schwer arbeitenden Rinderzüchter, die lange in Cowboymythen idealisiert wurden, sind die wahrscheinlichsten Kandidaten für einen Bankrott. Ohne auch nur einen Bruchteil der Aufmerksamkeit zu erlangen, die beispielsweise dem »nordwestlichen Fleckenkauz« zuteil wird, sind die unabhängigen amerikanischen Rinderzüchter vom Aussterben bedroht.

Rancher stehen derzeit vor zahlreichen wirtschaftlichen Problemen: steigende Grundstücks- und stagnierende Rindfleischpreise, ein Überangebot an Rindern, zunehmend Einfuhren lebender Rinder aus Kanada und Mexiko, Erschließungsdruck, Erbschaftssteuern, gesundheitliche Bedenken gegenüber Rindfleisch. Darüber hinaus förderte das Wachstum der Fastfoodindustrie die Monopolisierung in der Fleisch verarbeitenden Industrie. McDonald's ist der größte Aufkäufer von Rindfleisch in den USA. 1968 kaufte das Unternehmen sein Hackfleisch noch von 175 lokalen Zulieferern.[3] Einige Jahre später reduzierte es zugunsten einer einheitlicheren Produktgestaltung im Rahmen seiner Expansion die Zahl der Rindfleischlieferanten auf fünf. Wie die Pommes-frites-Branche veränderte sich auch die Fleisch verarbeitende Industrie in den vergangenen 20 Jahren durch Fusionen und Aufkäufe. Nach Ansicht der Rancher haben einige wenige große Unternehmen den Markt fest im Griff und benutzen unfaire Taktiken, um den Rinderpreis noch weiter nach unten zu treiben. Der Ärger auf die großen Fleischfabriken wächst, und es droht der Ausbruch eines neuen Rancher-Krieges, der die Wirtschafts- und Sozialstruktur des ländlichen Westens verändern wird.

Vor 100 Jahren befanden sich die amerikanischen Viehzüchter in der gleichen Zwangslage. Die führenden Branchen der amerikanischen Wirtschaft wurden von großen Trusts kontrolliert. Es gab einen Zuckertrust, einen Stahltrust, einen Tabaktrust – und einen Rindfleischtrust. Dieser legte den Preis für Rinder fest. Viehzüchter, die sich gegen die Monopolmacht aussprachen, wurden ausgeschlossen und konnten ihre Rinder gar nicht mehr verkaufen, egal zu welchem Preis. 1917 kontrollierten die fünf großen Fleisch verarbeitenden Unternehmen – Armour, Swift, Morris, Wilson und Cudahy – etwa 55 Prozent des Marktes.[4] Auch zu Beginn des 20. Jahrhunderts gab es Trusts, aber es gab auch »Trust-Brecher«, progressive Regierungsbeamte, die der Ansicht waren, dass eine Konzentration wirtschaftlicher Macht eine Bedrohung für die amerikanische Demokratie darstellte. Der Sherman Antitrust

Act war 1890 verabschiedet worden, nachdem der Kongress eine Untersuchung der Preisabsprachen in der Fleischindustrie durchgeführt hatte. In den folgenden 20 Jahren versuchte die Regierung, den Rindfleischtrust aufzulösen, hatte jedoch wenig Erfolg. 1917 wies US-Präsident Woodrow Wilson die Federal Trade Commission an, die Industrie unter die Lupe zu nehmen. Die Untersuchung der FTC ergab, dass die fünf großen Fleisch verarbeitenden Unternehmen jahrelang heimlich Preisabsprachen getroffen, einvernehmlich Märkte unter sich aufgeteilt, Informationen über Rinderherden ausgetauscht und so dafür gesorgt hatten, dass die Züchter den niedrigsten Preis für ihr Vieh bekamen. Aus Furcht, ein Antitrust-Prozess könnte mit einem ungünstigen Urteil enden, unterzeichneten diese fünf Unternehmen 1920 eine Einverständniserklärung, in der sie sich verpflichteten, ihre Schlachthöfe, Fleischhandlungen, Eisenbahnbeteiligungen und ihre Zuchtbücher zu verkaufen. Ein Jahr später schuf der Kongress die Packers and Stockyards Administration (P&SA), eine Behörde mit zahlreichen Vollmachten zur Verhinderung von Preisabsprachen und monopolistischen Tendenzen in der Rindfleischindustrie.

In den folgenden 50 Jahren verkauften die Viehzüchter ihre Rinder auf einem relativ wettbewerbsorientierten Markt. Der Preis für Vieh wurde auf offenen Auktionen erzielt. Die großen Fleischfabriken konkurrierten mit Hunderten von kleinen regionalen Unternehmen. Im Jahr 1970 schlachteten die vier führenden Fleisch verarbeitenden Unternehmen nur 21 Prozent der amerikanischen Rinder.[5] Zehn Jahre später erhielten die Unternehmen von der Reagan-Administration die Erlaubnis zur Fusion und Zusammenarbeit, ohne Antitrust-Maßnahmen fürchten zu müssen. Das Justizministerium und die Nachfolgebehörde der P&SA, die Grain Inspection, Packers and Stockyards Administration (GIPSA), sahen tatenlos zu, wie die großen Fleischunternehmen die Kontrolle über einen lokalen Viehmarkt nach dem anderen erlangten. Heute schlachten die vier führenden Fleisch verarbeitenden Unternehmen – Con-

Agra, IBP, Excel und National Beef – etwa 84 Prozent der amerikanischen Rinder.[6] Die Marktkonzentration auf dem Rindfleischsektor hat den höchsten Stand seit Beginn der Aufzeichnungen zu Beginn des 20. Jahrhunderts erreicht.

Die hohe Konzentration drückt die Preise, die selbstständige Viehzüchter für ihre Rinder erhalten. In den vergangenen 20 Jahren ging der Anteil des Viehzüchters am Verkaufspreis im Einzelhandel pro Dollar von 63 Cent auf 46 Cent zurück.[7] Die vier großen Fleisch verarbeitenden Unternehmen kontrollieren heute etwa 20 Prozent der lebenden Rinder in den USA durch »unternehmensgebundene Lieferung« – das Vieh wird entweder in unternehmenseigenen Feedlots aufgezogen oder im Voraus über Terminverträge aufgekauft.[8] Wenn der Rinderpreis steigt, können die großen Unternehmen den Markt mit ihrer Vertragszucht überschwemmen und so den Preis wieder drücken. Sie können ihr Vieh auch über geheime Abkommen mit reichen Viehzüchtern beziehen und den wahren Preis nie enthüllen. ConAgra und Excel unterhalten eigene riesige Weideflächen, während IBP private Arrangements mit einigen der größten Viehzüchter und Mäster Amerikas getroffen hat, darunter die Brüder Bass, Paul Engler und J. R. Simplot. Selbstständige Viehzüchter und Aufzuchtbetriebe können nur schwer sagen, wie viel ihr Vieh tatsächlich wert ist. Noch schwieriger ist es, einen Käufer zu finden, der einen angemessenen Preis zahlt. Rund 80 Prozent der Rinder auf den regionalen Viehmärkten des Landes stammen aus Vertragsbeständen.[9] Die Preise für diese Rinder werden nie bekannt.

Um einen Eindruck von der Situation eines selbstständigen Ranchers zu bekommen, brauchen Sie sich nur vorzustellen, wie die New Yorker Börse funktionieren würde, wenn die Großanleger die Bedingungen für ihren gesamten Aktienhandel geheim halten könnten. Normale Anleger wüssten nicht, wie viel ihre Aktien wert wären – ein Umstand, den reiche Marktteilnehmer leicht ausnutzen könnten. »Ein freier Markt benötigt so viele Käufer wie Verkäufer, die alle den gleichen

Zugang zu genauen Informationen haben, zu den gleichen Bedingungen handeln und von denen keiner einen so großen Marktanteil haben darf, dass er den Preis beeinflussen kann«, heißt es in einem Bericht des Center for Rural Affairs in Nebraska. »Keine dieser Bedingungen entspricht auch nur annähernd der Situation auf dem Rindermarkt.«[10]

Die großen Fleisch verarbeitenden Unternehmen zeigten bislang nur wenig Interesse an eigenen Rinderaufzuchtbetrieben. »Warum sollten sie sich die Mühe machen?«, fragte mich Lee Pitts, Chefredakteur von *Livestock Market Digest*. »Die Rinderzucht ist ein Geschäft mit hohen Betriebskosten, und das meiste Kapital ist an das Land gebunden.« Anstatt eigene Betriebe zu kaufen, finanziert die Fleischindustrie lieber einige große Besitzer von Feedlots, die Land pachten und das Vieh für sie aufziehen. »Das ist einfach eine andere Methode zur Preiskontrolle mit unternehmenseigener Lieferung«, erklärte Pitts. »Der Fleischindustrie gehören einige der großen Viehmäster mit Haut und Haaren, denen können sie genau vorschreiben, was sie tun müssen.«

Die Brust von Mr. McDonald

Viele Rinderzüchter befürchten, dass die Rindfleischindustrie bewusst nach dem Vorbild der Geflügelindustrie umstrukturiert wird. Sie wollen nicht wie die Geflügelzüchter enden – die in den vergangenen Jahren zu machtlosen Zulieferern wurden, von Schulden und den Verträgen der großen Hühnerfleisch verarbeitenden Unternehmen in die Enge getrieben. Auch die Geflügelindustrie wurde in den 80er Jahren von einer Fusionswelle erfasst. Heute kontrollieren acht Unternehmen zwei Drittel des amerikanischen Marktes für Hühnerfleisch.[11] Diese Fleisch verarbeitenden Betriebe haben fast die gesamte Produktion in den ländlichen Süden mit seinem milden Klima verlagert, seinen armen Arbeitnehmern, schwachen Gewerkschaften und Farmern, die verzweifelt nach einem Weg suchen, auf ihrem Land bleiben zu können. Alabama, Arkansas, Georgia und Mississippi produzieren heute über die Hälfte aller Hühner in den USA.[12] Obwohl mehrere Faktoren zur Umstrukturierung in der Geflügelindustrie und zum Aufstieg der großen Verarbeitungsbetriebe beitrugen, spielte eine Neuerung eine besonders wichtige Rolle. Der Chicken McNugget machte aus einem Vogel, der einst am Tisch tranchiert werden musste, einen handlichen Happen, den man leicht auch beim Autofahren verzehren konnte. Er machte aus einem unhandlichen landwirtschaftlichen Rohstoff ein industriell verarbeitetes, Mehrwert schaffendes Produkt. Dies förderte ein Produktionssystem, das viele Geflügelmäster zu Sklaven der Industrie machte.

»Ich habe eine Idee«, meinte Fred Turner, Chairman der McDonald's Corporation, zu einem seiner Lieferanten 1979. »Ich will handliche Hähnchenstücke ohne Knochen, etwa fingerdick. Können Sie das machen?«[13] Der Zulieferer, ein leitender Angestellter bei Keystone Foods, beorderte eine Gruppe Techniker ins Labor, denen sich schon bald Lebensmitteltechnologen von McDonald's hinzugesellten. Der Verzehr von Geflügelfleisch in den USA stieg, ein Trend mit alarmierenden Auswirkungen für eine Fastfoodkette, die nur Hamburger verkaufte. Das Hühnchenfleisch im Land stammte traditionell von Hennen, die zu alt zum Eierlegen waren. Nach dem Zweiten Weltkrieg sanken die Kosten für die Geflügelaufzucht dank neuer Standorte in Delaware und Virginia, gleichzeitig propagierte die medizinische Forschung die gesundheitlichen Vorteile des Hühnerfleisches. Fred Turner wollte, dass McDonald's ein Hühnchengericht verkaufte, das zum übrigen Angebot der Kette passte. Nach sechs Monaten intensiver Forschungsarbeit entwickelte das Keystone-Labor eine neue Technologie zur Herstellung von McNuggets – kleine Stückchen aus zusammengepresstem Hühnerfleisch, hauptsächlich Brustfleisch, das von Stabilisatoren zusammengehalten, paniert, frittiert, tiefgekühlt und dann wieder erhitzt wurde. Die ersten Markttests verliefen so erfolgreich, dass McDonald's eine weitere Firma, Tyson Foods, verpflichtete, um einen ausreichenden Nachschub zu garantieren. Die Firma Tyson mit Sitz in Arkansas war einer der größten Geflügel verarbeitenden Betriebe des Landes. Schon bald entwickelte das Unternehmen eine neue Hühnerrasse für die Produktion der McNuggets. Die neue Rasse mit dem Spitznamen »Mr. McDonald« hatte eine ungewöhnlich große Brust.[14]

Landesweit wurden die Chicken McNuggets 1983 eingeführt. Bereits einen Monat später war McDonald's zum zweitgrößten Abnehmer für Hühnerfleisch in den USA geworden, nur Kentucky Fried Chicken bezog mehr Fleisch.[15] Die McNuggets schmeckten gut, waren leicht zu kauen und wirkten gesünder als die anderen Angebote auf der Speisekarte von McDonald's – schließlich waren sie aus Hühnerfleisch. Doch ihre gesundheitlichen Vorteile waren eine Illusion. Die chemische Analyse eines Wissenschaftlers an der Harvard Medical School ergab, dass das »Profil der Fettsäuren« der McNuggets eher Rindfleisch als Hühnerfleisch ähnelte.[16] Wie die Pommes frites von McDonald's wurden auch die McNuggets in Rindertalg frittiert. Die Kette wechselte zwar bald zu pflanzlichem Öl, fügte den McNuggets jedoch bei der Herstellung »Rindfleischextrakt« hinzu, um den bekannten Geschmack zu bewahren. Der Geschmack der Chicken McNuggets, die vor allem bei Kindern sehr beliebt sind, basiert immer noch zum Großteil auf Rinder-Zusätzen.[17] Außerdem enthalten sie pro Gramm doppelt so viel Fett wie ein Hamburger.

Der McNugget veränderte nicht nur den amerikanischen Speiseplan, sondern auch die Aufzucht und Verarbeitung von Geflügel. »Die Auswirkungen der McNuggets waren so groß, dass sie die ganze Branche veränderten«, räumte der Präsident von ConAgra Poultry, dem drittgrößten Verarbeiter von Hühnerfleisch in den USA, später ein.[18] Noch in den 80er Jahren wurden die meisten Hühner in den USA am Stück verkauft;

heute sind 90 Prozent in Stücke, Schnitzel oder Nuggets zerlegt. Im Jahr 1992 überstieg der Verzehr von Hühnerfleisch in den USA erstmals den Verzehr von Rindfleisch.[19] Mit dem Vertrag für die McNuggets stieg Tyson Foods zum größten Hühnerfleisch verarbeitenden Unternehmen der Welt auf. Tyson stellt etwa die Hälfte der amerikanischen McNuggets her und verkauft an 90 der 100 größten Restaurantketten Hühnerfleisch.[20] Bei Tyson handelt es sich um ein vertikal verflochtenes Unternehmen, das Hühner züchtet, schlachtet und das Fleisch verarbeitet. Die Aufzucht der Hühner mit dem damit verbundenen Kapitalaufwand und finanziellen Risiko überlässt es Tausenden von »selbstständigen Subunternehmern«. Diesen Geflügelmästern gehören die Tiere in den Ställen nicht.[21] Wie die meisten führenden Verarbeitungsbetriebe beliefert Tyson seine Subunternehmer mit Eintagsküken. Vom ersten Lebenstag bis zur Schlachtreife verbringen die Hühner ihr gesamtes Leben im Betrieb des Hühnerfarmers. Doch sie bleiben im Besitz von Tyson. Das Unternehmen liefert Futter, tierärztliche Versorgung und technische Unterstützung. Es bestimmt den Futterplan, verlangt die Erneuerung der Ausstattung und setzt Aufseher ein, die dafür sorgen, dass die Anweisungen des Unternehmens befolgt werden. Tyson mietet die Lastwagen, die die Küken abliefern und sieben Wochen später die ausgewachsenen schlachtreifen Hühner abholen. Im Schlachthof werden die Vögel von Tyson-Angestellten gezählt und gewogen. Das Einkommen eines Geflügelbauern wird nach einer bestimmten Formel anhand der Zählung, des Gewichts und der verbrauchten Futtermenge ermittelt.

Der Geflügelmäster stellt sein Grundstück, seine Arbeit, die Hühnerhäuser und das Heizmaterial zur Verfügung. Für den Bau der Ställe nehmen die meisten Bauern Kredite auf.[22] Ein Stall kostet etwa 150 000 Dollar und bietet Platz für 25 000 Hühner. Eine Umfrage der Technischen Universität von Louisiana aus dem Jahr 1995 ergab, dass ein Geflügelmäster im Durchschnitt seit 15 Jahren Hühner aufzog, drei Ställe besaß, tief verschuldet war und etwa 12 000 Dollar im Jahr verdiente.[23] Rund die Hälfte der Geflügelzüchter des Landes gab bereits nach drei Jahren auf, musste entweder verkaufen oder verlor alles.[24] Verlassene Geflügelställe säumen die Nebenstraßen im ländlichen Arkansas.

Die meisten Geflügelzüchter bekommen keinen Kredit, wenn sie nicht bereits einen unterschriebenen Vertrag mit einer großen Hühnerfleischfirma vorweisen können.[25] Wenn ein Geflügelzüchter mit seinem Abnehmer unzufrieden ist, kann er wenig dagegen unternehmen. Geflügelverträge sind kurzfristig kündbar. Wer sich beschwert, sitzt vielleicht schon bald mit leeren Ställen und Schulden da. Vor 25 Jahren, als es in den USA noch Dutzende von Geflügelfirmen gab, hatte ein Züchter wesentlich bessere Chancen, einen neuen Abnehmer zu finden und einen besseren Vertrag auszuhandeln.[26] Heute haben Züchter, die als »schwierig« gelten, oft keine andere Wahl, als sich nach einem anderen Job umzusehen. Ein Abnehmer kann den Vertrag mit einem Züchter kündigen, wann immer es ihm gefällt. Ihm gehören die Hühner. Neben dieser Bestrafung kann ein Verarbeitungsunternehmen auch das Intervall zwischen der Abholung eines Hühnerbestandes und der Lieferung des nächsten verlängern. Mit jedem Tag, an dem die Geflügelhäuser leer stehen, verliert der Züchter Geld.

Die großen Hühnerfleischproduzenten wollen die Bedingungen ihrer Verträge nicht offenlegen. In der Vergangenheit wurde in solchen Verträgen nicht nur verlangt, dass der Züchter auf jeglichen Rechtsanspruch gegen das Unternehmen verzichtete, sondern ihm wurde auch verboten, sich einem Verband oder einer Handelsgemeinschaft anzuschließen. Den Fleisch verarbeitenden Unternehmen gefällt die Vorstellung nicht, dass sich die Geflügelmäster zum Schutz ihrer Interessen zusammenschließen. »Unsere Beziehung zu unseren Züchtern ist eine Vertragsbeziehung im Verhältnis eins zu eins ...«, erklärte ein Manager von Tyson einem Journalisten 1998. »Wir wollen dafür sorgen, dass es so bleibt.«[27]

Vertragsaufzucht

Die vier großen Fleisch verarbeitenden Unternehmen behaupten, dass nicht ihr Verhalten, sondern ein Überangebot an Rindfleisch für die niedrigen Preise verantwortlich ist, die amerikanische Viehzüchter für ihre Rinder erzielen. Verschiedene Untersuchungen des amerikanischen Landwirtschaftsministeriums (USDA) kamen zu demselben Ergebnis.[28] Der jährliche Rindfleischverzehr in den USA erreichte 1976 mit etwa 43 Kilogramm pro Person seinen Höhepunkt.[29] Heute verzehrt ein Amerikaner im Durchschnitt etwa 31 Kilogramm Rindfleisch pro Jahr. Obwohl die Bevölkerung seit den 70er Jahren gewachsen ist, konnte die höhere Bevölkerungszahl den Rückgang beim Rindfleischkonsum nicht ausgleichen. Rinderzüchter, die ihr Einkommen zu stabilisieren versuchten, wurden Opfer ihres eigenen Tuns. Sie folgten dem Rat der Agrobusinessfirmen und gaben den Rindern Wachstumshormone. Folglich sind die Rinder heute viel größer; weniger Rinder werden verkauft, und das meiste amerikanische Rindfleisch kann nicht in die EU exportiert werden, weil dort der Einsatz von Wachstumshormonen bei Rindern verboten ist.

Die Fleischindustrie behauptet, dass Vertragslieferungen und Preisformeln der Effizienzsteigerung dienen und nicht als Kontrollinstrumente für den Rindfleischpreis gedacht sind. Ihre Schlachthäuser benötigen ständig hohe Stückzahlen, um profitabel zu arbeiten; Vertragslieferungen bieten eine verlässliche Möglichkeit, diese Stückzahlen zu halten. Die großen Fleischfirmen sehen sich von den Viehzüchtern zu Sündenböcken abgestempelt, dabei liegt das eigentliche Problem ihrer Ansicht nach bei den niedrigen Geflügelpreisen. Ein Kilogramm Hühnerfleisch kostet etwa halb so viel wie ein Kilogramm Rindfleisch.[30] Die langfristigen Verträge, die man den Rinderzüchtern nun anbietet, werden von der Fleischindustrie als Innovation dargestellt, die die Rindfleischindustrie nicht zerstört, sondern rettet. Nach einer Untersuchung des

Landwirtschaftsministeriums zur Vertragsaufzucht in Kansas verteidigte IBP diese als »alternative Methode zum Verkauf von Mastvieh«. Das Unternehmen argumentierte, die Praktik ähnle »bereits stattgefundenen Veränderungen … zum Verkauf anderer landwirtschaftlicher Erzeugnisse«.[31]

Viele unabhängige Rinderzüchter sind davon überzeugt, dass die Vertragsaufzucht in erster Linie zur Kontrolle des Marktes und nicht zur Auslastung der Schlachthäuser eingesetzt wird. Sie sind nicht gegen umfangreiche Transaktionen oder langfristige Verträge; sie sind nur gegen Rinderpreise, die geheim gehalten werden. Vor allem misstrauen sie den Fleischgiganten. Die Vorstellung, dass die Manager im Agrobusiness heimlich mit der Konkurrenz telefonieren, die Preise festlegen und den Weltmarkt für landwirtschaftliche Erzeugnisse unter sich aufteilen – eine Vorstellung, die unter den selbstständigen Viehzüchtern und Landwirten weit verbreitet ist –, wirkt vielleicht wie ein paranoides Hirngespinst. Doch genau so verfahren die Unternehmensführer von Archer Daniels Midland, dem »Supermarkt für die Welt«, seit Jahren.

Drei Topmanager von Archer Daniels Midland, darunter der Vice Chairman Michael Andreas, mussten 1999 ins Gefängnis, weil sie mit ausländischen Konkurrenten gemeinsame Sache gemacht hatten, um den internationalen Markt für Lysin (ein wichtiges Futterergänzungsmittel) zu kontrollieren.[32] Die Untersuchung des Justizministeriums hinsichtlich der massiven Preisabsprachen konzentrierte sich auf den Zeitraum von August 1992 bis Dezember 1995. In diesen knapp dreieinhalb Jahren berechneten Archers Daniel Midland und andere beteiligte Firmen den Landwirten 180 Millionen Dollar zu viel. Im gleichen Zeitraum trafen sich Manager von Archer Daniels Midland mit ausländischen Konkurrenten und legten den Preis für Zitronensäure fest (ebenfalls ein häufiger Futterzusatz). Bei einem Treffen mit den Vertretern einer japanischen Firma, das heimlich aufgezeichnet wurde, pries der Präsident von Archer Daniels Midland die Vorteile der Absprachen mit der Konkurrenz. »In unserem Unternehmen gibt es einen Spruch«, erklärte er. »Unsere Konkurrenten sind unsere Freunde, unsere Kunden unsere Feinde.«[33] Archer Daniels Midland bleibt der weltweit größte Produzent von Lysin sowie der wichtigste Abnehmer von Sojabohnen und Mais. Die Firma ist außerdem einer der größten Anteilseigner von IBP.

Ein Untersuchungsausschuss des Landwirtschaftsministeriums aus dem Jahr 1996 über die Konzentration in der Rindfleischindustrie musste feststellen, dass viele Rinderzüchter aus Furcht vor Vergeltung und »wirtschaftlichem Ruin« nicht gegen die großen Fleisch verarbeitenden Firmen aussagen wollten.[34] In jenem Jahr entschloss sich Mike Callicrate, ein Viehzüchter aus St. Francis in Kansas, die Unternehmen offen anzuklagen, deren Verhalten in seinen Augen nicht nur unlauter, sondern kriminell war. »Ich fuhr eines Tages durch die Gegend«, erzählte mir Callicrate, »und fragte mich andauernd, wann jemand etwas dagegen unternehmen würde. Und plötzlich erkannte ich, dass vielleicht niemand dazu bereit war und ich es versuchen musste.« Er behauptet, dass die großen Fleischfirmen nach seiner Aussage vor dem Untersuchungsausschuss sein Vieh nicht mehr aufkauften. »Ich konnte meine Rinder nicht verkaufen«, berichtete er. »Sie fuhren an meiner Mastanlage vorbei und kauften die Rinder von einem Züchter, der 300 Kilometer weiter wohnte.« Sein Geschäft hat sich seitdem wieder etwas erholt; ConAgra und Excel bieten wieder für sein Vieh. Die Erfahrung machte aus ihm einen Aktivisten. Callicrate weigert sich, den »Übergang zur Sklaverei« stillschweigend über sich ergehen zu lassen. Er sagte vor Untersuchungsausschüssen im Kongress aus und hat sich mit einigen anderen Viehzüchtern zu einer Sammelklage gegen IBP zusammengetan. Darin wird behauptet, dass IBP mit verschiedenen wettbewerbsbehindernden Maßnahmen jahrelang gegen den Packers and Stockyards Act verstoßen hat. Laut Callicrate wird der Prozess zeigen, dass die angebliche Effizienz des Unternehmens bei der Produktion in Wirklichkeit »eine Effizienz beim Diebstahl« ist. IBP leugnet die Vorwürfe. »Es ergibt für uns keinen Sinn, irgendetwas zum Schaden der Viehzüchter zu unternehmen«, erklärte ein Topmanager von IBP einem Jornalisten, »da wir von ihnen zur Belieferung unserer Fabriken abhängen.«[35]

Die Bedrohung durch reiche Nachbarn

Die Colorado Cattelmen's Association hat bei Mike Callicrates Klage gegen IBP einen so genannten *amicus brief* eingereicht: Dabei schildern Personen oder Organisationen ihre Sicht der Dinge, ohne selbst am Prozess beteiligt zu sein. Der Verband verlangte darin außerdem einen wettbewerbsorientierten Markt für Vieh sowie die Beendigung illegaler Kaufpraktiken durch die großen Fleisch verarbeitenden Unternehmen. Allerdings ist der Lebensunterhalt der Viehzüchter in Colorado heute noch von einer ganz anderen Seite bedroht, die nichts mit den schwankenden Rinderpreisen zu tun hat. In den vergangenen 20 Jahren hat Colorado etwa 600 000 Hektar Weideland verloren, das zu Bauland wurde.[36] Bevölkerungswachstum und der boomende Markt für Ferienhäuser haben die Landpreise in die Höhe getrieben. Weideland, das in den 60er Jahren für weniger als fünf Dollar pro 100 Quadratmeter (= 1 Ar) verkauft wurde, kostet heute das Hundertfache. Die neuen Preise machen es normalen Viehzüchtern unmöglich zu expandieren. Jedes Stück Vieh benötigt etwa 1200 Ar Weideland zum Grasen. Solange das Vieh nicht Nuggets aus purem Gold, sondern nur Kuhfladen produziert, lässt sich die Rindfleischproduktion auf so teurem Land kaum aufrechterhalten. Die Viehzüchterfamilien in Colorado sind im Allgemeinen reich an Land und arm an Bargeld. Erbschaftssteuern können über die Hälfte des Landwerts einer Rinderranch verschlingen. Selbst wenn eine Familie es schafft, ihre Ranch gewinnbringend zu betreiben, kann die Übergabe an die nächste Generation den Verkauf von großen Grundstücken nötig machen und so die Produktionskapazität verringern.

Mit den Ranchbetrieben verliert Colorado auch einen Teil seiner Kultur. Unter den Schülern der Harrison Highschool sah ich eine große Bandbreite an Modestilen: Gangsta-Style, Skater, Stoners, Gothics und Punks. Was man dort nicht sieht – im Schatten des Pikes Peak, im Herzen des Wilden Westens –, ist jemand, der auch nur im Entferntesten wie ein Cowboy gekleidet ist. Niemand trägt Hemden mit Druckknöpfen oder Cowboystiefel. 1959 waren acht der zehn beliebtesten Fernsehsendungen Western.[37] Die Sender zeigten jede Woche 35 Western zur besten Sendezeit, und Staaten wie Colorado, wo echte Cowboys lebten, waren der Stoff jugendlicher Tagträume. Dieses Amerika scheint heute so tot und weit entfernt wie das England zur Zeit von König Artus. Ich sah Hunderte von Highschool-Schülern in Colorado Springs und nur einen einzigen mit einem Cowboyhut. Philly Favorite spielte Gitarre in einer Band, und sein Cowboyhut war aus falschem Zebrafell.

Das Durchschnittsalter der Viehzüchter und Landwirte in Colorado beträgt etwa 55 Jahre.[38] Ungefähr die Hälfte des unbebauten Landes im Staat wird in den nächsten 20 Jahren den Besitzer wechseln – ein potenzieller Segen für Immobilienmakler. Verschiedene Landstiftungen in Colorado arbeiten daran, den Viehzüchtern die Bewahrung ihres Landes zu erleichtern. Dafür, dass ein Viehzüchter einer treuhänderischen Stiftung zukünftige Entwicklungsrechte überlässt, erhält er eine sofortige Steuerbefreiung und die Aussicht auf niedrigere Erbschaftssteuern. Das Land bleibt in Privatbesitz, kann jedoch nicht für Golfplätze, Einkaufszentren oder Supermärkte verwendet werden. 1995 gründete die Colorado Cattlemen's Association den ersten Land Trust in den USA, der einzig und allein der Erhaltung von Weideland dient. Bislang konnten 16 000 Hektar geschützt werden, eine erhebliche Leistung. Leider verschwinden in Colorado dennoch jährlich 36 000 Hektar unbebauter Prärie.[39]

Subventionen zur Landschaftspflege nützen vor allem den reichen Gentleman-Ranchern, die ihr hohes Einkommen aus anderen Quellen beziehen. Die Ärzte, Rechtsanwälte und Börsenmakler, die heute ihr Vieh in einigen der schönsten Landstriche Colorados grasen lassen, können große Rinderfarmen betreiben, offenes Land mit Subventionen bewahren und die Steuererleichterungen genießen. Dagegen verdienen die Viehzüchter, deren Jahreseinkommen ausschließlich auf dem Verkauf von Rindern basiert, in der Regel nicht genug, um in den Genuss solcher Steuererleichterungen zu kommen. Der Wert ihres Landes und damit der Druck, es zu verkaufen, steigt oft sogar, wenn ein reicher Nachbar Subventionen zur Landschaftspflege erhält, da dadurch eine unverbaubare Aussicht entsteht.

Die größten wirtschaftlichen Schwierigkeiten haben in Colorado die Viehzüchter, die einige Hundert Stück Vieh besitzen, ihr eigenes Land bewirtschaften, kein sonstiges Einkommen beziehen und von einer großen Steuererleichterung nicht viel haben. Sie müssen mit Hobby-Viehzüchtern konkurrieren, deren Betrieb mit dem Geld aus einem anderen Beruf subventioniert wird. Daher drohen absurderweise gerade die Viehzüchter in finanzielle Schwierigkeiten zu geraten, deren Lebensart und deren Werte den Westen und damit das Herz Amerikas verkörpern. Sie sind unabhängig und autark, legen Wert auf ihre Freiheit, glauben an harte Arbeit – und müssen jetzt dafür bezahlen.

Ein gebrochenes Glied in der Kette

Hank starb 1998. Er nahm sich in der Woche vor Weihnachten das Leben. Er war 43 Jahre alt.

Als ich von seinem Tod hörte, ergab er keinerlei Sinn für mich. Der Mann, den ich kannte, war voller Leidenschaft und Tatkraft, ein Mensch, der sich stets in neue Aufgaben stürzte.

Er versteckte sich nicht. Er war in der Gemeinde aktiv, war Mitglied in zahlreichen Ausschüssen und Organisationen. Er hatte Sinn für Humor. Er liebte seine Familie. Sein Selbstmord schien allem anderen in seinem Leben zu widersprechen.

Es wäre nicht richtig zu sagen, dass Hanks Tod die Folge des monopolisierenden und homogenisierenden Einflusses der Fastfoodketten ist, der Monopolmacht der Fleisch verarbeitenden Industrie, der niedrigen Preise auf dem Rindfleischmarkt, der wirtschaftlichen Kräfte, die selbstständige Viehzüchter in den Ruin treiben, der Steuergesetze, die reiche Rancher bevorzugen, des unablässigen Drucks der Immobilienmakler in Colorado. Doch so ganz Unrecht hätte man damit sicher nicht. Hank stand vor seinem Tod unter enormem Druck. Er versuchte, Subventionen zur Landschaftspflege zu erhalten, die sein Land schützten, wollte aber nicht die finanzielle Sicherheit seiner Familie opfern. Der Preis für Rinder war auf den tiefsten Stand seit über zehn Jahren gefallen. El Paso County plante den Bau einer neuen Schnellstraße mitten durch sein Land. Die Belastung mit diesen und anderen Problemen brachte ihm schlaflose Nächte und führte zu einer Depression, die sich rasch verschlimmerte.

Die Selbstmordrate bei Viehzüchtern und Landwirten in den USA ist mittlerweile etwa dreimal so hoch wie der Landesdurchschnitt.[40] Das Problem erregte während der Landwirtschaftskrise in den 80er Jahren kurz Aufmerksamkeit, wird seitdem jedoch ignoriert. In der Zwischenzeit steigt in den ländlichen Gebieten die Zahl der Todesopfer langsam, aber stetig. Mit der traditionellen Lebensweise der Viehzüchter verschwinden auch viele ihrer Werte. Der Ehrenkodex der Rancher ist weit von der derzeitigen Geisteshaltung Amerikas entfernt. In Silicon Valley halten Unternehmer und Risikokapitalgeber Versagen für den ersten Schritt zum Erfolg. Nach drei misslungenen Internet-Start-ups besteht immer noch die Chance, dass das vierte gelingen wird. Was letztlich verkauft wird, zählt viel weniger als die Frage, wie gut sich etwas verkauft. Bei der Viehzucht ist ein Fehler viel fataler. Das Land, das man verliert, ist nicht nur ein Gebrauchsgut. Es besitzt eine Bedeutung, die sich nicht in Dollar und Cent messen lässt. Das Land stellt eine feste Verbindung zur Vergangenheit dar, etwas, das an die Kinder weitergegeben, aber nie verkauft werden sollte. Wie Osha Gray Davidson in seinem Buch *Broken Heartland*, Iowa City 1996, beobachtet: »Mehrere Generationen von Familienmitgliedern im Stich zu lassen ... sich selbst als das schwache Glied in einer starken Kette zu sehen ... ist eine schreckliche und für manche unerträgliche Belastung.«[41]

Im Alter von acht Jahren verkörperte Hank die Hauptfigur in einem Kinderbuch. In dem Buch, das Text und Fotografien kombinierte, wurde die Geschichte vom ersten Herdenauftrieb eines Jungen erzählt. Im Buch trägt der kleine Hank Jeans und einen schwarzen Hut, reitet auf einem weißen Pferd, zieht mit echten Cowboys mit und betrachtet eine Rinderherde im Korral. Man sieht den Bildern an, warum Hank dafür ausgewählt wurde. Sein Gesicht ist lebhaft und ausdrucksvoll; er kann reiten; er kann das Lasso werfen, und er sieht aus, als sei er für jede Schandtat zu haben, bereit, über einen Zaun zu springen oder hinter einem Stier herzujagen, der zehnmal so groß ist wie er. Der Junge in der Geschichte fürchtet sich anfangs vor den Tieren auf der Ranch, doch am Ende überwindet er seine Angst vor Rindern, Schlangen und Kojoten. Es gibt ein Happy End, und das letzte Bild erinnert an die Schlussszene in einem klassischen Hollywood-Western, denn es beschwört in ähnlicher Weise den Geist der Freiheit und Unabhängigkeit herauf. In Begleitung eines älteren Cowboys reitet der kleine Hank sein weißes Pferd inmitten einer Rinderherde über die weite, offene Prärie Richtung Horizont.

Im Leben war Hank so ein Ende nicht vergönnt. Er wurde auf seiner Ranch beerdigt, in einem einfachen Holzsarg, den seine Freunde für ihn gemacht hatten.

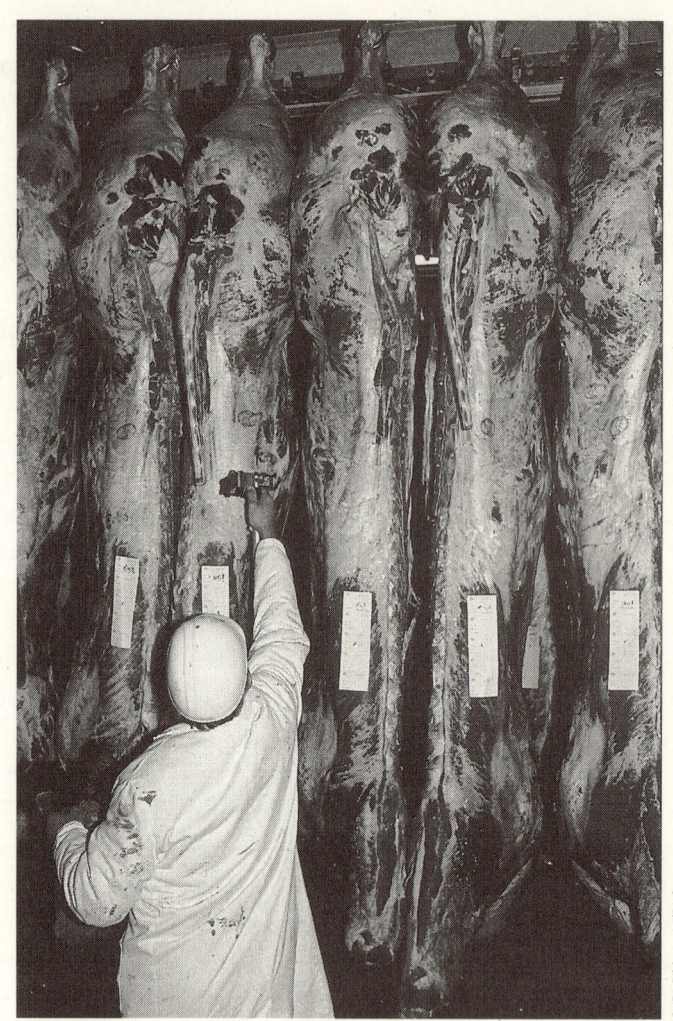

7. Rädchen im Getriebe

Die Stadt Greeley in Colorado riecht man, lange bevor man sie sieht. Den Geruch kann man nicht so leicht wieder vergessen, jedoch nur schwer beschreiben, eine Mischung aus lebenden Tieren, Mist und Kadavern, die zu Hundefutter verarbeitet werden. Am schlimmsten ist der Gestank in den Sommermonaten, dann überzieht er Greeley Tag und Nacht wie ein unsichtbarer Nebel. Viele Bewohner Greeleys nehmen den Geruch gar nicht mehr wahr; er tritt in den Hintergrund wie das Geräusch des Verkehrs für einen New Yorker. Andere können selbst nach Jahren nicht aufhören, an den Geruch zu denken, er durchdringt alles, macht Kopfschmerzen, erweckt Übelkeit, stört sie im Schlaf.

Greeley ist eine hochmoderne Fabrikstadt, in der Arbeiter und Maschinen Rinder in kleine, vakuumverpackte Fleischportionen verwandeln. Die Milliarden von Fastfood-Hamburgern, die die Amerikaner heute verzehren, stammen aus Fabriken wie Greeley. Die Industrialisierung der Rinderaufzucht und der Fleischverarbeitung in den vergangenen 20 Jahren hat die Produktion von Rindfleisch völlig verändert – und damit auch die Städte, die es produzieren. Als Reaktion auf die Anforderungen der Fastfood- und Supermarktketten senkten die großen Fleisch verarbeitenden Unternehmen Kosten, indem sie die Löhne kürzten. Sie machten aus einer der am besten bezahlten Arbeiten in der Produktion eine der am schlechtesten bezahlten, schufen eine wandernde Industriearbeiterschaft aus armen Immigranten, nahmen hohe Verletzungsraten in Kauf und sorgten für die Verbreitung ländlicher

Gettos im amerikanischen Kernland. Verbrechen, Armut, Drogenkonsum und Obdachlosigkeit existieren seit kurzem in Städten, in denen man am wenigsten damit rechnen würde. Die Auswirkungen dieser Herrschaft der Fleischfabriken sind so unausweichlich wie der Geruch, der aus den Feedlots, Schlachthöfen und von den Halden mit Schlachtabfällen dringt.

Die ConAgra Beef Company betreibt nur wenige Kilometer nördlich vom Stadtzentrum von Greeley die größte Fleischfabrik des Landes. Weld County, zu dem Greeley gehört, verdient mehr Geld mit Tierprodukten als jeder andere Verwaltungsbezirk in den USA,[1] und ConAgra ist dessen größter privater Arbeitgeber.[2] Das Unternehmen betreibt dort einen Schlachthof für Rinder und einen für Schafe sowie Fabriken zur Fleischverarbeitung.

Für die konstante Belieferung des Schlachthofes unterhält ConAgra zwei riesige Feedlots. Jeder fasst bis zu 100 000 Stück Vieh. Manchmal sind die Tiere so eng zusammengepfercht, dass man nur noch ein Meer von Rücken und Köpfen sieht, eine muhende, bewegliche Masse braun-weiß gescheckten Fells, die sich über mehrere Hektar erstreckt. Diese Rinder fressen nicht das Moskitogras und Büffelgras der Prärie. In den drei Monaten vor der Schlachtung werden sie mit überschüssigem Getreide gefüttert, das in lange Betontröge gekippt wird, die aussehen wie die Fahrbahnbegrenzung der Highways. Durch das Getreide legen die Tiere rasch an Gewicht zu, die anabolen Stereoide, die über einen Klip im Ohr zugeführt werden, tun ein Übriges. Ein Ochse verzehrt während seines Aufenthalts im Mastpferch im Durchschnitt über 1300 Kilogramm Getreide, was eine Gewichtszunahme von 180 Kilogramm erbringt.[3] Im Feedlot entsteht eine beträchtliche Menge Abfall. Jeder Ochse produziert am Tag etwa 25 Kilo Mist.[4] Die beiden Feedlots von Monfort außerhalb von Greeley produzieren mehr Mist als die Städte Denver, Boston, Atlanta und St. Louis zusammen.[5] Im Gegensatz zu menschlichen Exkrementen landet der Kuhdung nicht in einer Kläranlage. Er wird in Gruben abgeladen, großen Becken mit Dung, die in der Branche als »Lagunen« bezeichnet werden.

Bevor Greeley zu einem Zentrum der Fleischverarbeitung wurde, war die Stadt eine Siedlung von utopistischen kleinen Farmern.[6] Sie wurde 1870 von Nathan Meeker gegründet, einem Zeitungsredakteur aus New York, der eine Stadt im amerikanischen Westen bauen wollte, die sich der Landwirtschaft, Bildung, der gegenseitigen Hilfe und moralischen Wertvorstellungen verpflichten sollte. Meeker benannte die idealistische neue Siedlung nach seinem Chef bei der *New York Tribune*, Horace Greeley, der ihm den später legendären Rat gegeben hatte: »Geh nach Westen, junger Mann.« Die Stadt Greeley gedieh und wurde zu einem wichtigen Produzenten von Bohnen und Zuckerrüben. Allerdings erlebte Meeker diesen Erfolg nicht mehr. 1879 geriet er in eine Auseinandersetzung mit Ute-Indianern, die ihn töteten und skalpierten.

Jahrelang hielten sich die Farmer in Greeley fern von den lokalen Rinderzüchtern, einmal errichteten sie sogar einen Holzzaun mit einer Länge von 60 Kilometern, um die Rinder fern zu halten. In der Weltwirtschaftskrise, als die Preise für Lebensmittel am Boden lagen, begann ein Lehrer namens Warren Monfort aus Greeley, von den lokalen Farmern Getreide aufzukaufen und sein Vieh damit zu füttern. Damals wurden die amerikanischen Rinder noch überwiegend mit Gras gefüttert. Sie zogen über die Prärie, fraßen einheimische Gräser oder wurden auf Farmen gehalten und mit Heu gefüttert. Monfort wurde schon bald zu einem der ersten Rindermäster großen Stils, der Mais, Zuckerrüben und Luzerne billig von seinen Nachbarn kaufte. Nach dem Zweiten Weltkrieg erlebte sein Geschäft einen ungeheuren Aufschwung. Weil er die Rinder das ganze Jahr über fütterte, konnte Monfort den Zeitpunkt des Verkaufs selbst bestimmen und warten, bis in den Schlachthöfen von Chicago die besten Preise gezahlt wurden. Das Fleisch der mit Getreide gemästeten Rinder war fett und zart; im Gegensatz zum Fleisch der mit Gras gefütterten Rinder musste es nicht wochenlang abhängen, sondern konnte bereits wenige Tage nach der Schlachtung verzehrt werden. Im gesamten landwirtschaftlich geprägten mittleren Westen wurden Feedlots eingerichtet. Das Überangebot an Getreide, das größtenteils durch die staatlich gestützten Preise entstanden war, lieferte günstige Futtermittel für die Rinder und machte die Rindermast bald zum Standard in der Rindfleischindustrie. Warren Monfort hatte sein Unternehmen in den 30er Jahren mit 18 Stück Vieh begonnen, Ende der 50er Jahre mästete er etwa 20 000.[7]

1960 eröffneten Monfort und sein Sohn Kenneth einen kleinen Schlachthof in Greeley in der Nähe der Mastpferche. Sie unterzeichneten einen großzügigen Gewerkschaftsvertrag mit den Amalgamated Butcher Workmen, in dem Zusatzleistungen wie besondere Rechte nach längerer Betriebszugehörigkeit und Zulagen für die Spätschicht garantiert wurden. Die Arbeit im Schlachthof der Monforts wurde gut bezahlt, und die Warteliste mit Bewerbern war lang.

Greeley wurde zu einer Stadt, über die ein Unternehmen und die Familie der Besitzer paternalistisch herrschten. Ken Monfort hielt sich häufig im Schlachthof auf. Die Arbeiter wandten sich gern mit Vorschlägen und Problemen an ihn. Für eine Führungskraft in der Fleisch verarbeitenden Industrie hatte er einen ungewöhnlichen Werdegang. Er war ein liberaler Demokrat, der zwei Legislaturperioden als Abgeordneter im Parlament des Bundesstaates verbracht hatte. Monfort war erklärter Gegner des Vietnamkriegs und stand als einer von zwei Männern aus Colorado auf Nixons »Feindesliste«.[8] Die Nennung auf dieser Liste war in Monforts Augen eine große Ehre. Nach Gewerkschaftswahlen im Schlachthof im Jahr 1970 sandte Ken Monfort dem neu gewählten Vertrauensmann einen herzlichen persönlichen Brief. »Wenn ich Ihnen je behilflich sein kann«, schrieb er, »meine Tür ist offen.«[9] Der Wohlstand und der gewerkschaftliche Frieden in Greeley wurden jedoch schon bald von den grundlegenden Veränderungen in der Fleischindustrie bedroht – eine Umstrukturierung, die unter der Bezeichnung »die IBP-Revolution« bekannt wurde.

Go West

Bei der Eröffnung des Schlachthofes in Greeley war sein Standort auf dem Land noch ungewöhnlich. Die Fleisch verarbeitenden Fabriken befanden sich normalerweise in der Nähe von Städten. Die meisten amerikanischen Städte hatten ein eigenes Viertel mit Schlachthöfen und Metzgereien. Das Vieh wurde mit der Bahn dorthin transportiert, geschlachtet, zerlegt und dann an lokale Metzger und Einzelhändler verkauft. Omaha und Kansas City waren bekannte Fleisch verarbeitende Städte, und das UN-Gebäude in New York steht auf einem Grundstück, auf dem sich einst die Schlachthöfe der Stadt befanden. Über ein Jahrhundert lang war jedoch Chicago die unumstrittene Hauptstadt der Fleisch verarbeitenden Industrie. Dort entstand der Beef Trust, und dort hatten auch die großen Unternehmen ihre Zentrale. Rund um die Union Stockyards waren etwa 40 000 Arbeiter in dem ein Quadratkilometer großen Schlachthofbezirk beschäftigt. Chicago belieferte nicht nur Amerika mit gefrorenen Rinderhälften, sondern auch Europa. Zu Beginn des 20. Jahrhunderts bezeichnete der Schriftsteller Upton Sinclair die Packingtown von Chicago als eine »der größten Anhäufungen von Arbeitskraft und Kapital, die sich je an einem Ort versammelten«.[10] Seiner Ansicht nach war Packingtown die größte Leistung des amerikanischen Kapitalismus, zugleich aber auch seine größte Schande.

Die alten Schlachthöfe in Chicago waren im Allgemeinen Backsteingebäude mit vier bis fünf Stockwerken. Das Vieh wurde auf Holzrampen in den obersten Stock getrieben. Dort wurden die Tiere mit einem Schlag auf den Kopf betäubt, geschlachtet und dann von Facharbeitern zerlegt. Die Tiere verließen das Gebäude im Erdgeschoss als Rinderhälften, Dosenfleisch oder Würstchen, die in Kisten verpackt nur noch in Eisenbahnwaggons verladen werden mussten.

Die Arbeitsbedingungen in diesen Fabriken waren brutal. In dem Buch *The Jungle* (1906, dt. *Der Dschungel*, Reinbek 1985) beschrieb Upton Sinclair eine Szenerie des Schreckens: schwere Rücken- und Schulterverletzungen, tiefe Schnittwunden, Amputationen, die Arbeit mit gefährlichen Chemikalien und, besonders einprägsam, einen Arbeitsunfall, bei dem ein Mann in einen Bottich fiel und zu Schweineschmalz verarbeitet wurde. Die Fabrik lief weiter, und das Schmalz wurde an ahnungslose Kunden verkauft. Die Menschen, so Sinclair, waren zu »Rädchen im Getriebe«[11] geworden, die leicht zu ersetzen und frei verfügbar waren. Die Genauigkeit des Buchs wurde von einer von US-Präsident Theodore Roosevelt eingesetzten staatlichen Untersuchungskommission bestätigt, die feststellte, dass die Schlachthofarbeiter in Chicago »unter völlig unnötigen und unentschuldbaren Bedingungen« arbeiten mussten, »die eine ständige Bedrohung nicht nur ihrer eigenen Gesundheit, sondern auch der Gesundheit aller darstellen, die von ihnen zubereitete Nahrungsmittel verzehren«.[12]

Die allgemeine Empörung, die *The Jungle* auslöste, veranlasste den amerikanischen Kongress 1906 zur Verabschiedung eines Gesetzes zur Lebensmittelkontrolle. Allerdings wurde nur wenig unternommen, um das Leben der Arbeiter im Schlachthof zu verbessern, deren hartes Los Upton Sinclair veranlasst hatte, das Buch zu schreiben. »Ich zielte auf das Herz der Menschen«, schrieb er später in seiner Autobiographie, »und traf versehentlich ihren Magen.«[13] In den folgenden 30 Jahren kämpften Gewerkschaften um die Organisation der Schlachthofarbeiter Chicagos, hauptsächlich Immigranten aus Osteuropa. Die Unternehmen setzten Spione, Schwarze Listen und afro-amerikanische Streikbrecher ein. Dennoch hatte sich am Ende der Weltwirtschaftskrise fast überall in Chicago eine gewerkschaftliche Vertretung durchgesetzt. Nach dem Zweiten Weltkrieg stieg der Lohn erheblich und übertraf schon bald den landesweiten Durchschnittslohn für Fabrikarbeiter. Die Arbeit im Schlachthof war immer noch anstrengend und gefährlich, doch aufgrund der guten Bezahlung war sie für viele auch erstrebenswert. Swift & Company, bis in die frühen 60er Jahre die größte Firma in der Branche, war auch das letzte der fünf großen Fleischunternehmen in Familienbesitz. Ähnlich wie Ken Monfort betrieb Harold Swift die Firma, die sein Vater gegründet hatte, mit väterlicher Sorge um das Wohlergehen der Arbeiter. Swift & Company zahlte die höchsten Löhne in der Branche, garantierte eine langfristige Beschäftigung, arbeitete eng mit den Gewerkschaften zusammen, um Beschwerden der Arbeiter nachzugehen, und bot Zuschläge, Betriebsrenten und andere Zusatzleistungen.[14]

1960 gründeten Currier J. Holman und A. D. Anderson, zwei ehemalige Manager bei Swift, ihr eigenes Fleisch verarbeitendes Unternehmen. Sie waren überzeugt, dass sie mit den Giganten der Branche konkurrieren konnten, wenn es ihnen gelang, die Kosten zu drücken. Im folgenden Jahr eröffnete Iowa Beef Packers den ersten Schlachthof – eine Fleischfabrik, die sich auf ihre Art als so einflussreich erweisen sollte wie das erste Speedee Service McDonald's in San Bernardino. Holman und Anderson übertrugen die Arbeitsprinzipien der Brüder McDonald auf die Fleischverarbeitung und entwickelten für ihren Schlachthof in Dension, Iowa, ein Produktionssystem, das Facharbeiter überflüssig machte. Die IBP-Fabrik war ein einstöckiges Gebäude mit einem Fließband, an dem das Fleisch zerlegt wurde. Jeder Arbeiter stand an einem Punkt und führte immer wieder den gleichen einfachen Arbeitsschritt durch, machte während seiner Achtstundenschicht tausend Mal den gleichen Messerschnitt. Die Fortschritte, die die Schlachthofarbeiter seit den Tagen von *The Jungle* erkämpft hatten, standen dem neuen System der IBP im Weg, denn dessen Erfolg beruhte auf billigen und machtlosen

Arbeitskräften. Mit der Verbreitung der Fastfoodrestaurants wurde IBP zu einer Fleischfirma mit Fastfoodmentalität, besessen von Begriffen wie Durchsatz, Effizienz, Zentralisierung und Kontrolle. »Wir versuchten, das Fachwissen aus jedem Arbeitsschritt herauszunehmen«, prahlte A. D. Anderson später.[15]

Zusätzlich zu dem neuen System der Massenproduktion mit seinen ungelernten Arbeitern verlagerte IBP die Schlachthöfe in ländliche Gebiete in der Nähe der Feedlots – und weit weg von den städtischen Gewerkschaftshochburgen. Das neue Schnellstraßensystem ermöglichte den Einsatz von Lastwagen anstelle von Eisenbahnwaggons zum Transport des Fleisches. 1967 eröffnete die IBP eine große Fabrik in Dakota City in Nebraska, in der das Vieh nicht nur geschlachtet, sondern gleich zu kleineren Stücken »weiterverarbeitet« wurde – in Stücke von höherer Qualität (Bug, Lende, Rippe, Keule) und minderer Qualität (wie zum Beispiel Brust oder Kamm). Anstatt ganze Rinderhälften zu transportieren, lieferte IBP kleinere Stücke vakuumverpackt und in Plastik als »Boxed Beef« (verpacktes Fleisch). Diese neue Form der Vermarktung von Rindfleisch gab den Supermärkten die Möglichkeit, ihre ausgebildeten, gewerkschaftlich organisierten Metzger zu entlassen. Die große Menge an Knochen, Blut und Fleischresten, die bei dem Verfahren übrig blieb, konnte IBP für profitable Nebenprodukte wie zum Beispiel Hundefutter verwenden. IBP rüstete seine Fabriken schon bald mit großen Fleischwölfen aus, mit denen enorme Mengen an Hackfleisch hergestellt und kleinere Metzger und Einzelhändler aus dem Geschäft gedrängt wurden. Die niedrigen Löhne des Unternehmens und die neuen Produktionstechniken veränderten die gesamte Rindfleischindustrie vom Feedlot bis zur Metzgertheke.

Die IBP-Revolution wurde von einer unsentimentalen Weltsicht geleitet. Vor dem Hintergrund einer Schlachthof-Kultur, in der man Härte schätzte, war Currier J. Holman stolz darauf, härter als alle anderen zu sein. Er mochte keine Gewerkschaften und zögerte nicht, alles Notwendige zu unternehmen, um ihre Macht zu brechen. Die IBP sollte ihre Geschäfte so führen, argumentierte Holman, als ob sie Krieg führen würde.[16] Als die Arbeiter des IBP-Werkes in Dakota City 1969 streikten, stellte Holman Streikbrecher ein. Daraufhin erschossen die streikenden Arbeiter einen mutmaßlichen Spion des Unternehmens und legten im Haus des Anwalts von IBP eine Bombe. Konfrontiert mit einem richtigen Krieg, suchte Holman bei einem ungewöhnlich mächtigen Verbündeten Hilfe.

Im Frühjahr 1970 trafen er und drei weitere Topmanager von IBP in New York City heimlich Moe Steinman, einen »Arbeitsberater«, der enge Verbindungen zur Cosa Nostra unterhielt.[17] Die gewerkschaftlich organisierten Metzger in New York blockierten den Verkauf des fertig verpackten Fleischs von IBP aus Solidarität mit den streikenden Arbeitern und aus Angst um ihre eigenen Arbeitsplätze. IBP wollte seine Produkte unbedingt im Ballungsraum von New York verkaufen, dem größten Fleischmarkt im ganzen Land. Moe Steinman bot an, den Boykott der Metzger zu beenden, und verlangte als Gegenleistung eine einprozentige »Provision« pro Kilo Rindfleisch, das IBP in New York verkaufte.[18] Die IBP hatte vor, jedes Jahr Hunderte von Millionen Kilogramm Rindfleisch nach New York zu liefern. Currier J. Holman erklärte sich mit der Zahlung an die Mafia einverstanden, und die Führer der New Yorker Metzgergewerkschaft zogen prompt ihre Einwände gegen das Fleisch von IBP zurück. Schon bald wurde IBP-Fleisch in Manhattan ausgeliefert.

Nach einer langwierigen Untersuchung über die Beteiligung der Mafia am Fleischhandel in New York City wurden Currier J. Holman und IBP 1974 wegen der Bestechung von Gewerkschaftsführern und Fleischgroßhändlern angeklagt. Der Richter Burton Roberts verurteilte IBP zu einer Strafe von 7000 Dollar, belegte Holman jedoch weder mit einer Gefängnis- noch mit einer Geldstrafe, da Bestechung seiner Ansicht nach manchmal der Preis dafür war, in New York City Geschäfte zu machen. Holmans Verbindungen zum organisierten Verbrechen reichten jedoch weit über die Art von Bezahlung hinaus, die auch ehrliche Geschäftsleute in New York oftmals zu leisten hatten. Er ernannte einen von Moe Steinmans Freunden zum Vorstandsmitglied von IBP (ein Mann, der zehn Jahre zuvor wegen der Bestechung von Fleischbeschauern und des Verkaufs von verdorbenem Fleisch an die amerikanischen Streitkräfte eine Haftstrafe verbüßt hatte) und einen Schwiegersohn Steinmans zum Vice President und Leiter der Produktionsabteilung (obwohl der Schwiegersohn laut Richter Roberts »nahezu nichts über das Fleischgeschäft wusste«).[19] Außerdem drängte Homan vier Topmanager aus der Firma, weil sie seine Arrangements mit dem organisierten Verbrechen ablehnten. In späteren Untersuchungen von *Forbes* und dem *Wall Street Journal* wurde IBP als Paradebeispiel dafür angeführt, wie ein ganz normales Unternehmen von der Mafia infiltriert werden kann.[20]

Die rücksichtslose Senkung der Betriebskosten bei IBP stellte die traditionellen Fleisch verarbeitenden Unternehmen in Chicago vor die Entscheidung, entweder in den Westen zu gehen oder Bankrott zu machen. Doch anstatt wie früher im Westen Demokratie und Freiheit zu suchen, suchte man nun billige Arbeitskräfte. Eine Fleischfabrik nach der anderen in Chicago wurde geschlossen und in Bundesstaaten wieder eröffnet, die überwiegend von der Landwirtschaft geprägt waren und Gewerkschaften ablehnend gegenüberstanden. Die neuen Fabriken in Iowa, Kansas, Texas, Colorado und Nebraska folgten dem Beispiel von IBP und zahlten Löhne, die manchmal um mehr als 50 Prozent niedriger lagen als die der gewerkschaftlich organisierten Arbeiter in Chicago.[21]

Vor kurzem fuhr ich mit Ruben Ramirez, dem Vorsitzenden der Ortsgruppe 100A der United Food and Commercial Workers (UFCW), der Gewerkschaft der Fleischarbeiter in der Stadt, durch das Schlachthofviertel von Chicago. Ramirez ist Anfang sechzig, wirkt mit seinen breiten Schultern, dem dicken Hals und den starken Händen aber immer noch fit genug, um in einer Fleischfabrik zu arbeiten. Sein glatt rasierter Schädel trägt zu diesem Eindruck bei. Als Ramirez 1956 in die Schlachthöfe von Chicago kam, trieben noch Cowboys zu Pferde die Rinder von den Pferchen in die Schlachthöfe. Ramirez war damals 17 Jahre alt und konnte kein Englisch. Er war gerade erst aus Guanajuato in Mexiko gekommen und hatte in einer alten Fleischfabrik von Swift & Company Arbeit gefunden. Er war einer der wenigen Mexikaner, die dort arbeiteten, die anderen Arbeiter waren Polen, Litauer und Afro-Amerikaner. Sie sahen auf Mexikaner herab, deswegen durfte Ramirez kein Messer benutzen oder anspruchsvolle Arbeiten ausführen. Die Aufseher gaben ihm die niedrigsten Arbeiten. Er schleppte schwere Kisten und Fässer mit Fleisch, beschmierte sich über und über mit Blut, das hart wurde und im Winter an seiner Kleidung gefror. Nach einigen Jahren wechselte er zu einer Fleischfabrik in der Nähe, Glenn & Anderson, wo er für die Reinigung zuständig war. Drei Jahre später wurde Ramirez endlich befördert und durfte Fleisch zerlegen. Er erlebte, wie Kollegen sich bei der Arbeit schwer verletzten, verlor beim Hantieren mit einer Säge den Mittelfinger seiner rechten Hand und wurde von einer Rinderhälfte bewusstlos geschlagen, die sich vom Haken gelöst hatte und ihn am Kopf traf. Ramirez heiratete eine junge Frau, die er in der Kirche kennen gelernt hatte, und wurde Vater von sechs Kindern. Er stand morgens um vier Uhr auf, arbeitete acht Stunden am Tag bei Glenn & Anderson und besuchte danach noch die Abendschule. Das Leben war alles andere als leicht, doch sein Verdienst genügte, damit seine Frau zu Hause bei den Kindern bleiben konnte, die später alle aufs College gingen.

Ruben Ramirez engagierte sich in der Gewerkschaft, zuerst als Vertrauensmann im Betrieb, dann in der Gewerkschaftsführung. Er wurde amerikanischer Staatsbürger, liebte sein Land, war dankbar für die Chancen, die es ihm gegeben hatte, und beobachtete mit großem Stolz die Fortschritte seiner Kin-

der. 1993 wurde er der erste Latino, der eine lokale Fleischar-
beiter-Gewerkschaft der UFCW in den USA führte. Doch während Ramirez die Stufen der Karriereleiter in der Fleischindustrie erklomm, musste er gleichzeitig mit ansehen, wie die ganze Branche in Chicago zusammenbrach. Die Freude an seinem
eigenen Erfolg wurde durch die harte Realität gemindert.
Während ich der Lebensgeschichte des Ruben Ramirez lausch-
te, blickte ich aus dem Auto auf eine traurige Szenerie nach
der anderen, auf verlassene Lagerhäuser und Schlachthöfe, auf
Schrottplätze, Slums und Parkplätze, wo einst die Fleischfabriken von Chicago standen.

Die weltweit größte Ansammlung von Arbeitskraft und Kapital an einem Ort ist größtenteils verschwunden, nur gelegentlich sind zwischen backsteinernen Sozialwohnungen
noch Bruchstücke davon zu erkennen. Die lokale Fleischindustrie, die einst 40 000 Menschen beschäftigte, hat heute nur
noch etwa 2000 Mitarbeiter.[22] 95 Prozent der Arbeitsplätze
wurden an andere Orte verlagert. Der letzte Schlachthof in
Chicago wurde 1971 geschlossen. Heute ist im einstigen
Schlachthofviertel nur noch ein alter Schlachthof für Schweine in Betrieb. Es gibt nur noch eine Hand voll Fleisch verarbeitende Unternehmen: Firmen, die Schweinespeck herstellen,
Wurst, Hamburger und koschere Produkte. Mit den großen
Fleischfabriken verschwand auch die Atmosphäre des Viertels.

Vor dem Tor der Union Stockyards, die 1875 gebaut wurden, stiegen wir aus dem Wagen. Der Eingang wird von einem
großen Torbogen mit zwei viktorianischen Ecktürmchen über-
spannt. Im Lauf der Jahre haben ihn Millionen von Arbeitern,
Pferden und Rindern passiert. Ein Ort, der jahrzehntelang
Mittelpunkt von Betriebsamkeit und Lärm gewesen war, lag
nun still und verlassen da, nur gelegentlich fuhr ein Auto auf
dem Weg zu einem nahe gelegenen Industriegebiet vorbei.
Von der Mitte des Torbogens blickte der steinerne Kopf eines
Ochsen herab. Auf dem Weg darunter lagen Glasscherben und
ein alter Turnschuh. Zwischen den geborstenen Pflasterstei-

nen wuchs Gras, und die hellbraune Oberfläche des Bogens war von Rissen durchzogen. Der Ort erinnerte an eine archäologische Stätte, an die Ruinen einer verlorenen amerikanischen Kultur.

Säcke voll Geld

In den 70er Jahren endete das herzliche Verhältnis zwischen der Führungsetage der Firma Monfort und den Arbeitern im Schlachthof von Greeley. Der Grund war ein offener Konflikt. Monfort wollte die Lohnkosten senken, die Beschäftigten hielten jedoch nichts von Lohnkürzungen zu einer Zeit, in der die Firma Gewinn machte und die Inflationsrate des Landes im zweistelligen Bereich lag. Inmitten von Vertragsverhandlungen mit den Arbeitern in Greeley, die von der Gewerkschaft UFCW vertreten wurden, kaufte Ken Monfort 1979 von Swift & Company einen Schlachthof in Grand Island, Nebraska. Vor der Übergabe schloss Swift die Fabrik und entließ alle Arbeiter, die ebenfalls der UFCW angehörten. Als Monfort den Schlachthof einige Wochen später übernahm, unterzeichnete er einen Tarifvertrag mit der National Maritime Union – einer Gewerkschaft, die nie zuvor Fleischarbeiter vertreten hatte und rasch einer Lohnkürzung zustimmte.[23]

Im November 1979 traten die Arbeiter von Greeley in den Streik. Monfort weigerte sich, ihren Forderungen nachzugeben, und der Konflikt eskalierte. Das Unternehmen stellte Streikbrecher ein. Ken Monfort erhielt Todesdrohungen. Acht Wochen nach Beginn des Streiks beschlossen die Arbeiter, ohne einen Vertrag an ihre Arbeit zurückzugehen, doch Bereitschaftspolizei hinderte sie am Betreten des Schlachthofs. Als das Unternehmen die Arbeiter schließlich wieder in die Fabrik ließ, hielten sich viele nicht an die Anweisungen der Vorarbeiter und verübten Sabotageakte. Nach einigen Monaten der Anarchie ließ Monfort den Schlachthof in Greeley schließen und entließ sämtliche Arbeiter. Die Tage des Paternalismus in Greeley waren vorüber. Ken Monfort war kein liberaler Demokrat mehr. Er war ein Republikaner geworden, dem es nur noch ums Geschäft ging.

1982 wurde der Schlachthof in Greeley wieder geöffnet. Es gab keine gewerkschaftliche Vertretung mehr, und die Löhne waren um 40 Prozent gesenkt worden.[24] Ehemalige Mitarbeiter wurden nicht wieder eingestellt. Stattdessen griff Monfort auf Arbeiter aus der Fabrik in Grand Island zurück und stellte neue Arbeiter ein. Obwohl Ken Monfort beschlossen hatte, dem Vorbild von IBP und seiner harten Haltung gegenüber Gewerkschaften zu folgen, wehrte er sich gegen den zunehmenden Konzentrationsprozess in der Fleisch verarbeitenden Industrie. In den 80er Jahren musste eine Fleischfabrik nach der anderen entweder schließen oder sie wurde von einem großen Wettbewerber aufgekauft. 1983 verklagte Monfort die Firma Excel, das zweitgrößte Fleisch verarbeitende Unternehmen des Landes, um sie am Kauf von Spencer Beef zu hindern, dem drittgrößten Konkurrenten. Monfort argumentierte, der angestrebte Kauf würde Excel in die Lage versetzen, die Preise nach eigenem Gutdünken festzusetzen und den Wettbewerb einzuschränken. Ein Gremium aus Bundesrichtern entschied zugunsten von Monfort, aber Excel ging in die Berufung und brachte den Fall vor den Obersten Gerichtshof. Das Justizministerium unter Präsident Reagan nahm sich des Falles an – und argumentierte zugunsten von Excel, das Unternehmen habe das Recht, die Konkurrenzfirma aufzukaufen.

Die Reagan-Regierung unternahm nichts gegen die zunehmende Konzentration, im Gegenteil, sie unternahm etwas gegen die Anwendung von Antitrustgesetzen, mit denen den Konzernen Einhalt geboten werden sollte. 1986 kippte der Oberste Gerichtshof das frühere Urteil und genehmigte die Fusion des zweitgrößten und des drittgrößten Fleisch verarbeitenden Unternehmens in den USA. Im Folgejahr erklärte sich Monfort mit einer freundlichen Übernahme durch

ConAgra einverstanden. »Wenn die Branche sich schon konzentrierte«, erklärte Ken Monfort, »dann sollte es meiner Ansicht nach mindestens drei anstatt nur zwei große Unternehmen geben.«[25] Als Teil der Vereinbarung erhielt er in dem neuen Unternehmen eine leitende Position in der ConAgra-Red-Meat-Abteilung, und seine Familie bekam ConAgra-Aktien im Wert von etwa 270 Millionen Dollar.

Durch den Kauf von Monfort wurde ConAgra zum größten Fleisch verarbeitenden Unternehmen der Welt. Heute ist es der größte Lieferant für die Gastronomie in Nordamerika. Das Unternehmen ist nicht nur der größte Lieferant für Pommes frites (über die Tochter Lamb Weston), sondern auch der größte Verarbeitungsbetrieb für Schaf- und Truthahnfleisch, der größte Vertrieb für landwirtschaftliche Dünge- und Spritzmittel, der zweitgrößte Hersteller von Tiefkühlkost, der zweitgrößte Getreidemühlenbetrieb, der drittgrößte Verarbeiter von Hühner- und Schweinefleisch sowie ein führender Saatgutproduzent, Futtermittelhersteller und Händler im Warentermingeschäft. Obwohl nur die wenigsten Amerikaner den Namen ConAgra kennen, verzehren sie aller Wahrscheinlichkeit nach pro Tag mindestens ein Produkt des Konzerns, denn er verkauft unter etwa hundert Markennamen Lebensmittel.

Noch Ende der 80er Jahre war ConAgra – eine Kombination aus zwei lateinischen Wörtern, die »Partnerschaft mit dem Land« bedeuten soll – eine unbekannte Firma in Nebraska mit einem Jahresumsatz von 500 Millionen Dollar.[26] Im Jahr 2000 überstieg der Umsatz von ConAgra 25 Milliarden Dollar. Sein erstaunliches Wachstum hat das Unternehmen vor allem seinem langjährigen CEO Charles »Mike« Harper zu verdanken. Als Harper das Ruder bei ConAgra 1974 übernahm, machte das Unternehmen Verluste, der Marktwert seiner Aktien lag bei zehn Millionen Dollar, und seine Schulden betrugen 156 Millionen.[27] Laut der offiziellen Unternehmensgeschichte *ConAgra Who?* (1989) führte Harper umgehend eine neue Unternehmensphilosophie ein. »Harper sagte jedem Manager, man habe ihm einen Sack mit Geld ausgehändigt«, heißt es in dem Buch, »und am Ende des Jahres müsse er dieses Geld wieder zurückgeben – plus eines kleinen Zusatzverdienstes.«[28]

Der intensive Druck, jedes Jahr einen volleren Sack mit Geld zurückzugeben, veranlasste einige ConAgra-Angestellte sogar zu Verstößen gegen das Gesetz. 1989 wurde ConAgra von einem Bundesgericht für schuldig befunden, Hühnerzüchter in Alabama systematisch betrogen zu haben. In einem Zeitraum von acht Jahren waren 45 256 Wagenladungen ausgewachsener Hühner in einer Fleischfabrik von ConAgra absichtlich falsch gewogen worden.[29] ConAgra-Mitarbeiter hatten sich an den Lastwagen und Waagen zu schaffen gemacht, damit die Hühner leichter wirkten. Das Unternehmen musste 17,2 Millionen Dollar Schadensersatz bezahlen.

1995 erklärte sich ConAgra zur Zahlung von 13,6 Millionen Dollar bereit, um eine Sammelklage abzuwehren, bei der das Unternehmen beschuldigt wurde, mit sieben anderen Firmen Preisabsprachen für Wels getroffen zu haben.[30] Laut Anklage hatten Topmanager von ConAgra über zehn Jahre lang mit ihren angeblichen Konkurrenten telefoniert oder diese in Motels getroffen, die Preise für Wels landesweit festgelegt und damit Großhändler, Einzelhändler und Verbraucher geschädigt.

1997 musste ConAgra Geldstrafen in Höhe von 8,3 Millionen Dollar bezahlen und wurde von einem Bundesgericht der folgenden Anklagepunkte für schuldig befunden: Missbrauch von Telekommunikationseinrichtungen, die falsche Bewertung von Anbaufrüchten und die Versetzung von Getreide mit Wasser.[31] Laut dem Justizministerium betrog ConAgra Farmer in Indiana mindestens drei Jahre lang, indem das Unternehmen Proben ihrer Erzeugnisse manipulierte und so den Eindruck erweckte, das Getreide sei von minderer Qualität. Nach dem Kauf zu einem niedrigen Preis wurde das Getreide von ConAgra-Angestellten mit Wasser besprüht, wodurch sich sein Gewicht erhöhte, und dann verkauft; so wurden auch noch die Kunden betrogen.

Die neuen industriellen Wanderarbeiter

Nachdem der Widerstand der Gewerkschaften im Schlachthof von Greeley gebrochen worden war, stellte Monfort andere Arbeiter ein: Immigranten, die noch nicht lange im Land waren, viele von ihnen illegal. In den 80er Jahren kamen junge Männer und Frauen aus Mexiko, Mittelamerika und Südostasien in großer Zahl nach Colorado. Die Arbeit im Schlachthof, die einst ein gutbürgerliches Leben ermöglicht hatte, bot nun wenig mehr als einen Hungerlohn. Anstelle einer Warteliste benötigte der Schlachthof nun eher eine Drehtür, so rasch wechselte die Besetzung der 900 Arbeitsplätze bei Monfort. In einem Zeitraum von 18 Monaten waren über 5000 Arbeiter in der Fleischfabrik von Greeley beschäftigt – was einer Fluktuationsrate von etwa 400 Prozent entsprach.[32] Im Durchschnitt wurde jeder Arbeiter nach drei Monate entlassen beziehungsweise er kündigte selbst.

Heute sprechen nur noch ein Drittel der Arbeiter in der Fleischfabrik Englisch.[33] Die meisten sind Einwanderer aus Mexiko, die beispielsweise im River Park Mobile Court leben, einer Ansammlung verbeulter alter Wohnwagen etwa 500 Meter vom Schlachthof entfernt. Sie teilen sich in alten Motels ein Zimmer, schlafen dicht an dicht auf Matratzen auf dem Boden. Der Grundlohn im Schlachthof beträgt 9,25 Dollar die Stunde. Inflationsbereinigt liegt der Stundenlohn damit um mehr als ein Drittel unter dem Lohn, den Monfort 40 Jahre zuvor bei der Eröffnung des Schlachthofs zahlte. Eine Krankenversicherung wird den Arbeitern nach sechs Monaten geboten; bezahlter Urlaub nach einem Jahr. Doch die meisten Arbeiter kommen nie in den Genuss dieses Urlaubs. Ein Sprecher von ConAgra räumte vor kurzem ein, dass die Fluktuationsrate im Schlachthof von Greeley 80 Prozent im Jahr beträgt.[34] Im Vergleich zu den frühen 90er Jahren ist das sogar ein Rückgang.

Mike Coan sprach 1994 in einem Interview mit dem Branchenblatt *Business Insurance* ganz offen über das Thema. Zu der Zeit war er Sicherheitsdirektor bei ConAgra Red Meat. »Wir haben eine jährliche Fluktuationsrate von 100 Prozent«, erklärte Coan in einem Artikel, in dem das Geschick Monforts betont wurde, die Versicherungskosten niedrig zu halten.[35] Eine weitere Führungskraft von ConAgra stimmte Coan zu und bemerkte, »die Fluktuationsrate ist in unserer Branche einfach astronomisch«. Monfort hat zwar einige langfristige Beschäftigte, die meisten Arbeitsplätze im Schlachthof müssen jedoch mehrmals im Jahr neu besetzt werden. »Wir haben den niedrigsten Alphabetisierungsgrad«, fügte Coan hinzu; »... in einigen Fabriken kann etwa ein Drittel der Beschäftigten weder lesen noch schreiben.«

Bei einer Anhörung vor dem Bundesgericht in den 80er Jahren erklärte Arden Walker, Leiter der Abteilung Arbeitgeber-Arbeitnehmer-Beziehungen von IBP in den ersten 20 Jahren seit der Firmengründung, die Vorteile einer hohen Fluktuationsrate beim Personal:[36]

Staatsanwalt: Um noch einmal auf die Fluktuationsrate zurückzukommen, die bei Ihnen [IBP] offensichtlich üblich ist, stört Sie diese?

Mr. Walker: Nicht wirklich.

Staatsanwalt: Warum nicht?

Mr. Walker: Wir stellten nur einen sehr geringen Zusammenhang zwischen der Fluktuationsrate und der Rentabilität fest ... Die Versicherung zum Beispiel, wissen Sie, die ist sehr kostspielig. Neuen Mitarbeitern steht eine Versicherung erst nach einem Jahr zu, in manchen Fällen auch nach sechs Monaten. Bezahlten Urlaub gibt es erst im zweiten Jahr. Offen gesagt, basieren einige Einsparungen auf der ständigen Einstellung neuer Mitarbeiter.

Eine hohe Fluktuationsrate ist in der Fleisch verarbeitenden Industrie – ebenso wie in der Fastfood-Branche – also alles andere als eine Belastung und trägt außerdem dazu bei, dass die

Belegschaft schwieriger gewerkschaftlich zu organisieren und damit leichter zu kontrollieren ist.

Die kalifornische Landwirtschaft stützt sich seit über hundert Jahren auf Wanderarbeiter, auf junge Männer und Frauen aus ländlichen Gebieten in Mexiko, die in den Norden ziehen und dort das angebaute Obst und Gemüse größtenteils von Hand ernten. Auch in der Landwirtschaft anderer Bundesstaaten spielten Wanderarbeiter lange Zeit eine wichtige Rolle, pflückten Beeren in Oregon, Äpfel in Washington und Tomaten in Florida. Doch nun vertraut man in den USA zum ersten Mal in der Geschichte auf wandernde Industriearbeiter. Tausende neuer Wanderarbeiter ziehen nach Norden, um in den Schlachthöfen und Fleischfabriken der High Plains zu arbeiten. Einige dieser Arbeiter sparen ihren Lohn und kehren dann in ihr Heimatland zurück. Andere versuchen, sich in der Nähe ihres Arbeitsplatzes anzusiedeln. Wieder andere ziehen durch das Land, arbeiten mal hier und mal da, immer auf der Suche nach der Fleischfabrik mit den besten Arbeitsbedingungen. Die Wanderarbeiter stammen überwiegend aus Mexiko, Guatemala und El Salvador. Viele arbeiteten früher in der Landwirtschaft in Kalifornien, wo man auf den Feldern kaum mehr eine feste Arbeit findet. Für Farmarbeiter, die zehn Stunden am Tag unter freiem Himmel für den Mindestlohn arbeiten, klingt ein Job in einer Fleischfabrik oft zu schön, um wahr zu sein. Beim Erdbeerpflücken in Kalifornien verdient man etwa 5,50 Dollar die Stunde, das Zerlegen von Fleisch in den Schlachthöfen von Colorado oder Nevada bringt dagegen fast das Doppelte ein.[37] In vielen Teilen von Mexiko und Guatemala verdienen Arbeiter nur fünf Dollar am Tag.

Wie bei so vielen anderen Aspekten war IBP auch bei der Einstellung von Wanderarbeitern der Wegbereiter. Das Unternehmen zählte zu den ersten, die erkannten, dass Immigranten, die noch nicht lange im Land waren, für weniger Geld arbeiteten als amerikanische Staatsbürger – und nicht so schnell in Gewerkschaften eintraten. Für die Erhaltung des steten

Stroms neuer Arbeitskräfte für die IBP-Schlachthöfe sendet das Unternehmen seit Jahren Anwerbeteams in die Armengebiete der USA. Das Unternehmen stellte Flüchtlinge und Asylsuchende aus Laos und Bosnien ein. Es heuerte Obdachlose an, die in Hütten in New York, New Jersey, Kalifornien, North Carolina und Rhode Island lebten.[38] Mit Bussen wurden die neuen Arbeiter über Tausende von Kilometern herangekarrt. IBP unterhält mittlerweile ein Rekrutierbüro in Mexico City, bietet über den mexikanischen Rundfunk Stellen an und betreibt einen Busdienst von Mexiko in die USA.[39]

Die Einwanderungsbehörde schätzt, dass etwa ein Viertel aller Arbeiter in den Schlachthöfen von Iowa und Nebraska illegale Einwanderer sind.[40] In einigen Schlachthöfen kann ihr Anteil wesentlich höher sein. Die Pressesprecher von IBP und der ConAgra Beef Company leugnen natürlich hartnäckig, dass sie gezielt illegale Einwanderer einstellen. »Wir stellen wissentlich keine Arbeiter ohne Papiere ein«, erklärte mir eine Führungskraft von IBP. »IBP unterstützt die Bemühungen der Einwanderungsbehörde zur Einhaltung der Gesetze und will keine Leute beschäftigen, die keine Arbeitsgenehmigung für die USA haben.«[41] Dennoch zielen die Rekrutierungsbemühungen der amerikanischen Fleisch verarbeitenden Industrie auf besonders verarmte und verletzliche Gruppen der westlichen Hemisphäre ab. »Wenn sie noch Puls haben«, witzelte 1998 ein Topmanager aus der Fleischindustrie im *Omaha World-Herald*, »stellen wir sie ein.«[42]

Die wirklichen Kosten der wandernden Industriearbeiter werden nicht von den großen Fleischfabriken getragen, sondern von den Städten und Gemeinden, in denen die Fabriken angesiedelt sind. Verarmte Arbeiter ohne Krankenversicherung treiben die Kosten für die medizinische Versorgung in die Höhe. Drogendealer suchen unter den Immigranten nach Opfern, und die große Zahl der Nichtansässigen erhöht meist auch die Kriminalitätsrate. Zu bestimmten Zeiten waren die Unternehmen in ihrem Bemühen, die Betriebskosten von der öffentlichen Hand bestreiten zu lassen, besonders dreist. Im September 1994 benötigte GFI America Inc. – ein großer Hersteller von tiefgekühlten Hamburger-Pattys für Dairy Queen, Cracker Barrel Old Country Store und das staatliche Lunchprogramm für Schulen – Arbeiter für eine Fabrik in Minneapolis, Minnesota. Die Firma schickte Anwerber nach Eagle Pass in Texas in der Nähe der mexikanischen Grenze, die eine feste Anstellung und kostenlose Unterkunft versprachen. Die Anwerber stellten 39 Leute ein, mieteten einen Bus, fuhren die neuen Arbeiter von Texas nach Minnesota und setzten sie vor People Serving People ab, einer Obdachlosenunterkunft im Zentrum von Minneapolis. Da die Arbeiter kein Geld hatten, erklärte sich die Organisation bereit, sie unterzubringen. GFI America bot an, der Einrichtung für jeden Arbeiter 17 Dollar zu bezahlen und kostenlose Hamburger zu spenden, doch das Angebot wurde abgelehnt. Der Plan des Unternehmens, für die Unterbringung seiner Arbeiter ein Obdachlosenasyl zu benutzen, scheiterte dennoch. Die meisten Arbeiter weigerten sich, im Asyl zu bleiben, denn ihnen waren Mietwohnungen versprochen worden. Nun fühlten sie sich hereingelegt und betrogen. Die Geschichte wurde schon bald von den lokalen Medien aufgegriffen.[43] Vor allem die Hilfsorganisationen für die Obdachlosen waren über den Versuch von GFI America erbost, die größte Obdachlosenunterkunft in Minneapolis für ihre Zwecke zu missbrauchen. »Es ist nicht unsere Aufgabe, Subventionen für Unternehmen zur Verfügung zu stellen, die billige Arbeitskräfte importieren«, sagte ein Mitarbeiter der Verwaltung.[44]

Die hohe Fluktuationsrate in der Fleisch verarbeitenden Industrie basiert auf den niedrigen Löhnen und den schlechten Arbeitsbedingungen. Die Arbeiter kündigen ihren Job und ziehen auf der Suche nach einer besseren Anstellung von einer Stadt zur anderen. Das ständige Umherziehen wirkt sich negativ auf ihr Privat- und Familienleben aus. Die meisten der neuen Wanderarbeiter in der Industrie würden gerne bei einem

Job bleiben und sesshaft werden, wenn nur die Bezahlung und die Arbeitsbedingungen in Ordnung wären. Die Fleisch verarbeitenden Unternehmen dagegen sind weniger ortsgebunden. Sie spielen erfolgreich eine wirtschaftlich benachteiligte Region gegen die andere aus, indem sie mit Fabrikschließungen drohen oder zukünftige Investitionen versprechen, um lukrative staatliche Subventionen zu erhalten.

Im Januar 1987 erklärte Mike Harper der neu gewählten Gouverneurin von Nebraska, Kay Orr, dass ConAgra eine Reihe von Steuererleichterungen erwarte – ansonsten würde das Unternehmen seine Zentrale von Omaha in eine andere Stadt verlegen. Das Unternehmen hatte seinen Sitz seit fast 70 Jahren im Staat, und die Gewerbesteuern in Nebraska zählten zu den niedrigsten in den USA. Dennoch versammelte sich an einem Samstagmorgen eine kleine Gruppe von Führungskräften von ConAgra im Haus von Harper und entwickelte am Küchentisch die Grundlage für neue Steuergesetze in Nebraska. Diese Gesetzesvorlagen beinhalteten nicht nur eine Steuersenkung für große Unternehmen, sondern auch für reiche Führungskräfte. Mike Harper profitierte persönlich mit 295 000 Dollar von der vorgeschlagenen Senkung des Einkommenssteuerhöchstsatzes.[45] Harper war ein begeisterter Pilot, daher sahen die neuen Gesetze auch Steuererleichterungen für unternehmenseigene Jets vor. Einige Abgeordnete des Staates bezeichneten Harpers Forderungen als »Erpressung«.[46] Doch die Steuererleichterungen wurden gebilligt, weil man fürchtete, sonst einen der größten privaten Arbeitgeber des Staates zu verlieren. Harper beschrieb später, wie leicht es für ConAgra gewesen wäre, den Standort zu wechseln: »An einem Freitagabend machen wir die Lichter aus – klick, klick, klick –, setzen die Trucks zurück und sind am Montagmorgen verschwunden.«[47]

Auch IBP profitierte enorm von der neuen Gesetzgebung. Die Zentrale des Unternehmens befand sich in Dakota City in Nebraska. Eine Untersuchung ergab, dass nach der Änderung der Steuergesetze jeder neue Arbeitsplatz, den ConAgra oder IBP schufen, vom Steuerzahler mit bis zu 23 000 Dollar subventioniert wurde.[48] Dank des neuen Steuergesetzes von 1987 bezahlte IBP in den folgenden zehn Jahren keine Gewerbesteuern. Die Topmanager von IBP unterlagen einem Einkommenssteuersatz von maximal sieben Prozent. Trotz dieser finanziellen Vorteile verlegte IBP seine Zentrale 1997 von Nebraska nach South Dakota, einem Staat ohne Gewerbesteuern – und ohne Einkommenssteuer. Robert L. Peterson, Vorstandsmitglied von IBP, erklärte, der Umzug nach South Dakota entspreche einer Gehaltserhöhung um sieben Prozent für seine Angestellten. »Der Umzug zeigt, wie undankbar die Nutznießer der Steuererleichterungen für Unternehmen sind«, meinte Don Weseley, Senator von Nebraska, gegenüber dem *Omaha World-Herald*. »Sie nehmen, was sie kriegen können, und wenn es ein besseres Angebot gibt, lassen sie dich hängen und ziehen weiter zum nächsten, besseren Geschäft.«[49]

IBP hatte seit 1967 seinen Sitz in Nebraska. Von Anfang an profitierte das Unternehmen, das die Revolution in der Fleischverarbeitung begründete, reichlich von staatlichen Subventionen. 1960 hatten Currier J. Holman und A. D. Anderson die Iowa Beef Packers gegründet, und zwar mit Hilfe eines 300 000-Dollar-Kredits von der staatlichen Small Business Administration.[50]

Der süße Duft

Die Veränderungen in Greeley, Colorado, traten überall in den High Plains auf, wo sich große Fleischfabriken ansiedelten. Städte wie Garden City in Kansas, Grand Island in Nebraska und Storm Lake in Iowa leiden mittlerweile alle unter einem eigenen ländlichen Ghetto mit den damit verbundenen Problemen wie Drogen, Armut, Entwurzelung und Kriminalität.

Besonders dramatisch verlief der Wandel in Lexington, Nebraska, einer kleinen Stadt etwa drei Autostunden westlich von Omaha. Lexington hätte als Vorbild für ein Gemälde von Norman Rockwell dienen können: schattige Bäume, Gartenzäune, bescheidene viktorianische Häuser, Schaukelstühle auf den Veranden vor dem Haus. Doch der Eindruck täuscht.

1990 eröffnete IBP einen Schlachthof in Lexington. Ein Jahr später hatte die Stadt mit einer Einwohnerzahl von 7000 die höchste Kriminalitätsrate im Bundesstaat Nebraska.[51] Innerhalb von zehn Jahren verdoppelte sich die Zahl der Schwerverbrechen, die Zahl der Medicaid-Versicherten (Krankenversicherung für Einkommensschwache) stieg fast um das Doppelte, Lexington wurde zu einem wichtigen Umschlagplatz für Drogen, Bandenmitglieder tauchten in der Stadt auf und lieferten sich Schießereien und Verfolgungsjagden mit dem Auto, der Großteil der weißen Einwohner zog weg, der Anteil der Latinos stieg um mehr als das Zehnfache und erreichte über 50 Prozent.[52] »Mexington«, wie es heute von manchen liebevoll, von anderen geringschätzig genannt wird, ist eine völlig neue Form der amerikanischen Stadt, eine Stadt, die den Bedürfnissen eines modernen Schlachthofs angepasst wurde.[53] Wenn man an der IBP-Fabrik in Lexington mit ihrem bunten Kinderspielplatz davor, mit einem Wal-Mart und Burger King auf der anderen Straßenseite vorbeifährt, käme man nie auf den Gedanken, dass ein einzelnes, harmlos wirkendes Gebäude für diesen plötzlichen Wandel, für Elend und Verzweiflung verantwortlich sein kann.

Ich traf in Lexington eine bunte Mischung aus IBP-Arbeitern. Ich traf Indios aus Guatemala, die kein Englisch und kaum Spanisch sprachen und in einem dunklen Keller mit Müll und schmutzigen Windeln lebten. Ich traf mexikanische Farmarbeiter, die sich nur schwer an die langen Winter in Nebraska gewöhnen konnten. Ich traf einen IBP-Arbeiter, der vor kurzem noch Hausmeister in Santa Monica gewesen war, und einen anderen, der zuvor Kuhfladen von den Feldern in Mexiko aufgesammelt und sie als Dünger verkauft hatte. Ich traf schwer arbeitende, gläubige Menschen, die weder lesen noch schreiben konnten und zum Wohl ihrer Familien Verletzungen und Schmerzen in Kauf nahmen.

Der Gestank, der durch Lexington zieht, ist sogar noch schlimmer als in Greeley. »Wir haben drei Arten von Gestank«, berichtete ein Einwohner von Lexington einem Reporter, »den Gestank nach verbranntem Haar und Blut, den fettigen Geruch und den Gestank von faulen Eiern.«[54] Das Gas, das den Geruch nach faulen Eiern erzeugt, ist Schwefelwasserstoff. Es steigt aus den Abwasserbecken auf, verursacht Atembeschwerden und Kopfschmerzen und kann in hohen Konzentrationen zu einer dauerhaften Schädigung des Nervensystems führen. Im Januar 2000 verklagte das Justizministerium IBP wegen Verstößen gegen die Luftreinhaltungsgesetze in seiner Fabrik in Dakota City, wo jeden Tag bis zu eine Tonne Schwefelwasserstoff freigesetzt wurde.[55] Im Rahmen einer Unterwerfungsentscheidung erklärte sich IBP einverstanden, die Abwasserbecken in der Stadt abzudecken. »Das Abkommen bedeutet, dass die Einwohner von Nebraska nicht mehr länger die giftigen Emissionen von IBP einatmen müssen«, verkündete ein Mitarbeiter des Justizministeriums.[56] Während dieses Buch verfasst wurde, bereitete IBP auch die Abdeckung der Abwasserbecken in Lexington vor.

Am 7. Juli 1988 veranstaltete IBP eine öffentliche Diskussionsrunde an einer Highschool in Lexington, bei dem den Bürgern die Möglichkeit gegeben werden sollte, Fragen zum Vorhaben des Unternehmens zu stellen, einen Schlachthof in der Stadt zu errichten. Das Protokoll dieser Veranstaltung sagt sehr viel darüber aus, wie der Konzern die ländlichen Gemeinden einstuft, in denen er seine Fabriken betreibt.[57] Ob es bei den Arbeitern in der Fabrik eine hohe Fluktuationsrate gebe, fragte jemand. Wenn der Betrieb im Schlachthof laufe, erklärte ein IBP-Sprecher, bleibe die Belegschaft stabil. »Neunzig oder achtzig Prozent unserer Arbeiter«, meinte er, »bleiben ziemlich stabil.« Würde man Mitarbeiter aus dem Ort einstellen, lautete eine andere Frage. »Wir werden keine Fremdarbeiter mitbringen«, versprach der IBP-Sprecher. Ein lokaler IBP-Befürworter, der gerade von einem Besuch des IBP-Schlachthofs in Emporia in Kansas zurückgekehrt war, meinte, es gebe kaum Grund, sich über die »Art von Menschen« Sorgen zu machen, die die Fabrik anziehen könnte. Auch ein Anstieg der Kriminalitätsrate biete keinen Anlass zur Sorge. Er sagte, in Emporia müssten sie bei IBP »so hart arbeiten, dass sie müde sind und nur nach Hause und ins Bett wollen«. Der PR-Chef von IBP bestätigte diese Einschätzung. »Und die Leute, die an unseren Fließbändern stehen, arbeiten schwer«, berichtete er den Zuhörern. »Wie der Polizeichef [von Emporia] sagte, gehen sie abends nach Hause und schlafen, anstatt durch die Straßen zu ziehen.« Eine andere Führungskraft von IBP, der Vice President für Maschinenbau, versicherte dem Publikum, dass die neue Fabrik in Lexington nicht die Luft verschmutzen würde. Man werde keinen Geruch wahrnehmen, versprach er, nicht einmal direkt neben der Fabrik. Außerdem sei der Geruch, der von den Abwasserbecken eines Schlachthofes ausgehe, »süß« und nicht unangenehm. Der Geruch, der vom Schlachthof ausgehe, erklärte der Vice President, »unterscheidet sich nicht von dem, den Sie beim Kochen in Ihrer Küche produzieren«.

8. Ein gefährlicher Job

Eines Nachts besuche ich einen Schlachthof irgendwo in den High Plains. Der Schlachthof ist einer der größten des Landes. Etwa 5000 Rinder marschieren hier jeden Tag nacheinander einzeln hinein und kommen in anderer Form wieder heraus. Jemand, der Zugang zur Fabrik hat und über die Arbeitsbedingungen empört ist, hat mir einen Rundgang angeboten. Der Schlachthof ist ein riesiges Gebäude, grau und rechteckig, etwa drei Stockwerke hoch, ohne Fenster und ohne einen Hinweis auf die Vorgänge in seinem Innern. Mein Freund reicht mir eine Schürze aus Metallgewebe und Handschuhe. Die Arbeiter am Fließband tragen unter ihren weißen Kitteln etwa vier Kilogramm Metallgewebe, eine Rüstung aus glänzendem Stahl, die Hände, Handgelenke, Magen und Rücken bedeckt. Das Material soll die Arbeiter vor Verletzungen schützen. Doch irgendwie schaffen es die Messer, trotzdem durchzudringen. Mein Gastgeber gibt mir kniehohe Gummistiefel. »Stopfen Sie Ihre Hosen in die Stiefel«, sagt er. »Wir werden durch Blut waten.«

Ich setze einen Helm auf und erklimme eine Treppe. Der Lärm wird lauter, Fabrikgeräusche, der Klang von Elektrowerkzeugen und Maschinen, Stöße von Pressluft. Wir beginnen am Ende des Prozesses, im Packraum, den die Arbeiter »Fab« nennen. Es sieht alles ganz vertraut aus: Laufstege aus Stahl, Rohre entlang der Wand, ein großer Saal, ein Labyrinth aus Fließbändern. Das könnte auch die Fabrik von Lamb Weston in Idaho sein, nur liegen auf den Bändern keine Pommes frites, sondern Fleischstücke. Einige Maschinen bauen Kartons zusammen, andere schweißen Rindfleischstücke luftdicht in Plastikfolie ein. Die Arbeiter wirken extrem beschäftigt, doch in diesem Teil der Fabrik gibt es nichts Beunruhigendes. So wie hier sieht man Fleisch auch im Lager des lokalen Supermarkts. Der Packraum ist auf vier Grad Celsius heruntergekühlt.

Wenn man dem Fließband in umgekehrter Richtung folgt, ändert sich die Atmosphäre. Die Fleischstücke werden größer. Die Arbeiter – darunter etwa 50 Prozent Frauen, fast alle junge Latinas – schneiden mit langen, schmalen Messern Fleisch. Sie stehen an einem brusthohen Tisch, nehmen das Fleisch von einem Fließband, schneiden Fett weg, legen das Fleisch zurück auf das Band, werfen die Fettstückchen auf ein Fließband über sich und greifen dann nach dem nächsten Fleischbrocken. Das alles geschieht in Sekundenschnelle. Ich bin erstaunt, wie viele Arbeiter hier beschäftigt sind, Hunderte von ihnen stehen eng beieinander und schneiden Fleisch. Man sieht Helme, weiße Kittel, das Blitzen von Stahl. Niemand lächelt oder unterhält sich, alle sind viel zu beschäftigt und bestrebt, nicht zurückzufallen. Ein alter Mann geht an mir vorbei und schiebt eine blaue Plastiktonne mit Fettresten. Einige Arbeiter schneiden das Fleisch mit so genannten Whizzards, kleinen Elektromessern mit runder, sich drehender Klinge.

Weiter geht's. Rinderhälften hängen an einer Transportschiene von der Decke und schwingen auf eine Gruppe Männer zu. Jeder von ihnen hat in der einen Hand ein großes Messer und in der anderen einen Fleischerhaken. Sie ziehen das Fleisch mit dem Haken heran und attackieren es wild mit ihren Messern. Während sie mit aller Kraft ächzend das Fleisch zersäbeln, gewinnt der Ort plötzlich eine andere, ursprünglichere Atmosphäre. Die Maschinen wirken irrelevant, das Geschehen vor mir spielt sich schon seit Jahrtausenden so ab – das Fleisch, der Haken, das Messer, die Männer, die sich bemühen, das Fleisch zu zerlegen.

Auf dem Stockwerk, auf dem die Tiere getötet werden, bilden meine Eindrücke keine logische Abfolge mehr. Ein merk-

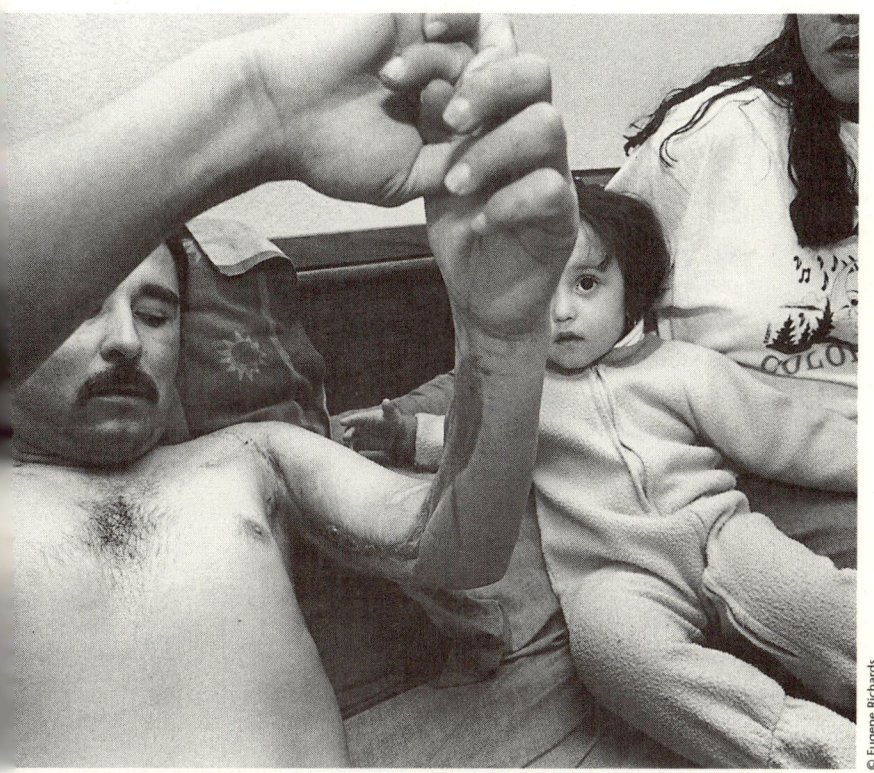

Verletzter ConAgra-Arbeiter im Kreis seiner Familie

würdiges Bild folgt auf das andere. Ein Arbeiter zerteilt die Rinder mit einer Elektrosäge in zwei Hälften, als ob sie Brennholz wären, dann schwingen die Hälften an mir vorbei ins Kühlhaus. Jetzt weiß ich, dass ich mich in einem Schlachthof befinde. Dutzende von Rindern hängen bereits enthäutet an den Hinterbeinen von Ketten herunter. Mein Begleiter bleibt stehen und fragt mich, wie es mir geht und ob ich weitergehen will. Manchen Leuten wird hier übel. Mir geht es gut, ich bin entschlossen, den ganzen Vorgang mitzuerleben, die Welt, die bewusst verborgen wird. Im Schlachtraum ist es heiß und feucht. Es stinkt nach Mist. Rinder haben eine Körpertemperatur von etwa 38 Grad Celsius, und in dem Raum sind viele Rinder. Die Kadaver schwingen an der Schiene so schnell vorbei, dass man sie ständig im Auge behalten, sich ducken und aufpassen muss, wo man hintritt, sonst wird man von einem Kadaver getroffen und landet auf dem blutigen Betonboden. Den Arbeitern passiert so etwas häufig.

Ich sehe: einen Mann, der in die toten Rinder hineinfasst und mit seinen nackten Händen die Innereien herauszieht und sie dann auf eine Metallrutsche fallen lässt, immer wieder, während die Tiere an ihm vorüberfahren; ein Gestell aus Edelstahl voll mit Rinderzungen; Whizzards, die das Fleisch von abgetrennten Köpfen ablösen und sie fast so sauber schälen wie die weißen Schädel, die Georgia O`Keeffe malt. Wir waten knöcheltief durch Blut, das durch Abflüsse in große Bottiche unter uns läuft. Als wir uns dem Anfang der Arbeitskette nähern, höre ich zum ersten Mal das beständige *pop, pop, pop*, mit dem die lebenden Tiere betäubt werden.

Die Rinder, die nun über mir baumeln, sehen genauso aus wie die Rinder, die ich jahrelang auf einer Ranch sah, allerdings hängen diese mit dem Kopf nach unten von Haken herab. Einen Moment lang wirkt der Anblick unwirklich; es sind so viele, eine ganze Herde, völlig leblos. Und dann sehe ich, wie einige Hinterbeine noch zucken, ein finaler Reflex, und die Realität bricht hart und klar über mich herein.

Achteinhalb Stunden lang tut ein von Blut durchtränkter Arbeiter, den man »Sticker« (Schlächter) nennt, nichts anderes, als in einem Strom von Blut zu stehen, alle zehn Sekunden den Hals eines Ochsen aufzuschlitzen und die Halsschlagader zu durchtrennen. Er muss mit seinem langen Messer genau die richtige Stelle treffen, um das Tier ohne große Qualen zu töten. Diese Stelle trifft er wieder und wieder. Wir gehen eine glitschige Metalltreppe hinauf und erreichen eine kleine Plattform, an der die Produktionskette beginnt. Ein Mann dreht sich um und lächelt uns an. Er trägt eine Schutzbrille und einen Helm. Sein Gesicht ist mit Gehirnmasse und Blut bespritzt. Er ist der »Knocker« (Schläger), der Mann, der die Rinder im Gebäude in Empfang nimmt. Die Rinder gehen eine enge Rampe hinunter und bleiben vor ihm stehen, weil ein Gitter den Weg versperrt. Dann schießt er ihnen mit einem Bolzenschussgerät an den Kopf – der Apparat ist über einen langen Schlauch an der Decke befestigt und feuert einen Stahlbolzen ab, der die Rinder bewusstlos schlägt. Die Tiere spazieren ununterbrochen herein, nichtsahnend, was sie erwartet, und er steht über ihnen und schießt. Achteinhalb Stunden lang schießt er. Während ich dastehe und ihm zusehe, verfehlt er die Tiere einige Male und schießt auf das gleiche Rind zweimal. Sobald es umfällt, greift ein Arbeiter nach einem Hinterbein, legt eine Kette darum, und die Kette zieht das riesige Tier empor.

Ich sehe einige Minuten lang zu, wie der »Knocker« die Tiere bewusstlos schlägt. In einem Augenblick sind die Tiere noch stark und beeindruckend, im nächsten sind sie bewusstlos, hängen von einer Zugschiene, bereit zum Zerlegen. Ein Rind rutscht von der Kette, fällt auf den Boden und verfängt sich mit dem Kopf in einem Fließband. Die Produktion gerät einen Moment lang ins Stocken, während die Arbeiter sich bemühen, den Ochsen aus der Maschine zu befreien, der zwar benommen, aber noch am Leben ist. Ich habe genug gesehen.

Ich trete hinaus in die kühle Nachtluft und folge dem Pfad,

der die Rinder in den Schlachthof führt. Sie ziehen an mir vorüber, vorwärts getrieben von Arbeitern mit langen weißen Stö-
cken, die im Dunkeln zu glühen scheinen. Ein Rind, das vielleicht instinktiv etwas spürt, was die anderen nicht merken,
wendet sich um und versucht zu fliehen. Doch die Arbeiter
treiben es zurück zu den anderen. Die Rinder gehen gemäch-
lich eines nach dem anderen zu dem gedämpften Geräusch,
pop, pop, pop, das aus der offenen Tür dringt.

Der Weg hat Haarnadelkurven, damit die Rinder nicht sehen, was sie erwartet, und ruhig bleiben. Wenn die Rampe sich
leicht nach oben neigt, denken die Tiere vielleicht, sie sind für
einen weiteren Lastwagen bestimmt, für einen weiteren Transport – und das sind sie in gewisser Weise auch. Die Rampe wird
nach unten hin breiter und führt dann zu einem großen
Pferch mit Holzzaun, ein Korral, der eigentlich nicht hierher
gehört, sondern auf eine Weide. Während ich am Zaun ent-
langgehe, nähern sich mehrere Rinder, blicken mir direkt in
die Augen, wie Hunde, die um ein Leckerchen betteln, und folgen mir aus einem mysteriösen Impuls heraus. Ich bleibe stehen und versuche, die ganze Szene in mich aufzunehmen: die
kühle Brise, die Rinder und ihr sanftes Muhen, den wolkenlo-
sen Himmel, den Dampf, der von der Fabrik im Mondlicht
aufsteigt. Und dann bemerke ich, dass das Gebäude doch ein
Fenster hat, ein kleines helles Rechteck im zweiten Stock. Es
bietet einen Blick auf das, was sich hinter der großen, leeren
Fassade verbirgt. Durch das kleine Fenster kann man hellrote
Kadaver auf Haken sehen, die sich im Kreis drehen.

Scharfe Messer

Schläger, Schlächter, Stecher, Köpfer, Spalter, Zerleger, Ausbei-
ner, Ausweider, Kuttler – die Bezeichnungen der Arbeitsschrit-
te in einem modernen Schlachthof vermitteln etwas von der
Brutalität, die dieser Arbeit innewohnt. Die Fleischverarbei-

tung zählt heute zu den gefährlichsten Tätigkeiten in den Vereinigten Staaten. Die Verletzungsgefahr in einem Schlachthof ist etwa dreimal so hoch wie in einer normalen amerikanischen Fabrik.[1] Jedes Jahr verletzt sich jeder dritte Arbeiter einer Fleischfabrik in diesem Land – etwa 43 000 Männer und Frauen – so, dass er ärztlich behandelt werden muss, oder er zieht sich bei der Arbeit eine Krankheit zu.[2] Vieles deutet darauf hin, dass diese Zahlen, die vom Bureau of Labor Statistics zusammengestellt werden, geschönt sind. Tausende von Verletzungen und Krankheiten werden wahrscheinlich gar nicht erfasst.[3]

Trotz der Verwendung von Fließbändern, Gabelstaplern, Häutungsmaschinen und verschiedenen anderen Geräten ist die Arbeit im Schlachthof größtenteils noch Handarbeit. Die Geflügelschlachtung ist stark automatisiert, da man einheitlich große Hühner züchten kann.[4] In einigen Fabriken von Tyson wird das Geflügel von Robotern und Maschinen getötet, gerupft, ausgenommen, geköpft und in Stücke zerlegt. Doch Rinder gibt es immer noch in allen Größen und Formen, und ihr Gewicht kann um Hunderte von Kilogramm variieren. Die fehlende Standardisierung der Rinder verhindert die Mechanisierung der Fleischfabriken. In einer Hinsicht hat sich die Fleischverarbeitung in den letzten hundert Jahren kaum verändert. Zu Beginn des 21. Jahrhunderts, inmitten einer Ära der außergewöhnlichen technischen Fortschritte, ist das wichtigste Werkzeug im Schlachthof immer noch ein scharfes Messer.

Schnittwunden sind die häufigsten Verletzungen, gefolgt von Sehnenentzündungen und kumulativen Belastungssyndromen. Die Arbeiter leiden unter Rückenproblemen, Schmerzen in der Schulter, Karpaltunnelsyndrom und dem so genannten schnellenden Finger (ein Syndrom, bei dem ein Finger in gekrümmter Haltung erstarrt). Solche kumulativen Belastungssyndrome treten in der Fleisch verarbeitenden Industrie wesentlich häufiger auf als in jedem anderen amerikanischen Industriebereich und fast 35 Mal so oft wie im nationalen Durchschnitt.[5] Viele Arbeiter in einem Schlachthof führen alle zwei oder drei Sekunden einen Messerschnitt durch, was während einer Achtstundenschicht 10 000 Schnitte ergibt.[6] Wenn das Messer stumpf ist, wird zusätzlich Druck auf die Sehnen, Gelenke und Nerven des Arbeiters ausgeübt. Ein stumpfes Messer kann Schmerzen verursachen, die von der schneidenden Hand bis zur Wirbelsäule reichen.

Die Arbeiter nehmen ihre Messer oft mit nach Hause und verbringen mindestens 40 Minuten am Tag damit, die Schneide glatt, scharf und ohne Kerben zu halten. Eine Arbeiterin bei IBP, eine kleine Frau aus Guatemala mit grau werdendem Haar, unterhielt sich mit mir in der voll gestopften Küche ihres Wohnwagens. Während auf dem Herd ein Topf mit Bohnen vor sich hin köchelte, saß sie in einem Holzstuhl, schaukelte leicht hin und her, erzählte von ihrer Reise in den Norden auf der Suche nach Arbeit und schärfte dabei die ganze Zeit über große Messer in ihrem Schoß, als ob sie einen Pullover stricken würde.

Die »IBP-Revolution« ist für viele Gefahren verantwortlich, denen die Arbeiter heute ausgesetzt sind. Die Geschwindigkeit des Fließbands ist ein wichtiger Faktor bei der Verletzungsrate in einem Schlachthof. Je schneller es läuft, desto größer ist die Wahrscheinlichkeit von Unfällen. In den alten Schlachthöfen in Chicago wurden etwa 50 Rinder pro Stunde geschlachtet und zerlegt. Vor 20 Jahren wurden in den neuen Fabriken in den High Plains 175 Rinder pro Stunde geschlachtet. Heute schaffen einige Fabriken bis zu 400 Rinder in der Stunde – etwa sechs Rinder in der Minute, die auf einem einzigen Fließband die Produktionskette entlangwandern und von Arbeitern zerlegt werden, die sich verzweifelt bemühen, nicht zurückzufallen. Während die Arbeiter versuchen, mit dem ständigen Strom an Fleisch mitzuhalten, vernachlässigen sie oft die Schärfung ihrer Messer und setzen so ihren Körper größeren Belastungen aus. Mit der wachsenden Geschwindigkeit steigt auch das Risiko versehentlicher Schnitte und Ausrutscher. »Ich konnte immer die Geschwindigkeit des Fließbands anhand der Zahl der Leute erkennen, die mit Schnittverletzungen zu mir kamen«, berichtete mir eine ehemalige Krankenschwester von Monfort. Die Arbeiter in der Fleischfabrik arbeiten mit ihren großen Messern oft nur wenige Zentimeter voneinander entfernt. Ein kleiner Fehler kann eine schwere Verletzung nach sich ziehen. Eine ehemalige Mitarbeiterin von IBP erzählte mir von Ausbeinmessern, die plötzlich aus der Hand sprangen und von den Maschinen abprallten. »Sie sind sehr biegsam«, erläuterte sie, »und springen dir plötzlich aus der Hand … zwing, und weg sind sie.«

Wie die Fabriken für Pommes frites operieren die Schlachthöfe für Rindfleisch oft mit Gewinnspannen im Pfennigbereich.[7] Die drei großen Fleischgiganten – ConAgra, IBP und Excel – versuchen, ihre Gewinne durch die Maximierung des Produktionsvolumens pro Fabrik zu steigern. Wenn ein Schlachthof erst einmal gebaut ist und mit voller Belegschaft läuft, hängt der Gewinn direkt mit der Geschwindigkeit des Fließbands zusammen. Ein schnelleres Tempo bedeutet höhere Gewinne. Der Wettbewerbsdruck übt heutzutage einen perversen Einfluss auf das Management der Rindfleischfabriken aus: Die gleichen Faktoren, die einen Schlachthof relativ ineffizient gestalten (die mangelnde Automatisierung, die Abhängigkeit von menschlicher Arbeitskraft), veranlassen Unternehmen, den Arbeitsprozess noch gefährlicher zu gestalten (durch die Beschleunigung des Tempos).

Der unerbittliche Druck, mit dem Fließband mitzuhalten, fördert den Konsum von Methamphetaminen.[8] Arbeiter, die »Speed« nehmen, fühlen sich energiegeladen und selbstbewusst, sie sind zu allem bereit. Es ist bekannt, dass Aufseher ihren Arbeitern Speed verkaufen oder es ihnen kostenlos im Austausch für einen Gefallen geben, wie zum Beispiel eine zweite Schicht zu arbeiten. Der Konsum von Methamphetaminen gibt den Arbeitern vielleicht das Gefühl, frisch und unbesiegbar zu sein, in Wirklichkeit erhöhen sie damit jedoch das Risiko eines Arbeitsunfalls. Aus verständlichen Gründen ist ein Schlachthof kein sicherer Platz, wenn man high ist.

Als die Gewerkschaften noch Einfluss hatten, konnten sich die Arbeiter über übermäßige Geschwindigkeiten des Fließbands und Verletzungsraten beschweren, ohne eine Entlassung fürchten zu müssen. Heute gehört nur ein Drittel der IBP-Arbeiter einer Gewerkschaft an.[9] Bei den gewerkschaftlich nicht organisierten Arbeitern handelt es sich meist um Immigranten, die erst seit kurzem im Land sind; viele sind illegal und »nach Belieben« beschäftigt. Das bedeutet, dass sie aus fast jedem Grund ohne Vorwarnung fristlos entlassen werden können. Derartige Arrangements ermutigen natürlich nicht dazu, sich zu beschweren. Arbeiter, die für diese Stelle weit gereist sind, Familien ernähren müssen und in der Fleischfabrik im Vergleich zu ihrem Heimatland das Zehnfache verdienen, hüten sich davor, ihre Meinung zu äußern und alles zu verlieren. Die Geschwindigkeit der Produktion und die Personalkosten in den nicht gewerkschaftlich organisierten Fabriken von IBP setzen heute den Standard für die übrige Branche. Jedes andere Unternehmen muss Rindfleisch so schnell und billig wie IBP produzieren; wer das Tempo zum Schutz der Arbeiter drosselt, ist im Wettbewerb benachteiligt.

Immer wieder erzählten mir Arbeiter, dass enormer Druck auf sie ausgeübt wird, Verletzungen nicht zu melden. Die jährlichen Prämien für Vorarbeiter und Aufseher hängen oft von der Verletzungsrate der Arbeiter ab. Anstatt sichere Arbeitsbedingungen zu schaffen, ermutigt dieses Prämienverfahren die Manager der Schlachthöfe, dafür zu sorgen, dass Unfälle und Verletzungen nicht gemeldet werden. Fehlende Finger, Knochenbrüche, tiefe Schnittwunden und amputierte Gliedmaßen lassen sich schlecht verbergen. Doch die dramatischen und katastrophalen Verletzungen in einem Schlachthof sind den weniger sichtbaren, wenn auch nicht weniger hinderlichen Beschwerden zahlenmäßig weit unterlegen: Muskelzerrungen, Bandscheibenvorfälle, eingeklemmte Nerven.

Wenn ein Arbeiter damit einverstanden ist, eine Verletzung nicht zu melden, teilt ihm der Vorarbeiter im Allgemeinen für eine Weile eine leichtere Arbeit zu, damit er sich auskurieren kann. Bei einer schwereren Verletzung wird einem mexikanischen Arbeiter oft angeboten, eine Weile nach Hause zurückzukehren, dort zu genesen und dann seine Arbeit in den USA wieder aufzunehmen. Wer sich an diese ungeschriebenen Regeln hält, wird respektvoll behandelt, wer sich nicht fügt, an dem wird ein Exempel statuiert. Oder wie ein ehemaliger IBP-Arbeiter erklärte: »Sie versuchen, dich davon abzuhalten, zum Arzt zu gehen, Punkt.«

Ökonomisch gesehen, sind verletzte Arbeiter hinderlich für den Gewinn, denn sie sind weniger produktiv. Sie los zu werden ist finanziell betrachtet sinnvoll, vor allem, wenn neue Arbeiter leicht zu bekommen und schnell einzuarbeiten sind. Den verletzten Arbeitern werden daher oft die unangenehmsten Aufgaben im Schlachthof gegeben. Ihr Stundenlohn wird herabgesetzt, außerdem werden sie durch zahlreiche andere plumpe Mittel zur Kündigung gedrängt.

Nicht alle Aufseher in einem Schlachthof führen sich wie Simon Legree auf, der die Arbeiter anbrüllt, verflucht, ihre Verletzungen herunterspielt und sie stets antreibt, noch schneller zu arbeiten. Doch es gibt leider genug Aufseher, die sich so verhalten. Die Vorarbeiter in der Produktion sind meist Männer Ende zwanzig und Anfang dreißig, angloamerikanischer Herkunft und sprechen kein Spanisch, allerdings werden zunehmend Latinos in diese Position befördert. Sie verdienen etwa 30 000 Dollar im Jahr, dazu kommen Prämien und Zusatzleistungen. In vielen ländlichen Gebieten ist die Position des Aufsehers in einer Fleischfabrik eine der besten Positionen, die man erringen kann. Natürlich steht ein Vorarbeiter unter einem gewissen Druck: Er muss die Produktionsvorgaben erreichen, die Zahl der registrierten Verletzungen niedrig halten, und vor allem muss er dafür sorgen, dass das Fleisch ununterbrochen vom Fließband läuft. Aber der Job bringt auch enorme Macht mit sich. Jeder Aufseher ist in seinem Bereich ein kleiner Diktator, der größtenteils freie Hand hat, die Arbeiter zu schikanieren, zu entlassen, zu schelten oder ihnen neue Aufgaben zuzuteilen. Diese Form der Macht kann zu allen möglichen Formen des Missbrauchs genutzt werden, vor allem, wenn es sich bei dem beaufsichtigten Personal um Frauen handelt.

Viele Frauen erzählten mir, dass sie am Fließband befummelt und begrabscht wurden. Das Verhalten des Aufsehers gibt den Ton vor für die anderen männlichen Kollegen. Im Februar 1999 sprachen die Geschworenen in einem Gericht in Des Moines einer Arbeiterin in einem Schlachthof von IBP 2,4 Millionen Dollar Schadensersatz zu.[10] Laut Aussage der Frau hatten Kollegen »Obszönitäten gerufen und ihre Körper an ihr gerieben, während die Aufseher nur lachten«. Sieben Monate später erklärte sich Monfort in einem Rechtsstreit gegen die U.S. Kommission zur Gleichstellung am Arbeitsplatz, die im Namen von 14 Frauen aus Texas klagte, zu einem Vergleich bereit. Unter anderem zahlte das Unternehmen den Frauen 900 000 Dollar und versprach, formale Verfahren für den Umgang mit sexueller Belästigung einzurichten.[11] Bei dem Prozess hatten die Frauen geklagt, dass die Aufseher in einer Fabrik von Monfort in Cactus, Texas, sie wegen Verabredungen und Sex bedrängt hatten, und dass männliche Kollegen sie befummelt und geküsst und Teile von Tieren in sexuell eindeutiger Weise gebraucht hatten.

Größtenteils sind die sexuellen Beziehungen zwischen Aufsehern und »Stundenlöhnern« jedoch einvernehmlich. Viele Arbeiterinnen sehen im Sex mit dem Vorgesetzten eine Möglichkeit, sich einen sicheren Platz in der amerikanischen Gesellschaft zu verschaffen, eine Green Card, einen Ehemann – oder zumindest die Versetzung auf einen besseren Posten in der Fabrik. Einige Aufseher werden zu Casanovas der Fleischfabriken und haben zahlreiche Affären. Sex, Drogen und Schlachthöfe erscheinen vielleicht als eine unwahrscheinliche

Kombination, doch ein ehemaliger Mitarbeiter von Monfort meinte zu mir nur: »Hinter diesen Mauern ist man in einer anderen Welt mit ihren eigenen Gesetzen.« Gegen Ende der zweiten Schicht, wenn es draußen dunkel ist, ist die Zeit der Stelldicheins in den Umkleideräumen, Pausenräumen, in geparkten Autos und sogar auf dem Laufsteg über dem Tötungsbereich gekommen.

Das Schlimmste

Einige der gefährlichsten Arbeiten in der Fleischfabrik werden von den Reinigungstrupps spät am Abend durchgeführt. Ein Großteil der Arbeiter sind illegale Einwanderer. Sie gelten als »selbstständige Auftragnehmer«, die nicht von den Fleisch verarbeitenden Unternehmen, sondern von Reinigungsfirmen engagiert werden.[12] Ihr Stundenlohn beträgt etwa ein Drittel vom Lohn der regulären Produktionsarbeiter. Ihre Arbeit ist so schwer und schrecklich, dass Worte sie nur unzureichend beschreiben können. Die Männer und Frauen, die heutzutage die Schlachthöfe des Landes putzen, haben wohl die übelste Aufgabe in den Vereinigten Staaten. »Man muss sehr engagiert oder sehr verzweifelt sein«, meinte ein ehemaliges Mitglied eines Reinigungstrupps zu mir, »um diese Arbeit zu erledigen.«

Wenn ein Reinigungstrupp etwa gegen Mitternacht in einer Fleischfabrik ankommt, steht er vor einem Durcheinander monumentalen Ausmaßes. Drei- bis viertausend Rinder, von denen jedes etwa 500 Kilogramm auf die Waage bringt, werden an einem Tag geschlachtet. Bis zum nächsten Morgen muss die Fabrik sauber sein. Einige Arbeiter tragen wasserabweisende Kleidung, die meisten jedoch nicht. Wichtigstes Instrument zur Reinigung ist ein Dampfstrahler, der eine 80 Grad Celsius heiße Mischung aus Wasser und Chlor versprüht. Dabei füllt sich die Fabrik mit dickem, schwerem Dampf. Die Sichtweite sinkt auf eineinhalb Meter. Die Fließbänder und Maschinen laufen weiter. Die Arbeiter stehen auf den Bändern und spritzen sie ab, fahren auf ihnen wie auf Laufbändern in bis zu fünf Metern Höhe. Sie klettern mit den Dampfstrahlern auf Leitern und spritzen die Laufstege ab, kriechen unter Tische und Förderbänder direkt in den blutigen Dreck und putzen Schmiere, Fett, Mist und Fleischreste weg.

Schutzbrillen beschlagen, die Hallen heizen sich auf, schon bald überschreiten die Temperaturen 38 Grad Celsius. »Es ist heiß, es ist neblig, und man kann nichts sehen«, meinte ein ehemaliger Reinigungsarbeiter. Die Mitglieder des Trupps können einander nicht sehen oder hören, wenn die Maschinen laufen. Immer wieder bespritzen sie sich versehentlich mit dem brühend heißen, mit Chemikalien versetzten Wasser. Die Dämpfe machen krank. Jesus, ein leise sprechender Angestellter von DCS Sanitation Management, dem Unternehmen, das in vielen Fabriken von IBP die Reinigung übernommen hat, erzählte mir, dass er bei der Arbeit immer schreckliche Kopfschmerzen bekommt. »Man spürt es im Kopf«, sagte er. »Man spürt es im Magen, als ob man erbrechen möchte.« Ein Freund von ihm muss sich jedes Mal erbrechen, wenn sie die Abdeckerei reinigen. Andere Arbeiter verspotten den jungen Mann, während er würgt. Jesus sagt, der Gestank beim Abdecken sei so stark, dass man ihn nicht abwaschen könne; egal wie viel Seife man nach einer Schicht verwende, der Geruch begleite einen nach Hause und dringe aus allen Poren.

Eines Abends beim Putzen vergaß ein Kollege von Jesus, eine Maschine abzuschalten, verlor zwei Finger und erlitt einen Schock. Ein Rettungswagen brachte ihn ins Krankenhaus, während die anderen weiterarbeiteten. Bereits eine Woche später war der verletzte Arbeiter wieder da. »Wenn die eine Hand nicht zu gebrauchen ist«, hatte der Aufseher zu ihm gesagt, »dann nimm die andere.« Ein anderer Mitarbeiter des Reinigungstrupps verlor in einer Maschine einen Arm. Heute legt er Handtücher im Umkleideraum zusammen. Der unheimlichste Job ist laut Jesus die Reinigung der Abzüge auf dem Dach des Schlachthofs, die von Fett und getrocknetem Blut verstopft sind. Im Winter, wenn alles vereist ist und der Wind kräftig weht, fürchtet Jesus jedes Mal, dass eine plötzliche Böe ihn vom Dach in die Dunkelheit fegt.

Obwohl es keine offizielle Statistik gibt, weiß man, dass die Todesrate unter den Reinigungsmannschaften der Schlachthöfe außergewöhnlich hoch ist. Sie bilden die unterste Stufe der verfügbaren Arbeitskräfte: illegal, ohne Lese- und Schreibkenntnisse, verarmt und ungelernt. Der schlimmste Job im Land kann auf die schlimmste Weise enden. Manchmal werden die Arbeiter wirklich zermahlen und enden als nichts.

Eine kurze Beschreibung einiger Unfälle von Reinigungsmannschaften in den letzten zehn Jahren sagt mehr über die Arbeit und die Gefahren aus als jede Statistik. In der Monfort-Fabrik in Grand Island, Nebraska, wurde Richard Skala von einer Häutungsmaschine enthauptet.[13] Carlos Vincente, Angestellter der T and G Service Company, 28 Jahre alt, aus Guatemala und erst eine Woche in den USA, geriet in die Zahnräder eines Förderbandes in einer Fabrik von Excel in Fort Morgan, Colorado, und wurde in Stücke gerissen.[14] Lorenzo Marin senior, Mitarbeiter von DCS Sanitation, fiel von einer Häutungsmaschine, als er sie mit dem Dampfstrahler reinigte, schlug mit dem Kopf auf dem Betonboden der Fabrik von IBP in Columbus Junction in Iowa auf und starb.[15] Einem anderen Mitarbeiter von DCS, Salvador Hernandez-Gonzalez, wurde in einer IBP-Fabrik in Madison, Nebraska, der Kopf von einer Maschine zum Schneiden von Schweinelenden zerquetscht.[16] Die gleiche Maschine hatte einige Jahre zuvor bereits den Schädel von einem anderen Mitarbeiter namens Ben Barone zermalmt. In einer Fabrik von National Beef in Liberal, Kansas, war Homer Stull in den Blutsammelbehälter geklettert, einen schmutzigen, neun Meter tiefen Tank, um ihn zu reinigen. Die Dämpfe des Schwefelwasserstoffs machten ihn bewusstlos. Zwei Mitarbeiter kletterten in den Tank und versuchten ihn zu retten. Alle drei Männer starben.[17] Acht Jahre zuvor war Henry Wolf bereits beim Reinigen des gleichen Tanks durch eine Schwefelwasserstoffvergiftung ums Leben gekommen; Gary Sanders hatte versucht, ihn zu retten, und starb ebenfalls.[18] Die Occupational Safety and Health Administration (OSHA) belegte National Beef später mit einer Geldstrafe wegen Fahrlässigkeit. Die Strafe für den Tod eines Menschen betrug jeweils 480 Dollar.

Lass dich nicht erwischen

Während die Arbeitsbedingungen in den amerikanischen Fleischfabriken immer gefährlicher wurden – die Geschwindigkeit der Fließbänder wurde erhöht und Facharbeiter wurden durch illegale Immigranten ersetzt –, achtete gleichzeitig die Regierung weniger auf die Einhaltung von Gesundheits- und Sicherheitsvorschriften. Die OSHA hatte lange Zeit bei den Unternehmern im Land keinen guten Ruf und galt als Behörde, die sich in alles einmischte und einen enormen Papierkrieg verursachte. Als Ronald Reagan 1980 US-Präsident wurde, litt die OSHA bereits unter Mittelkürzungen und Personalmangel: 1300 Inspektoren waren für die Sicherheit von über fünf Millionen Arbeitsplätzen im ganzen Land verantwortlich. Ein amerikanischer Arbeitgeber konnte im Durchschnitt alle acht Jahre mit einer Inspektion durch die OSHA rechnen.[19] Dennoch war die Reagan-Regierung entschlossen, als Teil ihres Deregulierungsprogramms den Handlungsspielraum der OSHA noch weiter zu beschneiden. Die Zahl der OSHA-Inspektoren wurde um 20 Prozent gekürzt, und im Jahr 1981 führte die Behörde schließlich eine neue Vorgehensweise ein, die der »freiwilligen Zusammenarbeit«.[20] Anstatt in einer Fabrik unangekündigt eine Inspektion durchzuführen, mussten sich die OSHA-Mitarbeiter zunächst die Verletzungsrate in einem Unternehmen anschauen. Ergaben die Unterlagen eine

Verletzungsrate, die niedriger war als der nationale Durchschnitt aus allen Industrien, musste der OSHA-Inspektor sofort wieder gehen – ohne die Fabrik zu betreten, die Ausstattung zu untersuchen oder mit den Arbeitern zu sprechen. Die Bücher über Verletzungen und Arbeitsunfälle wurden vom Unternehmen selbst geführt.

In den 80er Jahren war das Verhältnis zwischen OSHA und der Fleisch verarbeitenden Industrie geradezu herzlich. Obwohl die Zahl der Verletzungen erheblich stieg, nahm die Zahl der OSHA-Inspektionen ab.[21] Der Tod eines Beschäftigten am Arbeitsplatz wurde mit einer Strafe von nur wenigen hundert Dollar belegt. Bei einer Konferenz von Führungskräften eines Fleisch verarbeitenden Unternehmens im Oktober 1987 versprach Barry White, der Sicherheitsdirektor der OSHA, die Sicherheitsvorschriften zu ändern, die »Ihnen erstaunlich dumm oder lästig oder einfach unnütz vorkommen«. Laut eines Berichts der *Chicago Tribune* über die Versammlung räumte der Sicherheitsdirektor – der Leiter einer Behörde, die für den Schutz der Arbeiter in der Fleischindustrie verantwortlich ist – seine mangelnde Qualifikation für die Aufgabe ein. »Ich weiß sehr gut, dass Sie mehr über Sicherheit und Gesundheit in der Fleischindustrie wissen als ich«, meinte White zu den Managern. »Und Sie wissen auch mehr über Sicherheit und Gesundheit in der Fleischindustrie als irgendein Mitarbeiter der OSHA.«[22]

Die Politik der freiwilligen Zusammenarbeit der OSHA verringerte tatsächlich die Zahl der registrierten Unfälle in Fleisch verarbeitenden Unternehmen. Allerdings sank damit nicht die Zahl der Menschen, die sich tatsächlich verletzten. Die Unternehmen wurden nur dazu ermutigt, »Verletzungen herunterzuspielen, Statistiken zu fälschen und Unfälle zu vertuschen«, wie es im späteren Bericht eines Untersuchungsausschusses des Kongresses hieß.[23] In der Fleischfabrik von IBP in Dakota City, Nebraska, führte das Unternehmen zum Beispiel zwei verschiedene Statistiken über Arbeitsunfälle: eine, in der jede Verletzung und Krankheit im Schlachthof erfasst wurde, und eine für OSHA-Inspektoren und Prüfer vom Bureau of Labor Statistics. In einem Zeitraum von drei Monaten im Jahr 1985 waren in der ersten Statistik 1800 Verletzungen und Krankheitsfälle aufgeführt, in der Statistik für die OSHA dagegen nur 160 – eine Diskrepanz von über 1000 Prozent.

Bei Anhörungen des Kongresses über die Fleisch verarbeitende Industrie leugnete Robert L. Peterson, CEO von IBP, unter Eid, dass zwei verschiedene Statistiken geführt wurden, und bezeichnete die Sicherheitsstandards als »die allerbesten«.[24] Der Untersuchungsausschuss des Kongresses bekam später beide Bücher in die Hand – und stellte fest, dass die Unfallrate in der Fabrik in Dakota City mehr als ein Drittel über der durchschnittlichen Verletzungsrate der Fleisch verarbeitenden Industrie lag. Der Ausschuss entdeckte auch, dass IBP die Unfallstatistik in einer Fleischfabrik in Emporia in Kansas geschönt hatte. Einem anderen führenden Fleisch verarbeitenden Unternehmen, John Morrell, wurde nachgewiesen, bei Verletzungen in einer Fabrik in Sioux Falls in South Dakota falsche Angaben gemacht zu haben. Der Ausschuss kam zu dem Schluss, dass die Unternehmen »schwere Verletzungen wie Knochenbrüche, Gehirnerschütterungen, Schnittverletzungen, Eingeweidebrüche« verschwiegen hatten, die oft Krankenhausaufenthalte, Operationen und sogar Amputationen nach sich gezogen hatten.[25]

Der Kongressabgeordnete Tom Lantos, dessen Unterausschuss die Untersuchung in der Fleisch verarbeitenden Industrie durchgeführt hatte, bezeichnete IBP als »eines der verantwortungslosesten und rücksichtslosesten Unternehmen in Amerika«.[26] Ein Mitarbeiter des Arbeitsministeriums nannte das Verhalten der Firma »das schlimmste Beispiel für nichtgemeldete Verletzungen und Krankheitsfälle bei den Arbeitern, das je in der 16-jährigen Geschichte der OSHA festgestellt wurde«.[27] Dennoch wurde Robert L. Peterson nie wegen Meineids bei seiner irreführenden Aussage vor dem Kongress belangt. Die Ermittler argumentierten, man könne nur schwer »schlüssig« beweisen, dass Peterson »vorsätzlich« gelogen habe.[28] 1987 wurde IBP von der OSHA wegen nicht gemeldeter Arbeitsunfälle zu einer Strafe von 2,6 Millionen Dollar verurteilt, später kamen noch 3,1 Millionen Dollar wegen der hohen Rate kumulativer Belastungssyndrome in der Fabrik in Dakota City hinzu.[29] Nachdem das Unternehmen dort neue Sicherheitsstandards eingeführt hatte, wurde die Strafe auf 975 000 Dollar gesenkt – eine Summe, die damals vielleicht hoch schien, jedoch nur etwa ein hundertstel Prozent des Jahresumsatzes von IBP ausmachte.[30]

Drei Jahre nach den Strafen der OSHA verletzte sich ein Arbeiter namens Kevin Wilson in einem IBP-Schlachthof in Council Bluffs in Iowa den Rücken.[31] Wilson suchte die Krankenschwester der Fabrik auf, Diane Arndt, die ihn zu einem vom Unternehmen ausgewählten Arzt schickte. Wilsons Verletzung sei nicht schwerwiegend, erklärte der Arzt, und wies ihm später leichte Arbeit in der Fabrik zu. Wilson holte eine zweite Meinung ein; der zweite Arzt diagnostizierte die Verletzung einer Zwischenwirbelscheibe, aufgrund derer er längere Zeit nicht arbeiten durfte. Als sich Wilson daraufhin nicht zu einer leichten Tätigkeit in der Fabrik meldete, begann die Sicherheitsabteilung von IBP mit der Überwachung seines Hauses. Elf Tage, nachdem Wilsons Arzt IBP mitgeteilt hatte, dass eine Operation erforderlich sein könnte, rief Diane Arndt den Arzt an und sagte, IBP liege ein Video vor, das Wilson bei anstrengender körperlicher Tätigkeit zu Hause zeige. Der Arzt fühlte sich getäuscht, traf sich mit Wilson und bezichtigte ihn der Lüge. Außerdem weigerte er sich, ihn weiter zu behandeln und wies ihn an, wieder zur Arbeit zu gehen. Wilson war überzeugt, dass das Video gar nicht existierte und dass IBP die ganze Geschichte erfunden hatte, um seine Behandlung nicht bezahlen zu müssen, daher zeigte er die Firma wegen Verleumdung an.

Der Prozess landete schließlich vor dem Supreme Court von

Iowa. In einer Entscheidung, die in den Medien nur wenig Aufmerksamkeit fand, bestätigte das Gericht das Urteil eines niedrigeren Gerichts, nach dem Wilson zwei Millionen Dollar zugesprochen wurden, außerdem wurden einige fragwürdige Praktiken von IBP beschrieben. Das Gericht stellte fest, dass schwer verletzte Arbeiter jeden Tag in der Fabrik vorsprechen mussten, damit das Unternehmen keinen »Arbeitsausfall« an die OSHA melden musste. Einige Arbeiter mussten noch am gleichen Tag nach einer Operation zur Arbeit antreten, andere am Tag nach einer Amputation. »Der Unternehmensleitung von IBP war diese Praxis bekannt, sie beteiligte sich sogar daran«, bemerkten die Richter von Iowa. Die Krankenschwestern von IBP gaben regelmäßig falsche Informationen in das Computersystem der Firma ein und änderten die Verletzungen, damit diese nicht an die OSHA weitergemeldet werden mussten. Verletzte Arbeiter, die nicht kooperierten, erhielten Aufgaben wie »die Überwachung von Messgeräten im Abdeckbereich, wo sie einen furchtbaren Gestank ertragen mussten, während die Überreste von Schweinen zu Dünger verkocht wurden und das Blut in Tanks abfloss«. Nach den Beweisen, die dem Gericht vorlagen, hatte Diane Arndt eine geringe Meinung von den Arbeitern, deren Verletzungen sie behandeln sollte. Die IBP-Schwester bezeichnete sie als »Idioten« und »Trottel« und erklärte Ärzten, »der Kerl ist eine Heulsuse« und »der Kerl ist ein Haufen Scheiße«.[32] Später gab sie zu, dass Wilsons Rückenverletzung echt war. Der Iowa Supreme Court kam zu dem Schluss, dass die Lügen, die sie in diesem Fall und in anderen Fällen erzählt hatte, zum Teil von einem IBP-Programm motiviert waren, das Mitarbeitern Prämien und Preise bot, wenn die Zahl der Fehltage niedrig gehalten wurde. Das Programm wurde, so das Gericht, »unaufrichtigerweise ›Sicherheitsbelohnungssystem‹ genannt«.

Die Haltung von IBP in Hinblick auf die Sicherheit der Mitarbeiter ist laut der Zeugenaussage von Edward Murphy vor dem Kongress kein Einzelfall in der Branche. Murphy hatte als

Sicherheitsdirektor für die Fleischfabrik von Monfort in Grand Island gearbeitet. Nachdem dort 1991 zwei Arbeiter ums Leben kamen, wurde Murphy entlassen. Murphy behauptete, er habe jahrelang mit dem Unternehmen über Sicherheitsfragen gestritten und nun habe ihn Monfort zum Sündenbock für die eigenen illegalen Praktiken gemacht. Später zahlte ihm die Firma eine unbekannte Summe in einer außergerichtlichen Einigung bei einem Zivilrechtsprozess wegen unbegründeter Kündigung.[33]

Murphy berichtete dem Kongress, dass Monfort während seiner Anstellung in der Fabrik in Grand Island zwei verschiedene Statistiken für Arbeitsunfälle führte, die OSHA regelmäßig täuschte und Dokumente vernichtete, die die OSHA angefordert hatte. Die Sicherheitsmängel in der Fabrik waren kein Zufall, sie gingen direkt auf die Unternehmensphilosophie von Monfort zurück, die Murphy mit den folgenden Worten beschrieb: »Das erste Gebot lautet, dass nur die Produktion zählt ... Die Mitarbeiter haben die Pflicht, sich an die Anweisungen zu halten. Punkt. Mir wurde wiederholt gesagt: ›Tu, was man dir sagt, auch wenn es illegal ist ... Lass dich nicht erwischen‹.«[34]

Ein Prozess im Mai 1998 deutet darauf hin, dass sich wenig geändert hat, seit IBP Ende der 80er Jahre bei der doppelten Buchführung über Arbeitsunfälle erwischt wurde. Michael D. Ferrell, ehemaliger Vice President von IBP, behauptet, dass die Schuld für die hohe Verletzungsrate im Unternehmen nicht bei den Arbeitern, Aufsehern, Krankenschwestern, Sicherheitsbeauftragten oder Werksleitern liegt, sondern bei der Unternehmensführung von IBP.[35] Ferrell hatte ausreichend Gelegenheit, die Entscheidungsfindung in der Führungsetage zu beobachten. Er war unter anderem verantwortlich für die Gesundheits- und Sicherheitsprogramme bei IBP.

Als Ferrell seine Stelle 1991 nach vielen Jahren als Ingenieur bei anderen Firmen antrat, glaubte er, dass IBP ernsthaft die Absicht hatte, die Sicherheitsstandards für die Arbeiter zu verbessern. Laut seiner Klage vor Gericht entdeckte Ferrell später, dass die Unterlagen über die Betriebssicherheit regelmäßig gefälscht wurden und dass dem Unternehmen die Produktion wichtiger war als alles andere. Ferrell wurde 1997 nach einer Reihe von Sicherheitsproblemen in einem Schlachthof in Palestine, Texas, entlassen. Die Umstände, die zu seiner Entlassung führten, sind Kern des Rechtsstreits. Am 4. Dezember 1996 stellte eine OSHA-Inspektion bei der Fabrik in Palestine zahlreiche Mängel fest und verhängte eine Geldbuße über 35 125 Dollar. Nur wenige Tage später verlor ein Arbeiter namens Clarence Dupree einen Arm in einer Maschine zum Zermahlen von Knochen. Zwei Tage später wurde ein anderer Arbeiter, Willie Morris, bei einer Ammoniakgasexplosion getötet. Morris lag stundenlang auf dem Boden, nur drei Meter von der Tür entfernt, während sich das giftige Gas im Gebäude ausbreitete. Niemand im Unternehmen war geschult worden, Gasmasken oder Schutzanzüge zu benutzen; die Ausrüstung befand sich in einem abgeschlossenen Lagerraum. Ferrell flog nach Texas und besichtigte die Fabrik nach den Unfällen. Seiner Ansicht nach war die Fabrik in einem furchtbaren Zustand – mit einem Kühlsystem, das gegen die Vorschriften der OSHA verstieß, einer fehlerhaften Verkabelung, die eine Massentötung durch Stromschlag hervorrufen konnte, und Sicherheitsmechanismen, die bewusst mit Magneten außer Gefecht gesetzt worden waren. Er ließ den Schlachthof sofort schließen. Zwei Monate später wurde Ferrell entlassen.

In dem Prozess, in dem Ferrell auf eine Entschädigung wegen unberechtigter Kündigung klagte, sagte er aus, er sei entlassen worden, weil er die Schließung der Fabrik in Palestine angeordnet hatte. Er behauptet, dass die IBP noch nie zuvor einen Schlachthof allein aus Sicherheitsgründen habe schließen lassen und Robert L. Peterson über seinen Entschluss empört gewesen sei. IBP leugnet diese Version der Ereignisse und gibt an, Ferrell habe nie zur Unternehmenskultur von IBP gepasst, er habe zu viel Autorität delegiert und außerdem habe er gar nicht die Entscheidung zur Schließung getroffen. Laut IBP wurde die Entscheidung nach einer anonymen Abstimmung der Unternehmensleitung getroffen.[36]

Der Schlachthof in Palestine wurde im Januar 1997 wieder geöffnet, ein Jahr später jedoch erneut geschlossen – dieses Mal vom Landwirtschaftsministerium. Inspektoren stellten im Schlachthof Tierquälerei bei der Tötung der Tiere fest und brachten die Produktion eine Woche lang zum Stillstand, eine sehr seltene Strafe bei der Misshandlung von Rindern. 1999 schloss IBP die Fabrik. Zurzeit steht sie leer und wartet auf einen Käufer.

Der Wert eines Armes

Bei meinem ersten Besuch in Greeley im Jahr 1997 war Javier Ramirez Präsident der UFCW, Local 990, der Gewerkschaft, die die Arbeiter in der Fleischfabrik von Monfort vertrat. Das National Labor Relations Board hatte angeordnet, dass Monfort nach der Wiedereröffnung der Fleischfabrik in Greeley 1982 »zahlreiche schwere und schockierende« Verstöße gegen die Gesetze zum Arbeitsschutz begangen, ehemalige Gewerkschaftsmitglieder bei der Einstellung diskriminiert und neue Arbeiter bei einer Gewerkschaftswahl eingeschüchtert hatte.[37] Ehemalige Mitarbeiter, die ungerecht behandelt worden waren, erhielten 10,6 Millionen Dollar Entschädigung. Nach einer langen und mühsamen Organisationsphase entschieden sich die Arbeiter der Montfort-Fabrik 1992, in die UFCW einzutreten. Javier Ramirez ist 31 Jahre alt und weiß ziemlich viel über Rindfleisch. Sein Vater ist Ruben Ramirez, der Gewerkschaftsführer aus Chicago. Javier wuchs im Umfeld von Schlachthöfen auf und erlebte mit, wie die Fleisch verarbeitende Industrie seine Heimatstadt aufgab und in die High Plains übersiedelte. Anstatt sich eine andere Arbeit zu suchen, folgte er der Industrie nach Colorado und versuchte, bessere Löhne und Arbeitsbedingungen für die Belegschaft durchzusetzen, die sich nun überwiegend aus Latinos zusammensetzte.

Die UFCW bietet Arbeitern in Greeley die Möglichkeit, sich gegen ungerechte Kündigungen zu wehren, über Aufseher zu beschweren und Sicherheitsmängel ohne Furcht vor Repressalien zu melden. Doch die Macht der Gewerkschaft ist durch die hohe Fluktuationsrate in der Fabrik eingeschränkt. Jedes Jahr müssen neue Arbeiter davon überzeugt werden, in die Gewerkschaft einzutreten. Die Personalpolitik des Unternehmens belastet die Solidarität unter den Arbeitern. Im Augenblick zählt die hohe Unfallrate im Schlachthof zu den dringlichsten Problemen für die UFCW. Es ist ein ständiger Kampf, die Arbeiter nicht nur vor Verletzungen zu schützen, sondern ihnen auch eine entsprechende medizinische Versorgung und Zusatzleistungen zu verschaffen, wenn sie sich verletzt haben.

Colorado zählt zu den ersten Bundesstaaten, die ein Gesetz zur Entschädigung von Beschäftigten erließen.[38] Die Idee hinter dem Gesetz, das 1919 verabschiedet wurde, war die Garantie einer raschen medizinischen Versorgung und finanziellen Absicherung der Opfer eines Arbeitsunfalls. Ähnlich wie bei einer Versicherung sollte eine bestimmte Auszahlungssumme garantiert werden. Dafür mussten die Beschäftigten auf eine Klage gegen den Arbeitgeber verzichten. Ähnliche Programme wurden überall in den Vereinigten Staaten aufgelegt. 1991 begründete Colorado einen neuen Trend und wurde zu einem der ersten Staaten, der die Entschädigungszahlungen für Arbeiter stark einschränkte. Das neue Gesetz senkte nicht nur die Zahlungen an verletzte Beschäftigte, sondern sprach den Arbeitgebern auch das Recht zu, den Arzt auszuwählen, der die Schwere einer Verletzung festlegte. Damit fiel den Unternehmensärzten enorme Macht zu.[39]

Viele andere Bundesstaaten folgten dem Beispiel von Colorado und beschnitten die Entschädigung für Werktätige. Der Entwurf für die Colorado Bill, die man als »Reform der Entschädigung für Beschäftigte« feierte, wurde von Tom Norton,

Präsident des Colorado State Senate und konservativer Republikaner, eingebracht. Norton vertrat Greeley, wo seine Frau Kay Vice President der Rechtsabteilung von ConAgra Red Meat war.

In den meisten Branchen würde eine hohe Verletzungsrate die Versicherungsgesellschaften dazu veranlassen, Veränderungen am Arbeitsplatz zu fordern. Doch ConAgra, IBP und die anderen großen Fleisch verarbeitenden Unternehmen versichern sich selbst. Sie werden nicht von unabhängigen Versicherern unter Druck gesetzt, außerdem ist für sie der Anreiz groß, die Entschädigung für Beschäftigte auf ein Minimum zu reduzieren. Jeder Pfennig, der für Entschädigungszahlungen ausgegeben wird, ist ein Pfennig weniger beim Unternehmensgewinn.

Javier Ramirez begann nach einem Arbeitsunfall in der Fabrik, die Arbeiter bei Monfort über ihre gesetzlich garantierten Rechte aufzuklären. Viele Arbeiter wissen nicht einmal, dass eine derartige Versicherung überhaupt existiert. Die Formulare für einen Antrag auf Entschädigung wirken abschreckend, vor allem für Menschen, die weder Englisch sprechen noch lesen können. Anspruch auf die eigenen Rechte zu erheben, ein mächtiges Unternehmen herauszufordern und Vertrauen in das amerikanische Rechtssystem zu haben, das erfordert von einem Immigranten einigen Mut.

Wenn sich ein Anspruch auf Entschädigung auf eine Verletzung stützt, die sich unmöglich leugnen lässt (wie zum Beispiel eine Amputation während der Arbeit), sind die Fleisch verarbeitenden Unternehmen im Allgemeinen auch bereit zu zahlen. Sind die Verletzungen jedoch weniger eindeutig (wie etwa bei kumulativen Belastungssyndromen), ziehen die Unternehmen die ganze Angelegenheit durch einen Rechtsstreit in die Länge, bestehen auf Befragungen und gehen von einer Berufung zur nächsten. Einige der schmerzhaftesten und hinderlichsten Verletzungen lassen sich am schwersten beweisen.

Heute kann es Jahre dauern, bis ein Verletzter eine Entschädigung erhält. In dieser Zeit muss er die Rechnungen für die medizinische Behandlung bezahlen und eine Einkommensquelle finden. Viele vertrauen auf Sozialhilfe. Die Verzögerungen bei der Bezahlung durch die Unternehmen schreckt viele Unfallopfer ab, ihr Recht auf Entschädigung einzufordern. Andere akzeptieren eine geringere Summe, um Arzt- und Krankenhausrechnungen zu bezahlen. Aufgrund dieses Systems wurden unzählige ungelernte Arbeiter nur unzureichend für Verletzungen entschädigt, die für immer ihre Fähigkeit beeinträchtigen werden, ihren Lebensunterhalt zu verdienen. Die wenigen, die vor Gericht gewinnen und eine volle Entschädigung erhalten, sind damit kaum ein Leben lang versorgt. Nach dem neuen Gesetz in Colorado erhält man für einen verlorenen Arm 36 000 Dollar. Bei einem amputierten Finger sind es zwischen 2200 und 4500 Dollar, je nachdem, welcher fehlt. Eine »schwere, permanente Verunstaltung am Kopf, im Gesicht oder an Teilen des Körpers, die normalerweise zu sehen sind«, berechtigt maximal zu 2000 Dollar.

Seit die gesetzlichen Entschädigungszahlungen schwieriger zu bekommen sind, muss die Gefährdung am Arbeitsplatz noch ernster genommen werden. In den ersten beiden Jahren der Clinton-Regierung wirkte die OSHA geradezu wiederbelebt. Die Behörde entwickelte die ersten ergonomischen Standards, die darauf abzielten, die Zahl der kumulativen Belastungssyndrome zu senken. 1994 kam jedoch die Wende. Die neue republikanische Mehrheit im Kongress behinderte nicht nur die Annahme der ergonomischen Richtlinien, sondern stellte auch das Fortbestehen der OSHA in Frage. In enger Zusammenarbeit mit der amerikanischen Handelskammer und der National Association of Manufacturers arbeiteten die Republikaner im Repräsentantenhaus daran, die Autorität der OSHA einzuschränken. Der Kongressabgeordnete Cass Ballenger, ein Republikaner aus North Carolina, brachte einen Gesetzesentwurf ein, laut dem die OSHA mindestens die Hälfte ihres Budgets für die »Beratung« von Unternehmen verwenden sollte, anstatt die Einhaltung der Vorschriften durchzusetzen.[40] Die neue Budgetregelung würde die Zahl der OSHA-Inspektionen, die bereits einen Tiefpunkt erreicht hatte, weiter senken.[41] Ballenger ist schon lange ein Gegner der OSHA-Inspektionen, obwohl 1991 in der Nähe seines Wahlkreises 25 Arbeiter bei einem Feuer in einer Geflügel verarbeitenden Fabrik ums Leben kamen. Die Fabrik war nie von den Inspektoren der OSHA überprüft worden, die Notausgänge waren verriegelt gewesen, und die Leichen der Arbeiter waren aufeinander liegend vor den verschlossenen Türen gefunden worden.[42] Noch weiter als Ballenger geht der Kongressabgeordnete Joel Hefley, ein Republikaner aus Colorado, zu dessen Wahlkreis auch Colorado Springs zählt. Ginge es nach ihm, würde der Occupational Safety and Health Act aus dem Jahr 1970 aufgehoben.[43] Die OSHA dürfte keine Betriebsüberprüfungen mehr vornehmen und keine Strafen mehr verhängen.

Kenny

Bei meinen Reisen zu den Städten in den High Plains, in denen Fleisch verarbeitet wird, lernte ich zahlreiche Menschen kennen, die bei der Arbeit Verletzungen davongetragen hatten. Jede Geschichte klang anders, doch allen gemeinsam war der Kampf um eine angemessene medizinische Betreuung sowie die Angst, sich zu äußern, und die Gleichgültigkeit der Unternehmen. Wir sind Menschen, sagte mir mehr als einer, aber sie behandeln uns wie Tiere. Die Arbeiter, die ich traf, wollten, dass ihre Geschichte bekannt wurde. Sie wollten, dass mehr Menschen davon erfahren, was sich in ihrem Land abspielt. Eine junge Frau, die sich in der Fabrik in Greeley am Rücken und an der Hand verletzt hatte, meinte zu mir: »Ich würde auf die Spitze eines Dachs klettern und mir die Lungen aus dem Hals schreien, damit es jemand hört.« Die Stimmen und

Gesichter dieser Menschen haben sich mir ebenso wie der Anblick ihrer Hände und der hellbraunen Haut, die von weißen Narben überzogen ist, unauslöschlich eingeprägt. Ich kann nicht alle Geschichten erzählen, aber einige will ich doch erwähnen. Wie das Leben aller Menschen kann man ihre Geschichte als typisches Beispiel betrachten. Letzten Endes sind diese Menschen jedoch einzigartige Individuen, die man unmöglich abstempeln oder ersetzen kann – das genaue Gegenteil davon, wie sie das System behandelt hat.

Raoul wurde in Zapoteca in Mexiko geboren und arbeitete vor seinem Umzug nach Colorado in Anaheim als Bauarbeiter. Er spricht kein Englisch. Nachdem er auf einem spanischsprachigen Radiosender eine Werbung von Monfort gehört hatte, bewarb er sich auf eine Stelle in der Fabrik in Greeley. Eines Tages griff Raoul in eine Maschine, um ein Stück Fleisch zu entfernen. Die Maschine setzte sich versehentlich in Gang. Raouls Arm blieb stecken, und seine Kollegen brauchten 20 Minuten, bis sie ihn herausgezogen hatten. Die Maschine musste auseinandergenommen werden. Raoul wurde mit dem Rettungswagen ins Krankenhaus gebracht, wo eine tiefe, klaffende Wunde in seiner Schulter zugenäht wurde. Eine Sehne war durchtrennt worden. Nachdem die Wunde vernäht worden war und man ihm ein starkes Schmerzmittel verpasst hatte, wurde Raoul wieder zur Fabrik gefahren und zurück ans Fließband beordert. Verbunden, benommen, mit großen Schmerzen und einem Arm in der Schlinge, verbrachte Raoul den restlichen Arbeitstag damit, mit seiner gesunden Hand Blut von Kartons zu wischen.

Auch Renaldo, ein älterer, grauhaariger Mann, arbeitet für Monfort und spricht kein Englisch. Er entwickelte beim Fleischschneiden ein Karpaltunnelsyndrom. Die Beschwerden wurden so schlimm, dass bei jeder Bewegung ein scharfer Schmerz von der Hand bis in die Schulter hinaufzog. Nachts hatte er solche Schmerzen, dass er nicht mehr im Bett schlafen konnte. Stattdessen schlief er in einem Stuhl neben dem

Bett seiner Frau. Drei Jahre lang schlief er jede Nacht in diesem Stuhl.

Kenny Dobbins arbeitete fast 16 Jahre lang für Monfort. Er stammt aus Keokuk in Iowa, hatte dort eine harte Kindheit bei seinem Stiefvater, ging mit 13 Jahren von zu Hause fort, besuchte verschiedene Schulen, lernte nie lesen, verrichtete Gelegenheitsarbeiten und arbeitete schließlich im Schlachthof von Monfort in Grand Island, Nebraska. Er fing 1979 dort an, kurz nachdem das Unternehmen die Fabrik von Swift gekauft hatte. Kenny war damals 23. Er arbeitete zunächst im Versand und schleppte Kisten, die bis zu 60 Kilogramm wogen. Doch Kenny schaffte das. Er war kräftig, muskulös und 1,95 Meter groß, und in seinem Leben war ihm noch nie etwas geschenkt worden.

Eines Tages hörte Kenny einen Schrei: »Vorsicht!«. Er drehte sich um und sah eine 45 Kilogramm schwere Kiste von einer oberen Etage der Versandabteilung herunterfallen. Kenny fing die Kiste mit einer Hand auf, doch die Wucht warf ihn gegen ein Förderband, und die Metallzähne am Rand des Bandes bohrten sich in seinen Rücken. Der Firmenarzt verband Kennys Rücken und erklärte, die Scherzen kämen von einem gezerrten Muskel. Kenny erhob keinen Anspruch auf Entschädigung, blieb ein paar Tage zu Hause und kehrte dann an die Arbeit zurück. Er musste eine Frau und drei Kinder ernähren. In den folgenden Monaten hatte er furchtbare Schmerzen. »Es tat so verdammt weh, das kann man sich gar nicht vorstellen«, meinte er zu mir. Kenny ging zu einem anderen Arzt, verbrachte einen Monat im Krankenhaus und wurde in eine Schmerzklinik geschickt, nachdem die Operation keine Besserung erbracht hatte. Unter der Belastung und den finanziellen Problemen ging seine Ehe in die Brüche. Vierzehn Monate nach dem Unfall kehrte Kenny in den Schlachthof zurück. »NACH EINER RÜCKENOPERATION AUFGEBEN? KEN DOBBINS DOCH NICHT!!«, hieß es in einem Monfort-Newsletter. »Ken hat gelernt, wie man mit den Unbilden in einem Abpackbetrieb umgeht, und versucht, seine Erfahrung an andere weiterzugeben. Danke, Ken, mach weiter so.«

Ken fühlte sich Monfort sehr verbunden. Er konnte nicht lesen, besaß außer seiner Kraft nicht viele Fertigkeiten, und dennoch hatte ihn die Firma eingestellt. Als man bei Monfort beschloss, die Fabrik in Greeley mit nicht gewerkschaftlich organisierten Arbeitern neu zu eröffnen, meldete sich Kenny freiwillig, um dort zu helfen. Er hielt nicht viel von Gewerkschaften. Seine Vorgesetzten hatten ihm erzählt, dass die Gewerkschaften für die Schließung von Fleischfabriken im ganzen Land verantwortlich waren. Als die UFCW versuchte, den Schlachthof in Greeley gewerkschaftlich zu organisieren, engagierte sich Kenny aktiv in einer gewerkschaftsfeindlichen Gruppe.

In der Fabrik in Grand Island waren Kenny nach seinem Unfall leichte Arbeiten zugeteilt worden. Doch sein Vorgesetzter in Greeley erklärte, die alten Einschränkungen würden für seine neue Tätigkeit nicht gelten. Schon bald verrichtete Kenny wieder harte körperliche Arbeit, zog 20 bis 25 Kilogramm schwere Fleischbrocken von einem Tisch und zerschnitt sie. Als die Schmerzen unerträglich wurden, versetzte man ihn zum Hackfleisch, dann in die Abdeckerei. Laut einem ehemaligen Manager der Fabrik in Greeley versuchte Monfort, Kenny loszuwerden. Ihm sollte die Arbeit so unangenehm wie möglich gemacht werden, damit er von selbst kündigte. Kenny merkte es nicht. »Er glaubt immer noch fest daran, dass die Menschen ehrlich und gut sind«, urteilte der ehemalige Manager über Kenny. »Aber er täuscht sich.«

Zu Kennys Aufgaben in der Abdeckerei gehörte es, in die riesigen Bluttanks und Behälter für Eingeweide zu klettern, sich mit seinen langen Armen bis zum Boden durchzuwühlen und die Abflüsse freizuräumen. An einem Wochenende wurde er überraschend zur Arbeit gerufen. Es gab ein Problem mit Salmonellen. Die ganze Fabrik musste desinfiziert werden, doch einige Wartungsarbeiter hatten sich geweigert. In Straßenkleidung reinigte Kenny die Fabrik, kletterte in Tanks und versprühte überall eine Mischung aus flüssigem Chlor. Chlor ist eine gefährliche Chemikalie, die, wenn sie eingeatmet oder über die Haut aufgenommen wird, zahlreiche Beschwerden auslösen kann. Wer es versprüht, muss Schutzhandschuhe, Schutzbrille, eine Gasmaske und Schutzkleidung am ganzen Körper tragen. Kennys Aufseher gab ihm eine Staubschutzmaske aus Papier, doch diese löste sich rasch auf. Nachdem Kenny acht Stunden lang in unbelüfteten Räumen mit dem Chlor gearbeitet hatte, ging er nach Hause und brach zusammen. Er wurde rasch ins Krankenhaus gebracht und in ein Sauerstoffzelt gelegt. Seine Lunge war von der Chemikalie verätzt worden. Kenny war am ganzen Körper von Blasen bedeckt. Einen Monat lang musste er im Krankenhaus bleiben.

Kenny erholte sich schließlich, doch seine Brust fühlte sich danach wund an, er war anfälliger für Erkältungen und reagierte empfindlich auf Chemikalien. Dennoch kehrte er zu seiner Arbeit in der Fleischfabrik zurück. Er hatte wieder geheiratet, wusste nicht, wie er sonst sein Geld verdienen sollte, fühlte sich der Firma immer noch verbunden. Kenny arbeitete in der Frühschicht und musste einen alten Lastwagen vom einen Teil des Schlachthofgeländes in den anderen fahren. Der Lastwagen war mit Fleischabfällen beladen. Scheinwerfer und Scheibenwischer funktionierten nicht mehr. Die Windschutzscheibe war schmutzig und zersprungen. An einem kalten, dunklen Wintermorgen verlor Kenny beim Fahren die Orientierung. Er hielt an, öffnete die Tür, stieg aus, um nachzusehen, wo er sich befand – und wurde von einem Zug mitgerissen. Kenny wurde in die Luft geschleudert, und seine Arbeitsstiefel wurden ihm weggerissen. Der Zug fuhr nur langsam, sonst wäre Kenny tot gewesen. Irgendwie schleppte sich Kenny barfuß zurück zur Fabrik. Er blutete aus tiefen Schnitten auf dem Rücken und im Gesicht. Nach zwei Wochen im Krankenhaus kehrte er wieder an die Arbeit zurück.

Eines Tages war Kenny in der Abdeckerei und sah, wie ein

Arbeiter sich anschickte, den Kopf in eine Vorbruchmaschine zu stecken, ein Gerät, das Knorpel und Knochen mittels Hunderter von kleinen Hämmern zu einem feinen Pulver zermahlt. Der Arbeiter hatte die Maschine ausgeschaltet, doch Kenny wusste, dass sich die Hämmer noch einige Minuten lang bewegten. Es dauert eine Viertelstunde, bis die Maschine völlig stillsteht. Kenny brüllte »Halt!«, aber der Arbeiter hörte ihn nicht. Also rannte Kenny los, packte den Mann hinten an der Hose und zog ihn gerade noch rechtzeitig aus der Maschine, bevor sie ihn zermalmte. Für seine Tat erhielt Kenny von Monfort einen Preis für »Hervorragende Leistungen um das Wohl von Kollegen«. Der Preis war eine Urkunde, die von seinem Aufseher und vom Sicherheitsbeauftragten der Fabrik unterzeichnet war.

Später brach sich Kenny ein Bein, als er in ein Loch im Zementboden des Schlachthofs trat. Ein anderes Mal zertrümmerte er sich einen Knöchel. Kenny wurde operiert und erhielt fünf Stahlnägel eingesetzt. Von da an musste er eine Metallschiene an einem Bein tragen, um überhaupt gehen zu können, eine hochkomplizierte Schiene mit Sprungfedern, die 2000 Dollar kostete. Langes Stehen verursachte große Schmerzen. Er wurde beim Recycling von alten Messern eingesetzt. Trotz seiner vielen Verletzungen musste er mit Abfalleimern voller Messer drei enge Treppen hinauf- und wieder hinuntersteigen. Im Dezember 1995 spürte Kenny beim Heben von einigen Kisten einen stechenden Schmerz in der Brust. Er dachte, er hätte einen Herzinfarkt. Sein gewerkschaftlicher Vertrauensmann ging mit ihm zur Krankenschwester. Diese meinte, es sei eine Muskelzerrung, und schickte Kenny nach Hause. Tatsächlich hatte Kenny einen schweren Herzinfarkt. Ein Freund brachte ihn eilig ins nächste Krankenhaus. Man legte einen Bypass, und die Ärzte erklärten, er habe Glück gehabt, dass er noch am Leben sei.

Wenig später wurde Kenny Dobbins von Monfort entlassen. Obwohl Kenny fast 16 Jahre lang für die Firma gearbeitet hatte, obwohl er in der Fabrik in Greeley auf die längste Betriebszugehörigkeit zurückblicken konnte, obwohl er Bluttanks mit bloßen Händen gereinigt, gegen die Gewerkschaft gekämpft, alles getan hatte, was man von ihm verlangt hatte, obwohl er Verletzungen erlitten hatte, die Schwächere nicht überlebt hätten, teilte ihm niemand bei Monfort die Kündigung persönlich mit. Man machte sich nicht einmal die Mühe, ihm zu schreiben. Kenny erfuhr von seiner Entlassung, als seine Beitragszahlungen zur betriebseigenen Krankenversicherung zurückgesandt wurden. Er rief wiederholt bei Monfort an, um herauszufinden, was los war, und schließlich teilte ihm ein mitleidiger Sachbearbeiter mit, dass die Schecks zurückkamen, weil er nicht mehr für Monfort arbeitete. Als ich einen Unternehmenssprecher um einen Kommentar zu Kennys Geschichte bat, wurden die Details weder bestätigt noch bestritten.

Heute ist Kennys Gesundheitszustand schlecht. Sein Herz ist auf Dauer geschädigt. Sein Immunsystem ist angeschlagen. Sein Rücken schmerzt, sein Knöchel schmerzt, und gelegentlich hustet er Blut. Er kann nicht mehr arbeiten. Seine Frau Clara – die halb Latina und halb Cheyenne ist und wie eine jüngere Schwester von Cher aussieht – arbeitete als Pflegerin in einem Pflegeheim, als Kenny seinen Herzinfarkt hatte. Durch die Belastung während seiner Krankheit entwickelte sie ein schweres Nierenleiden. Sie ist arbeitslos und erholt sich gerade von einer Nierentransplantation.

Als ich bei Kenny und Clara im Wohnzimmer in Greeley saß, das mit Wolfsbildern, Memorabilia der Denver Broncos und einer amerikanischen Flagge geschmückt ist, erzählten mir die beiden auch von ihrer finanziellen Situation. Obwohl Kenny fast 16 Jahre für Monfort gearbeitet hat, erhält er von seiner ehemaligen Firma keine Rente. Das Unternehmen lehnte seinen Antrag auf Entschädigung zunächst ab und erklärte sich erst drei Jahre später zur Zahlung von 35 000 Dollar bereit. 15 Prozent des Geldes gingen an Kennys Anwalt, und der Rest ist schon lange aufgebraucht. Manchmal muss Kenny zum Pfandleiher gehen, um Claras Medikamente bezahlen zu können. Die beiden haben zwei Kinder im Teenageralter und leben von der Sozialhilfe. Kennys Krankenversicherung, die über 600 Dollar im Monat kostet, läuft bald aus. Seine Wut auf Monfort, das Gefühl, betrogen worden zu sein, ist ungeheuerlich.

»Sie haben mich benutzt, bis ich keine Körperteile mehr opfern konnte«, sagte Kenny zu mir und rang um Fassung. »Und dann warfen sie mich einfach auf den Müll.« Der einst kräftige Mann kann heute nur noch mit Mühe gehen, ist schnell erschöpft und fühlt sich nutzlos, als sei sein Leben vorbei. Er ist 45 Jahre alt.

9. Was steckt im Fleisch?

Am 11. Juli 1997 bestellte Lee Harding eine Portion Chicken Tacos in einem mexikanischen Restaurant in Pueblo, Colorado. Harding war damals 22 Jahre alt und arbeitete als Manager bei Safeway. Seine Frau Stacey war Managerin bei Wendy's. Die beiden gingen an diesem Freitagabend gemeinsam essen. Als die Chicken Tacos serviert wurden, dachte Harding, etwas daran sei nicht in Ordnung. Das Fleisch war vermutlich schlecht. Die Tacos schmeckten schleimig und roh. Etwa eine Stunde nach dem Restaurantbesuch setzen bei Harding Krämpfe im Unterleib ein. Er hatte das Gefühl, sein Magen würde von innen zerfressen werden. Harding war gesund und fit, 1,85 Meter groß und wog etwa 100 Kilogramm. Er hatte noch nie solche Schmerzen gehabt. Die Krämpfe wurden schlimmer; Harding lag die ganze Zeit zusammengekrümmt im Bett. Er hatte heftigen Durchfall, der schließlich blutig wurde. Er dachte, er müsse sterben, wollte jedoch nicht ins Krankenhaus. Wenn ich schon sterben muss, sagte er sich, dann will ich daheim sterben.

Die starken Schmerzen und der Durchfall hielten das Wochenende über an. Am Montagabend beschloss Harding, einen Arzt aufzusuchen, die Krämpfe hatten nachgelassen, doch er schied immer noch ziemlich viel Blut aus. Drei Stunden wartete er in der Notaufnahme des St.-Mary-Corwin-Hospitals in Pueblo, gab dann eine Stuhlprobe ab und wurde schließlich einem Arzt vorgeführt. »Vermutlich eine Sommergrippe«, urteilte der Mediziner. Harding wurde mit einem Rezept für Antibiotika nach Hause geschickt. Am Dienstagnachmittag klopfte es an seiner Tür. Als Harding nachsah, war niemand da, doch an der Tür hing eine Nachricht vom Gesundheitsamt. Sie besagte, dass seine Stuhlprobe positiv auf *Escherichia coli* 0157:H7 getestet worden war, ein virulenter und potenziell tödlicher Krankheitserreger, der in Lebensmitteln vorkommt.

Am nächsten Morgen rief Harding Sandra Gallegos an, eine Krankenschwester im Gesundheitsamt von Pueblo.[1] Sie bat ihn, sich daran zu erinnern, welche Lebensmittel er in den vergangenen fünf Tagen zu sich genommen hatte. Harding nannte das Essen in dem mexikanischen Restaurant und den verdorbenen Geschmack der Chicken Tacos. Er war sich sicher, dass er sich die Lebensmittelvergiftung dort zugezogen hatte. Gallegos war anderer Ansicht. *E. coli* 0157:H7 wurde selten in Hühnerfleisch gefunden. Sie fragte, ob Harding in letzter Zeit Hackfleisch gegessen habe. Harding erinnerte sich, dass er einige Tage vor dem Besuch im mexikanischen Restaurant einen Hamburger verzehrt hatte, bezweifelte jedoch, dass er davon krank geworden war. Seine Frau und die Schwester seiner Frau hatten die gleichen Hamburger gegessen, und keine war davon krank geworden. Er und seine Frau hatten bereits eine Woche vor dem Barbecue Hamburger aus der gleichen Schachtel gegessen und keine Beschwerden gehabt. Es handelte sich um tiefgekühlte Hamburger, die er bei Safeway gekauft hatte. Er erinnerte sich daran, weil es das erste Mal war, dass er tiefgekühlte Hamburger gekauft hatte. Gallegos fragte, ob noch Hamburger übrig seien. Harding meinte, das wäre möglich, sah im Gefrierschrank nach und fand die Schachtel. Es war ein rot-weiß-blauer Karton mit der Aufschrift »Hudson Beef Patties«.

Ein Mitarbeiter des Gesundheitsamtes fuhr zum Haus der Hardings, nahm die restlichen Hamburger mit und schickte einen zur Überprüfung in ein Labor des Landwirtschaftsministeriums. Die Mitarbeiter der Gesundheitsämter in Colorado hatten eine starke Zunahme der Infektionen mit *E. coli*

0157:H7 festgestellt. Damals war Colorado einer von nur sechs US-Bundesstaaten, die bei Proben von *E. coli* 0157:H7 einen DNA-Test durchführen konnten.[2] Die Testreihe ergab, dass mindestens zehn Menschen vom gleichen Stamm des Bakteriums infiziert worden waren. Nun suchte man nach einer gemeinsamen Verbindung zwischen den Fällen, die verstreut in Pueblo, Brighton, Loveland, Grand Junction und Colorado Springs aufgetreten waren. Am 28. Juli benachrichtigte das Labor Gallegos, dass der Hamburger von Lee Harding mit dem gleichen Stamm von *E. coli* 0157:H7 verunreinigt war. Die Verbindung war gefunden.

Die Artikelnummer auf Hardings Schachtel gab an, dass die gefrorenen Hamburger am 5. Juni in der Fabrik von Hudson Foods in Columbus, Nebraska, hergestellt worden waren. Es schien unwahrscheinlich, dass die Fabrik der Ausgangspunkt für die Lebensmittelvergiftungen war. Sie bestand erst seit zwei Jahren und war in erster Linie zur Herstellung von Hamburgern für Burger King gebaut worden.[3] Die Ausstattung war auf dem neuesten Stand der Technik und wirkte makellos sauber. Doch irgendwie hatte sich ein Fehler eingeschlichen. Eine moderne Fabrik, die für die Massenproduktion von Lebensmitteln gebaut worden war, trug stattdessen zur Verbreitung einer tödlichen Infektion bei. Die Verpackung der Hamburger aus Lee Hardings Gefrierschrank und die Recherchen der Gesundheitsämter in Colorado führten schon bald zur größten Rückrufaktion für Lebensmittel in der Geschichte des Landes. Etwa 15 Millionen Kilo Hackfleisch aus der Fabrik in Columbus – genug Fleisch, um jeden Amerikaner mit einem kontaminierten Hamburger zu versorgen – wurden im August 1997 von Hudson Foods freiwillig zurückgerufen.[4] Obwohl die Mitarbeiter der Gesundheitsämter hervorragende Arbeit geleistet und den Verursacher rasch aufgespürt hatten, erwies sich die Rückrufaktion als wenig erfolgreich. Als sie bekannt gegeben wurde, waren bereits elf Millionen Kilo Hackfleisch verzehrt worden.

Ein ideales System für neue Krankheitserreger

Jeden Tag erkranken in den USA etwa 200 000 Menschen an einer über Lebensmittel übertragenen Krankheit, 900 müssen ins Krankenhaus, 14 sterben.[5] Laut den Centers for Disease Control and Prevention (CDC) zieht sich etwa ein Viertel der amerikanischen Bevölkerung jedes Jahr eine Lebensmittelvergiftung zu. Die meisten Fälle werden nie gemeldet und werden oft nicht einmal richtig diagnostiziert. Vieles deutet darauf hin, dass das Auftreten von Erkrankungen im Zusammenhang mit Lebensmitteln in den letzten Jahrzehnten nicht nur gestiegen ist, sondern dass die anhaltenden Konsequenzen für die Gesundheit auch viel schwerer wiegend sind als bisher angenommen. Die akute Phase einer Lebensmittelvergiftung – die ersten Tage mit Durchfall und Magen-Darm-Verstimmung – ist in vielen Fällen nur die offensichtliche Erscheinung einer Infektionskrankheit. Neuere Studien haben ergeben, dass viele in Lebensmitteln enthaltene Krankheitserreger langfristige Beschwerden wie zum Beispiel Herzleiden, entzündliche Darmerkrankungen, neurologische Probleme, Störungen des Autoimmunsystems und Nierenschäden auslösen.[6]

Obwohl der Anstieg der von Nahrungsmitteln übertragenen Krankheiten auf zahlreichen komplexen Faktoren basiert, lässt er sich größtenteils den jüngsten Veränderungen in der Herstellung der amerikanischen Lebensmittel zuschreiben. Robert V. Tauxe, Leiter der Abteilung für Lebensmittelvergiftungen und Durchfallerkrankungen bei CDC, ist der Ansicht, dass heute völlig neue Krankheitsformen auftreten.[7] Noch vor einer Generation trat ein typischer Fall von Lebensmittelvergiftung in Zusammenhang mit einem Gemeindefest, einem Familienpicknick oder einer Hochzeitsfeier auf. Ein leichtsinniger Umgang mit den Speisen oder ihre falsche Lagerung führte dazu, dass eine kleine Gruppe in einem begrenzten Gebiet erkrankte. Diese herkömmlichen Fälle treten immer noch auf. Doch durch die industrialisierte und zentralisierte Lebensmittelverarbeitung von heute können potenziell Millionen von Menschen infiziert werden.

Ähnlich wie der HIV-Virus ist das Bakterium *E. coli* 0157:H7 ein relativ neu aufgetretener Krankheitserreger, dessen Verbreitung durch soziale und technische Veränderungen der jüngsten Zeit gefördert wurde.[8] Er wurde erstmals 1982 isoliert; HIV wurde im Jahr darauf entdeckt. Wer sich mit HIV infiziert hat, kann jahrelang gesund erscheinen, ähnlich zeigen Rinder mit einer *E.-coli*-0157:H7-Infektion kaum Krankheitssymptome. Obwohl Fälle von Aids bis Ende der 50er Jahre zurückreichen, erreichte die Krankheit in den USA erst epidemische Ausmaße, als der zunehmende Flugverkehr und eine erhöhte Promiskuität halfen, das Virus überall zu verbreiten. *E. coli* 0157:H7 war aller Wahrscheinlichkeit nach schon vor 30 oder 40 Jahren für einige Erkrankungen bei Menschen verantwortlich. Doch erst das Aufkommen von riesigen Feedlots, Schlachthöfen und Fleischwölfen schuf vermutlich die Voraussetzung dafür, dass sich der Krankheitserreger in der Lebensmittelversorgung des Landes ausbreitete. Noch nie war die Fleischproduktion in den USA so stark zentralisiert: 13 große Betriebe verarbeiten heute den Großteil des Rindfleisches, das in den USA verzehrt wird.[9] Das System der Fleischverarbeitung, das für die Belieferung der Fastfoodketten entstand – eine Industrie, die für die Bedürfnisse der Ketten geschaffen wurde und enorme Mengen an einheitlichem Hackfleisch liefert, damit jeder Hamburger von McDonald's gleich schmeckt –, erwies sich als äußerst effizientes System für die Verbreitung von Krankheiten.

E. coli 0157:H7 ist vielleicht der bekannteste Erreger, doch in den vergangenen 20 Jahren entdeckten Wissenschaftler noch zahlreiche weitere, in Lebensmitteln enthaltene Krankheitserreger, darunter *Campylobacter jejuni, Cryptosporidium parvum, Cyclospora cayetanensis, Listeria monocytogenes* und Norwalk-ähnliche Viren.[10] Die Centers for Disease Control and

Prevention schätzen, dass über drei Viertel der von Speisen übertragenen Krankheiten und Todesfälle in den USA von Erregern verursacht werden, die noch gar nicht identifiziert wurden.[11] Während die Erkenntnisse der medizinischen Forschung über die Verbindung zwischen moderner Lebensmittelverarbeitung und der Verbreitung gefährlicher Krankheiten fortschreiten, wehren sich die führenden Agrobusiness-Unternehmen des Landes resolut gegen eine weitere Regulierung der Sicherheitsstandards bei Lebensmitteln. Jahrelang konnten die großen Fleisch verarbeitenden Unternehmen die Haftung vermeiden, die für die meisten anderen Hersteller von Konsumgütern gilt. Die US-Regierung kann eine landesweite Rückrufaktion von defekten Softball-Schlägern, Turnschuhen, Plüschtieren und Spielzeugkühen aus Schaumgummi verlangen.[12] Sie kann aber nicht anordnen, dass ein Fleisch verarbeitendes Unternehmen verunreinigtes, potenziell tödliches Hackfleisch aus Supermarktregalen und den Küchen von Fastfoodrestaurants entfernt. Die ungewöhnliche Macht der Fleischgiganten stützt sich auf ihre engen Verbindungen zu republikanischen Kongressabgeordneten und die entsprechenden hohen Spenden. Ermöglicht wurde sie außerdem durch die weit verbreitete Unkenntnis, wie viele Amerikaner jedes Jahr Lebensmittelvergiftungen haben und wie sich diese Krankheiten immer weiter verbreiten.

Die neu identifizierten Krankheitserreger in Lebensmitteln werden im Allgemeinen von scheinbar gesunden Tieren übertragen und ausgeschieden. Lebensmittel, die mit diesen Organismen verunreinigt sind, kamen aller Wahrscheinlichkeit nach bei der Schlachtung oder der anschließenden Weiterverarbeitung mit dem Mageninhalt oder den Ausscheidungen eines infizierten Tieres in Kontakt. Eine vom amerikanischen Landwirtschaftsministerium veröffentlichte landesweite Studie aus dem Jahr 1996 kam zu dem Schluss, dass 7,5 Prozent der Hackfleischproben, die in Fleischfabriken entnommen wurden, mit Salmonellen verunreinigt waren, 11,7 Prozent enthielten *Listeria monocytogenes*, 30 Prozent waren mit *Staphylococcus aureus* verunreinigt und 53,3 Prozent mit *Clostridium perfringens*.[13] All diese Erreger können Menschen krank machen; eine Lebensmittelvergiftung durch Listerien erfordert normalerweise einen Krankenhausaufenthalt und erweist sich in jedem fünften Fall als tödlich.[14] Laut der Studie des Landwirtschaftsministeriums enthielten 78,6 Prozent des untersuchten Hackfleisches Mikroben, die überwiegend durch Fäkalien verbreitet werden. Die medizinische Literatur über die Ursachen von Lebensmittelvergiftung ist voll von Euphemismen und trockenen wissenschaftlichen Begriffen: Coliformenkoloniezahl, aerobe Gesamtkeimzahl, Sorbitol, MacConkey-Agar und so weiter. Dahinter steckt eine ganz einfache Erklärung, warum der Verzehr eines Hamburgers Sie ernstlich krank machen kann: Im Fleisch ist Scheiße.

Das Nationalgericht

Zu Beginn des 20. Jahrhunderts hatten Hamburger einen schlechten Ruf. Nach den Erkenntnissen des Historikers David Gerard Hogan galten Hamburger als »Arme-Leute-Essen«, das verunreinigt war und nicht ohne Risiko verzehrt werden konnte.[15] In Restaurants wurden selten Hamburger serviert; sie wurden an Imbissständen in der Nähe von Fabriken, im Zirkus, bei Volksfesten und Jahrmärkten verkauft. Hackfleisch, dachte man allgemein, wurde aus altem, faulem Fleisch gemacht, das stark mit chemischen Konservierungsmitteln versetzt war. »Der Verzehr eines Hamburgers ist etwa so sicher«, warnte einst ein Restaurantkritiker, »wie wenn man sein Fleisch aus einer Mülltonne holt.«[16] White Castle, die erste Hamburgerkette des Landes, arbeitete in den 20er Jahren hart daran, das billige Image des Hamburgers aufzuwerten. Hogan beschreibt in seiner Unternehmensgeschichte der Kette *Selling 'Em by the Sack*, New York 1997, wie die Gründer von White

Castle ihre Grills so stellten, dass die Kunden sie sehen konnten. Sie erklärten, dass zweimal am Tag frisches Hackfleisch geliefert wurde, wählten einen Namen, der Assoziationen zu Reinheit schuf, und unterstützten sogar finanziell ein Experiment an der University of Minnesota, bei dem ein Medizinstudent 13 Wochen lang von »nichts anderem als White Castle Hamburgern und Wasser« lebte.[17]

Der Erfolg von White Castle im Osten und im Mittleren Westen trug zur Popularität des Hamburgers bei und nahm ihm sein soziales Stigma. Allerdings zog die Kette kein breites Spektrum an Kunden an. Die meisten Gäste bei White Castle waren Arbeiter aus der Stadt. In den 50er Jahren trug die Verbreitung der Drive-Ins und Fastfoodrestaurants in Südkalifornien dazu bei, dass aus dem einst gering geachteten Hamburger das amerikanische Nationalgericht wurde. Der Entschluss von Ray Kroc, aus McDonald's ein Familienrestaurant zu machen, hatte großen Einfluss auf die Essgewohnheiten der Amerikaner. Hamburger schienen ein ideales Essen für kleine Kinder – praktisch, günstig, mit der Hand zu essen und leicht zu kauen.

Vor dem Zweiten Weltkrieg war Schweinefleisch das beliebteste Fleisch in den USA.[18] Steigende Einkommen, sinkende Rinderpreise, das Wachstum der Fastfoodindustrie und die große Beliebtheit des Hamburgers führten allmählich dazu, dass in den USA mehr Rindfleisch als Schweinefleisch verzehrt wurde. Zu Beginn der 90er Jahre war die Hälfte der Beschäftigten in der amerikanischen Landwirtschaft im Bereich der Rindfleischerzeugung tätig, und der Jahreserlös für Rindfleisch war höher als für jedes andere landwirtschaftliche Produkt in den USA.[19] Ein Amerikaner aß im Durchschnitt drei Hamburger pro Woche. Über zwei Drittel dieser Hamburger wurden in Fastfoodrestaurants gekauft.[20] Kinder zwischen sieben und dreizehn Jahren aßen mehr Hamburger als jede andere Altersgruppe.[21]

Im Januar 1993 fiel den Ärzten in einem Krankenhaus in Seattle eine ungewöhnliche Häufung von Kindern mit blutigem Durchfall auf. Einige litten unter dem hämolytisch-urämischen Syndrom, einer bis dahin seltenen Störung, die die Nieren schädigen kann. Das Gesundheitsamt fand bald heraus, dass der Verursacher dieser Lebensmittelvergiftungen unzureichend gegarte Hamburger in den Jack-in-the-Box-Restaurants der Stadt waren. Proben der Hamburger enthielten *E. coli* 0157:H7. Die Restaurantkette startete eine sofortige Rückrufaktion des verunreinigten Hackfleisches, das von Vons Companies in Arcadia, Kalifornien, geliefert worden war. Dennoch erkrankten über 700 Personen in mindestens vier Bundesstaaten, über 200 mussten ins Krankenhaus und vier starben.[22] Bei den meisten Opfern handelte es sich um Kinder. Lauren Beth Rudolph war eine der Ersten, die krank wurden. Sie hatte eine Woche vor Weihnachten einen Hamburger in einem Restaurant von Jack in the Box in San Diego gegessen. Am 24. Dezember wurde sie mit schrecklichen Schmerzen ins Krankenhaus eingeliefert. Sie erlitt drei Herzinfarkte und starb am 28. Dezember 1992 in den Armen ihrer Mutter. Sie war sechs Jahre alt.

Über die Epidemie bei Jack in the Box wurde in den Medien ausführlich berichtet, wodurch die Öffentlichkeit auf die Gefahren durch *E. coli* 0157:H7 aufmerksam wurde. Die negative Publicity brachte die Kette Jack in the Box fast an den Rand des Ruins. Dabei war dies nicht das erste Auftreten von *E. coli* 0157:H7 bei Fastfood-Hamburgern. 1982 erkrankten mehrere Kinder nach dem Verzehr von verunreinigten Hamburgern in McDonald's-Restaurants in Oregon und Michigan.[23] McDonald's arbeitete stillschweigend mit den Untersuchungsbeamten der Centers for Disease Control and Prevention zusammen und lieferte ihnen Hackfleischproben, die mit *E. coli* 0157:H7 verunreinigt waren: Proben, die zum ersten Mal einen Zusammenhang zwischen dem Erreger und schweren Erkrankungen herstellten. In der Öffentlichkeit stritt die McDonald's Corporation allerdings ab, dass jemand nach dem Verzehr ihrer Hamburger erkrankt war. Ein Sprecher der Kette räumte nur »die Möglichkeit einer statistischen Verbindung zwischen einer geringen Zahl von Durchfallerkrankungen in zwei kleinen Städten und unseren Restaurants« ein.[24]

In den acht Jahren seit dem Auftreten der Kolibakterien bei Jack in the Box erkrankte etwa eine halbe Million Amerikaner aufgrund von *E. coli* 0157:H7. Tausende mussten ins Krankenhaus und Hunderte starben.[25]

Ein Erreger, der Kinder tötet

E. coli 0157:H7 ist die mutierte Version eines Bakteriums, das sich in großen Mengen im menschlichen Verdauungssystem findet. Die meisten *E.-coli*-Bakterien helfen uns, Nahrung zu verdauen, Vitamine aufzunehmen und uns vor gefährlichen Organismen zu schützen. *E. coli* 0157:H7 dagegen kann ein starkes Gift ausscheiden – ein so genanntes »Verotoxin« oder »Shiga-Toxin« –, das die Darmwand angreift. Manche Menschen, die sich mit *E. coli* 0157:H7 infiziert haben, werden gar nicht krank. Andere haben leichten Durchfall. In den meisten Fällen folgt auf schwere Unterleibskrämpfe ein wässriger, später blutiger Durchfall, der nach etwa einer Woche nachlässt. Manchmal stellen sich auch Erbrechen und ein leichtes Fieber ein.

Bei etwa vier Prozent der bekannten Fälle einer Infektion mit *E. coli* 0157:H7 geraten die Shiga-Toxine ins Blut und verursachen das hämolytisch-urämische Syndrom (HUS), das zu Nierenversagen, Anämie, inneren Blutungen und der Zerstörung lebenswichtiger Organe führen kann.[26] Die Shiga-Toxine können Krämpfe, neurologische Schädigungen und Schlaganfälle verursachen. Etwa fünf Prozent der Kinder, die HUS entwickeln, sterben daran.[27] Die Überlebenden sind oft auf Dauer geschädigt, sind blind oder hirngeschädigt.

Kinder unter fünf Jahren, alte Menschen und Menschen mit

beeinträchtigtem Immunsystem sind die häufigsten Opfer von Krankheiten, die *E. coli* 0157:H7 auslöst. Der Krankheitserreger ist heute in den USA der häufigste Grund für Nierenversagen bei Kindern.[28] Nancy Donley, die Vorsitzende von Safe Tables Our Priority (STOP), einer Organisation, die sich der Sicherheit von Nahrungsmitteln verschrieben hat, sagt, man könne die Leiden, die *E. coli* 0157:H7 bei Kindern hervorruft, kaum vermitteln. Ihr sechs Jahre alter Sohn Alex wurde mit dem Erreger im Juli 1993 nach dem Verzehr eines verunreinigten Hamburgers infiziert. Seine Beschwerden begannen mit Krämpfen, die so stark wie Wehen schienen. Sie entwickelten sich zu einem schweren Durchfall, der die Toilettenschüssel im Krankenhaus mit Blut füllte. Die Ärzte kämpften verzweifelt um das Leben von Alex, bohrten Löcher in seinen Schädel, um den Druck zu mindern, führten Schläuche in seine Brust ein, damit die Atmung nicht stoppte, während die Shiga-Toxine seine inneren Organe zerstörten. »Ich hätte alles getan, um das Leben meines Sohnes zu retten«, meint Donley. »Ich hätte mich vor einen Bus geworfen, wenn ich Alex damit hätte retten können.« Stattdessen musste sie hilflos mit ansehen, wie er verängstigt und unter großen Schmerzen nach ihr rief.

Alex erkrankte an einem Dienstagabend, einen Tag nach dem Geburtstag seiner Mutter, und starb am Sonntagnachmittag. Am Ende litt Alex unter Halluzinationen und Demenz und erkannte seine Mutter und seinen Vater nicht mehr. Teile seines Gehirns hatten sich verflüssigt. »Die schiere Brutalität seines Todes war entsetzlich«, sagt seine Mutter.

Wie Lee Harding erfahren musste, kann der Erreger auch völlig gesunde Erwachsene heimsuchen. Sechs Monate nach seiner scheinbaren Erholung von *E. coli* 0157:H7 bemerkte er Blut im Urin. Man diagnostizierte eine Niereninfektion, die seiner Ansicht nach durch die Gewebeschädigung aufgrund der Shiga-Toxine gefördert wurde. Obwohl die Infektion bald überstanden war, hat Harding auch drei Jahre nach dem Verzehr des Hamburgers von Hudson Beef gelegentlich noch Schmerzen. Dennoch weiß er, dass er Glück gehabt hat.

Bei den von *E. coli* 0157:H7 ausgelösten Beschwerden erwies sich die Behandlung mit Antibiotika als ineffektiv, tatsächlich können sie den Zustand des Kranken sogar noch verschlimmern, denn durch das Absterben des Erregers wird plötzlich eine große Menge der Shiga-Toxine freigesetzt. Zurzeit kann man nur wenig für Menschen tun, die sich mit dem lebensbedrohlichen *E. coli* 0157:H7 infiziert haben, man kann ihnen nur Flüssigkeit zuführen, Bluttransfusionen geben und eine Dialyse machen.

Anstrengungen, *E. coli* 0157:H7 auszurotten, werden durch die Tatsache erschwert, dass die Mikrobe ausgesprochen widerstandsfähig ist und leicht übertragen wird. *E. coli* 0157:H7 ist unempfindlich gegen Säure, Salz und Chlor. Es kann in Süß- oder Salzwasser überleben. Es kann tagelang auf Küchenoberflächen überleben, in feuchter Umgebung sogar über Wochen. Es überlebt Tiefkühltemperaturen und Hitze bis zu 71 Grad Celsius. Für eine Infektion mit den meisten in Lebensmitteln enthaltenen Erregern wie zum Beispiel Salmonellen muss man eine ziemlich hohe Dosis aufnehmen – mindestens eine Million Organismen. Eine Infektion mit *E. coli* 0157:H7 kann bereits durch fünf Organismen ausgelöst werden.[29] Ein winziges, nicht ausreichend gegartes Stückchen Hackfleisch enthält genug Erreger, um Sie zu töten.

Die Widerstandsfähigkeit und die winzige Infektionsdosis ermöglichen zahlreiche Verbreitungswege. Menschen infizierten sich, indem sie verunreinigtes Wasser tranken, in verunreinigten Seen schwammen, in einem verunreinigten Wasserpark spielten oder auf einem verunreinigten Teppich krabbelten. Der häufigste Grund für die Übertragung durch Lebensmittel ist jedoch der Verzehr von unzureichend gegartem Hackfleisch.[30] Doch *E.-coli*-0157:H7-Epidemien wurden auch schon durch verunreinigte Bohnensprossen, grünen Salat, Honigmelonen, Salami, Rohmilch und unpasteurisierten Apfelmost verursacht. All diese Lebensmittel kamen aller Wahrscheinlichkeit nach mit Kuhmist in Berührung, allerdings kann sich der Erreger auch über den Kot von Rehen, Hunden, Pferden und Fliegen verbreiten.[31]

Auch die Übertragung von Mensch zu Mensch ist für einen erheblichen Anteil der *E.-coli*-O157:H7-Erkrankungen verantwortlich. Bei der Jack-in-the-Box-Epidemie hatten etwa zehn Prozent der Erkrankten keinen verunreinigten Hamburger gegessen, sondern wurden von jemandem angesteckt, der das Fleisch verzehrt hatte.[32] *E. coli* O157:H7 wird im Stuhl ausgeschieden, und wenn sich ein Mensch damit infiziert hat, kann er es leicht durch mangelnde Hygiene verbreiten, selbst wenn er selbst keinerlei äußere Anzeichen von Krankheit zeigt. Die Übertragung von Mensch zu Mensch erfolgt vor allem in Familien und Heimen. Im Durchschnitt bleibt eine infizierte Person etwa zwei Wochen ansteckend, allerdings wurde *E. coli* O157:H7 in einigen Fällen noch zwei bis vier Monate nach der anfänglichen Erkrankung im Stuhl nachgewiesen.[33]

Einige amerikanische Rinderherden wurden vielleicht schon vor Jahrzehnten mit *E. coli* O157:H7 infiziert. Doch erst die Veränderungen bei der Aufzucht und Schlachtung sowie bei der Verarbeitung des Fleisches schufen ideale Möglichkeiten für die Verbreitung des Erregers. Ein Mitarbeiter des Gesundheitsamtes, der nicht genannt werden will, verglich die sanitären Bedingungen in einem modernen Feedlot mit den Zuständen in einer übervölkerten europäischen Stadt im Mittelalter, als die Leute noch den Inhalt ihrer Nachttöpfe aus dem Fenster kippten, das Abwasser offen durch die Straßen lief und Epidemien wüteten. Das Vieh, das heute dicht gedrängt in den Feedlots steht, hat wenig Bewegung und lebt inmitten von Kotlachen. »Man soll keine verschmutzten Speisen essen und kein verunreinigtes Wasser trinken«, meinte der Beamte zu mir. »Aber wir glauben immer noch, wir könnten Tieren schmutzige Nahrung und schmutziges Wasser verabreichen.« Die Feedlots sind ein effektiver Mechanismus zur Verbreitung von *E. coli* 0157:H7, denn der Erreger kann sich in Viehtrögen vermehren und überlebt in Mist bis zu 90 Tage lang.[34]

Fern von seinem natürlichen Lebensraum ist das Vieh in den Feedlots anfälliger für diverse Krankheiten. Das Futter, das man den Rindern vorsetzt, trägt oft zur Verbreitung der Krankheit bei. Steigende Getreidepreise führten dazu, dass man an die Rinder billigere Stoffe verfütterte, vor allem Substanzen mit hohem Proteingehalt, die das Wachstum beschleunigen. Bis August 1997 wurden etwa 75 Prozent der Rinder in den USA regelmäßig mit tierischen Abfällen ernährt – den Überresten toter Schafe und Rinder.[35] Auch Millionen toter Katzen und Hunde, die in Tierheimen aufgekauft worden waren, wurden verfüttert.[36] Das Landwirtschaftsministerium verbot derartige Praktiken, nachdem Erkenntnisse aus Großbritannien darauf hindeuteten, dass diese für ein weit verbreitetes Auftreten der bovinen spongiformen Encephalopathie (BSE) verantwortlich waren, besser bekannt als »Rinderwahn«. Dennoch erlauben die derzeitigen Vorschriften des amerikanischen Landwirtschaftsministeriums die Verarbeitung von toten Schweinen und Pferden ebenso wie von totem Geflügel zu Viehfutter. Die Vorschriften erlauben nicht nur, dass Rinder mit totem Geflügel gefüttert werden, sondern auch, dass Geflügel mit toten Rindern gefüttert wird. Amerikaner, die in den 80er Jahren länger als sechs Monate in Großbritannien verbrachten, dürfen heute kein Blut mehr spenden, weil man fürchtet, sie könnten die menschliche Variante von BSE, die Creutzfeldt-Jakob-Krankheit, übertragen. Doch nach wie vor verwendet man Rinderblut für das Futter der amerikanischen Rinder.[37] Steve P. Bjerklie, ehemaliger Chefredakteur der Branchenzeitschrift *Meat & Poultry*, ist über die Zusammensetzung des Rinderfutters von heute entsetzt: »Verdammt noch mal, Rinder sind Wiederkäuer. Sie sind dafür geschaffen, Gras und vielleicht noch Getreide zu fressen. Sie haben aus gutem Grund vier Mägen – um Produkte mit viel Zellulose zu verdauen. Sie sind nicht dafür geschaffen, andere Tiere zu fressen.«

Auch die Abfälle aus Geflügelfabriken werden einschließlich der Sägespäne und alten Zeitungen an Rinder verfüttert. In einer Studie, die vor einigen Jahren in *Preventive Medicine* veröffentlicht wurde, heißt es, dass 1994 allein in Arkansas etwa 140 Tonnen Hühnermist an Rinder verfüttert wurden.[38] Laut Dr. Neal D. Bernard, Vorsitzender des Ärzteausschusses für verantwortungsvolle Medizin, kann Hühnermist so gefährliche Bakterien wie Salmonellen und *Campylobacter* enthalten, Parasiten wie Bandwürmer und *Giardia lamblia*, Rückstände von Antibiotika, Arsen und Schwermetallen.

Die Krankheitserreger infizierter Rinder verbreiten sich nicht nur in den Feedlots, sondern auch in den Schlachthöfen und Fleischwölfen. Vor allem bei der Entfernung der Haut und des Verdauungssystems ist die Wahrscheinlichkeit für eine Verunreinigung des Fleisches sehr hoch. Das Fell wird heute mit einer Maschine abgezogen; wenn ein Fell nicht richtig gesäubert wurde, können Schmutz und Kot ins Fleisch fallen. Mägen und Därme werden immer noch von Hand aus den Rindern gezogen; wenn die Arbeit nicht sorgfältig durchgeführt wird, kann sich der Inhalt des Verdauungssystems überall verteilen. Das hohe Arbeitstempo am Fließband macht die Aufgabe nicht leichter. Ein Arbeiter am »Kutteltisch« kann 60 Rinder in der Stunde ausnehmen. Die richtige Durchführung erfordert ein gewisses Geschick. Ein ehemaliger »Kuttler« bei IBP erzählte mir, dass er sechs Monate brauchte, bis er gelernt hatte, wie man die Mägen herauszieht und die Därme abbindet, ohne etwas zu verschütten. Im besten Fall konnte er 200 Rinder hintereinander ausweiden, ohne zu kleckern. Unerfahrene Ausweider verspritzen deutlich häufiger Fäkalien. Im IBP-Schlachthof in Lexington, Nebraska, betrug die Rate an verspritztem Darminhalt pro Stunde am »Ausweidetisch« bis zu 20 Prozent, das heißt, dass aus jedem fünften Rind Magen- oder Darminhalt verspritzt wurde.

Die Folgen eines einzelnen Fehlers vervielfachen sich rasch, wenn sich Hunderte von Rindern rasch auf dem Förderband weiterbewegen. Messer sollten eigentlich im Abstand von ein paar Minuten gesäubert und desinfiziert werden, doch in ihrer Eile vergessen die Arbeiter das häufig. Ein verunreinigtes Messer verbreitet Keime bei allem, mit dem es in Kontakt kommt. Die überarbeiteten, des Lesens und Schreibens oft unkundigen Arbeiter begreifen die Bedeutung von strenger Hygiene nicht immer. Manchmal vergessen sie, dass das Fleisch am Ende gegessen werden soll. Fleisch, das auf den Boden fällt, heben sie wieder auf und legen es zurück aufs Fließband. In den Sterilisatoren für die Messer kochen sie sich kleine Fleischstücke als Snacks, wodurch die Geräte ineffektiv werden. Die Arbeiter sind einer Vielzahl von Erregern im Fleisch direkt ausgesetzt, infizieren sich und verbreiten die Krankheit unweigerlich weiter.

Eine aktuelle Untersuchung des Landwirtschaftsministeriums kam zu dem Schluss, dass im Winter etwa ein Prozent der Rinder in den Feedlots *E. coli* 0157:H7 im Darm trägt. Im Sommer steigt der Anteil auf bis zu 50 Prozent.[39] Selbst wenn man annimmt, dass nur ein Prozent infiziert ist, bedeutet das, dass in einem Schlachthof pro Stunde drei bis vier Kühe ausgeweidet werden, die den Erreger übertragen. Die Wahrscheinlichkeit einer weitläufigen Verunreinigung steigt exponential, wenn das Fleisch zu Hackfleisch verarbeitet wird. Vor einer Generation wurde Hackfleisch aus übrig gebliebenen Fleischstücken von Metzgern vor Ort und Großhändlern hergestellt. Das Hackfleisch wurde in einem begrenzten Gebiet vertrieben und stammte oft von Rindern aus der Region. Heute dominieren große Schlachthöfe und Fleisch verarbeitende Unternehmen die landesweite Produktion von Hackfleisch. Eine moderne Fabrik stellt davon 360 Tonnen am Tag her, das dann überall in den USA vertrieben wird. Ein einzelnes Tier mit dem *E.-coli-*0157:H7-Erreger kann 15 Tonnen Hackfleisch verunreinigen.[40]

Um die Sache noch schlimmer zu machen, sind die Tiere, die für ein Viertel der Hackfleischproduktion des Landes verwendet werden, ausgemergelte Milchkühe.[41] Diese Tiere sind besonders anfällig für Erreger und darüber hinaus noch mit Überresten von Antibiotika belastet. Aufgrund der Belastungen der industriellen Milchproduktion sind die Kühe noch weniger gesund als die Rinder in den großen Feedlots. Milchvieh kann bis zu 40 Jahre alt werden, oft werden die Tiere jedoch bereits im Alter von vier Jahren geschlachtet, wenn ihre Milchleistung nachlässt. McDonald's stützt sich für seinen Hackfleischbedarf stark auf Milchkühe, da die Tiere relativ günstig sind und ihr Fleisch einen niedrigen Fettgehalt hat. Außerdem kann die Kette so damit prahlen, dass das gesamte Rindfleisch bei McDonald's aus den USA stammt. Die Tage, als Hackfleisch noch beim Metzger aus ein oder zwei Rinderhälften hergestellt wurde, sind längst vorbei. Ein einzelner Fastfood-Hamburger enthält heute Fleisch von Dutzenden, wenn nicht sogar Hunderten von verschiedenen Rindern.[42]

Was wir zu zahlen bereit sind

»Das ist kein Märchen und kein Witz«, schrieb Upton Sinclair 1906, »das Fleisch wurde in Karren geschaufelt, und der Mann, der das Schaufeln besorgte, hielt sich nicht damit auf, Ratten auszusortieren, selbst wenn er sie sah – in die Wurst wanderten noch ganz andere Dinge, gegen die eine vergiftete Ratte ein Leckerbissen war.«[43] Sinclair beschrieb zahlreiche Praktiken in der Fleisch verarbeitenden Industrie, die die Gesundheit der Verbraucher bedrohten: die regelmäßige Verarbeitung kranker Tiere, die Verwendung von Chemikalien wie Borax und Glyzerin, um den Geruch von verdorbenem Fleisch zu überdecken, die absichtliche falsche Etikettierung von Dosenfleisch, die Neigung der Arbeiter, im Schlachtbereich zu urinieren und den Darm zu entleeren. Als die im Buch beschriebenen Zustände von einer unabhängigen Untersuchungskommission bestätigt wurden, forderte US-Präsident Theodore Roosevelt eine gesetzliche Regelung staatlicher Fleischinspektionen, eine genaue Etikettierung und Datierung von Fleischkonserven und ein auf Bußgeldern basierendes Regulierungssystem, das von den Fleisch verarbeitenden Unternehmen verlangte, die Kosten für die Umstrukturierung ihrer eigenen Branche zu übernehmen.

Die mächtigen Magnaten des Beef Trust reagierten mit der Verleumdung von Roosevelt und Upton Sinclair. Sie bestritten die Vorwürfe und starteten eine PR-Kampagne, um die Amerikaner davon zu überzeugen, dass alles in Ordnung sei. »Fleisch und Lebensmittel im Allgemeinen«, schrieb J. Ogden Armour in einem Artikel in der *Saturday Evening Post*, »werden in den großen Schlachthöfen so sorgfältig und umsichtig behandelt wie in jeder Küche zuhause.«[44] Thomas Wilson, Führungskraft bei Morris & Company, erklärte bei einer Zeugenaussage vor dem Kongress, an gelegentlichen Hygienemängeln seien nicht die Unternehmensbosse schuld, sondern die gierigen und faulen Arbeiter im Schlachthof. »Menschen sind Menschen«, behauptete Wilson, »und manche sind nur sehr schwer zu kontrollieren.«[45] Nach einer zornigen Debatte im Kongress wurde 1906 mit knapper Mehrheit der Meat Inspection Act verabschiedet, eine verwässerte Version von Roosevelts Vorschlägen, bei der die Steuerzahler die neuen Vorschriften finanzieren mussten.

Diese Reaktion der Fleisch verarbeitenden Industrie setzte sich im Verlauf des gesamten 20. Jahrhunderts fort, sobald gesundheitliche Bedenken in Zusammenhang mit Rindfleisch laut wurden. Die Branche leugnete wiederholt, dass es überhaupt Probleme gibt, zog die Motive von Kritikern in Zweifel, kämpfte vehement gegen eine staatliche Kontrolle, versuchte, jegliche Verantwortung für Lebensmittelvergiftungen von sich zu weisen, und bemühte sich sehr darum, die Kosten für Lebensmittelkontrollen auf die Öffentlichkeit abzuwälzen. Die Strategie basierte auf der grundlegenden Abneigung gegen jeden staatlichen Eingriff, der die Gewinne drücken könnte. »Die Kosten, die uns damit auferlegt werden, sind grenzenlos«, sagte Wilson vom Beef Trust schon 1906 bei seiner Argumentation gegen ein Programm zur staatlichen Kontrolle, das die Fleischmagnaten weniger als zehn Cent pro Rind gekostet hätte. »[Ich] behaupte, dass wir bei aller Vernunft und Fairness *alles zahlen, was wir zu zahlen bereit sind.*«[46]

Als in den 80er Jahren das Risiko einer bakteriellen Verunreinigung auf breiter Basis stieg, blockierte die Fleisch verarbeitende Industrie den Einsatz von mikrobiologischen Tests bei der staatlichen Fleischbeschau. Eine Expertenkommission der National Academy of Sciences warnte 1985, dass die staatliche Fleischbeschau hoffnungslos veraltet sei und bei der Suche nach Krankheiten immer noch auf visuelle und olfaktorische Hinweise vertraue, wodurch gefährliche Krankheitserreger unbemerkt blieben. Drei Jahre später warnte eine Kommission der National Academy of Sciences, die Infrastruktur der Gesundheitsbehörden sei schlecht und ihre Fähigkeit, die Verbreitung neu auftretender Krankheitserreger zu verfolgen oder zu verhindern, sei stark eingeschränkt. Ohne zusätzliche Mittel seien Krankheiten und Epidemien nahezu unvermeidlich.[47] »Wer weiß, welche Krise als nächstes kommt?«, fragte der Vorsitzende der Kommission.[48]

Dennoch kürzten die Reagan- und Bush-Regierungen die Ausgaben für die Gesundheitsbehörden und besetzten das amerikanische Landwirtschaftsministerium mit Mitarbeitern, die wesentlich größeres Interesse an einer Deregulierung als an der Sicherheit der Lebensmittel hatten. Das Ministerium war kaum mehr von den Branchen zu unterscheiden, die es eigentlich kontrollieren sollte. Der erste Agrarminister von Reagan kam aus dem Schweinegeschäft. Der zweite war Vorsitzender des American Meat Institute (die ehemalige American Meat Association). Für die Leitung des Diensts für Vermarktung und Kontrolle im Landwirtschaftsministerium fiel Reagans Wahl auf einen Vice President der National Cattleman's Association. George Bush hob später sogar deren Präsidenten auf den Posten.

Zwei Monate, nachdem die National Academy of Sciences auf die tödliche Bedrohung durch neue Erreger hingewiesen hatte, rief das Landwirtschaftsministerium das so genannte Streamlined Inspection System for Cattle (SIS-C) ins Leben. Das Programm sollte die Präsenz staatlicher Fleischbeschauer in den Schlachthöfen reduzieren, stattdessen sollten unternehmenseigene Mitarbeiter einen Großteil der Aufgaben bei der Fleischbeschau übernehmen. Laut der Reagan-Regierung würde das Streamlined Inspection System for Cattle das Budget des Landwirtschaftsministeriums entlasten und einen effizienteren Einsatz seines Personals ermöglichen. Ohne die Last einer ständigen staatlichen Kontrolle konnten die Fleisch verarbeitenden Unternehmen natürlich auch die Geschwindigkeit der Förderbänder erhöhen. Obwohl IBP und Morrell erst ein Jahr zuvor bei der Fälschung von Sicherheitsstatistiken und der Führung von zwei verschiedenen Unfallstatistiken ertappt worden waren, erhielt die Fleisch verarbeitende Industrie die Genehmigung, ihr eigenes Fleisch zu kontrollieren. Das SIS-C wurde 1988 als Pilotprogramm in fünf großen Schlachthöfen gestartet, die etwa ein Fünftel des Rindfleischbedarfs der USA deckten. Das Landwirtschaftsministerium hoffte, das neue System innerhalb von zehn Jahren landesweit anwenden und die Zahl der amtlichen Fleischbeschauer dadurch um die Hälfte senken zu können.[49]

Eine Untersuchung des neuen Inspektionssystems durch das Landwirtschaftsministerium aus dem Jahr 1992 kam zu dem Schluss, dass das Rindfleisch auch nicht stärker verschmutzt war als das Fleisch, das in Schlachthöfen mit amtlichen Fleischbeschauern hergestellt wurde.[50] Die Glaubwürdigkeit der Studie wurde jedoch durch die Tatsache in Frage gestellt, dass die Fleisch verarbeitenden Betriebe manchmal im Voraus informiert worden waren, dass Inspektoren des Landwirtschaftsministeriums den Schlachthof mit dem SIS-C-Programm besuchen würden.[51] Die Rindfleischfabrik von Monfort in Greeley gehörte zu den ersten Teilnehmern am

Testprogramm. Nach den Aussagen der Inspektoren vor Ort war das Fleisch, das unter dem neuen Inspektionssystem hergestellt wurde, »verunreinigt wie nie zuvor«. In den SIS-C-Schlachthöfen wurden erkennbar kranke Tiere – Rinder voller Abszesse, mit Masern und Bandwürmern – geschlachtet und verwertet. Schlecht ausgebildete, unternehmenseigene Fleischbeschauer erlaubten die Auslieferung von Rindfleisch, das mit Fäkalien, Haaren, Insekten, Metallspänen, Urin und Erbrochenem verunreinigt war.

Das System der unternehmenseigenen Fleischbeschau wurde 1993 nach der Epidemie bei Jack in the Box ausgesetzt. Kürzungen bei der staatlichen Fleischbeschau lassen sich nur schwer rechtfertigen, wenn Hunderte von Kindern nach dem Verzehr von verunreinigten Hamburgern schwer erkranken. Obwohl die genaue Herkunft der Kolibakterien nie identifiziert werden konnte, ist doch bekannt, dass ein Teil des Fleisches, das bei Jack in the Box verwendet wurde, aus einer Fabrik mit unternehmenseigener Fleischbeschau stammte – einem Schlachthof der Firma Monfort.[52] Die erste Reaktion der Fleisch verarbeitenden Industrie bestand darin, die Schuld jemand anderem in die Schuhe zu schieben. Während Kinder nach dem Verzehr von Jack-in-the-Box-Hamburgern ins Krankenhaus mussten, erklärte J. Patrick Boyle, Vorsitzender des American Meat Institute: »Diese jüngste Epidemie verweist auf ein landesweites Problem: unzureichende Informationen über die richtige Gartemperatur von Hamburgern.«[53] Auch die Verbündeten der Fleischindustrie im Landwirtschaftsministerium legten eine bemerkenswerte Haltung des Laissez-faire an den Tag und stellten fest, dass das verunreinigte Hackfleisch der Hamburger keine staatlichen Standards verletzte. Dr. Russell Cross, Leiter der Abteilung für Lebensmittelsicherheit und -kontrolle im Landwirtschaftsministerium, meinte: Das Vorhandensein von Bakterien in rohem Fleisch, darunter auch von *E. coli* 0157:H7, ist zwar nicht wünschenswert, aber leider nicht zu vermeiden, und bietet daher keinen Anlass, das Produkt zu verurteilen.«[54] Mitglieder der neu gewählten Clinton-Regierung waren anderer Ansicht. Dr. Cross, der noch von Bush ernannt worden war, musste zurücktreten. Am 29. September 1993 gab sein Nachfolger Michael R. Taylor bekannt, dass *E. coli* 0157:H7 in Zukunft als unerlaubter Bestandteil galt, dass mit *E. coli* 0157:H7 verunreinigtes Hackfleisch nicht mehr verkauft werden durfte, und dass das Landwirtschaftsministerium mikrobiologische Stichproben machen würde, um die Kolibakterien aus den Lebensmitteln des Landes zu verbannen. Das American Meat Institute strengte umgehend eine Klage an, um das Ministerium davon abzuhalten, Hackfleisch auf *E. coli* 0157:H7 zu untersuchen. Der Richter James R. Rowlin, ein konservativer Viehzüchter, wies die Klage der Fleisch verarbeitenden Industrie ab und erlaubte die Tests.

Eine Frage des Willens

Während die Fleisch verarbeitende Industrie versuchte, eine auf wissenschaftlichen Methoden basierende Fleischbeschau zu verhindern, mühte sich der Eigentümer der Fastfoodkette Jack in the Box, die Firma Foodmaker, die negative Publicity in Zusammenhang mit den Erkrankungen zu überwinden. Deren Präsident Robert Nugent hatte eine Woche lang gewartet, bevor er eingestand, dass Jack in the Box für die Erkrankungen mitverantwortlich war.[55] Seine erste Reaktion war, den Hackfleischlieferanten der Kette und den Gesundheitsbehörden des Bundesstaates Washington die Schuld zuzuweisen. Er behauptete, Jack in the Box habe nie eine stichhaltige Erklärung erhalten, warum Hamburger ganz durchgebraten sein mussten. Später verpflichtete Nugent Jody Powell, die ehemalige Pressesprecherin von US-Präsident Jimmy Carter; sie sollte helfen, das Image des Unternehmens aufzupolieren. David M. Theno, ein prominenter Lebensmittelchemiker, wurde eingestellt, um zukünftige Erkrankungen zu verhindern.

Theno hatte zuvor Foster Farms geholfen, einer Geflügel verarbeitenden Firma in Familienbesitz aus Kalifornien, ihre Geflügelbestände so gut wie salmonellenfrei zu bekommen. Er war ein starker Befürworter des Programms Hazard Analysis and Critical Control Points (HACCP), das eine Sicherheit bei Lebensmitteln forderte, die die National Academy of Sciences schon seit Jahren befürwortete. Das HACCP-Programm basiert auf Prävention; es versucht, wissenschaftliche Analyse mit gesundem Menschenverstand zu kombinieren. Besonders anfällige Schritte in der Produktion werden identifiziert und überwacht. Theno erkannte bei Jack in the Box schon bald, dass die Kette auf die Sicherheitsstandards ihrer Zulieferer vertraute, anstatt eigene durchzusetzen. Er schuf den ersten HACCP-Plan in der Fastfoodindustrie, eine Politik »von der Farm bis zur Gabel«, bei der die Lebensmittelreinheit auf jeder Produktions- und Zulieferebene genau kontrolliert wurde. Die Versicherung für die Kunden von Jack in the Box, die Speisen seien in Ordnung, schien nicht nur angebracht, sondern war die Voraussetzung für das Überleben der Kette. In den Jahren, die auf die Epidemie folgten, entwickelte sich David Theno zu einem Abtrünnigen in der Fastfoodindustrie, der von den Verbraucherschützern gefeiert, von vielen in der Fleisch verarbeitenden Industrie dagegen als »Antichrist« bezeichnet wird.

Theno bestand darauf, dass jeder Manager bei Jack in the Box einen Kurs über den richtigen Umgang mit Lebensmitteln besuchte, dass jeder Kühllaster ein Thermometer im Frachtraum hatte, dass jeder Grill in den Küchen geeicht wurde, um eine entsprechende Gartemperatur zu gewährleisten, und dass jeder, der am Grill arbeitete, eine Zange benutzte, anstatt die Burger mit bloßen Händen anzufassen. Den Schlüssel zu Thenos Sicherheitsprogramm für Lebensmittel bildete jedoch seine fast fanatische Begeisterung für mikrobiologische Tests. Er entdeckte, dass der Grad der Verunreinigung von Hackfleisch je nach Fleischfabrik enorm schwankte. Einige Schlachthöfe leisteten gute Arbeit; bei anderen war die Hygiene ausreichend, bei einigen dagegen entsetzlich. Die Unternehmen, die Hamburger für Jack in the Box herstellten, mussten ihr Fleisch im Viertelstundentakt auf zahlreiche Mikroben testen, darunter auch *E. coli* 0157:H7. Schlachthöfe, die weiterhin schlechtes Fleisch lieferten, wurden von der Liste der Zulieferer gestrichen.

Jack in the Box kauft sein Hackfleisch heute bei zwei Unternehmen: SSI, einer Tochter der J. R. Simplot Company, und Texas American, einer Tochter der American Food Service Corporation, die sich noch in Familienbesitz befindet. Theno führte mich durch eine Fabrik von Texas American in Fort Worth in Texas, die die Hamburgerrohlinge für Jack in the Box herstellt. Der Werksleiter Tim Biela begleitete uns. Ein Großteil der Arbeit von Biela besteht darin, die Produkte immer wieder zu testen und die Ergebnisse schriftlich festzuhalten. »Was man nicht misst, kann man nicht managen«, sagte er mehr als einmal. Seine Aufzeichnungen enthalten nicht nur Datum und Uhrzeit, wann eine Kiste Hamburger produziert wurde, sondern auch, welche Beschäftigten in der Schicht arbeiteten, welche Schlachthöfe das Fleisch lieferten und aus welchen Feedlots die Rinder für die Schlachthöfe stammten. Die Hamburger-Fabrik wirkte neu und sauber. Ich sah riesige Bottiche mit Fleischstücken – von denen manche sogar aus Australien geliefert worden waren –, die sich in einem Kühlraum aufeinander türmten. Das Rindfleisch wurde aus den Bottichen in glänzende Maschinen aus Edelstahl gekippt. Von gigantischen Gewinden wurde es zermahlen, in genauen Anteilen aus magerem Fleisch und Fett gemischt, zu Pattys geformt, perforiert, eingefroren, durch Metalldetektoren geschleust und dann in Folie eingepackt. Die tiefgekühlten Hamburgerrohlinge, die aus den Maschinen kamen, sahen aus wie kleine, rosafarbene Waffeln.

Wenn es nach David Theno ginge, müsste die Fleisch verarbeitende Industrie ein System der »leistungsbedingten Einstufung« übernehmen. Schlachthöfe, die kontinuierlich sauberes

Fleisch herstellen, erhalten die Note A. Schlachthöfe, die einigermaßen gut abschneiden, erhalten die Note B und so weiter. Die Noten würden mit Hilfe mikrobiologischer Tests bestimmt, und der Markt würde Unternehmen belohnen, die am besten abschnitten. Fabriken, die nur die Note C oder D bekämen, müssten sich verbessern – oder dürften nur noch Hundefutter herstellen.

Einigen Leuten in der Fastfoodindustrie missfällt der Gedanke, dass ausgerechnet die Kette Jack in the Box, die an einer so großen Epidemie von Lebensmittelvergiftungen beteiligt war, bei der Frage der Lebensmittelkontrolle die Führung übernommen hat. Thenos Eintreten für eine strenge Gesetzgebung zur Lebensmittelkontrolle in Kalifornien machte ihn beim Restaurantverband des Bundesstaates unbeliebt. Auch die Fleisch verarbeitende Industrie mag ihn nicht. Theno ist der Ansicht, dass es sich bei dem langjährigen Widerstand der Branche gegen mikrobiologische Tests um eine Form des Leugnens handelt. »Wenn man ein Problem nicht kennt«, erklärte er, »muss man auch nicht damit umgehen.« Er meint, dass sich das Problem der Verunreinigungen mit *E. coli* 0157:H7 im Hackfleisch lösen lässt. Theno glaubt optimistisch an Wissenschaft und Vernunft. »Wenn man ein Bewertungssystem einrichtet und ein Profil der Unternehmen erstellt, kann man das Problem in den Griff bekommen. Man könnte es sogar in sechs Monaten lösen ... Das ist keine Frage der Technologie, sondern des Willens.« Entgegen den Behauptungen der Fleisch verarbeitenden Industrie muss die Lösung nicht einmal enorm teuer sein. Das komplette Programm zur Lebensmittelkontrolle bei Jack in the Box steigert die Kosten der Kette für Hackfleisch um etwa einen Cent pro Pfund.

Mangelndes Erinnerungsvermögen

Die Bemühungen der Regierung Clinton, ein strenges, auf wissenschaftlichen Methoden basierendes System der Fleischbeschau einzuführen, erlitten einen schweren Rückschlag, als die Republikaner im November 1994 die Mehrheit im Kongress errangen. Sowohl die Fleisch verarbeitende Industrie als auch die Fastfoodindustrie unterstützen den rechten Flügel der Partei. Newt Gingrichs *Contract With America*, der eine staatliche Deregulierung und den Widerstand gegen eine Anhebung des Mindestlohns betonte, passte perfekt zu den Interessen der Fleischgiganten und Fastfoodketten. Eine Untersuchung von Wahlkampfspenden zwischen 1987 und 1996, die vom Center for Public Integrity durchgeführt wurde, ergab, dass Gingrich mehr Geld von der Gastronomie erhalten hatte als jeder andere Kongressabgeordnete.[56] Auf der Spendenliste der Gastronomie fanden sich unter den ersten 25 Kongressabgeordneten nur vier Mitglieder der Demokratischen Partei. Auch die Fleisch verarbeitende Industrie leitete einen Großteil ihrer Wahlkampfspenden an konservative Republikaner und unterstützte im Senat vor allem Mitch McConnell aus Kentucky, Jesse Helms aus South Carolina und Orrin Hatch aus Utah. Zwischen den Jahren 1987 und 1996 erhielt Phil Gramm, ein Republikaner aus Texas, mehr Geld von der Fleisch verarbeitenden Industrie als jeder andere US-Senator. Gramm ist Mitglied des landwirtschaftlichen Ausschusses des Senats, und seine Frau Wendy Lee sitzt im Vorstand von IBP.

Die Verbündeten der Fleisch verarbeitenden Industrie arbeiteten in den 90er Jahren hart daran, die Modernisierung der Fleischbeschau zu verhindern. Ein Großteil der Bemühungen konzentrierte sich darauf, der Regierung jegliche Autorität abzusprechen, verunreinigtes Fleisch zurückzurufen oder Firmen, die verunreinigte Produkte bewusst auslieferten, mit zivilrechtlichen Bußen zu belegen. Nach dem derzeitigen Gesetz kann das Landwirtschaftsministerium keine Rückrufaktion verlangen. Es kann sich nur mit einem Unternehmen beraten, das schlechtes Fleisch ausgeliefert hat, und vorschlagen, das Fleisch aus dem bundesstaatlichen Handel zurückzuziehen. In extremen Fällen kann das Landwirtschaftsministerium seine Fleischbeschauer von einem Schlachthof oder einer Fleischfabrik abziehen und im Grunde die Einrichtung schließen. Dieser Schritt wird jedoch selten unternommen – außerdem kann das Unternehmen gerichtlich dagegen vorgehen. In den meisten Fällen verhandelt das Landwirtschaftsministerium mit einem Fleisch verarbeitenden Unternehmen über den Zeitpunkt und das Ausmaß einer vorgeschlagenen Rückrufaktion. Das Unternehmen hat ein starkes wirtschaftliches Interesse daran, so wenig Fleisch wie möglich zurückzurufen (vor allem wenn das Fleisch schwierig aufzufinden ist) und so wenig Aufsehen wie möglich zu erregen. Doch jeder Tag, an dem das Ministerium und das Unternehmen über das Thema verhandeln, ist ein Tag mehr, an dem die Amerikaner dem Risiko von verunreinigtem Fleisch ausgesetzt sind.

Das Auftreten von Krankheitserregern bei Hudson Foods enthüllte zahlreiche Mängel beim Umgang des Landwirtschaftsministeriums mit Rückrufaktionen. Die Unternehmensleitung wurde bereits Ende Juli 1997 informiert, dass ihre Hamburger Lee Harding mit *E. coli* 0157:H7 infiziert hatten. Da Harding die Schachtel aufgehoben hatte, kannte Hudson Foods die genaue Artikelnummer und den Produktionscode des verunreinigten Fleisches. Das Unternehmen machte jedoch keinerlei Anstalten, die Öffentlichkeit zu warnen oder die tiefgekühlten Hamburger zurückzurufen, und wurde erst drei Wochen später aktiv, als das Landwirtschaftsministerium eine zweite Schachtel mit Hamburgern von Hudson Foods fand, die ebenfalls mit *E. coli* 0157:H7 verunreinigt waren. Am 12. August gab das Unternehmen bekannt, dass es freiwillig neun Tonnen Hackfleisch zurückrief, eine Menge, die bei Verhandlungen mit dem Ministerium festgelegt worden war. Die

Rückrufaktion wirkte überraschend beschränkt, wenn man bedenkt, dass die Fabrik von Hudson Foods in Columbus, Nebraska, in einer einzigen Schicht 180 Tonnen Hackfleisch produzieren konnte – und dass, nach den Produktcodes auf den Schachteln zu schließen, an mindestens drei verschiedenen Tagen im Juni verunreinigte Hamburgerrohlinge hergestellt worden waren. Als Verbraucherschützer und Journalisten den Umfang der Rückrufaktion in Frage zu stellen begannen, wurde die Aktion ausgedehnt, erreichte am 13. August 18 Tonnen, am 15. August 670 Tonnen und am 21. August 12 000 Tonnen. Die Aktion wurde schließlich auf insgesamt 16 000 Tonnen Hackfleisch ausgedehnt, allerdings war das meiste davon bereits verzehrt worden.

Das Landwirtschaftsministerium war nicht nur gezwungen, mit Hudson Foods erst einmal zu verhandeln, sondern war bei der Frage, wie viel Fleisch zurückgerufen werden sollte, auf Informationen des Unternehmens angewiesen. Zwei Mitarbeiter des Unternehmens gaben an, dass nur geringe Mengen an Hackfleisch verunreinigt worden waren. Tatsächlich hatte Hudson Foods seit Monaten Hackfleisch, das von der Vortagsproduktion übrig geblieben war, wieder für den ganz normalen Verarbeitungsprozess verwendet. Es hatte Hamburger, die möglicherweise mit dem gleichen Stamm von *E. coli* 0157:H7 verunreinigt waren, mindestens seit Mai 1997 bis zur dritten Augustwoche ausgeliefert, als sich das Unternehmen schließlich freiwillig zu einer Schließung der Fabrik bereit erklärte. Gegen Brent Wolke, Werksleiter von Hudson Foods in Columbus, und Michael Gregory, Company Director für Kundenbindung und Qualitätskontrolle, wurde im Dezember 1998 Anklage mit der Begründung erhoben, dass die beiden die Inspektoren des Landwirtschaftsministeriums absichtlich getäuscht und die Unterlagen des Unternehmens gefälscht hätten, um den Umfang der Rückrufaktion gering zu halten. Beide Männer wurden später freigesprochen.[57]

Wenn sich ein Unternehmen entschieden hat, verunreinigtes Fleisch freiwillig vom Markt zu nehmen, ist es vom amerikanischen Gesetz her nicht verpflichtet, die Öffentlichkeit – ja, nicht einmal die Gesundheitsbehörden – über die Rückrufaktion zu informieren. Bei der Jack-in-the-Box-Epidemie wurde das Gesundheitsministerium in Nevada von der Unternehmensleitung nicht unterrichtet; es erfuhr die Nachricht erst, als Lastwagen vor den Jack-in-the-Box-Restaurants in Las Vegas hielten und das Fleisch abholten.[58] Erst nachdem die Gesundheitsbehörden wussten, dass verunreinigtes Rinderhackfleisch auch nach Nevada gelangt war, konnten zahlreiche schwere Fälle von Lebensmittelvergiftung, die ansonsten vielleicht falsch diagnostiziert worden wären, mit *E. coli* 0157:H7 in Verbindung gebracht werden. 1997 versuchte Wendy's, 113 Tonnen Hackfleisch zurückzurufen, ohne das Gesundheitsministerium, das Landwirtschaftsministerium oder die Öffentlichkeit zu informieren. Das Fleisch war an Wendy's Restaurants in Illinois, Michigan, Minnesota, Missouri und Wisconsin ausgeliefert worden. Als Informationen über die Rückrufaktion nach außen drangen, behauptete Wendy's in einer Presseerklärung, es seien nur 3,5 Tonnen Hackfleisch zurückgezogen worden, weil diese »nicht vollständig überprüft« worden seien.[59] Dass ein Teil des Hackfleischs getestet worden war – und *E. coli* 0157:H7 nachgewiesen wurde –, verschwieg das Unternehmen.

Eine Untersuchung der Reporter Elliot Jaspin und Scott Montgomery vom Cox News Service ergab, dass das Landwirtschaftsministerium die Öffentlichkeit nicht informiert, wenn Fastfoodrestaurants verunreinigtes Fleisch zurückrufen. »Wir leben in einer prozesssüchtigen Gesellschaft«, erklärte Jaque Knight, ein Sprecher des Landwirtschaftsministeriums; wenn jede Rückrufaktion beim Fleisch bekannt gegeben würde, so Knight, hätten die Unternehmen Probleme mit »jedem, der ein bisschen Bauchweh hat«.[60] Zwischen den Jahren 1996 und 1999 bewahrte das Landwirtschaftsministerium in mehr als einem Drittel der Fälle von Rückrufen der Klasse I Stillschweigen, Fällen also, in denen die Verbraucher ernsthaften und möglicherweise sogar tödlichen Gefahren ausgesetzt waren. Heute informiert das Landwirtschaftsministerium die Öffentlichkeit über jede Rückrufaktion der Klasse I, gibt aber nicht genau an, wo das verunreinigte Fleisch verkauft wird (es sei denn, es wird unter einem Markennamen im Einzelhandel vertrieben).[61] Bundesstaatliche Gesundheitsbeamte kritisieren die Politik des Landwirtschaftsministeriums und argumentieren, dass das Auftreten von Erregern dadurch schwieriger zu verfolgen ist und die Opfer von Lebensmittelvergiftungen größeren Risiken ausgesetzt sind. Jemand, der sich mit *E. coli* 0157:H7 infiziert hat, sich nicht sicher ist, was die Symptome verursacht, und nichts von einer lokalen Epidemie weiß, nimmt vielleicht frei verkäufliche Medikamente, die die Krankheit nur noch verschlimmern.

Landwirtschaftsministerium und Fleisch verarbeitende Industrie argumentieren, dass Details darüber, wohin ein Unternehmen sein Fleisch ausliefert, zum Schutz des »Handelsgeheimnisses« eines Unternehmens nicht preisgegeben werden dürfen. Im Februar 1999 rief IBP 4,5 Tonnen Hackfleisch zurück, das mit Glassplittern durchsetzt war, und gab nur bekannt, dass das Fleisch an Läden in Florida, Indiana, Michigan und Ohio ausgeliefert worden war. Weder IBP noch das Landwirtschaftsministerium wollten jedoch die Namen der Läden nennen. »Für uns ist das sehr frustrierend«, meinte ein Mitarbeiter des Gesundheitsministeriums von Indiana gegenüber einem Reporter in Zusammenhang mit einer Erklärung, warum das Rindfleisch mit Glassplittern nicht einfach aus den Regalen der Supermärkte entfernt werden konnte. »Wenn sie uns [die Informationen] nicht geben, können wir nicht viel tun.«[62]

Das Landwirtschaftsministerium lässt die Bosse der Fleischindustrie nicht nur bestimmen, wann sie ihr Fleisch zurückrufen, wie viel zurückgerufen werden muss und wer benachrichtigt werden soll, sondern hat ihnen auch jahrelang erlaubt, die Pressemitteilungen des Ministeriums über die Rückrufaktionen zu verfassen. Nach dem Auftreten von Erregern bei Hudson Foods beendete Landwirtschaftsminister Dan Glickman die Praktik, den Fleisch verarbeitenden Unternehmen die Bekanntgabe einer Rückrufaktion zur Genehmigung vorzulegen. Im Januar 2000 beschloss das Landwirtschaftsministerium, jede Rückrufaktion beim Fleisch mit einer offiziellen Pressemitteilung bekannt zu geben; die Rückrufe werden außerdem in die Website des Ministeriums gestellt. Allerdings hat es diese neue Maßnahme nicht einfacher gemacht, zu erfahren, wo das verunreinigte Fleisch verkauft wurde. »Die Pressemitteilungen nennen nicht die spezifischen Empfänger eines Produkts«, heißt es in einer Direktive des Ministeriums, »es sei denn, der Lieferant beschließt, die Information der Öffentlichkeit zugänglich zu machen.«[63]

Eine vor kurzem veröffentlichte Pressemitteilung von IBP, in der der Rückruf von über 113 Tonnen Hackfleisch bekannt gegeben wurde, das möglicherweise mit *E. coli* 0157:H7 verunreinigt war, zeigt, dass sich die Bedürfnisse der Unternehmen und der Kunden nicht immer decken. »Aus großer Vorsicht führt IBP diese freiwillige Rückrufaktion durch«, hieß es in der Mitteilung vom 23. Juni 2000, was darauf schließen ließ, die Aktion sei durch die Großzügigkeit und den guten Willen des Unternehmens veranlasst worden.[64] Hackfleisch, das vermutlich mit dem tödlichen Erreger verunreinigt war, war an Großhändler, Lieferanten und Einzelhändler in 25 Staaten ausgeliefert worden. Stellenweise klingt die Pressemitteilung mehr wie eine Reklame für IBP als wie eine dringende Gesundheitswarnung. Die Beschreibung des unternehmenseigenen Kontrollsystems – mit seinem Schlachthofsystem unter dem Motto »Dreifach Sauber« und seinen »anerkannten und renommierten Labors« – nimmt mehr Raum ein als Details darüber, wie IBP im ganzen Land verdächtiges Fleisch in solchen Mengen ausliefern konnte, dass damit mindestens eine Million lebensbedrohlicher Hamburger hergestellt werden konnten. So erwähnt die Pressemitteilung an keiner Stelle, dass die *E. coli* 0157:H7 im Hackfleisch von IBP nicht von einem renommierten Labor der Firma oder von den Mitarbeitern der Fabrik in Geneseo, Illinois, entdeckt wurden, wo das Fleisch hergestellt wurde, sondern von den Mitarbeitern des Gesundheitsministeriums in Arkansas, die den Erreger in einem Paket IBP-Hackfleisch im Restaurant Tiger Harry's in El Dorado fanden.[65] 36 Personen, die bei Tiger Harry's gegessen hatten, waren durch *E. coli* 0157:H7 erkrankt. Trotz der Entdeckung des verunreinigten Hackfleisches im Kühlraum des Restaurants konnte das Gesundheitsministerium von Arkansas das IBP-Fleisch nicht eindeutig mit den *E.-coli*-0157:H7-Infektionen in El Dorado in Zusammenhang bringen. »In Verbindung mit diesem Produkt traten keine Krankheiten auf«, wurde in der Pressemitteilung des Unternehmens dreist behauptet. Die freiwillige Rückrufaktion erfolgte etwa sechs Wochen nach der Herstellung des Hackfleischs. Zu dem Zeitpunkt war fast das gesamte betroffene Fleisch bereits verzehrt.

Nach der Epidemie bei Jack in the Box unterstützte die Regierung Clinton ein Gesetz, das dem Landwirtschaftsministerium die Macht gab, Rückrufaktionen bei Fleisch zu verlangen und die Fleisch verarbeitenden Unternehmen mit Geldbußen zu belegen. Doch die Republikaner im Kongress verhinderten nicht nur diesen Gesetzesentwurf, sondern auch ähnliche Vorschläge in den Jahren 1996, 1997, 1998 und 1999. Es ist sehr ungewöhnlich, dass das Landwirtschaftsministerium keine Geldbußen für die Fleischindustrie verhängen kann, schließlich hat die Bundesregierung die Macht, Bußen als Mittel der Regulierung im Flugverkehr, in der Automobilindustrie, im Bergbau, in der Stahl- und Spielzeugindustrie auszusprechen. »Wir können einen Zirkus für die Misshandlung von Elefanten mit einer Geldbuße belegen«, klagte Landwirtschaftsminister Dan Glickman 1997, »aber bei Unternehmen, die gegen die Lebensmittelgesetze verstoßen, sind uns die Hände gebunden.«[66]

Unser Freund, das Atom

Im Kreis von Eltern, deren Kinder nach dem Verzehr von Hamburgern mit *E.-coli*-0157:H7-Erregern gestorben waren, verkündete US-Präsident Clinton im Juli 1996, dass das Landwirtschaftsministerium endlich die Fleischbeschau nach wissenschaftlichen Methoden durchführen würde. Nach den neuen Vorschriften musste jeder Schlachthof und jede Fleisch verarbeitende Fabrik in den USA bis Ende der 90er Jahre einen staatlich genehmigten HACCP-Plan übernehmen und Fleisch zu mikrobiologischen Tests an das Landwirtschaftsministerium schicken. Clintons Ankündigung stellte die Änderungen als die tiefgreifendste Reform bei der staatlichen Lebensmittelkontrolle seit den Tagen von Theodore Roosevelt dar. Dabei war die Initiative des Landwirtschaftsministeriums bei den Verhandlungen mit der Fleisch verarbeitenden Industrie und den republikanischen Kongressabgeordneten erheblich verwässert worden. Viele Aufgaben bei der Lebensmittelkontrolle wurden an unternehmenseigene Mitarbeiter abgegeben. So waren die Unternehmen zum Beispiel nicht verpflichtet, auf *E. coli* 0157:H7 zu testen. Stattdessen konnten sie das Fleisch auf andere Bakterien als grobes Maß für den Verunreinigungsgrad durch Fäkalien testen; die Ergebnisse mussten dem Ministerium nicht genannt werden, außerdem konnte Fleisch, bei dem im Test Organismen festgestellt worden waren, immer noch verkauft werden.

Viele staatliche Fleischbeschauer lehnten das neue System der Regierung Clinton mit dem Argument ab, dass es ihre Autorität, verunreinigtes Fleisch aufzuspüren und aus dem Verkehr zu ziehen, stark beschneide. Heute ist die Abteilung für Lebensmittelsicherheit und -kontrolle des Landwirtschaftsministeriums demoralisiert und unterbesetzt.[67] 1978, vor dem ersten bekannten Auftreten von *E. coli* 0157:H7, hatte das Landwirtschaftsministerium 12 000 Fleischbeschauer; heute sind es etwa 7500.[68] Die Fleischbeschauer, mit denen ich sprach, standen unter enormem Druck von ihren Vorgesetzten, die Geschwindigkeit der Produktionsprozesse im Schlachthof nicht zu beeinträchtigen. »Viele von uns fühlen sich unter Druck gesetzt«, erzählte mir ein Fleischbeschauer. Die staatlichen Fleischbeschauer warnen, dass die neuen HACCP-Pläne nur so gut sind wie die Leute, die sie durchführen – in den falschen Händen steht HACCP für »Have a Cup of Coffee and Pray« (Trink eine Tasse Kaffee und bete).[69] Die Fabrik von Hudson Foods in Columbus, Nebraska, arbeitete 1997 nach dem HACCP-Programm, als sie 16 000 Tonnen potenziell verunreinigtes Fleisch auslieferte.

»Wir halten die von den Unternehmen geführten Unterlagen nicht für besonders glaubwürdig«, berichtete mir ein langjähriger Fleischinspektor. »Da wird viel gefälscht.« Seine Meinung wurde von anderen Fleischbeschauern und ehemaligen Arbeitern in Fleischfabriken bestätigt, die für die Qualitätskontrolle verantwortlich waren. Laut Judy, einer ehemaligen Qualitätskontrolleurin in einem der größten Schlachthöfe von IBP, sah der HACCP-Plan in ihrer Firma auf dem Papier beeindruckend aus, war es aber in der Realität weit weniger: Die Unternehmensleitung sorgte sich weit mehr um die Produktion als um die Kontrolle des Fleisches. Die Abteilung für Qualitätskontrolle war stark unterbesetzt. Ein einzelner Kontrolleur musste gleichzeitig zwei Produktionsbänder im Auge behalten. »Ich musste die Temperatur der Sterilisatoren überprüfen, das Tieftemperaturkryostat, ich musste die Packabteilung beobachten, die Bottiche kontrollieren – waren da Sachen drin, die nicht reingehörten? –, ich musste die Arbeiter im Auge behalten«, erzählte Judy. »Ich war völlig überlastet, es war einfach unmöglich, überall auf dem Laufenden zu bleiben.« Sie fälschte regelmäßig die Kontrollliste, und die anderen Kontrolleure verfuhren genauso.[70] Der HACCP-Plan wäre »fantastisch« gewesen, wenn drei Mitarbeiter ihren Job erledigt hätten. Es war für eine Person unmöglich, alle Aufgaben auf der Liste richtig zu erledigen.

Obwohl sich die Fleisch verarbeitende Industrie heftig gegen jede Initiative von staatlicher Seite zur Lebensmittelkontrolle wehrt, investiert sie gleichzeitig Millionen Dollar in neue Ausstattungen, die der Verbreitung von gefährlichen Erregern Einhalt gebieten sollen. So hat IBP zum Beispiel teure Dampf-Pasteurisierungsschränke in allen Schlachthöfen für Rinder installiert. Die Rinderhälften kommen in den neuen Apparat, dort werden sie getrocknet, acht Sekunden lang in 105 Grad Celsius heißem Dampf gebadet und dann mit kaltem Wasser besprüht. Wird die Dampfpasteurisierung richtig angewandt, können die meisten *E.-coli*-0157:H7-Erreger abgetötet werden; insgesamt reduziert sich die Menge der Bakterien auf der Oberfläche des Fleisches um 90 Prozent.[71] Ein internes Memo aus dem Jahr 1997 zeigt jedoch, dass die hohen Investitionen in derartige Technologien weniger aus Besorgnis um die Gesundheit und das Wohlergehen der Kunden erfolgen.

»Wir wurden informiert, dass Rinderhälften in unserer Fabrik zur Beschau gelegentlich für längere Zeit (bis zu sechs Stunden) auf der Schiene für das Landwirtschaftsministerium hängen«, begann das IBP-Memo. Es stammte vom Vice President für Qualitätskontrolle und Lebensmittelsicherheit und war an den Leiter des Schlachthofes in Lexington, Nebraska, gerichtet. Darin wurde gewarnt, dass ein Kadaver umso schwieriger zu reinigen sei, je länger er auf der Schiene bleibe. Mit jeder Minute setzen sich die Bakterien stärker fest und sind schwieriger zu töten. »Diese verspätete Beschau der Rinder«, wird in dem Memo betont, »bereitet uns Sorge und ist der Grund für außergewöhnliche Maßnahmen bei derart betroffenen Rinderhälften.« Wenn die Rinderhälften eine halbe Stunde lang hingen, sollten die Aufseher den Grund der Verspätung herausfinden. Wenn das Fleisch eine Stunde lang herumhing, wurden die Vorarbeiter angewiesen, es mit einer speziellen Säurelösung zu besprühen. Rinderhälften, die über zwei Stunden hingen und damit das größte Risiko für eine Verunreinigung durch Bakterien darstellten, sollten nicht vernichtet oder in die Abdeckerei gegeben oder für die Produktion vorgekochten Fleisches beiseite gelegt werden. »Derartige Rinderhälften«, riet der ranghöchste Experte für Lebensmittelkontrolle bei IBP, »sollen als (Nicht-IBP-) Hälften für den Außenverkauf gekennzeichnet werden.«[72] Das am stärksten verunreinigte Fleisch sollte also ausgeliefert und für den allgemeinen Verzehr verkauft werden – aber ohne IBP-Kennzeichnung darauf.[73]

Anstatt sich auf die Hauptursachen für Verunreinigungen im Fleisch zu konzentrieren – das Futter der Rinder, die überbesetzten Feedlots, die schlechte Hygiene im Schlachthof, zu hohe Fließbandgeschwindigkeiten, schlecht ausgebildete Arbeiter und eine mangelnde staatliche Kontrolle –, greifen die Fleisch verarbeitende Industrie und das Landwirtschaftsministerium nun auf eine exotische technische Lösung für das Problem der Krankheitserreger im Fleisch zurück. Sie wollen das Fleisch bestrahlen. Die Bestrahlung dient zur Verminderung der Keime und wurde erstmals in den 60er Jahren vom amerikanischen Militär und der NASA angewandt. Wenn Mikroorganismen mit einer niedrigen Dosis an Gammastrahlen oder Röntgenstrahlen beschossen werden, werden sie nicht getötet, doch ihre DNA ist gestört, und sie können sich nicht mehr vermehren. Bei manchen importierten Gewürzen und heimischem Geflügel wird die Bestrahlung seit Jahren angewandt. Die meisten Einrichtungen zur Bestrahlung verfügen über Betonwände mit einer Stärke von 1,80 Meter und verwenden Kobalt 60 oder Cäsium 137 (ein Abfallprodukt bei der Herstellung von Atomwaffen und von Atomkraftwerken), um hoch konzentrierte radioaktive Strahlen zu erzeugen. Eine neue Technik, die von der Titan Corporation entwickelt wurde, verwendet anstelle von radioaktiven Isotopen konventionelle Elektrizität und einen elektronischen Beschleuniger. Titan entwickelte seine SureBeam-Bestrahlungstechnologie in den 80er Jahren bei der Forschung für das Raketenschutzschild im Weltall, das so genannte Star-Wars-Programm.[74]

Die American Medical Association und die Weltgesundheitsorganisation erklärten, bestrahlte Lebensmittel könnten problemlos verzehrt werden. Eine allgemeine Anwendung des Verfahrens wird jedoch bislang durch die Zurückhaltung der Verbraucher behindert. Nach den derzeitigen Vorschriften des US-Landwirtschaftsministeriums muss bestrahltes Fleisch mit einem besonderen Etikett und der Radura gekennzeichnet sein, dem international anerkannten Symbol für Strahlung. Der Beef Industry Food Safety Council (zu dessen Mitgliedern die Fleisch verarbeitenden Unternehmen und die Fastfood-Giganten gehören) haben beim Landwirtschaftsministerium eine Änderung der Vorschriften beantragt, nach der die Kennzeichnung von bestrahltem Fleisch völlig freiwillig erfolgen soll. Die Fleisch verarbeitende Industrie arbeitet außerdem daran, den Begriff »Bestrahlung« abzuschaffen und zieht stattdessen die Bezeichnung »kalte Pasteurisierung« vor.[75]

Ein Ingenieur, der im Schlachthof arbeitet und bei der Entwicklung komplizierter Apparate zur Lebensmittelsicherheit beteiligt war, sagte mir, aus rein wissenschaftlicher Sicht sei die Bestrahlung sicher und effektiv. Er hat jedoch Bedenken bei der Einführung hochkomplizierter elektromagnetischer und nuklearer Technologie in Schlachthöfen mit einer Belegschaft, von der viele nicht Englisch sprechen und Analphabeten sind. »Das sind nicht die Leute, die man gerne mit solchen komplizierten Geräten arbeiten lässt«, meint er. Er macht sich auch Sorgen, dass der häufige Einsatz von Bestrahlung die Unternehmen ermutigen könnte, »den Tötungsprozess zu beschleunigen und überall Fäkalien herumzuspritzen«. Steve Bjerklie, ehemaliger Chefredakteur von *Meat & Poultry*, lehnt die Bestrahlung aus ähnlichen Gründen ab. Dadurch werde der Druck auf die Fleisch-Industrie vermindert, grundlegende und notwendige Veränderungen bei ihren Produktionsmethoden durchzuführen, sodass sie ihre unhygienischen Praktiken fortsetzen können. »Ich will mit meinem Fleisch keine bestrahlten Fäkalien serviert bekommen«, sagt Bjerklie.

Was Kinder essen

Jahrelang wurde fragwürdiges Hackfleisch in den USA vom Landwirtschaftsministerium gekauft – und dann an die Cafeterien von Schulen im ganzen Land verteilt. In den 80er und 90er Jahren wählte das Landwirtschaftsministerium die Lieferanten für das National School Lunch Program auf der Grundlage des niedrigsten Preises aus, ohne zusätzliche Sicherheitsvorkehrungen zu verlangen. Das billigste Hackfleisch war nicht nur am wahrscheinlichsten mit Krankheitserregern verunreinigt, es enthielt womöglich auch Separatorenfleisch, also Teile von Rückenmark, Knochen und Knorpeln, die durch eine Methode, bei der auch noch die letzten Fleischfasern von den Knochen geschabt werden, mit ins Fleisch geraten. Eine Untersuchung der NBC News aus dem Jahr 1983 ergab, dass die Cattle King Packing Company – damals der Hackfleisch-Hauptlieferant für Schulessen und Lieferant von Wendy's – regelmäßig Rinder verarbeitete, die bereits vor Ankunft im Schlachthof tot waren, kranke Tiere vor den Fleischbeschauern versteckte und verdorbenes Fleisch, das von Kunden zurückgeschickt worden war, in die Pakete mit Hackfleisch mischte.[76] Die Gebäude von Cattle King waren mit Ratten und Küchenschaben verseucht. Rudy »Butch« Stanko, der Eigentümer des Unternehmens, wurde später vor Gericht gestellt und wegen des Verkaufs von verunreinigtem Fleisch an den Staat verurteilt. Zwei Jahre zuvor war er wegen ähnlicher Vergehen schon einmal verurteilt worden. Seine frühere Verurteilung hatte das Landwirtschaftsministerium nicht daran gehindert, von ihm ein Viertel des Hackfleisches zu beziehen, das für die Schulessen verwendet wurde.

Im April 1998 erkrankte ein elfjähriger Junge nach dem Verzehr eines Hamburgers in seiner Grundschule in Danielsville, Georgia.[77] Proben des Hackfleisches, das von der Bauer Meat Company stammte, bestätigten den Verdacht auf *E. coli* 0157:H7. Die Fleischfabrik von Bauer Meat war so schmutzig, dass das Landwirtschaftsministerium am 12. August seine Fleischbeschauer abzog, eine sehr seltene Maßnahme. Der Eigentümer Frank Bauer beging am darauf folgenden Tag Selbstmord. Das Landwirtschaftsministerium erklärte die Fleischprodukte von Bauer später als »ungeeignet für den menschlichen Verzehr« und ordnete die Beschlagnahmung von 2700 Tonnen an. Fast ein Drittel des Fleisches war bereits an Schulbezirke in North Carolina und Georgia sowie an Militärstützpunkte und Gefängnisse ausgeliefert worden. Etwa zur gleichen Zeit erkrankte ein Dutzend Kinder in Finley im Bundesstaat Washington aufgrund von *E. coli* 0157:H7.[78] Elf von ihnen hatten unzureichend gegarte Rindfleischtacos in der Cafeteria ihrer Schule gegessen, das zwölfte, ein zweijähriges Kind, war vermutlich von einem der anderen Kinder angesteckt worden. Das Unternehmen, das dem Landwirtschaftsministerium das Fleisch für die Tacos geliefert hatte – Northern States Beef, eine Tochter von ConAgra –, war in den vorangegangenen 18 Monaten 171 Mal wegen »kritischer« Verstöße gegen die Lebensmittelgesetze vorgeladen worden. Bei einem kritischen Verstoß besteht die Wahrscheinlichkeit einer schweren Verunreinigung und einer Schädigung der Verbraucher. Northern States Beef stand auch in Zusammenhang mit dem Auftreten von *E. coli* 0157:H7 im Jahr 1994 in Nebraska, als 18 Menschen erkrankten. Dennoch blieb das Landwirtschaftsministerium weiterhin mit der ConAgra-Tochter im Geschäft und kaufte etwa 90 000 Tonnen Fleisch zur Verwendung an amerikanischen Schulen.

Im Sommer und Herbst des Jahres 1999 ergaben Proben bei einer Hackfleischfabrik in Dallas, Texas, die Supreme Beef Processors gehörte, Hinweise auf Salmonellen. Die Tests des Landwirtschaftsministeriums zeigten, dass 47 Prozent des Hackfleisches mit Salmonellen verunreinigt waren – ein Anteil, der um das Fünffache über dem Grenzwert des Ministeriums liegt.[79] Jedes Jahr verursachen mit Salmonellen verunreinigte Lebensmittel in den USA etwa 1,4 Millionen Erkrankungen und 500 Todesfälle.[80] Eine große Anzahl von Salmonellen im Fleisch verweist auf eine Verunreinigung durch Fäkalien. Trotz der alarmierenden Testergebnisse kaufte das Landwirtschaftsministerium weiterhin Tausende von Tonnen Fleisch von Supreme Beef für den Verzehr an Schulen. Tatsächlich war Supreme Beef einer der größten Lieferanten für das School Meals Program und lieferte jedes Jahr 45 Prozent des Hackfleisches.[81] Am 30. November 1999 handelte das Ministerium endlich, stellte die Abnahme von Supreme Beef ein und zog seine Fleischbeschauer von der Fabrik ab, wodurch diese im Grunde geschlossen wurde.

Supreme Beef reagierte mit einer Klage gegen das Landwirtschaftsministerium, in der es behauptete, Salmonellen seien ein natürlicher Organismus und kein Zusatz. Mit Unterstützung der National Meat Association stellte Supreme Beef die auf wissenschaftlichen Methoden basierende Fleischbeschau durch das Ministerium in Frage und behauptete, das Ministerium habe kein Recht, seine Fleischbeschauer von der Fabrik abzuziehen. Der Richter A. Joe Fish aus Texas hörte die Argumente von Supreme Beef und beorderte die Fleischbeschauer umgehend zurück in die Fabrik, solange ein endgültiges Urteil noch ausstand. Die Schließung der Fabrik – die erste, die nach dem neuen wissenschaftlichen System des Ministeriums versucht worden war – dauerte nicht einmal einen Tag. Einige Wochen später fanden die Fleischbeschauer *E. coli* 0157:H7 in einer Probe aus der Fabrik von Supreme Beef, und das Unternehmen rief freiwillig 80 Tonnen Hackfleisch zurück, das bereits in acht Staaten ausgeliefert worden war. Dennoch kaufte das Landwirtschaftsministerium nur sechs Wochen nach der Rückrufaktion wieder Fleisch bei Supreme Beef und erlaubte dem Unternehmen, Schulen mit Hackfleisch zu beliefern.[82] Am 25. Mai 2000 fällte Richter Fish ein Urteil im Fall von Supreme Beef und erklärte, das Vorhandensein von Salmonellen im Hackfleisch des Unternehmens sei kein Beweis für »unhygienische« Bedingungen.[83] Fish folgte einem der Hauptargumente von Supreme Beef: Der Hersteller von Hackfleisch sollte nicht für den Anteil von Bakterien im Fleisch zur Verantwortung gezogen werden, denn die Salmonellen hätten bereits im Schlachthof in das Fleisch gelangen können. Die Entscheidung zog die Fähigkeit des Landwirtschaftsministeriums in Zweifel, Fleischbeschauer von einer Fabrik abzuziehen, wo Tests eine starke Verunreinigung durch Fäkalien ergeben hatten. Obwohl sich Supreme Beef in dem Fall als unschuldiges Opfer von Kräften dargestellt hatte, die es nicht kontrollieren konnte, stammte der Großteil des Fleisches aus seinem eigenen Schlachthof in Ladonia, Texas. Dieser Schlachthof war bei Tests des Ministeriums auf Salmonellen wiederholt aufgefallen.[84]

Nicht lange nach dem Urteil fiel Supreme Beef wieder beim Salmonellentest durch. Das Landwirtschaftsministerium kündigte seinen Vertrag mit dem Unternehmen und erließ strenge neue Vorschriften für Fleisch verarbeitende Unternehmen, die Hackfleisch für Schulen liefern wollten. Mit den Vorschriften sollten ähnliche Anforderungen an die Lebensmittelkontrolle durchgesetzt werden, wie sie Fastfoodketten von ihren Lieferanten verlangen. Ab dem Schuljahr 2000/2001 sollte das Hackfleisch, das für den Verzehr an Schulen gedacht war, auf Krankheitserreger getestet werden; Fleisch, das bei den Tests auffiel, sollte abgelehnt werden; außerdem sollten so genannte Downer – Rinder, die zu alt oder zu krank waren, um in den Schlachthof auf ihren eigenen Beinen zu gehen – nicht mehr länger für Hackfleisch verwendet werden, das für Schulessen gedacht ist. Die Fleisch verarbeitende Industrie wandte sich sofort gegen die neuen Vorschriften.[85]

Die Spüle in Ihrer Küche

In den 90er Jahren befolgte die Regierung (die eigentlich für die Sicherheit der Lebensmittel sorgen sollte) beim Fleisch für Schulessen Standards, die deutlich weniger streng waren als die Standards der Fastfoodindustrie (die größtenteils für die schlechte Fleischqualität von heute verantwortlich ist). Die Fastfoodketten, die bei der Entstehung eines Systems der Fleischverarbeitung, das bakterielle Verunreinigungen überall verbreiten kann, eine wesentliche Rolle spielten, sind heute in der Lage, die schlimmsten Konsequenzen zu vermeiden. Ähnlich wie Jack in the Box zwangen die Ketten ihre Lieferanten, das Fleisch regelmäßig auf *E. coli* 0157:H7 und andere Erreger zu prüfen. Noch wichtiger ist, dass die enorme Kaufkraft der Ketten ihnen Zugang zu besonders sauberem Hackfleisch verschafft. Die Fleisch verarbeitende Industrie ist bei den Fastfoodketten bereit, die rigorosen Tests durchzuführen, die sie für die Allgemeinheit ablehnt.

Heutzutage muss jeder Verbraucher rohes Hackfleisch als potenzielle Gefahr betrachten; es kann extrem gefährliche, bereits in geringer Dosis ansteckende Mikroben in sich tragen. Der derzeit hohe Verunreinigungsgrad des Hackfleisches hat zusammen mit noch höheren Verunreinigungen beim Geflügelfleisch zu einigen bizarren Ergebnissen geführt. Eine Testreihe, die der Mikrobiologe Charles Gerba von der University of Arizona durchführte, erbrachte weitaus mehr Fäkalbakterien in einer durchschnittlichen amerikanischen Spüle als auf einem Toilettensitz. Gerba: »Sie sind besser dran, wenn Sie eine Karotte essen, die in Ihre Toilette, als eine, die in Ihr Spülbecken gefallen ist.«[86]

Obwohl die Fastfoodketten die Lebensmittelkontrolle seit kurzem zu einem ihrer Hauptanliegen gemacht haben, bleiben ihre Produktions- und Verteilungssysteme verwundbar gegenüber neuen Krankheitserregern. Ein Virus, der das Gen zur Produktion der Shiga-Toxine in sich trägt, infiziert zurzeit bislang harmlose Stämme von *E. coli*. David Acheson, außerordentlicher Professor der Medizin an der Tufts University Medical School, ist der Ansicht, dass die Verbreitung dieses Virus durch den unkontrollierten Einsatz von Antibiotika im Rinderfutter gefördert wird. Neben *E. coli* 0157:H7 produzieren heute circa 60 bis 100 andere mutierte *E. coli*-Organismen Shiga-Toxine. Vielleicht ein Drittel von ihnen verursacht bei Menschen Krankheiten.[87] Zu den gefährlichsten zählen *E. coli* 0103, 0111, 026, 0121 und 0145. Die Standardtests, die für den Nachweis von *E. coli* 0157:H7 verwendet werden, zeigen das Vorhandensein dieser Erreger nicht an. Die Centers for Disease Control and Prevention schätzen, dass 37 000 Amerikaner jedes Jahr an Lebensmittelvergiftungen erkranken, die von anderen *E. coli*-Stämmen herrühren als von 0157:H7; etwa tausend Personen müssen ins Krankenhaus, 25 von ihnen sterben.[88]

Unabhängig davon, wie gut der HACCP-Plan umgesetzt wird, wie automatisiert die Grills sind und wie viele Gammastrahlen auf das Fleisch abgegeben werden, hängt die Sicherheit der Lebensmittel in einem Restaurant letztendlich von den Arbeitern in der Küche ab. Patricia Griffin, eine der führenden Expertinnen für *E. coli* 0157:H7 bei Centers for Disease Control and Prevention, ist der Ansicht, dass Unterricht über den hygienischen Umgang mit Lebensmitteln für alle im Fastfoodbereich Beschäftigte Pflicht sein sollte. »Wir legen unser Leben in ihre Hände«, meint sie, »so wie wir unser Leben der Ausbildung eines Piloten anvertrauen.« Griffin sorgt sich, dass eine schlecht bezahlte und ungelernte Belegschaft, die sich überwiegend aus Teenagern und Immigranten zusammensetzt, nicht unbedingt über den richtigen Umgang mit Lebensmitteln Bescheid weiß.

Griffin hat guten Grund zur Sorge. Bei einer Untersuchung von KCBS-TV in Los Angeles wurden Restaurantarbeiter mit versteckter Kamera gefilmt, die bei der Zubereitung der Speisen in die Hand niesten, Salatdressing von den Fingern ableckten, in der Nase bohrten und mit ihren Zigaretten auf Speisen aschten, die serviert werden sollten.[89] Im Mai 2000 wurden drei jugendliche Mitarbeiter eines Restaurants von Burger King in Scottsville, New York, verhaftet, weil sie Speichel, Urin und Reinigungsmittel wie Backofenreiniger und Chlorreiniger ins Essen getan hatten. Angeblich hatten sie sich acht Monate lang an den Lebensmitteln zu schaffen gemacht. Die Speisen wurden Tausenden von Kunden serviert, bis ein Kollege das Management informierte.[90]

Die Jugendlichen, die ich in Colorado Springs kennen lernte, erzählten mir andere Horrorgeschichten. Die Unbedenklichkeit der Lebensmittel hing offenbar mehr von der Persönlichkeit des diensthabenden Managers ab als von den Vorschriften der Kette. Viele Mitarbeiter würden in ihren Restaurants nur etwas essen, wenn sie es selbst zubereitet haben. Ein Mitarbeiter von Taco Bell berichtete, dass auf den Fußboden gefallenes Essen oft wieder aufgehoben und serviert wurde. Ein Mitarbeiter von Arby's erzählte, dass sich ein Arbeiter in der Küche nie die Hände wusch, wenn er zur Arbeit kam, auch wenn er davor sein Auto repariert hatte. Mehrere Mitarbeiter im gleichen McDonald's-Restaurant lieferten mir unabhängig voneinander Informationen über eine Küchenschabenplage in der Milchshake-Maschine und über Heerscharen von Mäusen. Die Mäuse verunreinigten Hamburgerbrötchen, die jeden Abend zum Auftauen in der Küche standen, mit Urin und Kot.

McDonald's eröffnet am 21. Dezember 1990 in Plauen: Der Sozialismus ist tot – es lebe die Vielfalt!

10. »Global Realization«

Immer wenn ich jemandem in Berlin erzählte, dass ich nach Plauen fahren wollte, erhielt ich die gleiche Reaktion. Egal, mit wem ich mich unterhielt – Jung oder Alt, hip oder spießig, aus dem Westen oder aus dem Osten –, stets reagierte man darauf mit einem Lachen, auf das ein Ausdruck leichter Verwunderung folgte. »Plauen? Was willst du denn in Plauen?« Allein die Aussprache des Ortsnamens, die lang gezogene Betonung der ersten Silbe, implizierte, dass die ganze Idee lächerlich war. Doch ich fand Plauen faszinierend, diese kleine Provinzstadt, die im sächsischen Vogtland liegt, umgeben von Wäldern und sanften Hügeln. Die Landschaft dort ist üppig grün und die Leute sind offen, freundlich, natürlich – und doch gestraft.

Jahrzehntelang stand Plauen am Rande der Geschichte, weit entfernt von den Machtzentren; dennoch deuteten die Ereignisse dort auf merkwürdige Weise den Aufstieg und Fall großer gesellschaftlicher Veränderungen an. Nacheinander zogen die wichtigen Ideologien des modernen Europa – Industrialisierung, Nationalsozialismus, Sozialismus, Kapitalismus – durch Plauen und hinterließen ihre Spuren. Keine triumphierte endgültig oder wurde komplett beseitigt. Versatzstücke und Reste der Weltanschauungen existieren unbehaglich nebeneinander, treten an unerwarteter Stelle zutage, vom Graffiti an der Wand eines Mietshauses bis zum Ton einer beiläufigen Bemerkung. Nichts ist gefestigt, nichts kann man voraussetzen. Noch ist alles, ob gut oder schlecht, möglich. Im Herzen des Vogtlands wurde die kleine Stadt Plauen, ohne dass die übrige

Welt Notiz davon nahm, durch die großen vereinheitlichenden Systeme des 20. Jahrhunderts mit jedem neuen Versuch, die gesamte Menschheit mit einem einzigen Regelwerk zu regieren, abwechselnd gestraft, belohnt, verwüstet und verwandelt. Plauen war ein Schlachtfeld dieser konkurrierenden Ideologien mit ihren stolz präsentierten, archetypischen Symbolen: Fabrikschlot, Hakenkreuz, Hammer und Sichel, die goldenen Bögen.

Über Jahrhunderte war Plauen ein kleiner Marktflecken, wo die Bauern aus dem Umland Waren kauften und verkauften. Ende des 19. Jahrhunderts entstand dann aus dem lokalen Weberhandwerk eine pulsierende Textilindustrie. Zwischen 1890 und 1914 verdreifachte sich die Einwohnerzahl der Stadt, am Vorabend des Ersten Weltkriegs zählte man 118 000.[1] Die neuen Textilfabriken spezialisierten sich auf Spitze und bestickte Stoffe, von denen der Großteil in die USA ging. Die Zierdeckchen auf den Esstischen im gesamten amerikanischen Mittleren Westen stammten ebenso aus Plauen wie die zierliche Spitze, die in vielen besseren viktorianischen Häusern die Einrichtung schmückte. Postkarten aus Plauen vor dem Ersten Weltkrieg zeigen hübsche Gebäude aus der Zeit des Historismus und des Jugendstils und erinnern mit ihren eleganten Cafés und Parks, den Straßenbahnen und Zeppelinen in der Luft an die Straßen von Paris.

Nach dem verlorenen Krieg erwies sich das Leben in Plauen als weniger idyllisch. Der Markt für Spitze war zusammengebrochen, viele Textilfabriken mussten schließen und Tausende von Menschen verloren ihre Arbeit. Die sozialen Unruhen, die Deutschland bald erschütterten, erreichten Plauen schon früh. In den 20er Jahren verzeichnete die Stadt die meisten Millionäre pro Kopf in Deutschland – und die höchste Selbstmordrate. Plauen wies auch die höchste Arbeitslosenquote auf.[2] Inmitten des Elends gedieh der Extremismus. Plauen war die erste Stadt außerhalb Bayerns, die ihre eigene NSDAP-Ortsgruppe organisierte. Hitler besuchte die Stadt mehrmals und wurde begeistert empfangen. Auch Hermann Göring und Joseph Goebbels kamen nach Plauen, und die Stadt avancierte zu einer Art sentimentalem Liebling der NS-Führung. Während des Reichspogroms in der Nacht vom 9. auf den 10. November 1938 zerstörte die Menge begeistert die einzige Synagoge in Plauen, ein auffallend modernes Gebäude, das von dem Bauhaus-Architekten Fritz Landauer entworfen worden war. Bald darauf war Plauen offiziell »judenfrei«.

Im Zweiten Weltkrieg blieb es in Plauen merkwürdig ruhig und friedlich, eine Oase des normalen Lebens. Der Ort bot Tausenden von deutschen Flüchtlingen aus den zerbombten Städten eine sichere Zuflucht. Am 19. September 1944 erschienen erstmals amerikanische Bomber über der Stadt. Anstatt in die Luftschutzkeller zu eilen, blieben die Leute auf der Straße stehen und sahen verwundert zu, wie Bomben auf den Bahnhof und eine Fabrik fielen, die Panzer für die Wehrmacht baute. Einige Monate später stand Plauen zusammen mit Dresden auf der Bombardierungsliste der Alliierten.

Am 10. April 1945 erschienen Hunderte von britischen Lancaster-Bombern über der Stadt, doch zu dem Zeitpunkt war Plauen schon größtenteils verlassen. Nach der Zerstörung Dresdens hatten sich die Bewohner nicht mehr sicher gefühlt. Während eines einzigen Bombenangriffs warf die Royal Air Force 2000 Tonnen Sprengstoff über Plauen ab, das war auf den Quadratkilometer bezogen mehr als auf Dresden.[3] Vier Tage später besetzte das amerikanische Militär die Stadt beziehungsweise das, was von ihr übrig geblieben war. Bei Kriegsende war Plauen zu 75 Prozent zerstört.[4]

Als die Alliierten ihre Einflussbereiche in Deutschland aufteilten, hielt das Pech von Plauen an. Das amerikanische Militär zog ab, und die Sowjets rückten in der Stadt ein. Sie wurde Teil der DDR, die Grenze nach Westdeutschland war nur 14 Kilometer entfernt. Plauen verkümmerte unter dem SED-Regime und verlor ein Drittel seiner Einwohnerzahl aus der Vorkriegszeit.[5] Aufgrund seiner abgeschiedenen Lage erfuhr Plauen von der Führung in Ostberlin wenig Aufmerksamkeit. Investiert wurde kaum, ein Großteil von Plauen wurde nie wieder aufgebaut; wo einst prächtige Gebäude standen, befanden sich Parkplätze und brachliegende Grundstücke. Eine der wenigen erfolgreichen Fabriken von Plauen, eine Fabrik für synthetische Wolle, sorgte dafür, dass die Luftverschmutzung besonders hoch war. Laut dem Historiker John Connelly brachte die Luftverschmutzung der Stadt »eine selbst für DDR-Standards ungewöhnlich niedrige Lebensqualität«.[6]

Am 7. Oktober 1989 fand in Plauen die erste Massendemonstration gegen die ostdeutsche Führung statt. Kleine, verstreute Proteste gab es an diesem Tag auch in Magdeburg, Leipzig, Ostberlin und anderen Städten. Die Demonstration in Plauen stellte die anderen jedoch in den Schatten. Über ein Viertel der Einwohner ging auf die Straße. Das Ausmaß der Unruhen überraschte die örtliche Parteiführung völlig. Die Stasi hatte damit gerechnet, dass sich an diesem 40. Jahrestag der DDR etwa 400 Menschen im Stadtzentrum einfinden würden. Stattdessen versammelten sich trotz anhaltenden Nieselregens 2000 Menschen. Die Demonstration hatte keine Anführer, keine Organisatoren und keinen konkreten Plan. Sie entstand spontan durch Mundpropaganda.

Die Demonstranten in anderen ostdeutschen Städten waren überwiegend Studenten und Intellektuelle; in Plauen dagegen gingen Fabrikarbeiter und normale Bürger auf die Straße. Einige der besonders eifrigen Demonstranten waren langhaarige Heavy-Metal-Fans aus der Arbeiterklasse, die in Plauen als »Die Heavies« bekannt waren. Sie fuhren mit ihren Motorrädern durch die Stadt und verteilten regierungskritische Pamphlete. Als die Menge anschwoll, begannen die Leute »Gorbi! Gorbi!« zu rufen. Sie bejubelten die Politik von *Glasnost* und *Perestroika* und verlangten ähnliche Reformen in Ostdeutschland. Trotzig riefen sie »Stasi weg!« Auf einem großen Plakat standen die Worte von Friedrich Schiller: »Wir wollen frei sein, wie die Väter waren.«[7]

Polizei und Stasi versuchten, die Demonstration aufzulösen. Sie verhafteten zahlreiche Teilnehmer, schossen mit Wasserwerfern in die Menge und kreisten mit Hubschraubern dicht über den Dächern von Plauen. Doch die Protestierenden blieben standhaft. Sie marschierten zum Rathaus und verlangten, dass der Bürgermeister herauskommen und sich ihren Forderungen stellen solle. Thomas Küttler, Superintendent der lutheranischen Kirche von Plauen, stellte sich als Vermittler zur Verfügung. Im Rathaus fand er die hochrangigen Parteigenossen ängstlich zusammengekauert. Keiner wollte sich der Menge stellen. Das Machtgleichgewicht hatte sich an diesem Tag grundlegend verschoben. Ein mächtiges totalitäres Herrschaftssystem, das im Laufe von 40 Jahren mit Hilfe von Panzern, Gewehren und Tausenden von Stasi-Informanten entstanden war, zerfiel, während die Machthabenden nervös und kettenrauchend in der Sicherheit ihrer Büros Zuflucht suchten. Der Bürgermeister erklärte sich schließlich bereit, zur Menge zu sprechen, doch ein Stasi-Beamter hinderte ihn daran, das Gebäude zu verlassen. Also stand Küttler allein mit einem Megaphon in der Hand auf der Rathaustreppe, bat die Soldaten, nicht zu schießen, und sagte den Demonstranten, ihr Standpunkt sei klar geworden, nun sei es Zeit, nach Hause zu gehen. Unter dem Glockengeläut der Kirche löste sich die Menge allmählich auf.

Einen Monat später fiel die Berliner Mauer, und einige Monate nach dieser unblutigen Revolution, die das Ende des Kalten Krieges markieren sollte, gab die McDonald's Corporation Pläne zur Eröffnung ihres ersten Restaurants in Ostdeutschland bekannt. Die Nachricht verursachte ein letztes Aufbäumen der staatlichen Planwirtschaft in Gestalt von Ernst Doerfler, einem Mitglied der dem Untergang geweihten Volkskammer: Er verlangte ein offizielles Verbot von »McDonald's und ähnlichen anomalen Müllproduzenten«.[8] McDonald's ließ sich von solchen Aktionen jedoch nicht von seinem Vorhaben abbringen, schließlich hatte Burger King bereits einen mobilen Hamburger-Wagen nach Dresden geschickt. Im Sommer 1990 wurde mit den Bauarbeiten für das erste McDonald's in Ostdeutschland begonnen. Es sollte auf einem aufgelassenen Grundstück im Zentrum von Plauen nicht weit von der Rathaustreppe stehen. Das McDonald's war das erste neue Gebäude, das nach der Wende in Plauen gebaut wurde.

Onkel McDonald

Mit der wachsenden Konkurrenz der Fastfoodindustrie in den USA richteten die großen Ketten, in ihrem Bemühen um weiteres Wachstum, ihr Augenmerk zunehmend auf die Märkte im Ausland. Die McDonald's Corporation verwandte dafür einen Begriff, der ihren Hoffnungen auf zukünftige Eroberungen Ausdruck verleiht: »Global Realization«.[9] Zu Beginn der 90er Jahre besaß McDonald's etwa 3000 Restaurants außerhalb der Vereinigten Staaten; heute sind es 15 000 Restaurants in 117 Ländern. Derzeit eröffnet McDonald's fünf neue Restaurants pro Tag, mindestens vier davon befinden sich im Ausland. Innerhalb der nächsten zehn Jahre hofft Jack Greenberg, der derzeitige CEO von McDonald's, die Zahl der Restaurants zu verdoppeln.[10] Die Kette macht wie Kentucky Fried Chicken einen Großteil ihres Gewinns außerhalb der USA.[11] McDonald's gilt mittlerweile als die bekannteste Marke der Welt und hat einen höheren Wiedererkennungswert als Coca Cola.[12] Die Werte, Geschmacksnoten und Geschäftspraktiken der amerikanischen Fastfoodindustrie werden in jeden Winkel der Welt exportiert und tragen zur Schaffung einer homogenen internationalen Kultur bei, die der Soziologe Benjamin R. Barber als »McWorld« bezeichnet.[13]

Die Fastfoodketten sind zum Symbol der wirtschaftlichen Entwicklung im Westen avanciert. Oft zählen sie zu den ersten multinationalen Konzernen, die eintreffen, nachdem sich ein Land dem Markt geöffnet hat, und dienen als die Avantgarde des amerikanischen Franchisesystems. Als McDonald's vor 15 Jahren sein erstes Restaurant in der Türkei eröffnete, war dort kein anderer ausländischer Franchisegeber aktiv. Heute gibt es in der Türkei Hunderte von Franchisegeschäften, darunter 7-Eleven, Nutra Slim, Re/Max Real Estate, Mail Boxes Etc. und Ziebart Tidy Car.[14] Selbst die US-Außenpolitik unterstützt das Wachstum der Franchisesysteme. Das U.S. State Department veröffentlicht ausführliche Untersuchungen über die Möglichkeit des Franchising im Ausland und unterhält in vielen Botschaften Anlaufstationen für amerikanische Franchisegeber auf der Suche nach Partnern.

Der Anthropologe Yunxiang Yan hat festgestellt, dass McDonald's in den Augen der Konsumenten in Peking »typisch Amerikanisches und das Versprechen von Modernisierung« repräsentiert.[15] Tausende Menschen warteten 1992 geduldig stundenlang, um im ersten McDonald's der Stadt zu essen. Bei der Eröffnung eines McDonald's zwei Jahre später in Kuwait war die Autoschlange, die vor dem Drive-Through-Schalter wartete, elf Kilometer lang. Zur gleichen Zeit erreichte ein Restaurant von Kentucky Fried Chicken in Mekka neue Verkaufsrekorde und nahm in einer einzigen Woche im Monat Ramadan, dem heiligen Monat der Muslime, 200 000 Dollar ein.[16] In Brasilien ist McDonald's der größte private Arbeitgeber des Landes.[17] Die Fastfoodketten sind heutzutage eigene Reiche, die ihre Gesandten in alle Welt schicken. An der McDonald's Hamburger University in Oak Park in Illinois wird in 20 verschiedenen Sprachen unterrichtet. Nur wenige Orte auf der Welt scheinen für die goldenen Bögen zu weit entfernt oder zu abgelegen. 1986 warb das Tourismusamt von Tahiti in Anzeigen mit unberührten Stränden und dem Slogan »Sorry, kein McDonald's«. Zehn Jahre später wurde ein McDonald's-Restaurant in der Hauptstadt Papeete eröffnet und brachte Hamburger und Pommes frites an einen Ort, der mitten im Pazifik Tausende von Kilometern von den nächsten Rinderfarmen oder Kartoffelfeldern entfernt ist.[18]

Bei ihrer Expansion ins Ausland wurden die Fastfoodketten von ihren wichtigsten Zulieferern begleitet. Um Ängsten vor einem US-Imperialismus keinen Vorschub zu leisten, versuchen die Ketten, so viele Lebensmittel wie möglich in den Ländern zu kaufen, in denen sie ihre Restaurants betreiben. Anstatt Lebensmittel zu importieren, importieren sie komplette Systeme der landwirtschaftlichen Erzeugung. Sieben Jahre vor der Eröffnung des ersten McDonald's-Restaurants in Indien begann das Unternehmen mit dem Aufbau eines Zuliefernetzwerks und lehrte indische Bauern, Eissalat anzubauen. Die Samen dafür waren eigens für das Klima des Landes entwickelt worden. »Ein McDonald's-Restaurant ist nur ein Fenster zu einem viel größeren System, das eine ausgedehnte Nahrungskette umfasst, die bis zu den Farmen reicht«, erklärte ein indischer Partner des Unternehmens einem Journalisten.[19]

1987 übernahm ConAgra die Elders Company in Australien, die größte Rindfleischfirma in einem Land, das mehr Rindfleisch als jedes andere Land auf der Welt exportiert. In den vergangenen zehn Jahren errangen Cargill und IBP die Kontrolle über die Rindfleischindustrie in Kanada. Cargill hat große Geflügelbetriebe in China und Thailand eingerichtet. Tyson Foods plant den Bau von Hühnerfleisch verarbeitenden Fabriken in China, Indonesien und auf den Philippinen. Die ConAgra Tochter Lamb Weston stellt Tiefkühl-Pommes-frites in Holland, Indonesien und der Türkei her. McCain, weltgrößter Produzent von Pommes frites, betreibt 50 Fabriken auf vier Kontinenten. Für die Belieferung von McDonald's baute J. R. Simplot Kartoffeln der Sorte Russet Burbank in China an und eröffnete 1993 die erste Fabrik für Pommes frites im Land. Vor einigen Jahren kaufte Simplot elf Fabriken in Australien mit dem Ziel, den Absatz auf dem ostasiatischen Markt zu steigern. Außerdem erwarb er eine Ranch mit 1,2 Millionen Hektar in Australien, wo er Vieh züchten, Gemüse ziehen und Kartoffeln anbauen will. »Ein großartiges kleines Land«, meint Simplot, »und niemand lebt dort.«[20]

Wie in den USA haben die Fastfoodunternehmen ihre Reklame und Werbeaktionen im Ausland auf die Verbrauchergruppe abgestimmt, die am wenigsten an Traditionen gebunden ist: kleine Kinder. »In Hinblick auf die Fragen, die ihre wichtigsten Entwicklungsphasen betreffen, sind Kinder alle gleich«, erläuterte ein Topmanager der Gepetto Group vor kurzem bei einer Konferenz von KidPower, »und diese gelten für jedes Kind, ob in Berlin, Peking oder Brooklyn.«[21] Die Kid-Power-Konferenz wurde unter anderem von Managern von Burger King und Nickelodeon besucht und fand im Disneyland bei Paris statt. In Australien, wo sich die Zahl der Fastfoodrestaurants in den 90er Jahren verdreifacht hat, ergab eine Umfrage, dass die Hälfte der Neun- bis Zehnjährigen glaubt, Ronald McDonald wisse, was Kinder essen sollten.[22] An einer Grundschule in Peking stellte Yunxiang Yan fest, dass alle Kinder das Bild von Ronald McDonald erkannten. Die Kinder mochten »Uncle McDonald«, weil er »lustig, sanft, freundlich war, und ... die Herzen der Kinder verstand«.[23] Coca Cola ist heute das Lieblingsgetränk der chinesischen Kinder, und McDonald's serviert ihr Lieblingsessen.[24] Schon ein Besuch bei McDonald's in Peking hebt offenbar den gesellschaftlichen Status einer Person. Der Gedanke, dass man ist, was man isst, wurde jahrelang von Den Fujita verbreitet, dem exzentrischen Milliardär, der McDonald's vor 30 Jahren nach Japan brachte. »Wenn wir die Hamburger und Kartoffeln von McDonald's tausend Jahre lang essen«, versprach Fujita einst seinen Landsleuten, »werden wir größer, unsere Haut wird weiß und unser Haar blond.«[25]

Die Auswirkungen des Fastfood sind auch in Deutschland deutlich zu sehen, das zu einem der profitabelsten Auslandsmärkte für McDonald's geworden ist. Deutschland ist nicht nur das größte Land in Europa, sondern auch am stärksten amerikanisiert. Jugendliche, die sich von ihren Eltern und deren Verhalten im Krieg distanzieren wollten, fanden Zuflucht in amerikanischen Filmen, in der Musik und Literatur. »Für ein Kind, das im Chaos von Berlin [zur Nachkriegszeit] aufwuchs ... waren die Amerikaner Engel«, schrieb die Berliner Filmemacherin Christa Maerker in einem Essay über die Begeisterung der Deutschen für die USA nach dem Krieg. »Alles von ihnen war größer und wunderbarer als alles zuvor.«[26]

Die Vereinigten Staaten und Deutschland kämpften im 20. Jahrhundert in zwei Kriegen gegeneinander, doch die Feindschaft zwischen ihnen wirkte oft weniger tief als andere nationale Rivalitäten. Die kürzliche Übernahme bekannter amerikanischer Unternehmen – wie Chrysler, Random House und RCA Records – durch deutsche Firmen stieß keineswegs auf Empörung wie im Fall der japanischen Firmen, die in den 80er Jahren weitaus weniger bedeutende amerikanische Vermögenswerte gekauft hatten. Trotz der langjährigen »besonderen Beziehung« der USA zu Großbritannien sind die kulturellen Bindungen zwischen den USA und Deutschland ebenso stark, auch wenn sie vielleicht nicht so offensichtlich sind. Die Zahl der Amerikaner mit deutschen Vorfahren übersteigt bei weitem die der Amerikaner mit englischen Ahnen.[27] Darüber hinaus haben die amerikanische und die deutsche Kultur im 20. Jahrhundert eine ähnlich große Leidenschaft für Naturwissenschaft, technische Entwicklung und Effizienz gezeigt. Der elektrische Papierhandtuchverteiler, den ich auf einer Herrentoilette in München sah, ist ein geistiger Verwandter des gasbetriebenen Ketchupspenders im McDonald's in Colorado Springs.

Die traditionelle deutsche Gastwirtschaft, in der Schnitzel, Bratwurst, Sauerbraten und große Mengen Bier serviert werden, ist in Deutschland immer seltener zu finden. Diese Gaststätten machen heute weniger als ein Drittel der deutschen Gastronomie aus.[28] Für ihr Verschwinden waren in erster Linie die hohen Personalkosten verantwortlich, doch auch das Schnitzel verlor an Beliebtheit. McDonald's Deutschland ist bei weitem das größte Restaurantunternehmen in Deutschland und mehr als doppelt so groß wie sein ärgster Rivale.[29]

Das erste McDonald's wurde in Deutschland 1971 eröffnet; zu Beginn der 90er Jahre waren es 400 Restaurants, heute sind es über 1000. Das Hauptgericht der Kette wurde vermutlich nach der Stadt Hamburg benannt, wo zu Beginn des 19. Jahrhunderts Fleischklöpse beliebt waren. Der Hamburger entstand, als die Amerikaner das Brötchen hinzufügten. McDonald's Deutschland verwendet für seine Pommes frites deutsche Kartoffeln und für die Burger bayrische Milchkühe. Ronald McDonald besucht Krankenhäuser und Schulen. McDonald's Deutschland errichtet neue Restaurants in Tankstellen, Bahnhöfen und Flughäfen. Das Unternehmen kämpft gegen Gewerkschaften und hat laut Siegfried Pater, Autor von *Zum Beispiel McDonald's*, wiederholt Gewerkschaftssympathisanten entlassen.[30] Der Erfolg von McDonald's, Pizza Hut und T.G.I. Fridays in Deutschland löste einen wahren Franchising-Boom aus. Seit 1992 hat sich die Zahl von Verkaufsstellen im Franchisesystem verdoppelt, und pro Jahr kommen etwa 5000 hinzu.[31] Im August 1999 gab McDonald's Deutschland bekannt, dass es Restaurants in den neuen Wal-Mart-Supermärkten einrichten werde. »Die Partnerschaft wird zweifellos ein Erfolg«, meinte ein deutscher Analyst gegenüber dem *Evening Standard*. »Allein der Kiddie-Faktor – dass Kinder ihre Eltern drängen, bei Wal-Mart einzukaufen, weil es dort ein McDonald's gibt – könnte eine Zunahme an Kunden bringen.«[32]

Die goldenen Bögen sind in Deutschland so häufig, dass man sie gar nicht mehr bemerkt, es sei denn, man sucht sie oder hat Hunger. Ein deutsches McDonald's-Restaurant hebt sich jedoch von allen anderen ab. Es liegt an einer unscheinbaren Straße in einem neuen Einkaufszentrum in der Nähe von Dachau, der Stadt, wo die Nationalsozialisten 1933 das erste Konzentrationslager einrichteten. Das Einkaufszentrum wurde auf Feldern errichtet, auf denen die Häftlinge einst Zwangsarbeit leisten mussten. 1997 erhob sich Protest gegen die Eröffnung eines McDonald's in direkter Nähe zu einem Konzentrationslager, in dem Sinti und Roma, Juden, Homose-

xuelle und politische Gegner der Nationalsozialisten inter-
niert waren, in dem Wissenschaftler der Luftwaffe an den
Häftlingen medizinische Experimente durchführten und etwa
30 000 Menschen starben. Die McDonald's Corporation bestritt, dass sie versuchte, Profit aus dem Holocaust zu ziehen,
und erklärte, das Restaurant befinde sich mindestens eineinhalb Kilometer vom ehemaligen Lagergelände entfernt.[33]
Nachdem sich die Kuratorin der Gedenkstätte Dachau beschwert hatte, dass McDonald's auf dem Parkplatz unter den
Besuchern der Gedenkstätte Tausende von Flugblättern verteilte, verzichtete das Unternehmen auf diese Form der Werbung. Auf den Handzetteln stand: »Willkommen in Dachau
und willkommen bei McDonald's.«[34]

Das McDonald's in Dachau ist gerade mal 500 Meter vom
Eingang des Konzentrationslagers entfernt.[35] Bei meinem Besuch dort wurde gerade für den »Western Big Mac« geworben.
Das Restaurant war im Wildwest-Stil dekoriert, die Papiersets
auf den Tabletts zeigten ein »Wanted«-Plakat von »Butch Essi-
die«. Im Restaurant wimmelte es von Müttern und kleinen
Kindern. Teenager in Nikes, Levis und Tommy-Hilfiger-T-Shirts
hockten in Grüppchen zusammen und rauchten. In der Küche arbeiteten türkische Beschäftigte, aus den Lautsprechern
dudelte Disco-Musik aus den Siebzigern und auf den roten
Pappbechern auf jedem Tablett stand »Always Coca-Cola«.
Dieses McDonald's war in Dachau, aber es hätte überall sein
können – überall in den USA, überall auf der ganzen Welt. In
diesem Augenblick standen Millionen anderer Menschen an
der gleichen Theke, bestellten von der gleichen Karte die gleichen Speisen, die überall gleich schmecken.

Im Zirkus

Die unwirklichste Erfahrung, die ich bei meiner dreijährigen Recherche über Fastfood machte, erlebte ich nicht auf dem streng geheimen Luftwaffenstützpunkt, der mit Domino's Pizzas beliefert wurde, auch nicht in der Aromafabrik beim New Jersey Turnpike und auch nicht im McDonald's von Dachau. Das merkwürdigste Erlebnis hatte ich am 1. März 1999 im Mirage Hotel in Las Vegas. Wie bei einer Erscheinung ging mir dabei die merkwürdige Macht des Fastfood in der neuen Weltordnung auf. Das Mirage ist mit seinem künstlichen Vulkan, den Hai- und Delfinbecken, dem Gewächshaus mit Regenwald und dem Secret Garden of Siegfried & Roy ein geeigneter Ort für das Surreale. Bereits der Name (»Mirage« = »Fata Morgana«) deutet auf den Triumph der Illusion über die Realität hin, ein Hinweis darauf, dass man seinen Augen nicht trauen kann. An jenem Tag im März wurden in Las Vegas wie üblich zahlreiche Spektakel und bekannte Namen aufgeboten. George Carlin war im Bally's, David Cassidy im MGM Grand, wo er in *EFX* auftrat, einer Show, die als Hightech-Reise durch Raum und Zeit angekündigt wurde. Im Golden Nugget war *The History of Sex*, im Comedy Stop gab es *The Number One Fool Contest*, Joacquin Ayala (der berühmteste Zauberer Mexikos) trat im Harrah's auf, die Radio City Rockettes spielten im Flamingo Hilton, der »Dream King« (der Elvis-Imitator Trent Carlini) stand im Boardwalk auf der Bühne. Und Michail Gorbatschow war im Grand Ballroom des Mirage zu bestaunen, wo er die Eröffnungsrede vor einem Fastfood-Kongress hielt.

Die Konferenz und der Veranstaltungsort waren eine ideale Kombination. Las Vegas ist in vielerlei Hinsicht die Erfüllung der gesellschaftlichen und wirtschaftlichen Trends, die heute vom amerikanischen Westen in die entferntesten Ecken der Welt getragen werden. Las Vegas ist die am schnellsten wachsende Stadt in den USA – eine Stadt, von Menschenhand geschaffen, die für die Gegenwart lebt, wenig Verbindung zur umliegenden Landschaft aufweist und sich kaum um die eigene Vergangenheit schert.[36] Nichts ist in Las Vegas für die Ewigkeit gedacht, Hotels werden regelmäßig abgerissen, sobald sie altmodisch wirken, und die Stadtgrenze wirkt so willkürlich wie die Lage der Stadt; Plastiktüten und Müll liegen auf dem unbebauten Land verstreut, wo die gepflegten Rasenflächen enden, und die Wüste ist nicht weit vom Las Vegas Strip entfernt.

Ursprünglich war Las Vegas eine Zwischenstation für Reisende, die auf dem Old Spanish Trail nach Kalifornien zogen. Später wurde es zu einer Viehzüchterstadt und war Anfang der 40er Jahre vor allem für sein Rodeo, die Touristenattraktionen im Wildwest-Ambiente und einen Nachtklub namens Apache Bar bekannt. Die Stadt hatte etwa 8000 Einwohner. Der spätere Boom wurde durch die Regierung ermöglicht, die Milliarden Dollar in den Bau des Hoover-Staudamms investierte und in der Nähe der Stadt Militärstützpunkte einrichtete. Der Staudamm lieferte Wasser und Strom und die Kasernen die Kunden für die ersten Kasinos in der Stadt. Als nach dem Zweiten Weltkrieg die Behörden in Südkalifornien gegen illegales Glücksspiel vorgingen, wichen die Spieler nach Nevada aus. Wie in Colorado Springs setzte der eigentliche Boom in Las Vegas erst Ende der 70er Jahre ein. In den vergangenen 20 Jahren hat sich die Einwohnerzahl fast verdreifacht.[37]

Heute gibt es nur noch wenige Überreste von der Cowboy-Vergangenheit der Stadt. Tatsächlich wurde die globale Gleichung umgekehrt. Während die übrige Welt Wal-Marts, Arby's, Taco Bells und andere Vorposten Amerikas errichtet, verbrachte Las Vegas die vergangenen zehn Jahre damit, die übrige Welt nachzubauen. Die Fastfoodfilialen entlang des Strip wirken unbedeutend neben den neuen Monumenten, die daneben aufragen: Nachbildungen des Eiffelturms, der Freiheitsstatue und der Sphinx, riesige Gebäude, die Venedig, Paris, New York, die Toskana, das mittelalterliche England, das alte Ägypten, das antike Rom, den Orient und die Südsee heraufbeschwören. Las Vegas ist heute so gestellt und künstlich, dass es eine eigene Identität entwickelte, eine Stadt wie keine andere. Die gleichen Kräfte, die andere Städte immer mehr einander angleichen, machen Las Vegas einzigartig.

Das Herz von Las Vegas bildet die Technik: Maschinen, die die Luft kühlen, den Vulkan ausbrechen lassen und die zahllosen Leuchtreklamen mit Strom versorgen. Am wichtigsten sind die Maschinen, die Geld für die Kasinos verdienen. Las Vegas stellt sich selbst zwar als offene, unternehmerische Stadt dar, in die jeder kommen und dort sein Glück machen kann, doch in Wirklichkeit ist das Leben dort strenger geregelt und kontrolliert als irgendwo sonst in den USA, und wird allenthalben von versteckten Kameras überwacht. Die Haupteinnahmequelle der Stadt ist gesetzlich vor den Mechanismen des freien Marktes geschützt und wird nach den strengen Vorschriften des Bundesstaates betrieben.[38] Der Ausschuss zur Kontrolle des Glücksspiels in Nevada bestimmt nicht nur, wer ein Kasino besitzen, sondern auch, wer eines betreten darf. In einer Stadt, die vom Glücksspiel lebt, in der einst Vermögen mit einem einzigen Würfelwurf gemacht wurden, wird auffallend wenig dem Zufall überlassen. Bis Ende der 60er Jahre stammten etwa drei Viertel der Gewinne eines typischen Kasinos von den Spieltischen, also von Poker, Blackjack, Bakkarat und Roulette. Doch in den vergangenen 25 Jahren wurden die Spiele, die von Croupiers beaufsichtigt werden und den Spielern die besten Chancen bieten, von den Spielautomaten verdrängt. Heute stammen etwa zwei Drittel der Einnahmen eines Kasinos von den einarmigen Banditen und Videopoker – Maschinen, die darauf ausgerichtet sind, den Gästen das Geld aus der Tasche zu ziehen. Sie garantieren dem Kasino eine Gewinnquote von 20 Prozent – das Vierfache dessen, was Roulette bringt.[39]

Die neuesten Spielautomaten sind elektronisch mit einem Zentralcomputer verbunden, wodurch die Höhe jedes Einsatzes und dessen Ergebnis verfolgt werden kann. Musik, funkelnde Lichter und Klangeffekte der Spielautomaten verschleiern die Tatsache, dass ein kleiner Prozessor im Innern der Maschine mit mathematischer Präzision entscheidet, wie lange man spielt, bevor man verliert. Das ist die ultimative Konsumententechnologie, die nicht zur Herstellung eines greifbaren Produkts entworfen wurde, sondern von etwas viel Flüchtigerem: eines Augenblicks der Hoffnung. Denn das verkauft Las Vegas in Wirklichkeit, die genialste Illusion überhaupt, einen Verlust, der den Eindruck von Gewinn erweckt.

Michail Gorbatschow sprach vor der 26. Annual Chain Operators Exchange, einer Konferenz, die von der International Foodservice Manufacturers Association veranstaltet wurde. Topmanager der wichtigsten Fastfoodketten waren zusammengekommen, um unter anderem die neuesten arbeitssparenden Maschinen und die Aussichten zu besprechen, eines Tages eine Belegschaft zu beschäftigen, die »Null Training« erforderte. Vertreter der wichtigsten Zulieferer der Branche – ConAgra, Monfort, Simplot und andere – waren gekommen, um ihre neuesten Produkte vorzustellen. Im Grand Ballroom des Mirage hatten sich Hunderte von weißen Männern mittleren Alters, gewandet in teure Geschäftsanzüge, versammelt. Sie saßen an langen Tischen unter Kronleuchtern, tranken Kaffee, begrüßten alte Freunde und warteten auf den Beginn des Programms. Einige hatten offensichtlich Mühe, sich von der vorangegangenen Nacht zu erholen.

Auf den ersten Blick schien Michail Gorbatschow eine merkwürdige Wahl als Gastredner vor einer Gruppe, die sich so entschieden gegen Gewerkschaften, Mindestlöhne und Sicherheitsvorschriften am Arbeitsplatz wehrt. »Diejenigen, die hoffen, dass wir von unserem sozialistischen Weg abweichen«, hatte Gorbatschow 1987 in *Perestroika* auf dem Höhepunkt seiner Macht geschrieben, »werden bitter enttäuscht sein.«[40] Er hatte die Auflösung der Sowjetunion nie beabsichtigt und hatte nie seiner marxistisch-leninistischen Überzeugung abgeschworen. Gorbatschow glaubte immer noch an den Klassenkampf und den »wissenschaftlichen Sozialismus«. Doch die Auflösung der Sowjetunion und der politische Wandel im Osten hatten Gorbatschow um die Macht gebracht und ihn in einer prekären Finanzsituation zurückgelassen. Im Ausland wurde er geliebt, im eigenen Land verachtet. Bei den Präsidentschaftswahlen 1996 in Russland erhielt er nur ein Prozent der Stimmen. Im folgenden Jahr zollte er der führenden amerikanischen Fastfoodkette großes Lob. »Die fröhlichen Clowns, die Big-Mac-Schilder, die bunte, charakteristische Dekoration und perfekte Sauberkeit«, schrieb Gorbatschow im Vorwort zu *To Russia with Fries*, den Memoiren eines McDonald's-Managers, »all das macht den Hamburger aus, der zu Recht sehr beliebt ist«.[41]

Im Dezember 1997 trat Gorbatschow in einem russischen Werbespot für Pizza Hut auf und folgte damit Cindy Crawford und Ivana Trump. Angeblich erhielt er für seinen Auftritt in dem 60-Sekunden-Spot 160 000 Dollar, das Geld ging an seine gemeinnützige Stiftung.[42] Ein Jahr später gab Pizza Hut bekannt, dass sich die Kette angesichts der wirtschaftlichen Lage im Land aus Russland zurückziehe, und Gorbatschow gestand einem deutschen Journalisten, dass all sein Geld weg sei.[43] Für seine einstündige Rede im Mirage erhielt er 150 000 Dollar, außerdem wurde ihm ein Privatjet zur Verfügung gestellt.[44]

Die 26. Annual Chain Operators Exchange wurde offiziell mit einer Videopräsentation der Nationalhymne eröffnet. Während die Hymne aus den Lautsprechern im Grand Ballroom tönte, zeigten zwei große Leinwände über der Bühne patriotische Bilder: die Freiheitsstatue, das Lincoln Memorial, bernsteinfarbenes Getreide, das im Wind wogt. In einem der ersten Vorträge an diesem Morgen bejubelte ein Manager die Rekordgewinne der Gastronomie im Vorjahr und fügte ohne Ironie hinzu: »Und als ob das nicht alles schon gut genug wäre, geben sich die Verbraucher nicht einmal mehr den Anschein, als ob sie gesundes Essen wollten.«[45] Eine aktuelle Umfrage hatte ergeben, dass die Sorge der Verbraucher um Salz,

Fett und Zusatzstoffe in der Nahrung auf dem niedrigsten Stand seit 1982 war, als mit der Umfrage begonnen worden war – noch eine Nachricht, die den »derzeitigen Zustand der Glückseligkeit« in der Branche rechtfertigte. Ein anderer Redner, der sich selbst als »Duftstoffspezialist« vorstellte, betonte die Bedeutung angenehmer Gerüche.[46] Er berichtete, dass die Kasinos in Las Vegas mit »Signaturdüften« in der Hoffnung experimentierten, dass die subtilen Aromen die Leute unbewusst dazu verführen würden, mehr Geld auszugeben.

Robert Nugent, Leiter von Jack in the Box und Ehrenvorsitzender der Konferenz, zerstörte die fröhliche Stimmung mit einer ominösen, beunruhigenden Rede. Im Grunde beschuldigte er die Kritiker der Fastfoodindustrie, keine guten Amerikaner zu sein. »Eine wachsende Zahl von Gruppen, die begrenzte gesellschaftliche und politische Interessen vertreten«, warnte Nugent, »hat in dem Bemühen, einen Verhaltenswandel gesetzlich festzulegen, unsere Industrie ins Visier genommen.« Ein gutes Essen in einem Fastfoodrestaurant sei »die Grundessenz der Freiheit«, erklärte er, ein Ritual, das nun von Gruppen mit einem Programm »gegen Fleisch, gegen Alkohol, gegen Koffein, gegen Fett, gegen chemische Zusatzstoffe, gegen Meerrettich, gegen Kaffeeweißer« bedroht werde. Die Medien würden dabei eine zentrale Rolle spielen und diesen »aktivistischen Angstmachern« helfen. Doch vor kurzem habe die National Restaurant Association einen Gegenangriff gestartet und arbeite eng mit Journalisten zusammen, um Gerüchte zu zerstreuen und eine bessere Publicity zu erhalten. Nugent forderte die Manager auf, auf ihre Kritiker energischer zu reagieren, denn diese Leute würden »eine echte Gefahr für unsere Branche und allgemein für unsere Lebensweise« darstellen.[47]

Wenig später trat Michail Gorbatschow auf die Bühne und wurde mit Standing Ovations empfangen. Da stand der Mann, der den Kalten Krieg beendet hatte, der Millionen Menschen die politische Freiheit gebracht und riesige neue Märkte geöffnet hatte. Trotz seiner mittlerweile 69 Jahre hatte sich sein Äußeres seit der Reagan-Zeit kaum verändert. Sein Haar war weiß, doch er wirkte dynamisch und stark und immer noch fähig, ein großes Reich zu lenken. Er sprach schnell auf Russisch und wartete dann geduldig, bis der Dolmetscher soweit war. Sein Vortrag war voller Energie und Leidenschaft. »Ich mag Amerika«, sagte Gorbatschow mit einem breiten Lächeln. »Und ich mag die Amerikaner.« Er wollte den Zuhörern einen Eindruck von der aktuellen Entwicklung in Russland vermitteln. Nur wenige Amerikaner in den USA schienen sich für die Ereignisse in Russland zu interessieren, ein gefährlicher Zustand. Er bat die Zuhörer, sich über sein Land zu informieren, Partnerschaften zu bilden und dort zu investieren. »Sie müssten eigentlich viel Geld haben«, sagte Gorbatschow. »Schicken Sie es nach Russland.«

Schon wenige Minuten, nachdem Gorbatschow zu sprechen begonnen hatte, verlor das Publikum das Interesse. Er hatte seine Zuhörer völlig falsch eingeschätzt. Vor dem Council on Foreign Relations oder bei der UN-Vollversammlung hätte seine Rede ein Erfolg sein können, doch im Grand Ballroom des Mirage war sie ein Fehlschlag. Während Gorbatschow erklärte, warum die USA die Politik von Jewgenij Primakow unterstützen müsse (dem russischen Ministerpräsidenten, der wenig später entlassen wurde), wurden die Augen der Zuhörer glasig. Gorbatschow fragte im Ernst, warum in diesem Land »ein weit verbreitetes Misstrauen« gegen Primakow bestehe, dabei wussten die wenigsten Amerikaner, wer Primakow überhaupt war, und noch weniger machten sie sich im positiven oder negativen Sinne Gedanken über ihn. In meiner Nähe schliefen während Gorbatschows Rede mindestens sechs Leute ein. Der Manager neben mir wachte während einer langen Anekdote über die Auswirkungen des Mongoleneinfalls im Mittelalter auf den russischen Charakter plötzlich auf. Er wirkte verwirrt und schien nicht zu wissen, wo er war, blickte dann kurz aufs Podium, fühlte sich bestätigt und schlief mit dem Kinn auf der Brust wieder ein.

Gorbatschow klang wie ein Politiker aus einer vergangenen Epoche, aus einer Zeit vor den Soundbites. Seine Rede war ernst, langwierig, und manchmal war ihr schwer zu folgen. Seine bloße Anwesenheit im Mirage war für das Publikum weit wichtiger als der Inhalt seiner Ansprache. Während ich mich umblickte und all die Topmanager aus der Fastfoodbranche sah, dieses Meer aus Nadelstreifenanzügen und Seidenkrawatten, begriff ich auf einmal. Im alten Rom wurden die Anführer der besiegten Völker im Zirkus zur Schau gestellt. Die Symbolik war unverkennbar; die Unterwerfung vor Rom vollständig. Gorbatschows Auftritt im Mirage war offenbar die amerikanische Version dieses Brauchs, eine Gelegenheit für die Sieger, sich in aller Öffentlichkeit zu brüsten – allerdings wäre es viel passender gewesen, wenn die Fastfood-Konferenz ein Stück weiter in Caesar's Palace stattgefunden hätte. Noch während Gorbatschow sprach, standen Leute auf und verließen den Grand Ballroom. »Margaret Thatcher war viel besser«, hörte ich einen Manager zu einem anderen beim Hinausgehen sagen. Die Eiserne Lady war im vorigen Jahr als Gastrednerin aufgetreten.

Am Tag nach der Rede von Gorbatschow trat Bob Dylan bei der großen Eröffnung des neuen Mandalay-Kasinos auf. Und die Reklametafeln entlang der Schnellstraße kündigten Peter Lowe's Success 1999 für Las Vegas an, mit Gastauftritten von Elizabeth Dole und General Colin Powell.

Ein Reich aus Fett

Lange Zeit bildete die Sowjetunion im 20. Jahrhundert das größte Hindernis für die weltweite Verbreitung amerikanischer Werte und des American Way of Life. Ihr Zusammenbruch zog eine noch nie dagewesene »Amerikanisierung« der Welt nach sich, die in der wachsenden Popularität von amerikanischen Filmen, Musik, Videoclips, TV-Shows und Mode zum Ausdruck kam. Im Gegensatz zu den anderen Waren ist Fastfood eine Form der amerikanischen Kultur, die ausländische Konsumenten wortwörtlich konsumieren. Indem sie wie die Amerikaner essen, sehen die Menschen auf der Welt auch immer mehr wie Amerikaner aus, zumindest in einer Hinsicht. Von allen Industrieländern haben die USA den höchsten Anteil an Fettleibigen in der Bevölkerung.[48] Über die Hälfte aller amerikanischen Erwachsenen und ein Viertel der amerikanischen Kinder sind fettleibig oder übergewichtig.[49] Der Anteil stieg in den vergangenen Jahrzehnten zusammen mit dem Konsum von Fastfood enorm an. Der Prozentsatz an Fettleibigen unter amerikanischen Erwachsenen ist heute doppelt so hoch wie Anfang der 60er Jahre. Der Anteil der übergewichtigen Schulkinder ist heute doppelt so hoch wie Ende der 70er Jahre.[50] Laut James O. Hill, einem prominenten Ernährungsexperten an der University of Colorado, haben wir »die dickste und unsportlichste Generation von Kindern, die wir je hatten«.[51]

In der medizinischen Literatur wird eine Person als fettleibig bezeichnet, wenn ihr Body Mass Index (BMI) 30 oder höher beträgt – der Index berücksichtigt sowohl Gewicht als auch Körpergröße und ermittelt sich aus dem Körpergewicht in Kilogramm, geteilt durch das Quadrat der Körpergröße in Meter. So hat zum Beispiel eine Frau mit einer Größe von 1,65 Metern und einem Gewicht von 60 Kilo einen BMI von 22, was als normal gilt. Nimmt sie acht Kilo zu, steigt ihr BMI auf 25, und sie gilt als übergewichtig. Wenn sie 23 Kilo zunimmt, erreicht ihr BMI 30, und sie gilt als fettleibig. Heute sind etwa 44 Millionen Amerikaner fettleibig. Zusätzliche sechs Millionen sind »superfettleibig«, sie wiegen etwa 50 Kilo mehr, als sie sollten. Kein anderes Volk in der Geschichte war je so fett.[52]

Eine Untersuchung, die mehrere Wissenschaftler für die Centers for Disease Control and Prevention durchführten, ergab, dass der Anteil der fettleibigen Amerikaner in jedem Bundesstaat und bei beiden Geschlechtern unabhängig von Alter, Rasse oder Bildungsniveau anstieg.[53] 1991 hatten nur vier Bundesstaaten Fettleibigkeitsraten von 15 Prozent oder mehr; heute sind es mindestens 37 Staaten. »Selten verbreiten sich chronische Zustände wie Fettleibigkeit mit der Geschwindigkeit und Streuung einer ansteckenden Krankheit«, bemerkte einer der Wissenschaftler. Obwohl der Anstieg der Fettleibigkeit zahlreiche komplexe Ursachen hat, zählt Vererbung nicht dazu. Der amerikanische Genpool hat sich in den vergangenen Jahrzehnten nicht radikal verändert. Was sich dagegen verändert hat, sind die Ernährungs- und Lebensgewohnheiten der Menschen. Einfach ausgedrückt: Wenn die Menschen mehr essen und sich weniger bewegen, werden sie dick.[54] In den USA sind die Menschen extrem bewegungsarm – sie fahren auch die kürzesten Strecken mit dem Auto, verrichten wenig körperliche Arbeit, sehen viel fern, spielen Videospiele und sitzen vor dem Computer. Aufgrund von Budgetkürzungen wurde der Sportunterricht an vielen Schulen eingeschränkt. Und das Wachstum der Fastfoodindustrie bewirkte, dass überall Unmengen an sehr fetthaltigen, billigen Speisen zur Verfügung stehen.

Seit die Menschen häufiger außer Haus essen, nehmen sie mehr Kalorien und mehr Fett, dafür aber weniger Ballaststoffe auf. Die Lebensmittelpreise sind so stark gefallen, dass die Fastfoodindustrie ihre Portionen erhöhen konnte, um mehr Kunden anzuziehen, ohne dass ihre Gewinne sanken. Die Größe eines Burgers wurde zum wichtigsten Verkaufsargument. Bei Wendy's gibt es den Triple Decker, bei Burger King den Big King XXL, und Hardee's verkauft einen Hamburger, der sich The Monster nennt. Der »Big! Big!«-Slogan von Little Caesar's gilt heute nicht mehr nur für die Portionen, sondern auch für die Kunden. In den vergangenen 40 Jahren hat sich der Pro-Kopf-Verbrauch von Soft Drinks mehr als vervierfacht.[55] In den 50er Jahren lag die durchschnittliche Bestellmenge bei einem Soft Drink in einem Fastfoodrestaurant bei

225 Gramm; heute hat der »kleine« Becher Coca Cola bei McDonald's schon 340 Gramm. Eine »große« Cola wiegt 900 Gramm und hat 310 Kalorien.[56] 1972 ergänzte McDonald's sein Angebot um die große Portion Pommes frites; 20 Jahre später wurde noch die »XL«-Portion hinzugefügt, eine Portion, die dreimal so groß ist wie die, die McDonald's vor 30 Jahren servierte. Die XL-Portion Pommes frites hat 540 Kalorien und enthält 25 Gramm Fett. In den Carl's Jr. Restaurants enthält eine Bestellung mit CrissCut Fries und einem Double Western Bacon Cheeseburger 73 Gramm Fett – mehr Fett als zehn Milchshakes derselben Kette.[57]

Verschiedene Versuche zur Einführung gesunder Gerichte (wie zum Beispiel den McLean Deluxe, ein Hamburger, der zum Teil aus Algen bestand) erwiesen sich als Fehlschlag. Wenn die Vorliebe für Fett bereits im Kindesalter entwickelt wird, kann sie sich der Erwachsene nur noch schwer abgewöhnen. Zurzeit wirbt die Fastfoodindustrie heftig für Gerichte mit Bacon. »Die Verbraucher genießen den Geschmack, und die Restaurantbetreiber begrüßen die Gewinnspanne«, hieß es in *Advertising Age*. Vor zehn Jahren verkauften Restaurants etwa 20 Prozent des in den USA verzehrten Bacon; heute sind es 70 Prozent.[58] »Make It Bacon«, lautet einer der neuen Slogans von McDonald's. Abgesehen von Subway (das für gesünderes Essen wirbt), haben die großen Ketten beschlossen, dass es viel leichter und gewinnträchtiger ist, die Größe und den Fettgehalt der Portionen zu erhöhen, als gegen Essgewohnheiten zu kämpfen, die sie größtenteils selbst verursacht haben.

Die Kosten der zunehmenden Fettleibigkeit gehen weit über Kummer und eine niedrige Selbstachtung hinaus. Fettsucht rangiert nach dem Rauchen auf Platz zwei der Todesursachen in den USA.[59] Bei den Centers for Disease Control and Prevention schätzt man, dass 280 000 Amerikaner jedes Jahr an den direkten Folgen ihres Übergewichts sterben.[60] Die jährlichen Kosten, mit denen die Fettleibigkeit das Gesundheitssystem der USA belastet, belaufen sich auf 240 Milliarden Dollar; darüber hinaus geben die Amerikaner über 33 Milliarden Dollar für Diätprogramme und -Produkte aus.[61] Fettleibigkeit kann zu Herzkrankheiten, Dickdarmkrebs, Magenkrebs, Brustkrebs, Diabetes, Arthritis, hohem Blutdruck, Unfruchtbarkeit und Schlaganfällen führen.[62] Eine Studie der American Cancer Society aus dem Jahr 1999 zeigt, dass das Risiko, früher zu sterben, bei übergewichtigen Menschen viel höher ist. Bei schwer Übergewichtigen ist die Wahrscheinlichkeit, jung zu sterben, viermal so hoch wie bei Menschen mit normalem Gewicht. Bei mäßig übergewichtigen Menschen ist die Wahrscheinlichkeit, jung zu sterben, doppelt so hoch wie bei Normalgewichtigen. »Die Botschaft lautet: Wir sind zu fett, und das bringt uns um«, erklärte einer der Autoren der Studie.[63] Die Gesundheit junger Menschen mit Übergewicht ist nicht nur langfristig, sondern auch unmittelbar bedroht. Schwer fettleibige Kinder zwischen sechs und zehn Jahren sterben an Herzinfarkten, die durch ihr Übergewicht ausgelöst wurden.[64]

Die Fettsucht, deren Verbreitung Ende der 70er Jahre in den USA ihren Anfang nahm, befindet sich heute überall auf dem Vormarsch, und Fastfood ist einer ihrer Auslöser. Zwischen 1984 und 1993 verdoppelte sich die Zahl der Fastfoodrestaurants in Großbritannien – entsprechend entwickelte sich auch der Anteil der Fettleibigen unter den Erwachsenen.[65] Die Briten essen mittlerweile mehr Fastfood als jede andere Nation in Westeuropa.[66] Sie haben auch die höchste Rate an Übergewichtigen. In Deutschland sind rund 65 Prozent aller Bundesbürger übergewichtig. In Italien und Spanien ist Fettleibigkeit ein geringeres Problem, dort wird auch relativ wenig Geld für Fastfood ausgegeben.[67] Der Zusammenhang zwischen dem Fastfood-Konsum eines Landes und dem Anteil der Übergewichtigen in der Bevölkerung wurde noch durch keine langfristige Studie definitiv belegt. Die wachsende Beliebtheit des Fastfood ist nur eine von vielen kulturellen Veränderungen, die die Globalisierung mit sich brachte. Dennoch lässt sich der

Eindruck nicht vermeiden, dass sich überall, wo sich die amerikanischen Fastfoodketten niederlassen, die Hüften runden.

In China hat sich der Anteil übergewichtiger Teenager in den vergangenen zehn Jahren verdreifacht.[68] In Japan sind die Menschen durch den Verzehr von Hamburgern und Pommes frites zwar nicht blond, dafür aber dick geworden.[69] Früher waren übergewichtige Menschen in Japan eine Seltenheit. Der traditionelle Speiseplan mit Reis, Fisch, Gemüse und Sojaprodukten gilt als einer der gesündesten der Welt. Dennoch weichen die Japaner immer mehr von dieser Ernährung ab. Seit der amerikanischen Besatzung nach dem Zweiten Weltkrieg steigt der Verzehr von Rind- und Schweinefleisch. Die Eröffnung des ersten McDonald's im Jahr 1971 beschleunigte den Wandel der japanischen Ernährungsgewohnheiten. In den 80er Jahren verdoppelte sich der Absatz von Fastfood in Japan, aber auch der Anteil der übergewichtigen Schulkinder.[70] Heute ist ein Drittel aller japanischer Männer um die Dreißig – die erste Generation des Landes, die mit Happy Meals und »Bi-gu Ma-kus« aufwuchs – übergewichtig.[71] Herzleiden, Diabetes, Dickdarm- und Brustkrebs, die häufigsten »Wohlstandskrankheiten«, gelten als Folge von einer Ernährung mit wenig Ballaststoffen und vielen tierischen Fetten. In den USA sind sie schon lange verbreitet, nun werden sie auch in Japan zunehmen, wenn die erste Fastfood-Generation in die Jahre kommt. Vor über zehn Jahren zeigte eine Studie, dass sich das Risiko, an Herzleiden zu erkranken, für japanische Männer mittleren Alters, die in den USA wohnten und westliche Ernährungsgewohnheiten angenommen hatten, verdoppelte. Das Risiko für einen Schlaganfall verdreifachte sich sogar.[72]

Fettleibigkeit lässt sich nur sehr schwer kurieren. Der Mensch entwickelte in Tausenden von Jahren, die von Nahrungsmangel geprägt waren, effiziente physiologische Mechanismen, Energie in Form von Fett zu speichern. Bis vor kurzem gab es in den wenigsten Gesellschaften ein Überangebot an billigen Nahrungsmitteln. Folglich ist unser Körper wesentlich effizienter bei der Gewichtszunahme als bei der -abnahme. In der Medizin ist man zu dem Schluss gekommen, dass nicht Behandlung, sondern Prävention die größten Chancen bietet, der weltweiten Fettleibigkeit Einhalt zu gebieten. Europäische Verbraucherschützer setzen sich für ein komplettes Verbot jeglicher Fernsehreklame ein, die Kinder als Zielgruppe hat. 1992 wurde in Schweden Fernsehreklame verboten, die sich an Kinder unter zwölf Jahren richtet. In Norwegen, Belgien, Irland und Holland wurde die Werbung aus dem Kinderprogramm genommen. Die Essgewohnheiten amerikanischer Kinder gelten allgemein als gutes Beispiel dafür, was andere Länder vermeiden müssen. Ein Viertel des Gemüses, das amerikanische Kinder zu sich nehmen, stammt heute von Kartoffelchips oder Pommes frites.[73] Eine Untersuchung der auf Kinder ausgerichteten Werbung in der Europäischen Union ergab, dass Kinder in 95 Prozent der Reklame für Nahrungsmittel zum Verzehr von Speisen mit einem hohen Gehalt an Zucker, Salz und Fett aufgefordert wurden. Das Unternehmen, das die meisten »Kinderspots« zeigte, war McDonald's.[74]

McLibel

»Widerstand gegen Amerika, beginne mit Cola«, stand auf einem Banner an der Universität von Peking im Mai 1999. »Greift McDonald's an, stürmt Kentucky Fried Chicken«.[75] Kurz zuvor hatte die amerikanische Luftwaffe versehentlich die chinesische Botschaft in Belgrad bombardiert, woraufhin es in ganz China zu antiamerikanischen Demonstrationen kam. Mindestens ein Dutzend McDonald's- und vier Kentucky-Fried-Chicken-Restaurants wurden von chinesischen Demonstranten demoliert. Merkwürdigerweise blieben die Restaurants von Pizza Hut verschont. »Vielleicht denken sie, es sei italienisch«, meinte ein Sprecher von Pizza Hut in Shanghai.[76]

Noch vor einigen Jahren waren amerikanische Botschaften und Ölgesellschaften die häufigsten Ziele der Demonstrationen gegen den »US-Imperialismus«. Heute haben die Fastfoodrestaurants diese symbolische Rolle übernommen, und McDonald's ist als Angriffsziel besonders beliebt. 1995 plünderten 400 dänische Anarchisten ein McDonald's im Zentrum von Kopenhagen, errichteten mit dem Mobiliar auf der Straße einen Scheiterhaufen und brannten das Restaurant bis auf die Grundmauern nieder. 1996 überfielen indische Bauern ein Restaurant von Kentucky Fried Chicken in Bangalore, weil sie überzeugt waren, dass die Kette ihre traditionellen Anbaumethoden bedrohte. 1997 wurde ein McDonald's in der kolumbianischen Stadt Cali von einer Bombe zerstört. 1998 explodierten Bomben in einem McDonald's in St. Petersburg in Russland, in zwei McDonald's-Restaurants in Athener Vororten, in einem McDonald's im Zentrum von Rio de Janeiro und in einem Planet Hollywood in Kapstadt, Südafrika. 1999 setzten belgische Vegetarier ein McDonald's in Antwerpen in Brand, und ein Jahr später rissen Teilnehmer einer Maidemonstration die Leuchtreklame eines McDonald's am Trafalgar Square in London ab, zerstörten das Restaurant und verteilten an die Menge kostenlos Hamburger. Aus Furcht vor weiteren Ausschreitungen schloss McDonald's vorübergehend sämtliche 50 McDonald's-Restaurants in London.

In Frankreich zerstörte eine Gruppe unter Führung des französischen Schafzüchters und politischen Aktivisten José Bové ein im Bau befindliches McDonald's in Bovés Heimatstadt Millau. Bovés trotzige Haltung, seine Verhaftung und leidenschaftlichen Reden gegen »miserables Essen« machten ihn in Frankreich zum Helden, der von Sozialisten und Konservativen gelobt wurde und zu Treffen mit dem Präsidenten und Ministerpräsidenten eingeladen wurde.[77] Bové verfasste ein Buch mit dem Titel *Die Welt ist keine Ware*, das in Frankreich zum Bestseller wurde. In einer Gesellschaft, in der Essen eine Quelle immensen nationalen Stolzes ist, wurde die McDonald's

Corporation zu einem leichten Ziel. Die Gründe sind nicht nur symbolischer Natur. McDonald's ist heute der größte Käufer von Agrarprodukten in Frankreich.[78] Bovés Botschaft – dass sich die Franzosen »nicht zu unterwürfigen Sklaven im Dienst des Agrobusiness« machen sollten – traf einen wunden Punkt.[79] Beim Prozess gegen Bové im Juli 2000 versammelten sich etwa 30 000 Demonstranten in Millau, einige davon trugen Schilder mit der Aufschrift »Non à McMerde«.[80]

Die ausländischen Kritiker des Fastfood sind wesentlich vielfältiger als die alten Gegner Amerikas aus dem sowjetischen Block. Bauern, Linke, Anarchisten, Nationalisten, Umweltschützer, Verbraucherschützer, Pädagogen, Gesundheitsbeauftragte, Gewerkschaften und Tierschützer haben in der Kampagne gegen die von ihnen empfundene Amerikanisierung der Welt eine gemeinsame Grundlage gefunden. Fastfood wurde zur Zielscheibe, weil es so allgegenwärtig ist und einen grundlegenden Aspekt der nationalen Identität bedroht: wie, wo und was die Menschen essen.

Der längste und systematischste Angriff gegen Fastfood im Ausland wird von zwei britischen Aktivisten aus dem Umfeld der Gruppe London Greenpeace ausgetragen. Die lose organisierte Gruppe bildete sich 1971, um gegen französische Atomwaffentests in der Südsee zu protestieren. Später kamen Demonstrationen für den Tierschutz und zur Unterstützung britischer Gewerkschaften hinzu. Die Gruppe protestierte gegen Atomwaffen und den Falklandkrieg. Die Mitgliederzahl war klein, eine bunte Mischung aus Pazifisten, Anarchisten, Vegetariern und Freigeistern, die eine Verpflichtung zu gewaltlosen politischen Aktionen verband. Die Organisation hatte keine offizielle Führung und lehnte es sogar ab, sich dem britischen Arm von Greenpeace International anzuschließen.

Ein typisches Treffen von London Greenpeace konnte drei bis dreißig Menschen umfassen. 1986 entschied die Gruppe, gegen McDonald's vorzugehen, und erklärte später, das Unternehmen »ist der Inbegriff all dessen, was wir verachten: eine

Müllkultur und die tödliche Banalität des Kapitalismus«.[81] Die Mitglieder von London Greenpeace verteilten eine sechsseitige Broschüre mit dem Titel »What's Wrong with McDonald's? – Everything They Don't Want You to Know« (Was ist faul bei McDonald's? – »Alles, was Sie nicht wissen sollen«).[82] Darin wurde der Fastfoodkette unter anderem vorgeworfen, zur Armut in der Dritten Welt beizutragen, ungesundes Essen zu verkaufen, Arbeiter und Kinder auszubeuten, Tiere zu quälen und die Regenwälder des Amazonasgebiets zu zerstören. Ein Teil des Textes war sachlich und direkt, andere Abschnitte waren reiner Agitprop. Oben auf der Broschüre zogen sich McDonald's-Logos entlang, auf denen Slogans wie »McDollar, McGier, McKrebs, McMord, McProfit, McMüll« standen. London Greenpeace verteilte die Flugblätter vier Jahre lang unbehelligt. Doch im September 1990 verklagte McDonald's plötzlich fünf Mitglieder der Gruppe wegen Verleumdung und erklärte, jede Behauptung in der Broschüre sei falsch.

In Großbritannien ist die Rechtsprechung bei Verleumdungsklagen für den Beklagten wesentlich ungünstiger als in den USA. Nach amerikanischem Gesetz muss der Ankläger beweisen, dass die Anschuldigungen, um die es beim Prozess geht, nicht nur falsch und diffamierend sind, sondern auch rücksichtslos, fahrlässig oder bewusst verbreitet wurden. Nach dem britischen Gesetz liegt die Beweislast beim Beklagten. Von Anschuldigungen, die den Ruf von jemandem schädigen könnten, nimmt man an, dass sie falsch sind. Außerdem muss der Beklagte vor einem britischen Gericht Primärquellen wie Zeugenaussagen und offizielle Dokumente anführen, die den Wahrheitsgehalt einer veröffentlichten Aussage bestätigen. Sekundärquellen, darunter auch Artikel in wissenschaftlichen Journalen, werden als Beweis nicht zugelassen. Die Motive des Beklagten sind irrelevant – ein britischer Verleumdungsprozess kann wegen eines eindeutig unbeabsichtigten Fehlers verloren werden.

Die McDonald's Corporation hatte die britischen Verleumdungsgesetze jahrelang genutzt und Kritiker zum Schweigen gebracht. In den 80er Jahren drohte McDonald's, mindestens 50 britische Medien und Organisationen zu verklagen, darunter Channel 4, die *Sunday Times*, den *Guardian*, die *Sun*, Studentenzeitungen, eine vegetarische Gesellschaft und eine schottische Jugendtheatergruppe.[83] Die Taktik funktionierte, die Behauptungen wurden zurückgenommen. Eine Verleumdungsklage zu verlieren konnte sowohl in Hinblick auf Verfahrenskosten als auch Entschädigungszahlungen enorm teuer werden.

Die Aktivisten von London Greenpeace, die von McDonald's verklagt wurden, hatten die fragliche Broschüre nicht verfasst; sie hatten sie nur verteilt. Dennoch konnte ihr Verhalten als verleumderisch betrachtet werden. Aus Angst vor den möglichen Kosten traten schließlich drei der Aktivisten zögernd vor Gericht auf und entschuldigten sich bei McDonald's. Die beiden anderen beschlossen zu kämpfen.

Helen Steel, eine 25jährige Gärtnerin, Minibusfahrerin und Barfrau, war aufgrund ihres Eintretens für den Vegetarismus und den Tierschutz zu London Greenpeace gekommen. Dave Morris war ein 36jähriger allein erziehender Vater, ein ehemaliger Mitarbeiter der Post, der sich für Arbeitsrecht und die Macht der multinationalen Konzerne interessierte. Die beiden Freunde schienen vor Gericht wenig Chancen gegen die größte Fastfoodkette der Welt zu haben. Helen Steel war mit 17 Jahren von der Schule abgegangen, Dave Morris mit 18; einen Anwalt konnte sich keiner der beiden leisten. McDonald's dagegen konnte Heerscharen von Anwälten für sich arbeiten lassen und verfügte zu der Zeit über Jahreseinnahmen von 18 Milliarden Dollar.[84] Morris und Steel erhielten keinen Pflichtverteidiger und mussten sich selbst vor dem Richter vertreten. Doch mit ein bisschen Unterstützung vom Sekretär der Haldane Society of Socialist Lawyers machte das Paar den »McLibel Fall« zum längsten Verfahren in der britischen Geschichte und zu einer PR-Katastrophe für McDonald's.

McDonald's hatte nicht damit gerechnet, dass der Fall überhaupt vor Gericht kam. Die Beweislast für die Beklagten war enorm: Morris und Steel mussten Zeugen und offizielle Dokumente vorbringen, die die allgemeinen Behauptungen in der Broschüre stützten. Mit Hilfe der McLibel Support Campaign, einem internationalen Netzwerk von Aktivisten, gingen die beiden unermüdlich ihren Recherchen nach. Bei Prozessende umfassten die Gerichtsakten 40 000 Seiten an Dokumenten und Zeugenaussagen sowie 18 000 Seiten Transkripte.[85]

McDonald's hatte einen großen taktischen Fehler mit der Aussage gemacht, dass alles in der Broschüre verleumderisch sei – nicht nur die extremen Behauptungen (»McDonald's und Burger King … zerstören unter Verwendung tödlicher Gifte weite Gebiete des zentralamerikanischen Regenwalds«), sondern auch die harmloseren Aussagen (»es gibt einen Zusammenhang zwischen einer Ernährung, die reich an Fett, Zucker, tierischen Produkten und Salz ist … und Brust- und Darmkrebs sowie Herzerkrankungen«). Dieser Fehler gab Steel und Morris die Gelegenheit, den Spieß umzudrehen, McDonald's anzuklagen und eine offizielle Untersuchung der Praktiken der Kette bei Arbeitsrecht, Marketing, Umweltschutz, Ernährung, Lebensmittelhygiene und Tierschutz zu erzwingen. Einige Topmanager des Unternehmens mussten in den Zeugenstand treten und wurden von den beiden juristischen Autodidakten ins Kreuzverhör genommen. Die britischen Medien griffen den David-gegen-Goliath-Aspekt des Falles begeistert auf und machten das Verfahren zur Topnachricht.

Nach jahrelangen juristischen Rangeleien begann der McLibel Prozess schließlich im März 1994. Er endete erst mehr als drei Jahre später. Morris und Steel wurden der Verleumdung für schuldig befunden. In der 800 Seiten umfassenden Urteilsbegründung hieß es, die beiden hätten viele Behauptungen nicht beweisen können – einige hingegen schon. Danach nutzt McDonald's Kinder mit seiner Werbestrategie tatsächlich aus, gefährdet die Gesundheit seiner Kunden, zahlt den

Arbeitern unverhältnismäßig niedrige Löhne, kämpft weltweit gegen Gewerkschaften und ist für die Misshandlung von Tieren durch seine Zulieferer mitverantwortlich.[86] Morris und Steel wurden zu einer Strafe von 60 000 Pfund verurteilt. Die beiden gaben umgehend bekannt, dass sie in die Berufung gehen würden. »McDonald's verdient keinen einzigen Penny«, erklärte Helen Steel, »außerdem haben wir das Geld sowieso nicht.«[87]

Die Beweise aus dem McLibel-Verfahren enthüllten viel von der inneren Funktionsweise von McDonald's. Zahlreiche seiner Praktiken bei Arbeitsverträgen, Lebensmittelhygiene und Werbung wurden in den USA seit Jahren kritisiert. Die Zeugenaussagen vor Gericht in London boten jedoch neue Enthüllungen über die Einstellung des Unternehmens zu Grundrechten und vor allem zur Redefreiheit. Morris und Steel mussten verblüfft feststellen, dass McDonald's Informanten bei Greenpeace London eingeschleust hatte, die regelmäßig an den Treffen der Gruppe teilnahmen und die anderen Mitglieder ausspionierten.

Die Spionage begann 1989 und währte bis 1991, fast ein Jahr, nachdem die Verleumdungsklage eingereicht worden war. McDonald's hatte auf diese Art nicht nur herausgefunden, wer die Broschüren verteilt hatte, sondern auch erfahren, wie Morris und Steel ihre Verteidigung vor Gericht planten. Das Unternehmen hatte mindestens sieben verschiedene Undercoveragenten eingesetzt. Bei einigen Treffen von London Greenpeace hatte die Hälfte der Teilnehmer aus Spionen des Konzerns bestanden. Ein Spion war ins Büro von London Greenpeace eingebrochen, hatte fotografiert und Dokumente gestohlen. Ein anderer hatte sechs Monate lang eine Affäre mit einem Mitglied der Gruppe und horchte es über deren Aktivitäten aus. Versehentlich spionierten sich die Agenten von McDonald's auch gegenseitig aus, weil sie nicht wussten, dass das Unternehmen mindestens zwei verschiedene Detektivagenturen beschäftigte. Sie nahmen an Demonstrationen gegen McDonald's teil und verteilten Anti-McDonald's-Broschüren.

Während des Prozesses gab Vice President Sidney Nicholson, der die Undercover-Operation geleitet hatte – ein ehemaliger Polizist aus Südafrika und Superintendent bei der Metropolitan Police von London – zu, dass McDonald's seine Verbindungen zur Polizei genutzt hatte, um von Scotland Yard Informationen über Steel und Morris zu bekommen. Tatsächlich hatte die Special Branch, eine Eliteeinheit, die »Subversive« und Mitglieder des organisierten Verbrechens verfolgt, jahrelang beim Ausspionieren von Steel und Morris geholfen.[88] Einer der Undercoveragenten des Unternehmens sagte nach einem Gesinnungswechsel für die McLibel-Beklagten aus. »Ich hielt sie zu keiner Zeit für gefährlich«, erklärte Fran Tiller, »ich denke, sie glaubten an die Sache, die sie unterstützten.«[89]

Für Dave Morris war es besonders erschreckend zu erfahren, wie McDonald's an seine Privatadresse gekommen war. Einer der Spione gab vor Gericht zu, dass ein Geschenk mit Babykleidung ein Vorwand gewesen war, um herauszufinden, wo Morris wohnte. Morris hatte das Geschenk nichtsahnend angenommen und es als eine freundschaftliche Geste verstanden – angeekelt erfuhr er, dass sein Sohn monatelang Kleidung getragen hatte, die von McDonald's als Teil des Überwachungsprogramms bezahlt worden war.[90]

Ich besuchte Dave Morris an einem Abend im Februar 1999, als er sich für einen Auftritt vor dem Berufungsgericht am nächsten Tag vorbereitete. Morris lebt in einer kleinen Wohnung über einem Teppichgeschäft im Norden von London. Die Wohnung hat keine Zentralheizung, die Decken hängen durch, und die Zimmer sind voll gestopft mit Büchern, Kartons, Akten, Transkripten, Broschüren und Postern, auf denen verschiedene Demonstrationen angekündigt werden. Die Wohnung ist das genaue Gegenteil von McDonald's – lebendig, widerspenstig, eigenartig und nach einem sehr komplizierten System organisiert, das nur ein einziger Mensch verstehen kann. Morris widmete mir etwa eine Stunde seiner Zeit, während sein Sohn eine Treppe höher Hausaufgaben machte. Er sprach engagiert über McDonald's, betonte jedoch, dass das arrogante Verhalten des Unternehmens nur eine Erscheinungsform eines viel größeren Problems sei: des Aufstiegs mächtiger multinationaler Konzerne, die ohne Skrupel Kapital über die Grenzen verschieben, sich keinem Land verpflichtet fühlen und sich weder Bauern noch Arbeitern oder Verbrauchern gegenüber loyal zeigen.

Der britische Journalist John Vidal stellte in seinem Buch über das McLibel-Verfahren einige Gemeinsamkeiten zwischen Dave Morris und Ray Kroc fest.[91] Während Morris leidenschaftlich die Globalisierung kritisierte, ergab der Vergleich für mich plötzlich einen Sinn – beide Männer sind Idealisten, sind charismatisch und werden von Ideen vorangetrieben, die außerhalb des vorherrschenden Denkens liegen, allerdings vertreten sie ganz unterschiedliche Standpunkte. Beim McLibel-Prozess hatte Paul Preston, der Präsident von McDonald's UK, gesagt: »Bei McDonald's geht es darum, sich in eine präzise arbeitende Maschine einzugliedern.«[92] Und da war nun Morris im Wohnzimmer seiner Wohnung im Norden Londons, die von einem Gasofen im Kamin geheizt wurde, und kümmerte sich inmitten von Papierbergen und Aktenstapeln nicht um Geld, sondern war bestrebt, diese Maschine irgendwie zum Stehen zu bringen.

Am 31. März 1999 korrigierte das Berufungsgericht einen Teil des ursprünglichen Urteils im McLibel-Prozess und stützte die Behauptung in der Broschüre, dass der Verzehr von McDonald's-Gerichten Herzerkrankungen verursachen kann und dass die Arbeiter schlecht behandelt werden. Das Gericht setzte die Strafe für Steel und Morris auf 40 000 Pfund herab. Zuvor hatte McDonald's bekannt gegeben, dass der Konzern das Geld nicht eintreiben und nicht länger versuchen werde, London Greenpeace an der Verteilung der Broschüre zu hindern (die zu dem Zeitpunkt bereits in 27 Sprachen übersetzt war). McDonald's hatte genug von der schlechten Publicity und wollte den Fall abschließen. Aber Morris und Steel waren mit McDonald's noch nicht fertig. Sie gingen erneut in Berufung und brachten den Fall vor das britische Oberhaus, außerdem verklagten sie die Polizei, weil diese sie ausspioniert hatte. Scotland Yard regelte die Sache außergerichtlich, entschuldigte sich bei den beiden und bezahlte eine Entschädigung über 10 000 Pfund. Als das Oberhaus eine Anhörung des Falles ablehnte, legten Steel und Morris beim Europäischen Gericht für Menschenrechte Berufung ein und stellten nicht nur das Urteil, sondern auch die britischen Gesetze für Verleumdung in Frage. Als dieses Buch verfasst wurde, ging der McLibel-Prozess ins elfte Jahr. Jahrelang hatte McDonald's seine britischen Kritiker eingeschüchtert, doch bei Steel und Morris war das Unternehmen an die Falschen geraten.

Zurück auf der Ranch

Bei der Eröffnung des ersten McDonald's in Ostdeutschland im Dezember 1990 war man sich beim Unternehmen noch unsicher, wie amerikanische Speisen dort aufgenommen werden würden. Am Eröffnungstag des McDonald's in Plauen wurden neben Hamburgern und Pommes frites auch Kartoffelknödel, ein beliebtes Gericht im Vogtland, angeboten. Heute überziehen Hunderte von McDonald's-Restaurants die Landschaft im Osten Deutschlands. In einer Stadt nach der anderen werden die Lenin-Standbilder abgebaut und Statuen von Ronald McDonald aufgestellt. Eine der größten steht in Bitterfeld, wo ein drei Stockwerke hoher, beleuchteter Ronald schon von weitem von der Autobahn aus zu sehen ist.

Bei meinem ersten Besuch in Plauen im Oktober 1998 hatte das McDonald's als einziges Geschäft offen. Es war der Tag der deutschen Einheit, und alle Läden hatten geschlossen, nur das

McDonald's war voll, dicht an dicht drängten sich nicht nur Kinder und ihre Eltern, sondern auch Teenager, alte Leute und junge Pärchen, ein Querschnitt der Bevölkerung. Der Raum war hell erleuchtet und makellos sauber. Freundliche Frauen mittleren Alters nahmen die Bestellungen hinter der Theke an, arbeiteten in der Küche, brachten Essen an die Tische und schrubbten die Fenster. Die meisten arbeiteten seit Jahren hier, einige schon seit dem Eröffnungstag. Auf der anderen Straßenseite stand ein verlassenes Gebäude, das einst der NVA gehört hatte; einige Straßen weiter waren die Häuser verfallen und mit Graffiti bedeckt, sie sahen aus, als ob die Mauer nie gefallen wäre. An jenem Tag war das McDonald's der schönste, sauberste und fröhlichste Ort in ganz Plauen. Kinder spielten mit den Hot Wheels und Barbies, die sie mit ihren Happy Meals bekommen hatten, und lächelnde Mitarbeiter schenkten kostenlos Kaffee nach. Draußen vor dem Fenster flatterten drei leuchtend rote Fahnen mit den goldenen Bögen im Wind.

Das Leben nach dem Sozialismus ist in Plauen nicht einfach. Zunächst waren Optimismus und Aufregung groß. Wie in anderen ostdeutschen Städten nutzten die Menschen rasch ihre neue Freiheit und reisten zum ersten Mal ins westliche Ausland. Sie nahmen Kredite auf und kauften sich neue Autos. Laut Thomas Küttler, dem Helden von Plauen bei der Demonstration im Jahr 1989, machten die Gedanken an Friedrich Schiller und die Freiheit der Väter bald der Gier nach westlichen Konsumgütern Platz. Küttler ist enttäuscht, wie schnell der Idealismus von 1989 verflog, hegt jedoch wenig nostalgische Gefühle für die alte DDR. Unter dem SED-Regime konnte man verhaftet werden, weil man Westfernsehen sah oder amerikanische Musik hörte. Heute kann man in Plauen über Kabel Dutzende von Fernsehprogrammen empfangen, über Satellit sind es sogar noch mehr. MTV ist hier sehr beliebt, und die meisten Songs, die im Radio gespielt werden, sind englisch. Ein Teil der großen weiten Welt zu werden hat jedoch seinen Preis. Plauens Wirtschaft leidet, von den veralteten und ineffizienten Fabriken schloss eine nach der anderen, die Beschäftigten wurden entlassen. Seit dem Fall der Mauer hat Plauen zehn Prozent seiner Einwohner verloren, sie zogen auf der Suche nach einem besseren Leben fort.[93]

Derzeit liegt die Arbeitslosenquote bei 20 Prozent – doppelt so hoch wie in Deutschland insgesamt. Man sieht Männer Mitte Vierzig am hellichten Tag betrunken durch die Straßen torkeln, eine verlorene Generation, zu jung für den Ruhestand und zu alt für das neue System. Die Fabrikarbeiter, die dem alten Regime mutig die Stirn boten und es stürzten, sind diejenigen, denen es jetzt am schlechtesten geht, die die falschen Fertigkeiten und die geringste Hoffnung haben. Anderen erging es besser.

Manfred Voigt, der McDonald's-Franchisenehmer in Plauen, ist heute ein erfolgreicher Geschäftsmann, der zusammen mit seiner Frau Brigitte jedes Jahr Urlaub in Florida macht. In einem Interview mit dem *Wall Street Journal* schrieb Voigt seinen Erfolg Kräften außerhalb seines Einflusses zu. »Es war einfach Glück«, erklärte er, »Schicksal.«[94] Er und seine Frau hatten kein Geld und verstanden nicht, warum McDonald's sie ausgewählt hatte, das erste Restaurant in Ostdeutschland zu betreiben, warum das Unternehmen sie ausgebildet und finanziert hatte. Eine Erklärung, der bei dem Porträt im *Wall Street Journal* nicht nachgegangen wurde, wäre, dass die Voigts unter dem alten Regime eines der mächtigsten Ehepaare von Plauen waren. Sie leiteten die Filiale von Konsum, dem staatlich kontrollierten Lebensmittel-Monopol. Heute gehören die Voigts zu den reichsten Leuten der Stadt; ihnen gehören zwei weitere McDonald's-Restaurants im Umland. Im gesamten Ostblock fiel es den Mitgliedern der alten sozialistischen Eliten am leichtesten, sich der neuen Gesellschaft anzupassen. Sie verfügten über die richtigen Verbindungen und viele auch über die richtigen Qualifikationen. Heute gehören ihnen einige der lukrativsten Franchiseunternehmen.

Die hohe Arbeitslosigkeit in Plauen schuf soziale und politische Instabilität. Es fehlt eine stabile Mittelschicht. Ein Drittel der jungen Leute in Ostdeutschland sympathisiert mit nationalistischen Gruppierungen und Neonazis.[95] Rechtsextremisten haben Teile des Ostens zu »ausländerfreien Zonen« erklärt. Die Straßen, die nach Plauen hineinführen, sind mit Plakaten der DVU geschmückt. »Deutschland den Deutschen«, heißt es darauf. »Arbeit für Deutsche, nicht für Ausländer«. Bislang haben Skinheads in Plauen keine großen Probleme gemacht, andererseits braucht jemand mit dunkler Hautfarbe wirklich Mut, um nachts auf die Straße zu gehen. Die Ablehnung des amerikanischen Fastfood, die viele Umweltschützer und Linke an den Tag legen, wird von den Gruppierungen am äußeren rechten Spektrum offenbar nicht geteilt. Als ich eine Mitarbeiterin im McDonald's von Plauen fragte, ob das Restaurant je Zielscheibe von Neonazis gewesen sei, lachte sie und meinte, derartige Drohungen habe es nie gegeben. Die Leute in der Gegend hielten McDonald's nicht für »ausländisch«.

Etwa zu der Zeit, als Plauen sein McDonald's bekam, eröffnete in einem roten Backsteingebäude am Rande der Stadt ein neuer Nachtklub. Vor »The Ranch« hängen die amerikanische Flagge und die Flagge der Südstaaten. Innen gibt es eine lange Bar, und die Wände sind mit altmodischen landwirtschaftlichen Gerätschaften dekoriert, mit Sätteln, Zaumzeug und Wagenrädern. Der Besitzer Frieder Stephan wurde von Bildern aus dem amerikanischen Westen inspiriert, sammelte die ganzen Sachen jedoch bei nahe gelegenen Bauernhöfen ein. Das Lokal sieht aus wie eine Bar in Cripple Creek anno 1895. Vor dem Fall der Mauer war Frieder Stephan Discjockey auf einer ostdeutschen Touristenfähre. Heimlich hörte er Creedence Clearwater Revival, die Rolling Stones und Lovin' Spoonful. Mit seinen 49 Jahren ist Stephan heute der Impresario von Plauens blühender Country- und Westernszene und bucht lokale Bands (wie die Midnight Ramblers und C.C. Raider) für seinen Klub. Die Country- und Westernfans in der Stadt nennen sich selbst »Vogtland Cowboys«, ziehen abends ihre Cowboystiefel an, setzen die Hüte auf und machen die Stadt unsicher. Sie trinken etwas in der Ranch oder schließen sich in einer Bar namens White Magpie dem Square Dance Club an. Er wird von Thommy's Western Store an der Friedrich-Engels-Straße gesponsert. Plauen hat einige kleine Western-Shops wie Tommy's, in denen importierte Cowboystiefel, Poster, schicke Gürtelschnallen, Arbeitshemden mit Druckknöpfen und Wrangler-Jeans verkauft werden. Während die Teenager in Colorado Springs kein größeres Desinteresse für Cowboys an den Tag legen könnten, tragen die Kids in Plauen Bolo Ties und Cowboyhüte.

Jeden Mittwoch versammeln sich einige Hundert Leute in der Ranch zum Line Dancing. Die Mitglieder des American Car Club von Plauen fahren in ihren dicken Ford- und Chevy-Trucks vor. Andere kommen in ihrem besten Western-Sonntagsstaat von weither, um zu tanzen. Viele stammen aus der Arbeiterklasse, und viele sind arbeitslos. Vertreten sind alle Altersklassen, von sieben bis siebzig. Wenn jemand nicht weiß, wie Line Dancing geht, zeigt es ihm eine junge Frau namens Petra. Die Gäste tragen Souvenir-T-Shirts aus Utah. Sie rauchen Marlboro-Zigaretten und trinken Bier. Sie hören sich Musik von Willie Nelson, Garth Brooks und Johnny Cash an – und sie tanzen, werfen die bestiefelten Beine in die Höhe, wirbeln ihre Partner herum und schwenken die Cowboyhüte durch die Luft. Einige Stunden lang weht der Geist des amerikanischen Westens durch diese verrückte Bar in Sachsen, in einer Stadt, die schon viel zu viel Geschichte erlebt hat, und der alte Traum lebt weiter, der Traum von grenzenloser Freiheit, von Selbstvertrauen und einer weit offenen Frontier.

Epilog:
Ganz nach Ihrem Wunsch

Weit entfernt von dem Lokal The Ranch steht Dale Lasater in einem Korral mit großen Bullen und füttert sie aus der Hand. Es ist ein warmer Tag im Frühling, doch hinter ihm sind die Rocky Mountains immer noch mit Schnee bedeckt. Lasater ist Anfang fünfzig, mit Schnauzbart und einer Brille mit Metallgestell. Er trägt abgewetzte Jeans, Stiefel und ein sorgsam gebügeltes Button-Down-Hemd und sieht damit teils wie ein Cowboy, teils wie ein Mitglied einer Eliteuniversität aus. Die Bullen, die sich um ihn drängen, wirken fast niedlich und verhalten sich eher wie eine Herde sanfter Stiere à la Ferdinand und nicht wie wilde Symbole des Machismo. Sie wurden auf Sanftheit gezüchtet, behielten ihre Hörner und wurden nie mit dem Lasso eingefangen. Die Lasater Ranch umfasst 30 000 Morgen Shortgrass-Prärie in der Nähe der Stadt Matheson in Colorado. Die Ranch arbeitet Gewinn bringend, obwohl dort seit 50 Jahren keine Pestizide, Herbizide, Gifte oder Kunstdünger verwendet, keine Raubtiere wie Koyoten getötet, keine Wachstumshormone, anabolen Steroide oder Antibiotika an die Rinder verabreicht werden. Die Lasaters sind keineswegs typisch, arbeiten jedoch hart daran, die Produktion des amerikanischen Rindfleisches zu verändern. Ihre Philosophie bei der Rinderaufzucht basiert auf einem einfachen Glaubenssatz: »Die Natur ist verdammt schlau.«[1]

Dale Lasaters bilderstürmerische Haltung scheint im Blut zu liegen. Einer seiner Großväter war zu Beginn des 20. Jahrhunderts Vorstand eines texanischen Rinderzüchterverbands und führte den Kampf gegen den Beef Trust an, sagte vor dem Kongress aus und forderte die strenge Umsetzung der Antitrust-Gesetze. Aus Rache weigerte sich der Beef Trust jahrelang, Rinder von Lasater zu kaufen. Dale Lasaters Vater Tom ging nach dem Wall Street Crash 1929 von der Universität Princeton ab und widmete sich ganz der Ranch. Die schweren Zeiten zwangen ihn, nach Wegen zu suchen, Rinder günstig aufzuziehen. Er beschloss, der Natur den Großteil der Arbeit zu überlassen. Er züchtete Rinder, die gutmütig, fruchtbar und stark waren, und kümmerte sich nicht um ihr Aussehen. Er kreuzte Herefords, Shorthorns und Brahmans und schuf eine völlig neue Rasse, erst die zweite neue Rinderrasse, die in den USA registriert wurde. Und er gab der Rasse einen passenden amerikanischen Namen: Beefmaster. 1948 zog Tom Lasater mit seiner Familie von Texas nach Ostcolorado. Trotz des Ärgers und der Verwunderung seiner Nachbarn weigerte er sich, Raubtiere zu töten oder die Jagd auf seinem Land zu erlauben. Tiere, die von anderen Rinderzüchtern ausgerottet wurden – Klapperschlangen, Koyoten, Dachse, Erdhörnchen, Taschenratten und Präriehunde –, durften auf seinem Land leben. Lasater war der Meinung, dass die Kühe mehr von den Herausforderungen eines intakten Ökosystems profitierten als von den menschlichen Bemühungen, die Umwelt zu kontrollieren.

Tom Lasater ist heute 90 Jahre alt. Sein Gedächtnis lässt nach, doch er strahlt immer noch die Aura eines starken Patriarchen aus. Während Dale einen alten cremefarbigen Suburban Custom Deluxe holpernd über die unbefestigten Wege der Ranch lenkt, sitzt sein Vater mit Cowboyhut, Bolo Tie und dicker schwarzer Brille hinten im Fond und betrachtet schweigend die Beefmaster, die verstreut auf der Prärie stehen. Er mustert sie sehr genau und fragt Dale häufig nach einem bestimmten Tier. Die Rinder weiden in einer Landschaft, die weit und unberührt wirkt. Die Lasater Ranch ist ein Wildschutzgebiet. Heimische Gräser gedeihen prächtig, schlanke Pyramidenpappeln wachsen an den Bachufern, und Antilopenherden äsen neben den Rindern. Dale parkt den Truck, und ich gehe ein kurzes Stück zu einer kleinen, felsigen Anhöhe. Verglichen mit der Umgebung, wirkt der Wagen wie ein kleiner, unbedeutender Punkt. Im Westen erheben sich Pikes Peak und Cheyenne Mountain, in die anderen Richtungen streckt sich die Prärie bis an den Horizont, wiegen sich die Gräser in Wellen unablässig im Wind.

Jenseits des Besitzes der Lasaters geht es dem Land nicht so gut. Die Zahl der kleineren Farmen und Rinderzuchtbetriebe in der Gegend sinkt schon seit Jahren. Der Bevölkerungsschwund, der in den 50er Jahren einsetzte, hat sich vor kurzem verlangsamt, doch es ist bereits zu spät. Viele Ortschaften wurden zu regelrechten Geisterstädten. Im kleinen Geschäftszentrum von Matheson liegen die Futtermittelhandlung, das Lebensmittelgeschäft und eine Werkstatt verlassen an einer unbefestigten Straße namens The Broadway. Die weiß getünchten Gebäude mit ihren originellen, verblassten Schildern stehen leer. Die große Grundschule aus Backstein, die Dale Lasater einst besuchte, wurde um die Jahrhundertwende gebaut und kündet mit ihrer Architektur vom amerikanischen Optimismus. Heute wird sie von einem Rancher aus der Gegend als Getreidelager benutzt.

Bevor Dale Lasater die Ranch der Familie übernahm, verbrachte er ein Jahr als Fulbright-Stipendiat in Argentinien, leitete einen Rindermastbetrieb in Kansas und verwaltete Rinderzuchtbetriebe in Texas, Florida und New Mexico. Dabei gelangte er zu der Ansicht, dass das amerikanische System der industriellen Rinderproduktion nicht beibehalten werden kann. Steigende Getreidepreise werden die Rinderzüchter und Mastbetriebe eines Tages schwer beeinträchtigen. Noch wichtiger ist jedoch laut Lasater, dass man die Verfütterung von Millionen Tonnen wertvollen Getreides an Rinder nur schwer rechtfertigen kann, wenn gleichzeitig Millionen Menschen in anderen Ländern verhungern. Er respektiert die Entscheidung, Vegetarier zu werden, hat jedoch wenig für den moralischen Überlegenheitsgestus übrig, der damit oft einhergeht.

Seine Kindheit in der Prärie vermittelte ihm eine Sichtweise von der Natur, die sich von der Disney-Version unterscheidet. Rinder, die nicht von Menschen verzehrt werden, die einfach alt und schwach werden dürfen, werden dennoch gegessen – von Koyoten und Truthahngeiern, und das ist gewiss kein schöner Anblick.

Vor kurzem gründete Dale Lasater die Firma Lasater Grasslands Beef für den Verkauf von Biofleisch von Weiderindern, die nur mit Gras gefüttert werden. Keines der Rinder war je in einem Feedlot. Das Fleisch enthält wesentlich weniger Fett als das Fleisch von Rindern, die mit Getreide gefüttert wurden, und es besitzt einen viel stärkeren Eigengeschmack. Laut Lasater haben die meisten Amerikaner vergessen, wie echtes Rindfleisch schmeckt. Argentinisches Rindfleisch gilt als Gourmet-Artikel, der in teuren Restaurants serviert wird, und fast sämtliche Rinder in Argentinien werden nur mit Gras gefüttert. Neueste Erkenntnisse, wonach reine Weiderinder weniger wahrscheinlich *E. coli* 0157:H7 verbreiten, bestärkten Lasater in seiner Entscheidung, diesen Weg zu gehen.[2] Zusammen mit anderen innovativen Rinderzüchtern aus Colorado versucht er, Rinder auf eine Weise aufzuziehen, die weder dem Verbraucher noch der Umwelt schadet. Hank war ein guter Freund von Lasater und in mancher Hinsicht eine verwandte Seele. Lasater glaubt nicht, dass seine kleine Firma die amerikanische Fleischindustrie revolutionieren wird; doch immerhin ist sie ein Anfang.

In hundert Kilometer Entfernung an der South Nevada Avenue in Colorado Springs betreibt Rich Conway ein Familienrestaurant, das sich ebenfalls gegen den allgemeinen Trend stemmt. Conway's Red Top Restaurant befindet sich in einem bescheidenen Backsteingebäude an einer Straße voller alter Western Motels. Conway hat bereits so einiges mitgemacht. Er hatte einen Motorradunfall und einen schlimmen Autounfall, später rutschte er auf Glatteis aus und stauchte sich die Wirbelsäule. Mit Anfang 50 geht er heute langsam und mit Stock, besitzt jedoch ein schönes, wettergegerbtes Gesicht, eine Zen-artige Ruhe und einen starken, unabhängigen Willen, der ihn trotz aller Unbilden weitermachen lässt. Conway ist ein Original. Als ich ihn fragte, warum die Familie Conway allen Voll-zeitangestellten im Restaurant eine Krankenversicherung bie-tet, lächelte er höflich, als ob die Antwort auf der Hand liegen würde, und meinte: »Wir wollen gesunde Mitarbeiter.«

Die Eltern von Rich Conway arbeiteten bereits kurz nach der Eröffnung des Restaurants im Jahr 1944 im Red Top und kauften es 1961. Rich arbeitete ebenso wie seine neun Brüder und Schwestern schon von klein auf mit. Conway's Red Top – mit einem kleinen Gipfel auf dem gelben Schriftzug – wurde dank seiner großen, ovalen Hamburger, handgemachten Pommes frites und der freundlichen Atmosphäre zum belieb-testen Restaurant der Stadt. Bis in die 70er Jahre gedieh das Lo-kal trotz der landesweiten Invasion der großen Fastfoodketten prächtig. Ende der 80er Jahre musste Conway's allerdings bei-nahe schließen, nachdem der Vater von Rich gestorben war. Die lokalen Zulieferer des Restaurants halfen, den Betrieb auf-rechtzuerhalten, bis eine neue Finanzierung arrangiert werden konnte. Conways Red Top verfügt heute über vier Filialen in Colorado Springs. Rich Conway war bis 1999 Präsident des Fa-milienunternehmens, heute hat sein jüngerer Bruder Jim die-se Position inne. Bruder Dan ist Finanzmanager, die Schwester Mary Kaye kümmert sich um das Marketing; ein anderer Bru-der, Mike, ist Betriebsleiter, die Schwester Patty Jo ist Assistant Manager – und viele der 37 Conways aus der nachfolgenden Generation arbeiten in den verschiedenen Red Top Restau-rants. Die Familie fühlt sich ihrer Arbeit persönlich verpflich-tet, und das spürt man. Laut den Restaurantkritikern Jane und Michael Stern verkauft Conway's Red Top mit die besten Ham-burger in den USA.

Bei Conway's in Südnevada werden die Hamburgerpatties immer noch jeden Tag von Hand unter Verwendung von fri-schem Hackfleisch geformt. Das Fleisch stammt von GNC Packing, einem kleinen, unabhängigen Fleisch verarbeitenden Betrieb in Colorado Springs, und ist nicht tiefgekühlt. Die Brötchen werden von einer Bäckerei in Pueblo geliefert. Jeden Morgen werden in der Küche einhundert Kilo Kartoffeln geschält und mit einem alten, kurbelbetriebenen Apparat geschnitten. Die Burger und Pommes frites werden von Köchen auf Bestellung zubereitet, die zehn Dollar in der Stunde verdienen. Die Köche tragen Baseballkappen, auf denen steht: »Conway's Red Top: One's a Meal«. Den Mitarbeitern wird nicht von schicken Computern gesagt, was sie tun sollen, es gibt zwar Essen zum Mitnehmen, aber kein Drive-Through, und die Gerichte sind nur ein wenig teurer als in dem halbleeren Wendy's gegenüber. Eines Tages traf ich bei Conway's einen Gast, der dort seit 50 Jahren regelmäßig zu Mittag isst.

Derzeit diskutiert die Familie Conway darüber, wie das Unternehmen expandieren soll, ohne die Werte, die seinen Erfolg ausmachen, zu gefährden. Die Eröffnung neuer Restaurants könnte den zahlreichen Conway-Enkeln finanzielle Chancen bieten, würde aber auch einige Risiken bergen. Allerdings ist jetzt möglicherweise der richtige Zeitpunkt für die Eröffnung einiger weiterer Red Top Restaurants gekommen. Während das übrige Colorado immer glatter und homogener wird, wirkt Colorado Springs zunehmend unabhängiger und offener. Der alte Stadtkern mit seiner Atmosphäre überwindet vielleicht sogar eines Tages die Uniformität der umgebenden Vororte.

Bei der Bürgermeisterwahl in Colorado Springs wurde 1999 Mary Lou Makepeace – eine allein erziehende Mutter mit einem sehr passenden Namen, um Konsens zu stiften – für eine zweite Amtszeit gewählt und schlug damit klar einen erzkonservativen Kandidaten, der von Focus on the Family unterstützt wurde. Die Bürgermeisterin hatte dazu beigetragen, den Bürgern von Colorado Springs – vielleicht der am stärksten republikanisch gesonnenen Stadt in den USA – die Zustimmung zu einer Steuererhöhung abzuringen. Die zusätzlichen Einnahmen wurden dazu verwendet, Land aufzukaufen und vor der Zersiedelung zu schützen. Makepeace setzte sich auch für öffentliche Parks ein. Außerdem half sie, die Sanierung von 24 Hektar Fläche in der Nähe des Gewerbeviertels im Zentrum der Stadt umzusetzen, einem einst blühenden Viertel, das vor Jahren aufgegeben wurde. Das Projekt verfolgt die Ziele des »neuen Urbanismus«, einer Bewegung, die im Gegensatz zur gedankenlosen Zersiedelung Wohngebäude mit Gewerberäumen und Läden so kombiniert, dass das Flanieren gefördert und das Autofahren erschwert wird. Ziel der Lowell Neighborhood ist es laut Architekt Morey Bean nicht, die Autos zu verbannen, sondern sie auf ihren Platz zu verweisen: bevorzugt außer Sicht in Tiefgaragen.

Man ist versucht, Conway's Red Top einfach als Überbleibsel einer anderen Zeit abzutun, als ein Unternehmen, dessen Low-Tech-Methoden originell, aber überholt sind. Und doch wird eine der erfolgreichsten amerikanischen Fastfoodketten ähnlich wie Conway's betrieben.[3] 1948, dem Jahr, in dem die McDonald's-Brüder das Speedee Service System einführten, eröffneten Harry und Esther Snyder ihr erstes In-N-Out-Burger-Restaurant an einer Straße zwischen Los Angeles und Palm Springs. Es war das erste Drive-Through-Hamburger-Restaurant der Welt. Heute gibt es in Kalifornien und Nevada etwa 150 In-N-Outs, die einen Jahreserlös von über 150 Millionen Dollar erzielen.[4] Harry Snyder starb 1976, doch Esther fungiert auch noch im Alter von 80 Jahren als Präsidentin des Familienbetriebs. Die Synders haben bereits unzählige Angebote zum Verkauf der Kette abgelehnt, weigern sich, sie im Franchisesystem zu vermarkten, und stemmen sich erfolgreich gegen die Methoden der übrigen Fastfoodindustrie.

In-N-Out ging seinen eigenen Weg: Auf dem Boden der Getränkebecher stehen Bibelzitate. Wichtiger ist jedoch, dass die Kette die höchsten Löhne in der Branche bezahlt. Der Einstiegs-Stundenlohn für einen Teilzeitangestellten beträgt acht Dollar.[5] Vollzeitkräfte erhalten eine Krankenversicherung und

Zusatzversicherungen für zahnärztliche und augenärztliche Behandlung sowie eine Lebensversicherung. Das Durchschnittsgehalt eines In-N-Out-Restaurantmanagers liegt bei über 80 000 Dollar pro Jahr. Die Manager arbeiten im Durchschnitt seit 13 Jahren für die Kette. Die hohen Löhne und Gehälter führten weder zu einer Preissteigerung noch zu einer Qualitätsminderung beim Essen. Das teuerste Gericht auf der Speisekarte kostet 2,45 Dollar. In den Küchen der Restaurants gibt es keine Mikrowellen, Wärmelampen oder Tiefkühlgeräte. Das Hackfleisch ist frisch, für die Pommes frites werden jeden Tag Kartoffeln geschält, und die Milchshakes werden nicht aus Sirup, sondern aus Eiscreme hergestellt.

Bei der alljährlichen Umfrage »Choice in Chains« der Zeitschrift *Restaurants and Institutions* nahm In-N-Out im März 2000 unter den Fastfood-Hamburger-Ketten des Landes bei Essensqualität, Wert, Service, Atmosphäre und Sauberkeit den ersten Platz ein. Bei der Qualität der Speisen errang In-N-Out jedes Jahr den ersten Platz, seit die Kette in den Test mit aufgenommen wurde. Laut den Verbrauchern, die von *Restaurants and Institutions* im Jahr 2000 befragt wurden, bot McDonald's bei den Speisen die schlechteste Qualität.[6]

Freier Markt?

Nichts an der Fastfoodgesellschaft, die uns umgibt, ist unvermeidlich – weder Marketingstrategien noch Arbeitssituation, landwirtschaftliche Methoden oder der rücksichtslose Konformitäts- und Preisdruck. Der Triumph von McDonald's und seinen Nachahmern war keineswegs vorherbestimmt. In den vergangenen 20 Jahren hat das Gerede über den »freien Markt« Veränderungen in der Wirtschaft überdeckt, die wenig Ähnlichkeit mit wahrem Wettbewerb oder Freiheit der Auswahl haben. Von der Luftfahrt bis zu den Verlagen, von der Eisenbahn bis zur Telekommunikation bemühten sich Unternehmen stets, die Unbilden des Marktes zu meiden, indem sie ihre Konkurrenten eliminierten oder schluckten. Die stärksten Motoren des amerikanischen Wirtschaftswachstums in den 90er Jahren waren Computer-, Software-, Luftfahrt- und Satellitenindustrie, und die werden seit Jahrzehnten vom Pentagon stark subventioniert. Tatsächlich diente der amerikanische Verteidigungshaushalt lange Zeit als eine Form der Wirtschaftsförderung, ein quasisozialistisches System der Planwirtschaft, das gelegentlich unerwartete Ergebnisse brachte. Das Internet, das den Mittelpunkt der »New Economy« von heute bildet, entstand Ende der 70er als militärisches Kommunikationsnetzwerk ARPANET. Ob zum Guten oder zum Schlechten, die vom amerikanischen Kongress verabschiedeten Gesetze spielten bei der Gestaltung der Wirtschaftsgeschichte in der Nachkriegszeit eine weit wichtigere Rolle als die Kräfte des freien Marktes.

Der Markt ist ein Werkzeug, und zwar ein nützliches. Doch die Verehrung dieses Werkzeugs steht auf tönernen Füßen. Weit wichtiger als jedes Werkzeug ist das, was man damit macht. Viele der größten Errungenschaften Amerikas stehen im Widerspruch zum freien Markt: das Verbot der Kinderarbeit, die Einführung eines Mindestlohns, die Schaffung von Naturschutzgebieten und Nationalparks, die Errichtung von Dämmen, Brücken, Straßen, Kirchen, Schulen und Universitäten. Wenn nur das uneingeschränkte Recht zu kaufen und zu verkaufen zählen würde, ließen sich verunreinigte Lebensmittel nicht mehr aus den Regalen der Supermärkte fern halten, Giftmüll könnte direkt neben Grundschulen abgeladen werden und jede amerikanische Familie könnte sich Sklaven halten und sie mit Essen anstelle von Geld bezahlen.

Die große Herausforderung, vor der Länder auf der ganzen Welt heute unter anderem stehen, besteht darin, das richtige Gleichgewicht zwischen der Effizienz und der Amoralität der Märkte zu finden. In den vergangenen 20 Jahren bewegten sich die USA zu weit in die eine Richtung, schwächten die Gesetze zum Schutz von Arbeitern, Verbrauchern und der Umwelt. Ein wirtschaftliches System, das Freiheit verspricht, hat zu oft als ein Mittel zu deren Verweigerung gedient, wenn das Diktat des Marktes Vorrang gegenüber wichtigen demokratischen Werten erhielt.

In der Fastfoodindustrie von heute kulminieren diese größeren gesellschaftlichen und wirtschaftlichen Trends. Der niedrige Preis eines Fastfood-Hamburgers spiegelt nicht seinen wahren Preis. Die Gewinne der Fastfoodketten werden auf Kosten der Gesellschaft gemacht. Allein die jährlichen Kosten im Zusammenhang mit Fettleibigkeit sind heute doppelt so hoch wie die Gesamteinnahmen der Fastfoodindustrie. Die Umweltschutzbewegungen zwangen die Unternehmen, ihren Ausstoß an Umweltgiften und ihren Anteil an der Umweltverschmutzung einzuschränken. Eine ähnliche Kampagne müsste die Fastfoodketten dazu veranlassen, in ähnlicher Weise die Verantwortung für die schädlichen Folgen ihrer Unternehmenspraktiken zu übernehmen.

Was tun?

1995 erklärte die American Academy of Pediatrics (Akademie für Kinderheilkunde), dass »Werbung, die auf Kinder ausgerichtet ist, an sich täuschend ist und Kinder unter acht Jahren ausnutzt«.[7] Die Akademie empfahl kein Verbot für derartige Werbung, da dies unpraktikabel erschien und die Redefreiheit der Werbetreibenden beschneiden würde. Aber der US-Kongress könnte jede Kinderwerbung verbieten, in der Lebensmittel mit hohem Fett- oder Zuckergehalt angepriesen werden. Vor 30 Jahren erließ der Kongress ein Verbot für Zigarettenwerbung in Radio und Fernsehen als eine Maßnahme zur Förderung der öffentlichen Gesundheit – und diese Werbung richtete sich an Erwachsene. Seitdem ist das Rauchen zurückgegangen. Ein Verbot der an Kinder gerichteten Werbung für ungesunde Nahrungsmittel würde Essgewohnheiten zu verhindern suchen, die nicht nur schwer abzugewöhnen sind, sondern auch lebensbedrohlich sein können. Darüber hinaus würde ein derartiges Verbot die Fastfoodketten dazu zwingen, ihre Rezepte für die Kindermenüs zu ändern. Eine deutliche Verringerung des Fettgehalts bei den Happy Meals zum Beispiel würde sich umgehend auf die Ernährung der Kinder auswirken. Jeden Monat essen über 90 Prozent der Kinder in den USA bei McDonald's.[8]

Der Kongress kann nicht anordnen, dass die Fastfoodketten ihre Beschäftigten besser schulen. Er kann jedoch die Steuererleichterungen beseitigen, die eine hohe Personalfluktuation bei den Ketten belohnen und die Ausbildung auf ein Minimum reduzieren. Bei staatlich geförderten Ausbildungsprogrammen sollte man darauf bestehen, dass Unternehmen die Mitarbeiter mindestens ein Jahr lang beschäftigen – und tatsächlich eine gewisse Ausbildung bieten. Die strikte Durchsetzung der Mindestlöhne und der Gesetze zur Kinderarbeit sollte das Leben der Fastfood-Arbeiter ebenso verbessern wie OSHA-Vorschriften zur Gewalt am Arbeitsplatz in Restaurants. Die Verabschiedung neuer Gesetze zur Erleichterung einer gewerkschaftlichen Organisation wird nicht gleich zu Streikposten vor jedem McDonald's führen, vielleicht jedoch die Fastfoodindustrie ermuntern, ihre Beschäftigten besser zu behandeln und auf ihre Beschwerden einzugehen. Teenager sollten für die Entscheidung, nach dem Schulunterricht noch zu arbeiten, belohnt und nicht geschädigt werden. Wenn das Land an ihrer Zukunft interessiert ist, sollte es deren Ausbildung angemessen finanzieren, anstatt Werbende an die Schulen einzuladen.

Was das Essen angeht, das heute in den Schulen ausgegeben wird: Es sollte sicherer sein als das, was in den Fastfoodrestaurants verkauft wird, nicht riskanter. Das Landwirtschaftsministerium sollte bei jedem Unternehmen, das Hackfleisch für Schulmahlzeiten liefert, auf den bestmöglichen Qualitäts- und

Hygienevorschriften bestehen – oder das Hackfleisch nicht mehr kaufen. Die amerikanischen Steuerzahler sollten nicht für Lebensmittel bezahlen, die ihre Kinder in Gefahr bringen können. Die Entscheidung des Landwirtschaftsministeriums, das für Schulen gekaufte Hackfleisch auf *E. coli* 0157:H7 zu testen, ist zwar lobenswert, fiel aber erst sieben Jahre nach der Epidemie bei Jack in the Box. Sie wurde erst getroffen, nachdem zahllose Kinder unnötig erkrankten. Dass die Fleisch verarbeitende Industrie jahrelang fragwürdiges Fleisch an das Ministerium verkaufen konnte, das für die Sicherheit und Kontrolle unserer Lebensmittel zuständig ist, ist nur ein Symptom für ein viel größeres Problem – ein staatliches System zur Kontrolle von Lebensmitteln, das schlecht strukturiert, mit ungenügenden finanziellen Mitteln ausgestattet und unfähig ist, die meisten Fälle von Lebensmittelvergiftung überhaupt aufzuspüren.

Staatliche Vertreter und die Fleisch verarbeitende Industrie behaupten oft, die USA verfügten über die hygienischsten Lebensmittel der Welt.[9] Doch in anderen Ländern gelten viel striktere Lebensmittelgesetze und existieren viel gründlichere Systeme zur Lebensmittelinspektion. Schweden startete bereits vor 40 Jahren ein Programm zur Eliminierung von Salmonellen in seinen Tierbeständen. Heute haben nur etwa 0,1 Prozent der schwedischen Rinder Salmonellen, ein deutlich geringerer Anteil als in den USA.[10] Die Niederlande testen seit 1989 Hackfleisch auf *E. coli* 0157:H7.[11] Das holländische System der Lebensmittelkontrolle untersteht nicht dem Landwirtschaftsministerium, sondern dem Gesundheitsministerium. Strenge Vorschriften regeln jeden Aspekt der Fleischproduktion, verbieten die Verarbeitung von tierischen Abfallprodukten zu Futter, den Einsatz von Hormonen zur Wachstumsstimulanz, begrenzen den Stress der Rinder beim Transport (wodurch auch die über den Kot ausgeschiedene Bakterienmenge reduziert wird) und ordnen die Beschlagnahme von verunreinigtem Fleisch an. In den niederländischen Schlachthäusern wird die Geschwindigkeit der Fließbänder von Überlegungen zur Hygiene bestimmt.

Derzeit sind in den USA mehrere staatliche Ministerien für die Kontrolle von Lebensmitteln verantwortlich, und sie werden von 28 Kongressausschüssen beaufsichtigt.[12] Die zahlreichen miteinander konkurrierenden Behörden stiften Verwirrung, ermöglichen Lücken bei der Durchsetzung und zahlreiche Absurditäten. Das Landwirtschaftsministerium ist befugt, mikrobiologische Tests bei Rindern durchzuführen, die bereits geschlachtet wurden, darf jedoch keine lebenden Rinder testen, obwohl man so infizierte Tiere von den Schlachthöfen fern halten könnte. Die Herstellung tiefgekühlter Käsepizzas wird von der Food and Drug Administration überwacht, wenn eine Pizza jedoch mit Salami belegt ist, hat das Landwirtschaftsministerium das Sagen.[13] Eier fallen in den Zuständigkeitsbereich der Food and Drug Administration, Hühner dagegen in den des Landwirtschaftsministeriums.[14] Mangelnde Kooperation zwischen beiden Behörden behinderte bislang Bemühungen, die Verunreinigung amerikanischer Eier durch Salmonellen zu senken. Aus schwedischen und holländischen Eiern sind Salmonellen fast ganz verschwunden. Dagegen erkrankt in den USA alljährlich eine halbe Million Menschen nach dem Verzehr von mit Salmonellen verunreinigten Eiern; über 300 Menschen sterben.[15]

Der Kongress sollte eine einzelne Behörde zur Kontrolle von Lebensmitteln schaffen, die über ausreichend Macht zum Schutz der Gesundheit der Bevölkerung verfügt. Die beiden Hauptaufgabenbereiche des USDA – die Förderung der amerikanischen Landwirtschaft und ihre Kontrolle – sind unvereinbar. Die andere Behörde zur Kontrolle von Lebensmitteln in den USA, die Food and Drug Administration, verwendet einen Großteil ihres Budgets auf die Kontrolle verschreibungspflichtiger Medikamente. Ein Lebensmittel verarbeitendes Unternehmen in den USA muss im Durchschnitt alle zehn Jahre mit dem Besuch eines Inspektors von der Gesundheitsbehörde rechnen.[16] Die neue Behörde zur Lebensmittelkontrolle sollte die Macht haben, die Lebensmittel während des gesamten Produktionsprozesses zu verfolgen, von ihrer Erzeugung auf dem Bauernhof bis zu ihrem Verkauf in Restaurants oder Supermärkten. Derzeit unterstehen die 200 000 Fastfoodrestaurants des Landes keinerlei Aufsicht durch eine staatliche Gesundheitsbehörde.[17] Der Krieg gegen die in Lebensmitteln enthaltenen Krankheitserreger verdient die gleiche landesweite Aufmerksamkeit und die entsprechenden Ressourcen wie der Krieg gegen Drogen. Weit mehr Amerikaner erleiden ernsthafte Schäden durch Lebensmittelvergiftungen als durch Drogenkonsum. Die Schäden infolge von Lebensmittelvergiftungen sind im Allgemeinen unbeabsichtigt und unerwartet. Wer Crack raucht, kennt die potenziellen Gefahren; wer einen Hamburger isst, nicht. Essen in den USA sollte nicht länger ein Risiko sein.

Die Schritte, die zur Verbesserung der hygienischen Verhältnisse in den amerikanischen Schlachthöfen unternommen werden, haben möglicherweise den zusätzlichen Effekt, dass sich weniger Arbeiter verletzen. In niederländischen Schlachthöfen werden im Durchschnitt weniger als hundert Rinder pro Stunde verarbeitet; der amerikanische Durchschnitt liegt mehr als dreimal so hoch. Die IBP-Arbeiter, die ich in Lexington, Nebraska, kennen lernte, erzählten mir, dass ihnen die Tage, an denen Fleisch für die Europäische Union verarbeitet wurde, am liebsten waren. In der EU gelten für importiertes Fleisch bestimmte Standards, und IBP verlangsamte an solchen Tagen die Geschwindigkeit der Bänder, damit die Arbeit sorgfältiger durchgeführt werden konnte.[18]

Die Arbeitsbedingungen und Hygienestandards in den amerikanischen Fleischfabriken sollten sich nicht nur verbessern, wenn Rindfleisch für den Export verarbeitet wird. Die amerikanischen Arbeiter und Verbraucher verdienen mindestens die gleiche Sorgfalt wie Kunden im Ausland. Strengere Hygienevorschriften könnten auch die Zahl der Arbeitsunfälle in

Schlachthöfen verringern. Die größten Fortschritte bei der Sicherheit der Arbeiter lassen sich jedoch erzielen, wenn bundesstaatliche und staatliche Behörden die Verletzungsrate der Branche unter einer neuen Perspektive betrachten. Für sich betrachtet, kann fast jede Verletzung am Arbeitsplatz als »Unfall« beschrieben werden. Aber wenn sich jedes Jahr ein Drittel der Arbeiter in der Fleisch verarbeitenden Industrie verletzt, wenn die Ursachen für diese Verletzungen bekannt sind, wenn die Mittel zur Verhinderung solcher Verletzungen zur Verfügung stehen, aber nicht angewendet werden, dann sind die Schnittwunden, Amputationen, kumulativen Belastungssyndrome und Todesfälle keine Unfälle. Sie sind nicht die Folge individueller Fehler. Sie sind systembedingt, und ihre Ursache ist Gier.

Die von der Occupational Safety and Health Administration verhängten Bußgelder wirkten sich kaum auf die Sicherheitsvorkehrungen in der Branche aus. Derzeit liegt die Höchststrafe der OSHA für einen Todesfall, der durch die Fahrlässigkeit des Arbeitgebers verursacht wurde, bei 70 000 Dollar.[19] Diese Summe versetzt die Bosse des Agrobusiness, deren Unternehmen jedes Jahr Milliarden Dollar verdienen, nicht gerade in Angst und Schrecken. Im Interesse der Arbeiter in der Fleischindustrie, die sich jedes Jahr unnötig verletzen, sollten wesentlich strengere Sanktionen eingeführt werden. Denn diese Verletzungen sind durchaus vorhersehbar und zu verhindern. Die neuen Strafen sollten höhere Bußgelder sowie Zwangsschließungen und die strafrechtliche Verfolgung fahrlässigen Handelns umfassen. Wenn einige Topmanager aus der Fleisch verarbeitenden Industrie wegen des Todes oder der Verletzung von Arbeitern vor Gericht gestellt werden würden, wäre die Branche alarmiert. Damit würde man eine einfache Botschaft vermitteln, der die meisten Amerikaner instinktiv zustimmen würden: Wer zulässt, dass unschuldige Menschen verstümmelt oder getötet werden, ist ein Verbrecher.

Die Arbeitsbedingungen in amerikanischen Schlachthöfen

zeigen, was geschehen kann, wenn Arbeitgeber nahezu uneingeschränkte Macht über ihre Beschäftigten ausüben. Wenn der
Einfluss der Gewerkschaften zu groß ist, können sie korrupt
werden und die Ineffizienz fördern. Doch ohne Gewerkschaften erlaubt man den Unternehmen, sich kriminell aufzuführen und sich ungestraft über das Arbeitsrecht hinwegzusetzen.
Wenn die Fleisch verarbeitende Industrie weiterhin arme, un-
gebildete, oft illegale Einwanderer einstellen darf, werden
schon bald viele Industrien ihrem Beispiel folgen. Das Anstei-
gen wandernder Industriearbeiter stellt eine Bedrohung der
Demokratie dar. Arbeiter, die illegal eingewandert sind, können nicht wählen und haben wenig Möglichkeiten, ihre Rechte zu verteidigen. Ohne das Gegengewicht der Gewerkschaften
suchen sich die Unternehmen in zunehmendem Maße die ver-
wundbarsten Mitglieder der Gesellschaft als Beschäftigte aus.
Wie in der Fleisch verarbeitenden Industrie werden die Errungenschaften, die amerikanische Arbeiter im Lauf des 20. Jahrhunderts durchgesetzt haben, praktisch über Nacht verschwinden. Die ländlichen Ghettos in Lexington und Greeley sollten
nicht für die Zukunft des amerikanischen Kernlandes stehen.

Jede Reform des derzeitigen Systems der industrialisierten
Landwirtschaft muss die Bedürfnisse der unabhängigen Farmer und Viehzüchter berücksichtigen. Sie sind mehr als ein
sentimentales Bindeglied zur ländlichen Vergangenheit der
USA. Sie sind eine einzigartige Quelle der Innovation und der
Bearbeitung des Landes. Im Kalten Krieg wurde das dezentrale
System der amerikanischen Landwirtschaft, das auf Millionen
selbstständiger Produzenten basierte, als das produktivste System der Welt dargestellt, als ein Beweis der Überlegenheit des
Kapitalismus. Die immer wieder auftretenden Missernten in
der Sowjetunion wurden einem stark zentralisierten System
zugeschrieben, das von Bürokraten in weiter Entfernung ver-
waltet wurde. Die wenigen Unternehmen, die die amerikanische Lebensmittelproduktion heute dominieren, bevorzugen
ein anderes zentrales Produktionssystem, in dem Tiere und

Land als reine Waren gelten, Landwirte auf den Status von Angestellten reduziert und die Entscheidungen über die Anbauprodukte von Managern in großer Entfernung von den Feldern getroffen werden. Der Wettbewerb zwischen den großen Lebensmittelunternehmen hat zwar tatsächlich die Preise für die Verbraucher gesenkt, die Festpreise und Preisabsprachen ruinieren jedoch die unabhängigen Landwirte. Die Antitrust-Gesetze, die derartige Praktiken verbieten, müssen strikter durchgesetzt werden. Vor über hundert Jahren tat Henry M. Teller, ein republikanischer Senator aus Colorado, bei der Kongressdebatte über den Sherman Antitrust Act das Argument, dass niedrige Verbraucherpreise die Existenz des rücksichtslosen Einsatzes der Monopolmacht rechtfertigen würden, mit den folgenden Worten ab: »Ich glaube nicht, dass das große Ziel im Leben darin besteht, alles billig zu machen.«[20]

Nachdem der Konzentrationsprozess in der amerikanischen Landwirtschaft abgeschlossen wurde, versuchen die Unternehmen nun, wie einst die sowjetischen Kommissare, die Kritik an ihrem Vorgehen zum Schweigen zu bringen. In den 90er Jahren wurden in 13 Bundesstaaten so genannte »Veggie Libel Laws« verabschiedet.[21] Diese Gesetze verbieten die Kritik an landwirtschaftlichen Produkten, wenn sie sich nicht auf »vernünftige« wissenschaftliche Beweise stützt. Das Konzept dieser »Gesetze zur Verleumdung durch Vegetarier« ist vermutlich verfassungswidrig, dennoch wurden sie verabschiedet. Die Talkmasterin Oprah Winfrey wurde wie viele andere verklagt, weil sie abschätzige Bemerkungen über Lebensmittel machte. In Texas wurde ein Mann von einer Rasenfirma verklagt, weil er die Qualität ihrer Grassode kritisiert hatte. In Georgia und Alabama wurden die Veggie Libel Laws nach dem Vorbild des britischen Verleumdungsgesetzes formuliert und die Beweislast dem Beklagten zugeschoben. In Colorado ist ein Verstoß gegen das Veggie Libel Law ein strafrechtliches Vergehen. Kritik am Hackfleisch aus dem Schlachthof von Greeley kann den Kritiker hinter Gitter bringen.

Wie soll man vorgehen?

Der Kongress sollte Werbung verbieten, die auf Kinder abzielt, er sollte kurzfristige Jobs nicht mehr subventionieren, er sollte strengere Lebensmittelgesetze verabschieden, er sollte die amerikanischen Arbeiter vor schweren Schäden schützen, er sollte gegen die gefährliche Konzentration wirtschaftlicher Macht kämpfen. All das sollte der Kongress tun, doch es ist unwahrscheinlich, dass er in naher Zukunft etwas unternehmen wird. Der politische Einfluss der Fastfoodindustrie und ihrer Zulieferer aus dem Agrobusiness machen eine Diskussion darüber, was der Kongress unternehmen sollte, größtenteils überflüssig. Die Fastfoodindustrie gibt jedes Jahr Millionen Dollar für Lobbyisten und Milliarden Dollar fürs Marketing aus. Der Reichtum und die Macht dieser Ketten lassen sie unbesiegbar scheinen. Und dennoch müssen sich die Unternehmen den Forderungen einer Gruppe beugen – den Verbrauchern, die sie eifrig umschmeicheln und umwerben. Da der Markt für Fastfood in den USA zunehmend gesättigt ist, müssen die Ketten heftig um Kunden konkurrieren. Laut William P. Foley II, dem Vorsitzenden des Unternehmens, dem Carl's Jr. gehört, lautet der Grundsatz der Fastfoodindustrie heute: »Wachse oder stirb.«[22] Schon ein geringfügiger Rückgang beim Marktanteil kann einen starken Wertverlust bei den Aktien des Unternehmens nach sich ziehen. Selbst McDonald's ist heute angesichts der wechselnden Launen der Verbraucher verwundbar. Das Unternehmen eröffnet in den USA weniger McDonald's-Restaurants und expandiert hauptsächlich mit seinen Ketten für Pizza, Hühnchen und mexikanisches Essen, die nicht den Namen des Unternehmens tragen.

Übt man auf die Fastfoodindustrie den richtigen Druck zur rechten Zeit aus, kann man damit schneller Veränderungen bewirken als per Gesetz. Die United Students Against Sweatshops und andere Aktivisten rückten Kinderarbeit, Niedriglöhne und gefährliche Arbeitsbedingungen in asiatischen Fabriken, die Turnschuhe für Nike herstellen, in den Blickpunkt der Öffentlichkeit. Zunächst lehnte das Unternehmen die Verantwortung für die Fabriken ab und behauptete, sie würden unabhängigen Zulieferern gehören. Später änderte Nike jedoch den Kurs und zwang seine asiatischen Zulieferer, die Arbeitsbedingungen zu verbessern und die Löhne zu erhöhen. Die Taktik der Anti-Sweatshop-Gruppen kann auch zur Verbesserung der Arbeitsbedingungen im eigenen Land angewandt werden – in den Schlachthöfen und Fleischfabriken der High Plains.

Als der größte Abnehmer von Rindfleisch in den USA muss die McDonald's Corporation für das Verhalten ihrer Zulieferer verantwortlich gemacht werden. Als McDonald's von seinen Zulieferern verlangte, Hackfleisch frei von Krankheitserregern zu liefern, investierten die fünf Unternehmen, die die Hamburger herstellen, in neue Maschinen und mikrobiologische Tests. Wenn McDonald's höhere Löhne und sichere Arbeitsbedingungen für die Arbeiter in der Fleisch verarbeitenden Industrie fordern würde, müssten die Zulieferer auch darauf eingehen. Als größter Abnehmer von Kartoffeln könnte McDonald's seinen Einfluss für die Landwirte in Idaho geltend machen. Als zweitgrößter Abnehmer für Hühnerfleisch könnte McDonald's verlangen, dass Geflügelzüchter von den weiterverarbeitenden Betrieben besser bezahlt werden. Geringe Preiserhöhungen für Kartoffeln, für Rind- und Hühnerfleisch würden die Preise in den Fastfoodrestaurants nur um einige Cents heben. Die Fastfoodketten bestehen darauf, dass die Zulieferer bestimmte Vorgaben zu Zuckergehalt, Fettgehalt, Größe, Form, Geschmack und Konsistenz ihrer Produkte strikt einhalten. Genauso könnten die Ketten einen strengen Verhaltenskodex bei der Behandlung von Arbeitern und Landwirten durchsetzen.

McDonald's hat bereits die Bereitschaft zu raschem Handeln bewiesen, wenn die Verbraucher protestieren. Ende der 60er Jahre kritisierten afroamerikanische Gruppen das Unternehmen, weil es Restaurants in Minderheitenvierteln betrieb, ohne Angehörigen dieser Minderheiten die Chance zu geben, Restaurants im Franchisesystem zu übernehmen. Das Unternehmen reagierte und rekrutierte aktiv afroamerikanische Franchisenehmer, ein Schachzug, der die Spannungen löste und McDonald's bei der Durchdringung des städtischen Marktes half. Vor zehn Jahren kritisierten Umweltschützer die Kette wegen der Menge an Polystyrol im Abfall.[23] Um der Kritik zu begegnen, ging McDonald's im August 1990 eine ungewöhnliche Allianz mit dem Environmental Defense Fund ein und gab später bekannt, dass die Hamburger der Kette nicht mehr in Kartons aus Polystyrol serviert werden würden. Die Entscheidung, hieß es später in den Medien, sei ein großer Sieg der Umweltschützer. Dem Wechsel von Kunststoff- zu Kartonschachteln lag jedoch kein plötzlicher grundlegender Wandel in der Unternehmensphilosophie zugrunde, sondern einfach eine Reaktion auf negative Publicity. In den USA und in Deutschland verwendet McDonald's keine Schachteln aus geschäumtem Kunststoff mehr, in anderen Ländern dagegen schon, obwohl die Schäden für die Umwelt dort nicht geringer sind.[24]

Selbst die bloße Möglichkeit, die Verbraucher zu verärgern, hat McDonald's schon veranlasst, Änderungen bei seinen Zulieferern zu verlangen. Im Frühling 2000 informierte McDonald's Lamb Weston und die J. R. Simplot Company, das Unternehmen werde keine tiefgekühlten Pommes frites mehr abnehmen, die aus genveränderten Kartoffeln hergestellt wurden.[25] Folglich wiesen die beiden großen verarbeitenden Unternehmen ihre Landwirte an, keine genveränderten Kartoffeln mehr anzupflanzen – und sofort sackte der Absatz der Sorte New Leaf von Monsanto, der einzigen genmanipulierten Kartoffel des Landes, in den Keller. Bereits ein Jahr zuvor hatte McDonald's in Westeuropa den Verkauf von genmanipulierten Kartoffeln eingestellt, weil dieses Thema dort für Schlagzeilen gesorgt hatte. In den USA gab es bei den Verbrau-

Das Zukunfts-Programm

„Der Mensch hat das Netz des Lebens nicht gewebt,
er ist nur ein Strang dieses Netzes.
Was immer er dem Netz antut,
tut er sich selbst an." Indianische Überlieferung

„Die Probleme, die es in der Welt gibt,
sind nicht mit der gleichen Denkweise zu lösen,
die sie erzeugt hat."
Albert Einstein angesichts der Weltwirtschaftskrise 1929

Riemann
One Earth Spirit

www.riemann-verlag.de

Heidemarie Schwermer
Das Sterntalerexperiment
Mein Leben ohne Geld
256 Seiten
€ 19,–

Schritt für Schritt ist **HEIDEMARIE SCHWERMER** aus den bestehenden Strukturen ausgestiegen und in eine neue Freiheit hineingewachsen: Seit vier Jahren lebt die ehemalige Lehrerin, Motopädin und Psychotherapeutin ohne Geld. Ihr Buch ist nicht nur die Beschreibung eines intensiv und engagiert gelebten Lebens, sondern zugleich eine Ermutigung, unser Wertesystem zu überdenken und alternative Formen des Miteinanders zu wagen. „Mir geht es keineswegs darum, dass alle es so machen wie ich … Mir geht es eher um Impulse, um Anregung zum Nachdenken über die Strukturen. Warum glaubt die Masse der Leute, dass der breite Weg der richtige ist, ein großes Haus, ein schnelles Auto, mehrere Urlaube im Jahr … ?"

Naomi Klein
No Logo!
Der Kampf der Global Players um Marktmacht
Ein Spiel mit vielen Verlierern und wenigen Gewinnern
488 Seiten
€ 24,–

Sonderausgabe (broschiert)
€ 14,50

No Logo! In ihrem scharfsinnigen Buch offenbart **NAOMI KLEIN** die Machenschaften multinationaler Konzerne hinter der Fassade bunter Logos. Der von ihr propagierte Boykott des Markenimperialismus wendet sich gegen die Täuschung der Verbraucher, gegen menschenunwürdige Arbeitsbedingungen, rücksichtslose Zerstörung der Natur und kulturellen Kahlschlag. Ihr Appell, nicht zu glauben, innere Werte wie Freiheit, Sicherheit und dergleichen könnten gekauft werden, richtet sich an jeden.

„No Logo!" ist eine brillante Mischung aus Journalismus, Theorie und auto-biographischen Einsprengseln. Statt zu moralisieren, lässt Klein lieber die

...gegründet und sie innerhalb von 20 Jahren zur erfolgreichsten PR-Agentur Englands entwickelt. Ausgehend von ihren eigenen Erfahrungen zeigt sie die Bedeutung „weicher" Faktoren für einen Geschäftserfolg, bei dem der Mensch nicht auf der Strecke bleibt. Weibliche Qualitäten wie gesunde Lebensweise, ökologische Prinzipien, Integration von Kunst und Natur stehen für dieses alternative Erfolgsmodell.

Weiblich Wirtschaften
Der kreative Weg zur Selbständigkeit und geschäftlichem Erfolg
224 Seiten
40 Farbseiten
€ 22,–

Die junge, mutige Journalistin Randy Fromm recherchiert in der Türkei die Hintergrundstory einer Anwärterin für den Friedensnobelpreis. Doch in kürzester Zeit wird sie von einer Realität eingeholt, die geprägt ist von wirtschaftspolitischen Machtinteressen und dubiosen Geheimdienstaktivitäten. Ein spannender **POLITTHRILLER** um die größte Herausforderung der heutigen Zeit: die Verteilung von Ressourcen und die ökologische Zukunft des Planeten Erde.

Till Bastian
Tödliches Klima
Roman
416 Seiten
€ 22,–

Die Stimme des Waldes

Von Baumgeheimnissen und dem Leben mit der Natur

160 Seiten

€ 16,–

Mauro Corona
Die Spur des Marders

Vom ursprünglichen Leben und der verlorenen Zeit

224 Seiten

€ 16,–

CORONA bereits in frühester Jugend eine innige Beziehung zur Natur. Mit eindringlichen Worten beschreibt er das Aussehen der Bäume, vor allem aber ihre Charaktere. Ebenso wie Menschen erkennt er in Bäumen individuelle Persönlichkeiten mit guten und schlechten Eigenschaften. Mit seinem Text und den Zeichnungen nimmt er uns mit auf eine Reise zu den Quellen alter Handwerkskunst und zu direkter Naturbeobachtung, die untrennbar verbunden ist mit Selbsterkenntnis.

MAURO CORONA erzählt von den Bäumen, Tieren und Menschen seines Heimatortes Erto in den italienischen Alpen. Jahrhundertelang bildeten die Rhythmen der Natur die bestimmende Kraft, an der sich das Leben ausrichtete. Der Bau eines großen Staudamms und die nachfolgende Katastrophe beendeten die alte Zeit. Coronas leise Geschichten verdeutlichen, was wir mit der rasanten Technisierung der Welt gewinnen, aber auch, was wir verloren haben. Ein Buch, das von einer einfachen, ursprünglichen und überschaubaren Welt berichtet, in der noch Platz ist für Individualität.

chern relativ wenig Widerstand. Dennoch beschloss McDonald's zu handeln. Allein die Angst vor einer Kontroverse führte zu einem veränderten Einkaufsverhalten von McDonald's und wirkte sich auf die gesamte amerikanische Landwirtschaft aus.

Die Vorstellung, gegen die Fastfoodgiganten anzutreten, hat vielleicht etwas Entmutigendes. Doch das ist nichts im Vergleich zu dem, was die Bürger, Fabrikarbeiter und Heavy-Metal-Fans von Plauen einst wagten. Sie forderten ein System heraus, das sich auf Gewehre, Panzer, Stacheldraht, die Medien, Geheimpolizei und Heerscharen von Informanten stützte, ein System, das jeden Aspekt der Staatsmacht kontrollierte – nur nicht die Zustimmung der Bürger. Ohne Anführer oder ein Manifest beschlossen die Einwohner einer Kleinstadt in Ostdeutschland, frei zu sein, wie es die Väter waren. Und nach wenigen Monaten fiel die scheinbar unüberwindliche Mauer.

Niemand wird in den USA gezwungen, Fastfood zu kaufen. Der erste Schritt hin zu einem sinnvollen Wandel ist bei weitem der einfachste: Kaufen Sie es einfach nicht mehr. Die CEOs der Fastfoodindustrie sind keine schlechten Menschen. Sie sind Geschäftsleute. Sie werden Hamburger von biologisch-dynamisch gehaltenen, mit Gras gefütterten Weiderindern verkaufen, wenn Sie es verlangen. Sie werden verkaufen, was immer ihnen Gewinn bringt. Die Nützlichkeit des Marktes, seine Effektivität als Werkzeug erstreckt sich in beide Richtungen. Die wahre Macht der amerikanischen Verbraucher haben die Konzerne noch nicht zu spüren bekommen. Die Vorstände von Burger King, McDonald's und Kentucky Fried Chicken sollten sich entmutigt fühlen, denn sie sind in der Minderheit. Von ihnen gibt es drei, von den Verbrauchern dagegen Millionen. Ein guter Boykott, die schlichte Kaufverweigerung, kann viel mehr sagen als Worte. Manchmal ist die unwiderstehlichste Kraft ganz profan.

Öffnen Sie die Glastür, spüren Sie den kühlen Luftzug, gehen Sie hinein, stellen Sie sich an und blicken Sie sich um, sehen Sie sich die Kinder an, die in der Küche arbeiten, die Kunden, die an den Tischen sitzen, die Werbung für die neuesten Spielsachen, studieren Sie die indirekt beleuchteten Fotos über der Theke, denken Sie daran, woher die Lebensmittel kommen, wie und wo sie hergestellt wurden, was durch jede einzelne Fastfoodmahlzeit in Gang gesetzt wird, an die Nachwirkungen nah und fern, denken Sie über all das nach. Dann geben Sie Ihre Bestellung auf. Oder Sie drehen sich um und gehen hinaus. Es ist nicht zu spät. Selbst in dieser Fastfoodgesellschaft können Sie immer noch entscheiden.

Danksagung

Dieses Buch begann als zweiteiliger Artikel in der Zeitschrift *Rolling Stone*. Ich danke Jann Wenner, der nie von mir verlangte, meine Kritik an mächtigen und prozesssüchtigen Konzernen zu mäßigen, der mir die Möglichkeit gab, der Geschichte zu folgen, wohin sie mich auch führte, von den Einkaufszentren in Colorado bis ins tiefste Sachsen. In einer Zeit der Konzentration in der Medienlandschaft und der vorsichtigen Zurückhaltung ist Wenner eine altmodische Gestalt: ein unabhängiger Redakteur und Herausgeber, der kein Blatt vor den Mund nimmt und den investigativen Journalismus aufrichtig unterstützt. Bob Love beauftragte mich mit diesem Projekt, unterstützte mich die ganze Zeit und machte mir die Arbeit für die Zeitschrift zum Vergnügen. Will Dana hatte die ursprüngliche Idee für den Artikel, lieferte den Titel und das grundlegende Ziel: Amerika über das Fastfood zu betrachten. Dana erwies sich als wunderbarer Redakteur und Freund.

Eamon Dolan gehört ebenfalls zu der Sorte altmodischer Amerikaner, von denen es immer weniger gibt: ein Verlagslektor, der lektoriert. Er half mir bei der Erweiterung des Artikels, ohne den eigentlichen Kern aus den Augen zu verlieren, ersparte mir Peinlichkeiten, indem er auf der Streichung bestimmter Teile bestand, und ließ mich durch seine Erweiterungsvorschläge intelligenter erscheinen. Seine Ideen reichten von der allgemeinen Thematik bis zu scheinbar Trivialem, das dennoch aufschlussreich sein kann, und bereichern jetzt das Buch, ohne als seine Arbeit kenntlich zu sein. Er las jedes Wort des Manuskripts fast genauso oft wie ich. Dank Eamon war die

Endversion deutlich besser als der erste Entwurf. Jeder Autor sollte dieses Glück haben. Die im Buch verbliebenen Mängel gehen ausschließlich auf mein Konto.

Bei Houghton Mifflin erhielt ich kluge Ratschläge von Loren Isenberg und Lois Wasoff, und Emily Little erledigte alles mit Charme und Gelassenheit.

Ellis Levine lieferte wertvolle Vorschläge zur Rechtssituation und zur Literatur. J. C. Suares, Lowell Weiss und Mike Guy lasen das Manuskript in verschiedenen Stadien und lieferten nützliche Kritik.

Charles William Wilson übernahm die wenig beneidenswerte Aufgabe, den Text nach Fehlern zu durchkämmen. Er leistete hervorragende Arbeit, und ich bin ihm zu großem Dank verpflichtet. Sollte das Buch noch Fehler oder Ungenauigkeiten enthalten, ist er in keiner Weise dafür verantwortlich. Wilson steht vor einer großen literarischen Karriere. Alita Byrd verbrachte Stunden im Nationalarchiv auf der Suche nach vor kurzem freigegebenen Dokumenten über Heinz Haber. David Malley leistete gute Arbeit bei der Faktenüberprüfung des zweiteiligen Artikels im *Rolling Stone.* Shauna Wright half mir bei der Erstellung der Bibliographie.

Die Fotografie von Nancy Donleys Sohn Alex sagt mehr als viele Worte, und ich danke Nancy, dass ich das Foto im Buch abbilden durfte. Eugene Richards ist einer der besten Dokumentarfotografen, und ich danke ihm, dass ich zwei seiner Fotos verwenden durfte. Ganz kurzfristig zogen Skylar Nielsen und Greg Skinner los und machten die Fotos, die ich benötigte. Rob Buchanan mietete ein kleines Flugzeug und fotografierte die Feedlots in Weld County aus der Luft. Auch wenn im Buch keine seiner Luftaufnahmen abgebildet ist, weiß ich den Gedanken dahinter zu schätzen und danke ihm, dass ich eine seiner prosaischeren Rinderaufnahmen verwenden durfte. Und Mark Mann schoss ein Foto, das einfach alles ausdrückt.

Unter den Hunderten von Menschen, die ich für dieses Buch interviewte, verdient eine Hand voll besonderen Dank für die Hilfe, die Erkenntnisse und die Inspiration, die sie mir lieferten.

Dale Lasater, Steve Bjerklie, Kenny und Clara Dobbins, Javier Ramirez, Dave Feamster und der Rancher, den ich im Buch Hank nenne, verbrachten viel Zeit mit mir und beantworteten geduldig meine Fragen. Ich danke ihnen für ihre Zeit und für alles, was ich von ihnen erfuhr.

Ohne die Unterstützung von William Whitworth und Cullen Murphy von *Atlantic Monthly* wäre ich nie Journalist geworden. Ihr Einfluss ist bei allem zu spüren, was ich schreibe. Corby Kummer hat im Lauf der Jahre gezeigt, dass Prosa sowohl Substanz als auch Stil haben kann. Und Amy Meeker hat mir immer wieder die Bedeutung und den moralischen Imperativ der Tatsache vor Augen geführt, dass man jedes Detail überprüfen muss.

Ich hatte das Glück, vor langer Zeit John McPhee zum Lehrer zu haben. Er setzte einen hohen Standard – hinsichtlich der Seriosität der Absicht, hinsichtlich Mitgefühl und der Begeisterung für das Handwerk –, den seine ehemaligen Schüler nur schwer erreichen können.

Zahlreiche Freunde ermutigten mich jahrelang zum Schreiben: Andre Boissier, Eric Borrer, Craig Canine, Alex Hendler, Jordan Katz, Lacey und John Williams. Ihnen kann man gar nicht genug danken. Jane Rosenthal half mir, ein Schriftsteller zu werden, indem sie mich zwang, jeden Tag etwas zu schreiben – und mich dafür bezahlte. Sarah Finnie Cabot trug entscheidend dazu bei, dass ich meinen ersten Auftrag bekam. John Seabrook unterstützte mich auf vielfältige Weise, fand Rechercheure, las sorgfältig meine Manuskripte und kritisierte sie konstruktiv. Katrina van den Heuvel gab mir den entscheidenden Anstoß zum Schreiben von Sachbüchern, war stets inspirierend, beobachtete engagiert die Probleme der Zeit und war immer eine treue Freundin.

Tina Bennett spielte eine wichtige Rolle bei der Entstehung dieses Buches, vom ersten Vorschlag bis zur endgültigen Version. Sie ist eine echte Perle: eine wunderbare Lektorin und eine ebenso wunderbare Agentin.

Während ich dieses Buch verfasste, musste sich meine Familie oft die unerfreulichen Details anhören. Lynn und Craig, James und Kyle, Amy und Mark, Andrew, Austin, Hillary, Dylan, Lena, Billy und George haben vieles ertragen. Ich kann von Glück sagen, dass sie immer noch mit mir essen. Meine Kinder Mica und Conor mussten noch viel mehr ertragen, und ich möchte mich bei ihnen für all die Happy Meals entschuldigen, die ich ihnen abgeschlagen habe. Bob und Lola, die viel Geduld mit mir hatten und mich unterstützten, während ich mir meinen Weg als Autor und Journalist suchte, schulde ich großen Dank. Ich danke auch meinen Eltern, die mir unermesslich viel Liebe und Unterstützung zukommen ließen. Vor allem danke ich meiner Frau Shauna. Ohne sie wäre dieses Buch nicht geschrieben worden.

Anmerkungen

Einleitung

Obwohl ich für dieses Buch sehr vieles selbst recherchierte, profitierte ich auch von der Arbeit anderer. In den Anmerkungen versuche ich, die vielen Menschen gebührend zu berücksichtigen, deren Schriften und Nachforschungen mir bei diesem Buch halfen. Robert L. Emersons Buch *The New Economics of Fast Food*, New York 1990, bietet einen guten allgemeinen Überblick. Obwohl viele Statistiken veraltet sind, ist die Analyse der Arbeitsbedingungen, Marketingstrategien und Franchisekosten nach wie vor nützlich. *Fast Food: Roadside Restaurants in the Automobile Age* von John A. Jakle und Keith A. Sculle, Baltimore 1999, befasst sich weniger mit der Funktionsweise der Branche als mit ihren Auswirkungen auf Amerika und der »Atmosphäre«. McDonald's kommt bei der Schaffung der Fastfoodindustrie eine zentrale Bedeutung zu. Mehrere Bücher über das Unternehmen bieten einen umfassenden Überblick über seinen weltweiten Einfluss. Die in Zusammenarbeit mit Robert Anderson entstandenen Erinnerungen von Ray Kroc, *Grinding It Out: The Making of McDonald's*, New York 1987, vermitteln viel von der Persönlichkeit des charismatischen Gründers, der dem Unternehmen seinen Stempel aufgedrückt hat. *Die McDonald's Story: Anatomie eines Welterfolges* von John F. Love, München 1986, ist eine autorisierte, aber untypische Unternehmensbiographie: faszinierend, durchdacht, gelegentlich kritisch und sehr gut recherchiert. *Big Mac: The Unauthorized Story of McDonald's*, New York 1976, von Max Boas und Steve Chain wirft einen Blick hinter die PR-Maschinerie von McDonald's und zeigt ein Unternehmen, das gelegentlich zynisch und manipulativ auftritt. John Vidals *McLibel: Burger Culture on Trial*, New York 1997, nutzt die Schilderung des McLibel-Falls, um McDonald's und die Globalisierung anzuklagen. *Die McDonaldisierung der Gesellschaft*, Frankfurt/Main 1995, von George Ritzer wendet die Theorie von Max Weber auf das moderne Amerika an und geht den weitreichenden Folgen des Strebens nach Effizienz und Uniformität bei McDonald's nach. *McDonaldization Revisited: Critical Essays on Consumer Culture*, Westport 1998, von Mark Alfino, John S. Caputo und Robin Winyard (Hg.) zeigt den Einfluss von Ritzers Arbeit auf die Soziologie. *Roadside Empires: How the Chains Franchised America*, New York 1985, von Stan Luxenberg ist weniger theorielastig und untersucht die Rolle der

Fastfoodindustrie beim Aufbau des amerikanischen Dienstleistungssektors nach dem Krieg. In Branchenpublikationen wie *Restaurant Business, Restaurants and Institutions, Nation's Restaurant News* und *ID:The Voice of Foodservice* fand ich zahlreiche interessante Informationen. Die beste Berichterstattung über die Fastfoodindustrie fand ich jedoch über Jahre hinweg im *Wall Street Journal.*

1 Die Beschreibung der Cheyenne Mountain Airforce Station basiert auf meinem Besuch der Anlage. Außerdem danke ich Major Mike Birmingham vom U.S. Space Command für seine Hilfe bei der Beschaffung von zusätzlichen Informationen.

2 Beide Zahlenangaben stammen von der National Restaurant Association.

3 Meine Rechnung basiert auf Zahlen aus »Personal Consumption Expenditures in Millions of Current Dollars« des amerikanischen Wirtschaftsministeriums aus dem Jahr 2000. Nach den Angaben des Ministeriums überstiegen die Ausgaben der amerikanischen Verbraucher für Fastfood im Jahr 1999 die Ausgaben für Bildung (75,6 Mrd. Dollar), Computer und Peripheriegeräte (25,9 Mrd.), für Software (8,4 Mrd.), neue Autos (101 Mrd.), Filme (6,7 Mrd.), Bücher und Landkarten (29,5 Mrd.), Noten und Zeitschriften (19 Mrd.), Zeitungen (16,7 Mrd.), das Ausleihen von Videos (8,6 Mrd.) sowie Schallplatten, Kassetten und CDs (12,2 Mrd.).

4 Dies ist meine eigene Schätzung, die auf den folgenden Angaben der National Restaurant Association basiert: Etwa die Hälfte der erwachsenen amerikanischen Bevölkerung besucht im Durchschnitt jeden Tag ein Restaurant, und über die Hälfte der Jahreseinnahmen in der Gastronomie wird mit Fastfood erzielt. Da eine Rechnung in einem Fastfood-Restaurant im Durchschnitt deutlich niedriger ausfällt als in einem normalen Restaurant, ist meine Schätzung vielleicht sogar zu vorsichtig (und die tatsächliche Besuchszahl der Fastfood-Restaurants pro Tag fällt höher aus).

5 Mit »durchschnittlich« sind Werktätige gemeint, die keine leitende Funktion ausüben. Siehe »Real Average Weekly and Hourly Earnings of Production and Non-Supervisory Workers, 1967-98 (1998 Dollars)«, Economic Policy Institute 1999; »Average Hourly and Weekly Earnings by Private Industry Group, 1980-1998«, in *Statistical Abstract of the United States*, Washington: U.S. Census Bureau 1999, S. 443.

6 »Labor Force Participation Rates for Wives, Husbands Present, by Age of Own Youngest Child, 1975–1998«, in *Statistical Abstract*, S. 417.

7 Siehe *Working in the Service Society*, Philadelphia 1996, hg. von Cameron Lynne Macdonald und Carmen Sirianni, S. 2.

8 Vergleich zwischen den Ausgaben für Lebensmittel, die zu Hause verzehrt werden, und den Ausgaben in der Gastronomie. Siehe Charlene Price, »Fast Food Chains Penetrate New Markets: Industry Overview«

in *USDA Food Review*, Januar 1993; »Personal Consumption Expenditures«, U.S. Commerce Department.

9 Siehe C. L. Macdonald/C. Sirianni, *Working in the Service Society*, a.a.O., S. 1 und »Welcome to McDonald's«, McDonald's Corporation, 1996.

10 Dies ist meine eigene Schätzung, die auf den folgenden Überlegungen basiert: McDonald's hat in den USA etwa 14 000 Restaurants, von denen jedes etwa 50 Mitarbeiter beschäftigt; eine vorsichtige Schätzung der Fluktuationsrate liegt bei 150 Prozent. Bei einer Mitarbeiterzahl von 700 000 und einer jährlichen Fluktuationsrate von 150 Prozent muss man jedes Jahr eine Million neue Mitarbeiter einstellen. In ihren Werbebroschüren behauptet die McDonald's Corporation, die amerikanischen Streitkräfte als wichtigste Ausbildungsorganisation zu übertreffen. Angesichts der »Ausbildung« der Mitarbeiter halte ich das Wort »Arbeitgeber« für zutreffender. Siehe »Welcome to McDonald's«, a.a.O.

11 Siehe John F. Love, *McDonald's Story*, a.a.O., S. 14f.; Mark D. Jekanowski, »Causes and Consequences of Fast Food Sales Growth; Statistical Data Included« in *USDA Food Review*, 1. Januar 1999. Die Rolle von McDonald's als führendem Abnehmer von Schweinefleisch wurde mir von einem Manager aus der Schweinefleischindustrie beschrieben, der allerdings namentlich nicht genannt werden möchte.

12 Siehe Bruce Upbin, »Beyond Burgers«, in *Forbes*, 1. November 1999, John F. Love, *McDonald's Story*, a.a.O., S. 15.

13 McDonald's verfügt über eine ungewöhnliche Franchisevereinbarung, denn es fungiert gegenüber seinen Franchisenehmern als Vermieter und richtet die Miete an den Umsätzen aus. Etwa 85 Prozent der McDonald's Restaurants in den USA werden von Franchisenehmern betrieben. Siehe R. L. Emerson, *The New Economics of Fastfood*, New York 1990, S. 59–62; John F. Love, *McDonald's Story*, a.a.O., S. 156ff; »Welcome to McDonald's«, a.a.O.

14 Interview mit Lynn Fava, Competitive Media Reporting. Siehe auch »McDonald's Wins Top Spot in Global Brand Ratings«, in *Brand Strategy*, 22. November 1996.

15 Burger King, der stärkste Konkurrent von McDonald's, verfügt nur über ein Viertel der Zahl an Spielplätzen.
Laut des britischen *Evening Standard* kaufte McDonald's im Jahr 1998 1,3 Milliarden Spielwaren bei chinesischen Herstellern ein. Zitiert bei Lachlan Colquhoun, »McDonald's Soars to Success in Chinese Fast Food Market«, in *Evening Standard*, 21. Oktober 1999.

16 Angabe aus »Welcome to McDonald's«, a.a.O. Max Boas und Steve Chain äußerten Vorbehalte gegenüber dieser Untersuchung, die von McDonald's durchgeführt wurde, doch meiner Ansicht nach ist sie glaubhaft. Eine aktuellere Studie eines unabhängigen Marktforschungsunternehmens kam zu dem Ergebnis, dass mindestens 80 Prozent der Kinder in den neun untersuchten Ländern (ohne USA) Ronald McDonald erkannten. Siehe M. Boas/S. Chain, *Big Mac*, a.a.O., S. 115; John F.

Love, *McDonald's Story*, a.a.O., S. 12, und »Barbie, McDonald's Find Common Ground«, in *Selling to Kids*, 30. September 1998.

17 Die Umfrage des Marketingunternehmens Sponsorship Research International unter 7000 Personen in den USA, Großbritannien, Deutschland, Australien, Indien und Japan ergab, dass 88 Prozent die goldenen Bögen und 54 Prozent das Kreuz Christi erkannten. Am häufigsten wurden die olympischen Ringe als Symbol erkannt. Siehe »Golden Arches More Familiar Than the Cross«, in *Plain Dealer*, 26. August 1995.

18 Jim Hightower, *Eat Your Heart Out: Food Profiteering in America*, New York 1975, S. 237.

19 Ebenda, S. 3.

20 Zitiert bei Erin Kelly, »Death Takes a Holiday«, in *Fortune*, 15. März 1999.

21 Zitiert bei John F. Love, *McDonald's Story*, a.a.O., S. 146f.

22 In der Gesundheitsfürsorge sind mehr Werktätige beschäftigt, doch ein Großteil von ihnen arbeitet in Einrichtungen öffentlicher Träger. Siehe »Employment by Selected Industry, with Projections 1986–2006«, in *Statistical Abstract*, S. 429.

23 Siehe Patrick Barta, »Rises in Many Salaries Barely Keep Pace with Inflation«, in *Wall Street Journal*, 1. Februar 2000.

24 Die Zahl stammt von der National Restaurant Association.
Interview mit Alan B. Krueger, Professor für Politik und Wirtschaft an der Princeton University.
Fastfood-Arbeiter stehen auf der untersten Lohnstufe in der Gastronomie, und in der Gastronomie werden, abgesehen von der Landwirtschaft, die niedrigsten Löhne gezahlt. Ähnlich stehen Wanderarbeiter in der Landwirtschaft auf der untersten Stufe der Lohnskala. Es gibt zwar einige, die einen anständigen Stundenlohn erhalten, die meisten verdienen jedoch den Mindestlohn oder noch weniger. Siehe »Non-Farm Industries – Employees and Earnings, 1980-1998«, in *Statistical Abstract*, S. 436, und Eric Schlosser, »In the Strawberry Fields«, in *Atlantic Monthly*, November 1995.

25 Meine Schätzung basiert auf den folgenden Überlegungen: Der Pro-Kopf-Verzehr von Hackfleisch liegt bei etwa 14 Kilogramm im Jahr, der bei weitem größte Teil davon wird in Form von Hamburgern gegessen. Ein Hamburgerpatty von McDonald's wiegt 45 Gramm; verwendet man dies als Standard, verzehren Amerikaner 300 Hamburger pro Jahr (fünf bis sechs pro Woche). Nimmt man den Viertelpfünder als Maß, sind es 120 Hamburger pro Jahr (mindestens zwei pro Woche). Die von mir verwendete Zahl für den Verzehr geht von einem durchschnittlichen Hamburgerpatty mit 45 bis 112 Gramm aus. Siehe »Hamburger Consumption Takes a Hit, But a Reversal of Fortune Is in Offing«, in *National Provisioner*, August 1999.
Der Pro-Kopf-Verzehr von tiefgekühlten Kartoffelprodukten (in den USA fast ausschließlich Pommes frites) liegt bei 14 Kilogramm pro Jahr.

Eine normale Portion Pommes frites bei McDonald's wiegt 68 Gramm. Das ergibt 205 Portionen Pommes frites pro Jahr (etwa vier pro Woche). Siehe »Potatoes: U.S. Per Capita Utilization by Category, 1991–1999«, USDA Economic Research Service, 2000.

26 Siehe »1999 to Mark Eighth Consecutive Year of Growth for Restaurant Industry«, Pressemitteilung der National Restaurant Association, 22. Dezember 1998.

27 Stephen B. Goddard, *Getting There: The Epic Struggle between Road and Rail in the American Century*, New York 1994, S. 179.

28 Zwischen 1968 und 1989 sank der Realwert des Mindestlohns von 7,21 Dollar auf 4,24 Dollar; 1995 stand er bei 4,38 Dollar. Siehe »Federal Minimum Wage Rates: 1954-1996«, in *Statistical Abstract*, S. 447.

29 Heute gibt es in den Vereinigten Staaten weniger als eine Million Vollerwerbslandwirte. In den Gefängnissen des Landes sitzen etwa 1,3 Millionen Häftlinge ein. Zur Zahl der Vollerwerbslandwirte siehe »Appendix Table 21 – Characteristics of Farms and Their Operators, by Farm Typology Group, 1996«, in *Rural Conditions and Trends*, USDA Economic Research Service, Februar 1999. Zur Zahl der Gefängnisinsassen siehe »Nation's Prison and Jail Population Reaches 1860520«, Pressemitteilung, Bureau of Justice Statistics, 19. April 2000.

30 G. Ritzer, The McDonaldization of America, a.a.O., S. 121–42.

1. Die Gründungsväter

Ich verbrachte einen Nachmittag mit Carl Karcher in seinem Büro in Anaheim. Die Schilderung seines Lebens basiert größtenteils auf diesem Gespräch und zwei Unternehmensbiographien: B. Carolyn Knight, *Making It Happen: The Story of Carl Karcher Enterprises*, Anaheim 1981, und Carl Karcher mit B. Carolyn Knight, *Never Stop Dreaming: 50 Years of Making It Happen*, San Marcos 1991. Zur Geschichte von Anaheim: John Westcott, *Anaheim: City of Dreams*, Chatsworth 1990. Meine Sichtweise des früheren Los Angeles wurde stark von der Arbeit von Carey McWilliams beeinflusst, einem der besten, leider unterschätzten Journalisten des 20. Jahrhunderts. Seine Bücher *Southern California Country*, New York 1946, und *California: The Great Exception Country*, Reprint Berkeley 1999, wirken trotz ihres Alters immer noch dynamisch und kenntnisreich. Mike Davis trägt die Ziele und Ideale von McWilliams in vielerlei Hinsicht weiter; *City of Quartz*, New York 1992, darin vor allem die Kapitel zu San Bernardino und Fontana, war nützlich und inspirierend zugleich. *The Dream Endures: California Enters the 1940s*, New York 1997, von Kevin Starr vermittelte mir einen Eindruck vom Leben vor dem »sagenhaften Boom«. Richard Whites »*It's Your Misfortune and None of My Own«: A New History of the American West*, Norman 1991, gibt einen guten Überblick über eine Region, wo freies Unternehmertum lange Zeit mehr in der Theorie als in der Praxis gefeiert wurde.

Marc Reisner beschreibt in *Cadillac Desert: The American West and Its Disappearing Water*, New York 1987, wie Trinkwasser mit öffentlichen Geldern nach Los Angeles und in die übrigen Westen mit seinem trockenen Klima geführt wurde. In »Aerospace Capital of the World: Los Angeles« – einem Kapitel in *The Rise of the Gunbelt: The Military Remapping of Industrial America*, New York 1991, von Ann Markuson u.a. – wird gezeigt, wie die Militärausgaben die Wirtschaft in Südkalifornien nach dem Zweiten Weltkrieg ankurbelten. Beim Beitrag Kaliforniens zur Verbreitung der Automobilkultur stützte ich mich auf Kenneth T. Jacksons Klassiker *Crabgrass Frontier: The Suburbanization of the United States*, New York 1985. In *Getting There*, New York 1994, zeigt Stephen B. Goddard, dass der freie Markt wenig mit dem Triumph des Automobils zu tun hatte. Jonathan Kwitnys Artikel »The Great Transportation Conspiracy«, der 1981 in der Februarausgabe von *Harper's* erschien, ist ein gutes Beispiel für investigativen Journalismus.

Memoiren aus der Fastfood-Branche erfreuen sich wachsender Beliebtheit; neben den Memoiren von Carl Karcher stützte ich mich auf Ray Kroc, *Grinding It Out*, New York 1987; James W. McLamore, *The Burger King: Jim McLamore and the Building of an Empire*, New York 1998; Tom Monaghan mit Robert Anderson, *Pizza Tiger*, New York 1986; Harland Sanders, *Life As I Have Known It Has Been »Finger Lickin' Good«*, Carol Stream 1974; R. David Thomas, *Dave's Way: A New Approach to Old-Fashioned Success*, New York 1991. Richard J. McDonald, einer der Gründer der gleichnamigen Kette, schrieb das Vorwort zu dem interessanten Buch von Ronald J. McDonald, *The Complete Hamburger: The History of America's Favorite Sandwich*, New York 1997. Sehr viel erfuhr ich aus zwei Büchern mit ähnlicher Thematik und vielen Fotos: Jeffrey Tennyson, *Hamburger Heaven: The Illustrated History of the Hamburger*, New York 1993, und Michael Karl Witzel, *The American Drive-In: History and Folklore of the Drive-In Restaurant in American Car Culture*, Osceola 1994. *Roadside Empires*, New York 1985, von Stan Luxenberg bietet ebenso wie *Die McDonald's Story* von John Love, München 1986, und *Big Mac*, New York 1976, von Max Boas und Steve Chain zahlreiche Informationen über die Anfänge der Fastfood-Industrie. William Whitworths Porträt von Colonel Sanders, »Kentucky Fried«, das am 14. Februar 1970 im *New Yorker* erschien, bleibt mein Lieblingsartikel über Fastfood.

1 Interview mit Carl Karcher.
2 Ebenda.
3 Siehe C. McWilliams, *Southern California Country*, a.a.O., S. 206, S. 213. Das Kapitel »The Citrus Belt« bietet eine gute Darstellung des Kultur- und Wirtschaftslebens der Region. Siehe auch Reisner, *Cadillac Desert*, a.a.O., S. 87.
4 Aus J. Westcott, *Anaheim*, a.a.O., S. 67.
5 Ebenda, S. 54.
6 Interview mit C. Karcher.
7 Aus McWilliams, *Southern California*, a.a.O., S. 14.

8 Ebenda, S. 165.

9 Ebenda, S. 236.

10 Siehe Jackson, *Crabgrass Frontier*, a.a.O., S. 163–168.

11 Zum Ende der amerikanischen Straßenbahnen siehe J. Kwitny, »The Great Transportation Conspiracy«, a.a.O., K. T. Jackson, *Crabgrass Frontier*, a.a.O., S. 168–171, und S. B. Goddard, *Getting There*, a.a.O., S. 120–137. Eine andere, wesentlich wohlwollendere Darstellung von General Motors findet sich bei Martha J. Bianco, »Technological Innovation and the Rise and Fall of Urban Mass Transit«, in *Journal of Urban History*, März 1999.

12 Zitiert bei M. K. Witzel, *American Drive-In*, a.a.O., S. 24.

13 Ebenda, S. 47.

14 C. McWilliams, *The Great Exception County*, a.a.O., S. 233.

15 R. White, *It's Your Misfortune and None of My Own*, a.a.O., S. 498, S. 515.

16 Zitiert bei K. T. Jackson, *Crabgrass Frontier*, a.a.O., S. 264.

17 J. Wescott, *Anaheim*, a.a.O., S. 71.

18 Bei der Geschichte der Brüder McDonald stützte ich mich auf Ray Kroc, *Grinding It Out*, New York 1987; Ronald J. McDonald, *The Complete Hamburger*, New York 1997; John F. Love, *Die McDonald's Story*, München 1986; Jeffrey Tennyson, *Hamburger Heaven*, New York 1993; Max Boas/Steve Chain, *Big Mac*, New York 1976.

19 Siehe J. Tennyson, *Hamburger Heaven*, a.a.O., S. 62.

20 J. F. Love, *Die McDonald's Story*, a.a.O., S. 29.

21 Zur Gründung der Hell's Angels und zur Feier ihres 50-jährigen Bestehens siehe Phillip W. Browne, »Ventura Event a ›Milestone‹ for Hell's Angels« in *Ventura County Star*, 15. März 1998.

22 Hunter S. Thompson, *Hell's Angels: A Strange and Terrible Saga*, New York 1995, S. 45.

23 Siehe Stephen B. Goddard, *Getting There*, New York 1994, S. 181; »1956: Interstate« in *Business Week: 100 Years of Innovation*, Sommer 1999.

24 Siehe »1956: Interstate«, a.a.O.

25 George Clark, einer der Gründer von Burger Queen. Zitiert bei Stan Luxenberg, *Roadside Empires*, a.a.O., S. 76.

26 Die Geschichte von Dunkin' Donuts bei S. Luxenberg, *Roadside Empires*, a.a.O., S. 18–20.

27 Siehe John A. Jakle/Keith A. Sculle, *Fast Food*, Baltimore 1999, S. 257–258.

28 James W. McLamore, *The Burger King*, a.a.O.

29 R. David Thomas, *Dave's Way*, New York 1991.

30 Tom Monaghan, *Tiger Pizza*, New York 1986.

31 Zu KFC siehe Harland Sanders, *Life As I Have Known It*, a.a.O., und W. Whitworth »Kentucky Fried«, a.a.O.

32 H. Sanders, *Life As I Have Known It*, a.a.O., S. 141.

33 Michael K. Witzel, *American Drive-In*, a.a.O., S. 121.

34 J. Tennyson, *Hamburger Heaven*, a.a.O., S. 73.

35 McLamore, *The Burger King,* a.a.O., Fototafel zwischen S. 126 und S. 127.

36 C. Karcher, *Never Stop Dreaming,* a.a.O., S. 79.

37 Ebenda, S. 123f.; Bruce Horovitz/Keith Bradsher, »Carl's Jr. Founder Accused of Insider Trading Scheme«, in *Los Angeles Times,* 15. April 1988, und Richard Martin, »Karcher Pay $664 000 Fine in Stock Case«, in *Nation's Restaurant News,* 7. August 1989.

38 Die Schilderung von Carl Karchers finanziellen Schwierigkeiten basiert hauptsächlich auf meinem Gespräch mit ihm. Ich überprüfte die Details anhand verschiedener Quellen, darunter »Carl Karcher Board Rejects Founder's Bid to Take Firm Private«, in *Wall Street Journal,* 21. Dezember 1992; Thomas R. King, »Chairman of Carl Karcher Enterprises May Seek to Oust Some Board Members«, in *Wall Street Journal,* 2. September 1993; Peggy Hesketh, »Karcher's ›Godfather‹: Board Says Pizza Baron's Offer Is One It Can Refuse«, in *Orange County Business Journal,* 20. September 1993; David J. Jefferson, »Fast Food Firm Ousts Karcher as Chairman«, in *Wall Street Journal,* 4. Oktober 1993; Jim Gardner, »Foley-Karcher: Tentative Team in Control of CKE«, in *Orange County Business Journal,* 20. Dezember 1993; Richard Martin, »Carl N. Karcher: CKE's Founder Reflects on His Past, Looks Toward His Future«, in *Nation's Restaurant News,* 3. August 1998.

2. Treue Freunde

Bei der Geschichte von Ray Kroc stützte ich mich hauptsächlich auf seine Memoiren *Grinding It Out,* New York 1987, auf Max Boas und Steven Chain, *Big Mac,* New York 1976, und John F. Love, *Die McDonald's Story,* München 1986. Mein Besuch im Ray A. Kroc Museum bot mir viele Einblicke in die Persönlichkeit des Mannes. Steven Watts, *The Magic Kingdom: Walt Disney and the American Way of Life,* Boston 1997, ist bei weitem die beste Biographie von Disney und stützt sich auf Materialien aus den Disney-Archiven und auf Gespräche mit Disneys Partnern. Ich bin zwar nicht mit allen Schlussfolgerungen von Watts einig, seine Recherchearbeit ist jedoch außergewöhnlich. Richard Schickel, *The Disney Version: The Life, Times, Art, and Commerce of Walt Disney,* New York 1968, bleibt auch über 30 Jahre nach der Erstveröffentlichung provokativ und sehr relevant. Leonard Mosley, *Disney's World,* New York 1985, und Marc Eliot, *Walt Disney: Hollywood's Dark Prince,* London 1993, bieten einen Kontrast zu der Heiligendarstellung in anderen Büchern, die von der Walt Disney Company gesponsert werden. Meine Ansichten über die amerikanische Haltung zur Technologie wurde stark von zwei Büchern beeinflusst: Leo Marx, *The Machine in the Garden: Technology and the Pastoral Ideal in America,* New York 1970, und David E. Nye, *American Technological Sublime,* Cambridge 1994.

Unter der wachsenden Anzahl von Büchern über Marketing bei Kindern sind drei Bücher wegen ihrer (oft unbeabsichtigten) Enthüllungen zu erwähnen: Dan S. Acuff, mit Robert H. Reiher, *What Kids Buy and Why: The Psychology of Marketing to Kids*, New York 1997, Gene Del Vecchio, *Creating Ever-Cool: A Marketer's Guide to a Kid's Heart*, Gretna 1998, und James U. McNeal, *Kids As Customers: A Handbook of Marketing to Children*, New York 1992. Einige Artikel in den Magazinen für Marketing bei Kindern wie zum Beispiel *Selling to Kids* und *Entertainment Marketing Letter* sind bemerkenswerte Dokumente für zukünftige Historiker. Zwei hervorragende Berichte dienten mir als Einführung in das Thema Marketing an amerikanischen Schulen: Consumers Union Education Services, *Captive Kids: A Report on Commercial Pressures on Kids at School*, Consumers Union 1998, und Alex Molnar, »Sponsored Schools and Commercialized Classrooms: Schoolhouse Commercializing Trends in the 1990s«, Center for the Analysis of Commercialism in Education, University of Wisconsin-Milwaukee, August 1998. Das Center for Science in the Public Interest kämpft seit über 30 Jahren für die Kontrolle von Lebensmitteln und eine richtige Ernährung. Der Bericht von Michael Jacobson, »Liquid Candy: How Soft Drinks Are Harming Americans' Health«, Oktober 1998, ist ein weiteres Beispiel für die gute Arbeit der Organisation. Die internen Memos zur Werbekampagne von McDonald's erhielt ich von jemandem, der meinte, ich fände sie »erhellend«, was auch der Fall war.

1 R. Schickel, *Disney Version*, a.a.O., S. 24.
2 Laut John F. Love ist Ronald McDonald die bekannteste Werbefigur in den USA. J. F. Love, *McDonald's: Behind the Arches*, New York 1995, S. 222.
3 Hauptfigur in Arthur Millers Schauspiel »Tod eines Handelsreisenden«.
4 R. Kroc, *Grinding It Out*, a.a.O., S. 17.
5 Tonbandaufnahme, Ray A. Kroc Museum.
6 R. Kroc, *Grinding It Out*, a.a.O., S. 71, S. 9f., S. 72.
7 J. F. Love, *McDonald's Story*, a.a.O., S. 25.
8 Tonbandaufnahme, Ray A. Kroc Museum.
9 Zitiert bei Leslie Doolittle, »McDonald's Plan Cooked Up Decades Ago«, in *Orlando Sentinel*, 8. Januar 1998.
10 Siehe M. Boas/S. Chain, *Big Mac*, a.a.O., S. 25.
11 R. Kroc, *Grinding It Out*, a.a.O., S. 19.
12 Siehe S. Watts, *Magic Kingdom*, a.a.O., S. 164–174.
13 Ebenda, S. 223.
14 Zitiert bei M. Boas/S. Chain, *Big Mac*, a.a.O., S. 15f.
15 Abweichende Darstellungen zur Spende Krocs bei R. Kroc, *Grinding It Out*, a.a.O., S. 191f.; J. F. Love, *McDonald's Story*, München 1986, S. 356ff.; M. Boas/S. Chain, *Big Mac*, a.a.O., S. 198–206; S. Luxenberg, *Roadside Empires*, New York 1985, S. 246ff.
16 R. Kroc, *Grinding It Out*, a.a.O., S. 191.

17 S. Watts, *Magic Kingdom*, a.a.O., S. 235.

18 Zu Brauns politischer Vergangenheit, den Bedingungen in Dora-Nord-hausen und der Verpflichtung von NS-Wissenschaftlern durch die Amerikaner: Tom Bower, *Verschwörung Paperclip: NS-Wissenschaftler im Dienst der Siegermächte*, München 1988; Linda Hunt, *Secret Agenda: The United States Government, Nazi Scientists, and Project Paperclip, 1945 to 1990*, New York 1991; Michael J. Neufeld, *Die Rakete und das Reich: Wernher von Braun, Peenemünde und der Beginn des Raketenzeitalters*, Berlin 1997; Dennis Piszkiewicz, *Wernher von Braun: The Man Who Sold the Moon*, Westport 1998, darin eine kurze Darstellung des Verhältnisses zwischen Disney und von Braun im Kapitel »Disneyland«, S. 83–91.

19 Auf die ungewöhnliche Karriere von Heinz Haber stieß ich zufällig bei der Recherche zu einem anderen Projekt. Haber war Protegé von Dr. Hubertus Strughold, dem Direktor des Luftfahrtmedizinischen Forschungsinstituts des Reichsluftfahrtministeriums. Strughold wurde später leitender Wissenschaftler der Aerospace Medical Division der U.S. Air Force, eine Bibliothek der Airforce wurde nach ihm benannt, und er wurde als »Vater der amerikanischen Raumfahrtmedizin« gerühmt. Heinz Habers Laufbahn im Krieg rekonstruierte ich aus den folgenden Quellen: Otto Gauer und Heinz Haber, »Man Under Gravity-Free Conditions«, in *German Aviation Medicine, World War II*, Bd. 1, Washington, D.C.: U.S. Air Force, 1950, S. 641ff.; Henry G. Armstrong, Heinz Haber und Hubertus Strughold, »Aero Medical Problems of Space Travel«, Diskussionsrunde, School of Aviation Medicine, in *Journal of Aviation Medicine*, Dezember 1949; »Clinical Factors: USAF Aerospace Medicine«, in Mae Mills Link, *Space Medicine in Project Mercury*, NASA SP-4003, 1965; »Beginnings of Space Medicine«, »Zero G« und »Multiple G«, in Loyds Swenson, Jr., James M. Grimwood und Charles C. Alexander, *This New Ocean: A History of Project Mercury*, NASA SP-4201, 1966; »History of Research in Subgravity and Zero-G at the Air Force Missile Development Center 1948-1958«, in *History of Research in Space Biology and Biodynamics at the U.S. Air Force Missile Development Center, Holloman Air Force Base, New Mexico, 1946-1958*, Historical Division, Air Force Missile Development Center, Holloman Air Force Base.
Zu den Experimenten der Luftwaffe in Konzentrationslagern: T. Bower, *Verschwörung Paperclip*, a.a.O., S. 290–297; L. Hunt, *Secret Agenda*, a.a.O., S. 78–93.

20 Siehe Mark Langer, »Disney's Atomic Fleet«, in *Animation World Magazine*, April 1998.

21 Heinz Haber, *The Walt Disney Story of Our Friend the Atom*, New York 1956.

22 S. Watts, *Magic Kingdom*, a.a.O., S. 161f.

23 R. Kroc, *Grinding It Out*, a.a.O., S. 114.

24 Zu Willard Scott und Ronald McDonald siehe J. F. Love, *McDonald's Story*, a.a.O., S. 225ff.; S. 249.

25 Zitiert bei Penny Moser, »The McDonald's Mystique«, in *Fortune*, 4. Juli 1988.

26 Zu Krocs Plänen für einen Freizeitpark siehe J. F. Love, *McDonald's Story*, a.a.O., S. 414ff.

27 J. U. McNeal, *Kids as Customers*, a.a.O., S. 6.

28 Zitiert in »Brand Aware«, in *Children's Business*, Juni 2000.

29 Siehe »Brand Consciousness«, in *IFF on Kids: Kid Focus*, Nr.3.

30 Paul Fischer u.a., »Brand Logo Recognition by Children Aged 3 to 6 Years: Mickey Mouse and Old Joe the Camel«, in *Journal of the American Medical Association*, 11. Dezember 1991.

31 Siehe Judann Dagnoli, »JAMA Lights New Fire Under Camel's Ads«, in *Advertising Age*, 16. Dezember 1991.

32 Zitiert in »Market Research Ages 6-17: Talking Chihuahua Strikes Chord with Kids«, in *Selling to Kids*, 3. Februar 1999.

33 Zitiert in »Market Research: The Old Nagging Game Can Pay off for Marketers«, in *Selling to Kids*, 15. April 1998.

34 Siehe M. Boas/S. Chain, *Big Mac*, a.a.O., S. 127; Vance Packard, *The Hidden Persuaders*, New York 1957, S. 158–161 (dt. *Die Geheimen Verführer*, Düsseldorf 1958).

35 J. U. McNeal, *Kids as Customers*, a.a.O., S. 72–75.

36 Ebenda, S. 4; S. 98.

37 Einen Eindruck von den Methoden der Marktforscher vermittelt Tom McGee, »Getting Inside Kids' Heads«, in *American Demographics*, Januar 1997.

38 Zitiert bei D. S. Acuff, *What Kids Buy and Why*, a.a.O., S. 45f.

39 J. U. McNeal, *Kids as Customers*, a.a.O., S. 175.

40 Zitiert bei Karen Benzra, »Keeping Burger King on a Roll«, in *Brandweek*, 15. Januar 1996.

41 Zitiert in »Children's Online Privacy Proposed Rule Issued by FTC«, Pressemitteilung der Federal Trade Commission, 20. April 1999.

42 Aus »Is Your Kid Caught Up in the Web?«, in *Consumer Reports*, Mai 1997.

43 Siehe Matthew McAllester, »Life in Cyberspace: What's McDonald's Doing with Kids' E-mail Responses?«, in *Newsday*, 20. Juli 1997.

44 Zitiert bei Linda E. Demkovich, »Pulling the Sweet Tooth of Children's TV Advertising«, in *National Journal*, 7. Januar 1978.

45 Zitiert bei A. O. Sulzberger, Jr., »FTC Staff Urges End to Child-TV Ad Study«, in *New York Times*, 3. April 1981.

46 Zitiert bei Steve McClellan und Richard Tedesco, »Children's TV Market May Be Played Out«, in *Broadcasting & Cable*, 1. März 1999.

47 »Policy Statement: Media Education«, American Academy of Pediatrics, August 1999; »Policy Statement: Children, Adolescents, and Television«, American Academy of Pediatrics, Oktober 1995; Mary C. Martin, »Children's Understanding of the Intent of Advertising: A Meta-Analysis«, in *Journal of Public Policy & Marketing*, Herbst 1997.

48 Lisa Jenning, »Baby, Hand Me the Remote«, in *Scripps Howard News Service*, 13. Oktober 1999.

49 Interview mit Lynn Fava, Competitive Media Reporting.

50 Aus »Fast Food and Playgrounds: A Natural Combination«, Werbebroschüre von Playlandservices, Inc.

51 Aus Rod Taylor, »The Beanie Factor«, in *Brandweek*, 16. Juni 1997.

52 Sam Bradley und Betsey Spethmann, »Subway's Kid Pack: The Ties That Sell«, in *Brandweek*, 10. Oktober 1994.

53 Meredith Williams, *Tomart's Price Guide to McDonald's Happy Meal Collectibles*, Dayton, Ohio 1995.

54 Zur Promotion-Aktion mit Teenie Beanie Babys bei McDonald's siehe R. Taylor, »The Beanie Factor«, a.a.O.

55 Zitiert in »McDonald's Launches Second Animated Video in Series Starring Ronald McDonald«, Pressemitteilung der McDonald's Corporation, 21. Januar 1999.

56 Siehe T. L. Stanley, *Hollywood Reporter*, 26. Mai 1998.

57 Siehe Thomas R. King, »Mickey May Be the Big Winner in Disney-McDonald's Alliance«, in *Wall Street Journal*, 24. Mai 1996.

58 Monci Jo Williams, »McDonald's Refuses to Plateau«, in *Fortune*, 12. November 1984.

59 Zitiert bei James Bates, »You Want First-Run Features with Those Fries?«, in *Newsday*, 11. Mai 1997.

60 Zitiert bei Eric Dexheimer, »Class Warfare«, in *Denver Westword*, 6. Februar 1997.

61 Ebenda.

62 Zitiert bei Molnar, »Sponsored Schools and Commercialized Classrooms«, S. 28.

63 Zitiert bei Brian McTaggert, »Selling Our Schools«, in *Houston Chronicle*, 10. August 1997.

64 Zitiert bei G. Chambers Williams III, »Fliers May Be Seeing Ads on Roofs of Grapevine-Colleyville Schools«, in *Fort Worth Star-Telegram*, 4. März 1997.

65 Siehe »The Art of the Deal«, in *Food Management*, Februar 1998; Constance L. Hays, »Today's Lesson: Soda Rights«, in *New York Times*, 21. Mai 1999; Tracy Correa, »Campus Market: Corporate America Is Coming to Fresno-Area Schools with Ads That Target Children and Their Parents«, in *Fresno Bee*, 9. November 1998.

66 Aussage von Dan DeRose.

67 Zitiert bei G. Pascal Zachary, »Let's Play Oligopoly! Why Giants Like Having Other Giants Around«, in *Wall Street Journal*, 8. März 1999.

68 Aus Greg W. Prince, »The Year of Living Dangerously«, in *Beverage World*, 15. März 2000.

69 Siehe Dean Foust, »Man on the Spot: Nowadays Things Go Tougher at Coke«, in *Business Week*, 3. Mai 1999.

70 Kent Steinriede, »Sponsorship Scorecard 1999«, in *Beverage Industry*, Januar 1999.

71 Ernest Holsendorph, »Keeping McDonald's Out in Front: ›Gas‹ Is No Problem; Chicken May Be Served«, in *New York Times*, 30. Dez. 1973.
Coca Cola-Absatz bei McDonald's siehe »Welcome to McDonald's«, a.a.O.
Laut *Business Week* bezahlt Burger King pro Jahr 170 Millionen Dollar für 40 Millionen Gallonen Sirup. Das ergibt einen Preis von 4,25 Dollar pro Gallone – oder 0,93 Dollar pro Liter. Man kann mit Sicherheit annehmen, dass McDonald's als noch größerer Abnehmer den Sirup zum gleichen Preis, wenn nicht sogar günstiger bekommt. Siehe D. Foust, »Man on the Spot«, a.a.O.
Das übliche Verhältnis bei einem Soft Drink ist ein Teil Sirup auf fünf Teile mit Kohlensäure versetztes Wasser. Eine kleine Cola bei McDonald's enthält etwa 73 Gramm Sirup, eine mittlere Cola knapp 100 Gramm. Zur Zusammensetzung von Soft Drinks siehe Lauren Curtis, »Pop Art«, in *Food Product Design*, Januar 1998.

72 Aus Michael Jacobson, »Liquid Candy«, a.a.O., S. 10.

73 Zitiert bei Martha Groves, »Serving Kids … Up to Marketers«, in *Los Angeles Times*, 14. Juli 1999.

74 Siehe Frank Swoboda, »Pepsi Prank Fizzles at School's Coke Day«, in *Washington Post*, 26. März 1998.

75 Zitiert in Consumers Union, *Captive Kids*, a.a.O.

76 Aus »Pizza Hut Book It! Awards $50 000 to Elementary Schools«, *PR Newswire*, 6. Juni 2000.

77 Siehe Consumers Union, Captive Kids, a.a.O.; Alex Molnar, »Advertising in the Classroom«, in *San Diego Union-Tribune*, 10. März 1993.

78 Aus »Prepared Testimony of Ralph Nader before the Senate Committee on Health, Education, Labor, and Pensions«, *Federal News Service*, 20. Mai 1999.

79 Aus Diane Brockett, »School Cafeterias Selling Brand-Name Junk Food«, in *Education Digest*, 1. Oktober 1998.

80 Siehe Dan Morse, »School Cafeterias Are Enrolling as Fast-Food Franchisees«, in *Wall Street Journal*, 28. Juli 1998.

81 Zitiert bei Janet Bingham, »Corporate Curriculum: And Now a Word, Lesson, Lunch, from a Sponsor«, in *Denver Post*, 22. Februar 1998.

82 Zu den Problemen von District 11 siehe Cara DeGette, »The Real Thing: Corporate Welfare Comes to the Classroom«, in *Colorado Springs Independent*, 25. November bis 1. Dezember 1998.

3. Hinter der Theke

Bei der Geschichte der Region Pikes Peak stützte ich mich auf Carl Ubbelohde, Maxine Benson und Duane A. Smith, *A Colorado History*, Boulder 1995, Patricia Farris Skolout, *Colorado Springs History A to Z*, Colorado Springs 1992, Judith Reid Finley, *Time Capsule 1900: Colorado Springs a Cen-*

tury Ago, Colorado Springs 1998, sowie zwei unterhaltsame Bücher von Marshall Sprague, *Money Mountain: The Story of Cripple Creek Gold*, Lincoln 1979, und *Newport in the Rockies: The Life and Good Times of Colorado Springs*, Athens, Ohio 1987. Ann Markuson u.a., *The Rise of the Gunbelt*, New York 1991, enthält ein sehr interessantes Kapitel: »Space Mountain: Generals and Boosters Build Colorado Springs«, S. 174–210.

Zu den treibenden Kräften der Zersiedelung: F. Caid Benfield, Matthew D. Raimi, Donald D. T. Chen, *Once There Were Greenfields: How Urban Sprawl Is Undermining America's Environment, Economy, and Social Fabric*, Washington D.C., National Resources Defence Council, 1999, James Howard Kunstler, *The Geography of Nowhere: The Rise and Decline of America's Man-Made Landscape*, New York 1994, Philip Langdon, *A Better Place to Live: Reshaping the American Suburb*, Amherst 1994. John C. Melaniphy, *Restaurant and Fast Food Site Selection*, New York 1992, zeigte mir, wie die wirtschaftlichen Bedürfnisse der Fastfoodketten direkt zur landesweiten Ausbreitung der Zersiedelung beitrugen. Zwei Experten für Standortwahl erklärten, wie die neuesten geographischen Informationssysteme Satellitendaten, demographische Daten und Erkenntnisse aus der Marktforschung kombinieren und so den besten Standort für ein neues Fastfoodrestaurant bestimmen: Libby Duane, Marketing Director bei SRC LLC, deren »Site Analyzer« unter anderem von Church's Chicken und Popeye's verwendet wird, und Elliott Olson, Vorstandsvorsitzender der Dakota Worldwide Corporation, die eine PC-Version der von McDonald's entwickelten Quintillion-Software anbietet. Olson war so nett, mir eine Demoversion von Quintillion zukommen zu lassen.

Aus Platzgründen ist es mir nicht möglich, sämtliche Personen aufzuführen, die ich zu Wirtschaft, Kultur und Gesellschaft von Colorado Springs befragte. Einige waren jedoch besonders hilfreich oder lieferten wichtige Erkenntnisse: Die Vertrauenslehrerin Cheryl Griesinger von der Cheyenne Mountain Highschool, Mike Foreman und Nancy Martinez von der Manitou Springs Highschool, Jane Trogdon von der Harrison Highschool und Chris Christian von der Palmer Highschool; Elisa, Carlos und Cynthia Zamot, der Architekt Morey Bean, Richard Conway von Conway's Red Top Restaurant, Richard und Judy Noyes vom Chinook Bookshop, Rocky Scott, Präsident der Greater Colorado Springs Economic Development Corporation, Cara DeGette, Nachrichtenredakteurin des *Colorado Springs Independent*, Amy D. Haimerl, Redakteurin des *Colorado Springs Business Journal*, Major Mike Birmingham vom U.S. Space Command, Joe Brady, Mitbesitzer von The Hide & Seek, Toast und Marcea, Besitzer des Holey Rollers Tattoo Parlor, sowie die nette ältere Dame, die mich durch die Zentrale von Focus on the Family führte und deren Name ich nicht erwähnen möchte. Für einen Einblick in James Dobsons Philosophie las ich seinen Erziehungsratgeber *The New Dare to Discipline*, Wheaton, Illinois, 1992, und Gil Alexander-Moegerle, *James Dobson's War on America*, Amherst 1997.

Robert Emerson, *The New Economics of Fast Food*, New York 1990, bietet nützliche Informationen zu Lohnkosten und der Tarifpolitik der großen Ketten, ebenso John Love, *Die McDonald's Story*, München 1986, und *Big Mac* von Max Boas und Steve Chain. Robin Leidner und Ester Reiter sind Soziologen, die in Kettenrestaurants arbeiteten und über die dortige Beschäftigung schrieben. E. Reiter, *Making Fast Food: From the Frying Pan into the Fryer*, Montreal 1991, konzentriert sich auf Burger King; R. Leidner, *Fast Food, Fast Talk: Service Work and the Routinization of Everyday Life*, Berkeley 1993, beschäftigt sich mit McDonald's. *Quick Service that Sells!: The Art of Profitable Hospitality for Quick-Service Restaurants*, Denver 1997, von Phil »Zoom« Roberts und Christopher O'Donnell enthüllt einige Motivationstricks der Branche.

Working in the Service Society von C. Lynne Macdonald und Carmen Sirianni (Hg.) zeigt, wie die Beschäftigungspolitik der Fastfoodindustrie von der gesamten amerikanischen Wirtschaft übernommen wird. Alan B. Krueger, Professor für Wirtschaft an der Princeton University, fasste für mich seine Forschung zur Fastfoodindustrie und den Mindestlohn zusammen. Auch das Buch, das er zusammen mit David Card verfasste, *Myth and Measurement: The New Economics of the Minimum Wage*, Princeton 1995, erwies sich für mich als nützlich. Eine jüngere Studie des USDA Economic Research Service widerlegt überzeugend das Argument, dass höhere Löhne der Fastfoodindustrie schaden. Die Studie wurde von Chinkook Lee und Brian O. Roark verfasst und trägt den Titel *The Impact of Minimum Wage Increases on Food and Kindred Products Prices: An Analysis of Price Pass-Through*, Washington D.C.: Food and Rural Economics Division, USDA Economic Research Service, Technical Bulletin Nr.1877, Juli 1999. Ein Bericht des Institute of Medicine's Committee on the Health and Safety Implications of Child Labor – *Protecting Youth at Work: Health, Safety, and Development of Working Children and Adolescents in the United States*, Washington D.C. 1998 – fasst die sozialen Folgen für jugendliche Arbeitskräfte zusammen. Viele Schlussfolgerungen daraus wurden bereits in dem Bericht des National Safe Workplace Institute vorweggenommen, *Sacrificing America's Youth: The Problem of Child Labor and the Response of Government*, Chicago 1992. Auch zwei andere Berichte erwiesen sich als nützlich: Janice Windau, Eric Sygnatur und Guy Toscano, »Profile of Work Injuries Incurred by Young Workers«, in *Monthly Labor Review*, 1. Juni 1999, und *Report on the Youth Labor Force*, Washington D.C., U.S. Department of Labor, Juni 2000. Über die Verbrechen in Fastfoodrestaurants sprach ich mit Polizisten in Colorado Springs, Los Angeles und Omaha – sowie mit Joseph A. Kinney, Präsident des National Safe Workplace Institute, und Jerald Greenberg, einem Experten für Diebstahl am Arbeitsplatz und Professor für Ethik und Betriebswirtschaft an der University of Ohio.

1 Aus »Colorado Spring Facts«, Colorado Springs Chamber of Commerce.
2 Siehe »Colorado Springs Fact Sheet«, Greater Colorado Springs Economic Development Corporation, Juni 1998, und »Metropolitan Area Po-

pulation Estimates for July 1, 1998, and Population Change for April 1990 to July 1998«, U.S. Census Bureau, 30. September 1999.

3 Siehe »Metropolitan Area Population Estimates« und Terry Cotten, »Springs Council Adopts Budget«, in *Denver Post*, 29. November 1999.

4 Aus A. Markuson u.a., *Rise of the Gunbelt*, a.a.O., S. 178.

5 Ebenda.

6 Interview mit Rocky Scott, Präsident der Greater Colorado Springs Economic Development Corporation.

7 Die Einheit ist das U.S. Air Force Space Warfare Center.

8 Aus »Colorado Springs: The Pikes Region«, Greater Colorado Springs Development Agency, 1997.

9 Siehe James S. Granelli, »The Fight for Freedom Newspapers«, in *Los Angeles Times*, 17. November 1985.

10 James Dobson, *The New Dare to Discipline*, Wheaton 1992, S. 1–7, S. 50, S. 64.

11 Siehe G. Alexander-Moegerle, *Dobson's War on America*, a.a.O., S. 13.

12 Siehe Valerie Richardson, »Population Flow Upends West's Politics«, in *Washington Times*, 28. Februar 1999.

13 Aus William H. Frey, »Immigrant and Native Migrant Magnets«, in *American Demographics*, November 1996. Siehe auch William G. Deming, »A decade of economic change and population shifts in U.S. regions«, in *Monthly Labor Review*, November 1996.

14 William H. Frey, »The New White Flight«, in *American Demographics*, April 1994.

15 Aus Donald Blount, »Colorado's Pace of Growth Likely to Taper Off in 1999«, in *Denver Post*, 7. Februar 1999.

16 Die Platzierung durch die Zeitschrift *Education Week* im Jahr 1998 berücksichtigte die Pro-Kopf-Ausgaben eines Bundesstaates für Schulen, Lebensunterhalt und persönliches Einkommen. Aus Janet Bingham, »Schools Get Lower Marks«, in *Denver Post*, 8. Januar 1999.
Zur Verkehrsbelastung: Terri Cotten, »Colorado Springs: City Grapples with Gridlock«, in *Denver Post*, 23. Mai 1999.

17 Aus Burt Hubbard, »Tax Cut Feeding Frenzy«, in *Rocky Mountain News*, 18. April 1999.

18 Siehe R. White, *It's Your Misfortune*, Norman 1991, S. 550.

19 Aus »1998 Menu of Facts«, Colorado Restaurant Association.
Zur Bestimmung der Wachstumsrate zählte ich die Zahl der Restaurants, die in den Gelben Seiten von Colorado Springs im Jahr 1967 und im Jahr 1997 aufgeführt waren.

20 Aus J. P. Donlon, »Quinlan Fries Harder: Interview mit McDonald's CEO Michael Quinlan«, in *Chief Executive*, 11. Januar 1998. Siehe auch Judith Waldrop, »Most Restaurant Meals Are Bought on Impulse«, in *American Demographics*, Februar 1994.

21 Siehe R. Kroc, *Grinding It Out*, New York 1987, S. 176.

22 Interview mit Elliott Olson.

23 William Dunn, »Skycams Drain Floods, Save Lives, Sell Burgers«, in *American Demographics*, Juli 1992.

24 Aus Robert W. Van Giezen, »Occupational Wages in the Fast Food Industry«, in *Monthly Labor Review*, August 1994; Alan Liddle, »Diversity at Work: Teenagers«, in *Nation's Restaurant News*, 24. Mai 1999.

25 Alfred D. Chandler, Jr., *The Visible Hand: The Managerial Revolution in American Business*, Cambridge, Massachusetts 1977, S. 241f.

26 Siehe Joel Millman, »These Days, Mexico Serves as a Giant Offshore Kitchen«, in *Wall Street Journal*, 19. Januar 2000.

27 Zitiert bei E. Reiter, *Making Fast Food*, a.a.O., S. 85.

28 R. Leidner, *Fast Food, Fast Talk*, a.a.O., S. 3.

29 Aus Rita Rousseau, »Employing the New America«, in *Restaurants and Institutions*, 15. März 1997.

30 Die Konferenz war die COEX '99, die 26. Konferenz der Betreiber von Restaurantketten. Das Thema der Diskussion lautete »Too Many Cooks ... Cutting Labor Cost in the Kitchen« (»Zu viele Köche ... die Senkung von Lohnkosten in der Küche«). Zu den Teilnehmern gehörten Larry Behm, Vice President, Restaurant Systems Engineering bei Taco Bell, Dave Brewer, Vice President, Engineering KFC Tricon, Jane Gannaway, Vice President, Restaurant Planning, Design and Procurement bei Hardee's, Jerry Sus, Home Office Director, Equipment Systems Engineering bei McDonald's, und John Reckert, Director of Strategic Operations and Research & Development bei Burger King. Die Diskussion wurde von Convention Tapes International in Miami, Florida, aufgezeichnet.

31 Aus L. M. Sixel, Giving Tax Break a Second Chance; Credit to Hire Disadvantaged Returns«, in *Houston Chronicle*, 16. Oktober 1996. Siehe auch Ben Wildavsky, »Taking Credit«, in *National Journal*, 29. März 1997.

32 Aus Sixel, »Giving Tax Break a Second Chance«.

33 Ebenda.

34 Siehe E. Schlosser, »In the Strawberry Fields«, in *Atlantic Monthly*, November 1995.

35 Die niedrigere Zahl stammt aus Jennifer Waters, »R&I Executive of the Year: Robert Nugent«, in *Restaurants and Institutions*, 1. Juli 1998. Die höhere Zahl stammt bemerkenswerterweise von Denise Fugo, Schatzmeisterin der National Restaurant Association, zitiert bei Lornet Turnbull, »Restaurants Feeding Off Fit Economy«, 23. Februar 1999.

36 Interview mit Alan B. Krueger.

37 Siehe Krueger, *Myth and Measurement*, a.a.O., S. 6, und Aaron Bernstein, »A Perfect Time to Raise the Minimum Wage«, in *Business Week*, 17. Mai 1999.

38 Siehe Jerd Smith, »Undocumented Workers Enliven State's Economy, But at What Costs to Other Residents and Agencies?«, in *Rocky Mountain News*, 18. April 1999.

39 Alan Liddle, »Demand Fuels Salary, Bonus Surge; Wages Still Lag«, in *Nation's Restaurant News*, 18. August 1997.

40 Laut den Wirtschaftswissenschaftlern Chinkook Lee und Brian O'Roark führt eine Erhöhung des Mindestlohns um jeweils 50 Cent zu einer Preiserhöhung um ein Prozent in den Restaurants. Ein Hamburger bei McDonald's kostet in den USA 99 Cent; eine Preiserhöhung um zwei Prozent entspricht also zwei Cent. Siehe Lee/O'Roark, *The Impact of Minimum Wage Increases on Food and Kindred Products Prices: An Analysis of Price Pass-Through*, a.a.O.

41 Von den 50 bis 60 Mitarbeitern eines typischen McDonald's arbeiten nur vier bis fünf in Vollzeit mit festem Gehalt. Siehe R. Leidner, *Fast Food, Fast Talk*, a.a.O., S. 50–54.

42 Aus Robert W. Van Giezen, »Occupational Wages in the Fast-Food Restaurant Industry«, in *Monthly Labor Review*, August 1994.

43 Aus Liddle, »Demand Fuels Salary, Bonus Surge«.

44 Siehe Boas/Chain, *Big Mac*, a.a.O., S. 91ff; Ben Wildavsky, »McJobs: Inside America's Largest Youth Training Program«, in *Policy Review*, Sommer 1989.

45 Siehe Gillian Flynn, »Pizza As Pay? Compensation Gets Too Creative«, in *Workforce*, August 1998.

46 Siehe E. Scott Reckard, »Jury: Taco Bell Short-Changed Its Employees«, in *Los Angeles Times*, 9. April 1997; Steve Miletich, »Taco Bell Is Found Guilty of Worker Abuses«, in *Seattle Post-Intelligencer*, 9. April 1997, Stephanie Armour, »One Woman's Story: More and More Workers Are Being Asked to Work Overtime Without Pay«, in *USA Today*, 22. April 1998.

47 E. Reiter, *Making Fast Food*, a.a.O., S. 129.

48 Siehe J. F. Love, *McDonald's Story*, a.a.O., S. 395; M. Boas/S. Chain, *Big Mac*, a.a.O., S. 94–112.

49 Zu den Ereignissen in San Francisco siehe M. Boas/S. Chain, *Big Mac*, a.a.O., S. 104–112.

50 Aus Bill Tieleman, »Did Somebody Say McUnion? Not If They Want to Keep Their McJob«, in *National Post*, 29. März 1999.

51 Zitiert bei Mike King, »McDonald's Workers Win the Union War But Lose Jobs«, in *Ottawa Citizen*, 3. März 1998.

52 Siehe Mike King, »McDonald's to Go«, in *Montreal Gazette*, 15. Februar 1998. Zu Beginn der 90er Jahre schlossen in Kanada etwa drei McDonald's pro Jahr, gleichzeitig wurden jedes Jahr acht neue Restaurants eröffnet.

53 Bill Tieleman, »Did Somebody Say McUnion? Not If They Want to Keep Their McJob«, a.a.O.

54 Siehe *Protecting Youth at Work*, a.a.O., S. 132, S. 225f.

55 Die Anzeige erschien am 20. März 1999 in der *Colorado Springs Gazette*. Meine Schilderung der Arbeitsbedingungen bei FutureCall basiert auf Gesprächen mit ehemaligen Mitarbeitern. Mehr über FutureCall bei Je-

remy Simon, »Telemarketing«, in *Colorado Springs Gazette*, 15. Februar 1999.

56 Wenn von einer Person in diesem Buch nur der Vorname genannt wird, handelt es sich um ein Pseudonym. Die beschriebenen Personen existieren jedoch alle, keine ist erfunden.

57 Aus *Protecting Youth at Work*, a.a.O., S. 4, S. 68.

58 Im Jahr 1998, für das die aktuellsten Zahlen vorliegen, starben 52 Polizisten bei der Ausübung ihres Berufes – im gleichen Jahr kamen 69 Beschäftigte in der Gastronomie meist bei Raubüberfällen ums Leben. Zum Großteil sind Fastfoodrestaurants betroffen, weil diese bis spät in die Nacht geöffnet, mit Teenagern besetzt sind, volle Kassen haben und verkehrsgünstig liegen. Die Zahlen stammen aus Eric F. Sygnatur/Guy A. Toscano, »Work-Related Homicides: The Facts«, in *Compensation and Working Conditions*, Frühjahr 2000.

59 Siehe Laurie Grossman, »Easy Marks: Fast-Food Industry Is Slow to Take Action Against Growing Crime«, in *Wall Street Journal*, 22. September 1994; Kerry Lydon, »Prime Crime Targets; Highly Publicized Restaurant Crimes Have Drawn Both Criminal and Customer Attention to Security Lapses«, in *Restaurants and Institutions*, 15. Juni 1995; Milford Prewitt, Naomi R. Kooker, Alan J. Liddle und Robin Lee Allen, »Taking Aim at Crime: Barbaric to Bizarre, Crime Robs Operators' Peace of Mind, Profits«, in *Nation's Restaurant News*, 22. Mai 2000.

60 Aus Scot Lins und Rosemary J. Erickson, »Stores Learn to Inconvenience Robbers: 7-Eleven Shares Many of Its Robbery Deterrence Strategies«, in *Security Management*, November 1998.

61 Aus L. Grossman, »Easy Marks«, a.a.O., und K. Lydon, »Prime Crime Targets«, a.a.O.

62 Aus Ed Rubinstein, »High-Tech Systems Look to Head Off Restaurant Shrinkage«, in *Nation's Restaurant News*, 11. Januar 1999.

63 Aus »NCS Reports Employee Theft Doubled in Restaurant/Fast Food Industry«, Pressemitteilung, NCS und National Food Service Security Council, 9. Juli 1999.

64 Interview mit Jerald Greenberg.

65 Siehe Ralph Vartabedian, »Big Business, Big Bucks: The Rising Tide of Corporate Political Donations«, in *Los Angeles Times*, 23. September 1997; Joan Oleck, »Who's Afraid of OSHA?«, in *Restaurant Business*, 10. Februar 1995; »Recommendations for Workplace Violence Prevention Programs in Late-Night Retail Establishments«, U.S. Department of Labor, OSHA 3153, 1998.

66 Aus R. Vartabedian, »Big Business«, a.a.O.

67 Aus Jack Hayes, »Industry Execs Nix OSHA Guidelines at ›Security Summit‹«, in *Nation's Restaurant News*, 19. Mai 1997.

68 Interview mit Joseph A. Kinney.

69 Das ist meine eigene Schätzung. Das Los Angeles Police Department zählt zu den Polizeistationen, die eine Statistik über Überfälle auf Res-

taurants führen. Bei ihnen handelt es sich meist um Fastfoodrestaurants. Die Einwohnerschaft von Los Angeles macht etwa 1,25 Prozent der amerikanischen Bevölkerung aus. Im Jahr 1998 wurden 520 Restaurants in Los Angeles überfallen. Selbst wenn man davon ausgeht, dass die Wahrscheinlichkeit, überfallen zu werden, für Restaurants in Los Angeles viermal höher liegt als in den übrigen Teilen des Landes, ergibt das immer noch 10 000 Überfälle auf Restaurants in den USA pro Jahr. Die tatsächliche Zahl ist vermutlich deutlich höher. Das FBI führt eine Statistik über Überfälle auf Lebensmittelgeschäfte: Mitte der 90er Jahre wurden davon etwa 28 000 pro Jahr ausgeraubt (über 500 in der Woche). Laut der Überfallstatistik des LAPD wurden Restaurants fast doppelt so häufig ausgeraubt wie Minimarts. Siehe »Restaurant Robberies in L.A. from 01/01/98 to 12/31/98« und »Mini-Mart Robberies in L.A. from 01/01/98 to 12/31/98«, Los Angeles Police Department; Greg Warchoi, »Workplace Violence, 1992-96«, Bureau of Labor Statistics Special Report, Juli 1998.

70 Die Reden und Diskussionsbeiträge bei der 38. Annual Multi-Unit Foodserver Operator Conference wurden von Sound of Knowledge mit Sitz in San Diego, Kalifornien, aufgezeichnet.

4. Erfolg

Das Buch *Restaurant Franchising* von Mahmood A. Khan, New York 1992, bietet eine konkrete Analyse des Themas. Stan Luxenberg, *Roadside Empires*, New York 1985, ist weniger gründlich, aber deutlich interessanter und betrachtet den Franchise-Boom in Zusammenhang mit der amerikanischen Nachkriegskultur. Max Boas/Steven Chain, *Big Mac*, New York 1976, John F. Love, *Die McDonald's Story*, München 1986, und Ray Kroc, *Grinding It Out*, New York 1987, geben ebenfalls Auskunft über die Frühzeit des Franchising in der Fastfoodindustrie. Eine Reihe von Artikeln in wissenschaftlichen Zeitschriften half mir, die Details des Franchising besser zu verstehen: Francine Lafontaine, »Pricing Decisions in Franchised Chains: A Look at the Restaurant and Fast-Food Industry«, Working Paper 5247, National Bureau of Economic Research, September 1995; Scott A. Shane, »Hybrid Organizational Arrangements and their Implications for Firm Growth and Survival: A Study of New Franchisors«, in *Academy of Management Journal*, Februar 1996; H. G. Parsa, »Franchisee-Franchisor Relationships in Quick-Service-Restaurant Systems«, in *Cornell Hotel & Restaurant Administration Quarterly*, Juni 1996; Scott A. Shane und Chester Spell, »Factors for New Franchise Success«, in *Sloan Management Review*, 22. März 1998; Robert W. Emerson, »Franchise Terminations: Legal Rights and Practical Effects When Franchisees Claim the Franchisor Discriminates«, in *American Business Law Journal*, 22. Juni 1998. Der *Franchise Opportunities Guide*, der jährlich von der International Franchise Association herausgegeben wird, liefert eine positiv gefärbte Darstellung von der »Erfolgsgeschichte der 90er Jahre«. *The Franchise Fraud: How to Protect Yourself Before and After You Invest*, New York 1994, von Robert L. Purvin, Jr., betrachtet die Versprechen der Franchisegeber etwas skeptischer. Purvin, Rechtsanwalt und Vorstandsvorsitzender der American Association of Franchisees and Dealers, half mir, damit mir bei der Analyse der Rechtssituation keine Fehler unterliefen. Susan Kezios, Präsidentin der American Franchisee Association, unterhielt sich ausführlich mit mir über die Gesetzesreformen, die von ihrem Verband angestrebt werden. Richard Adams, Präsident von Consortium Members, Inc., eines Zusammenschlusses von verärgerten McDonald's-Franchisenehmern, beschrieb einige Praktiken der weltweit größten Fastfoodkette. Rieva Lesonsky, Chefredakteurin des Magazins *Entrepreneur* (das alljährlich »Franchise 500: Best Franchises to Start Now!« herausgibt), lieferte mir eine wesentlich positivere Sichtweise des Systems. Peter Lowe nahm sich trotz seines engen Terminplans Zeit und diskutierte mit mir über Erfolg. Neben Dave Feamster interviewte ich noch weitere Franchisenehmer aus der Branche, die hier aber nicht erwähnt werden. Ich danke Feamster, dass er mir in seinem Restaurant freie Hand ließ, und vor allem, dass ich einen Abend lang Pizzas in Pueblo ausliefern durfte.

1 S. Luxenberg, *Roadside Empires*, a.a.O., S. 13.
2 Siehe R. L. Emerson, *Economics of Fast Food*, New York 1990, S. 59; J. F. Love, *McDonald's Story*, a.a.O., S. 176ff.
3 R. Kroc, *Grinding It Out*, a.a.O., S. 111.
4 Zitiert bei J. F. Love, *McDonald's Story*, a.a.O., S. 203; siehe auch R. Kroc, *Grinding It Out*, a.a.O., S. 109.
5 1998, im Todesjahr von Richard McDonald, überstieg der Jahresumsatz von McDonald's 36 Milliarden Dollar. Aus »The Annual«, dem Jahresbericht der McDonald's Corporation von 1998.
6 R. Kroc, *Grinding It Out*, a.a.O., S. 123.
7 Ebenda.
8 Zur Verwendung der Architektur der Ketten als »Verpackung« und zu Louis Cheskins Rat an McDonald's siehe Thomas Hines, *The Total Package: The Evolution and Secret Meanings of Boxes, Bottles, Cans, and Tubes*, New York 1995, S. 121–124.
9 Zitiert in »Brand Iconography: The Secret to Creating Lasting Brands?«, in *Brand Strategy*, 20. Februar 1999.
10 Aus Dan Morse und Jeffrey A. Tannenbaum, »Poll on High Success Rate for Franchises Raises Eyebrows«, in *Wall Street Journal*, 17. März 1998. Zu den Ergebnissen einer ähnlichen, ebenfalls dubiosen Umfrage der IFA siehe Joan Oleck, »The Numbers Game: Retail Franchise Failure Rates«, in *Restaurant Business*, 10. Juni 1993.
11 Aus der Aussage von Dr. Timothy Bates vor dem Unterausschuss für Handels- und Verwaltungsrecht, Rechtsausschuss, US-Repräsentantenhaus, 24. Juni 1999.

12 Trotz der hohen Misserfolgsquote hält der Autor der Studie, Scott A. Shane, Franchising nach wie vor für die beste Möglichkeit zur raschen Expansion eines Unternehmens, auch wenn die finanziellen Risiken oft untertrieben werden. Siehe Scott A. Shane, »Hybrid Organizational Arrangements and Their Implications for Firm Growth and Survival: A Study of New Franchisors«, in *Academy of Management Journal*, Februar 1996.

13 Aussage von Dr. Timothy Bates.

14 Siehe M. Boas/S. Chain, *Big Mac*, a.a.O., S. 162f.

15 Aus Richard Behar, »Why Subway Is ›The Biggest Problem in Franchising‹«, in *Fortune*, 16. März 1998.

16 Ebenda. Weitere Darstellungen der fraglichen Geschäftspraktiken von Subway bei Jennifer Lanthier, »Subway Bites«, in *Financial Post*, 25. November 1995; Barbara Marsh, »Franchise Realities: Sandwich Shop Chain Surges, but to Run One Can Take Heroic Effort«, in *Wall Street Journal*, 16. September 1992; Jeffrey A. Tannenbaum, »Right to Retake Subway Shops Spurs Outcry«, in *Wall Street Journal*, 2. Februar 1995.

17 J. Lanthier, »Subway Bites«, a.a.O.

18 R. Behar, »Why Subway...«, a.a.O.

19 Eine detaillierte Analyse des Gesetzesentwurfs und der Kritik daran findet sich bei Harold Brown, »The Proposal Federal Legislation in 1999«, in *New York Law Journal*, 28. Januar 1999; Rochelle B. Spandorf, »Federal Regulating Legislation«, in *Franchising Business and Law Alert*, November 1999.

20 Aussage von Howard Coble vor dem Unterausschuss für Handels- und Verwaltungsrecht, Rechtsausschuss des US-Repräsentantenhauses, 29. Juni 1999.

21 Zu diesem Zitat und zu Irelands Ansichten bezüglich der Franchise-Reform siehe Kirk Victor, »Franchising Fracas«, in *National Journal*, 26. September 1992; Deirdre Shesgreen, »Franchisees Seek Protection on Hill«, in *Legal Times*, 4. Januar 1999.

22 Zitiert in »Small Business Franchise Partnerships Feared Endangered if Federal Government Muscles In«, in *PR Newswire*, 1. Juli 1999.

23 Zur Studie des amerikanischen Bundesrechnungshofes und der dadurch verursachten Untersuchung durch den Kongress siehe S. Luxenberg, *Roadside Empires*, a.a.O., S. 256–259.

24 Ebenda, S. 258.

25 Siehe Scott A. Hodge, »For Big Franchisers, Money to Go: Is the SBA Dispensing Corporate Welfare?«, in *Washington Post*, 30. November 1997.

5. Warum die Pommes so gut schmecken

Food: A Culinary History, New York 1999, hg. von Jean-Louis Flandrin und Massimo Montanari, verfolgt die kulturellen und technologischen Veränderungen bei der Nahrungszubereitung von den prähistorischen Lagerfeuern bis zu den Küchen von McDonald's. Eine gute Darstellung der Geschichte der amerikanischen Lebensmittelindustrie findet sich bei John M. Connor und William A. Schiek, *Food Processing: An Industrial Powerhouse in Transition*, New York 1997. Harvey Levenstein, *Paradox of Plenty: A Social History of Eating in Modern America*, New York 1993, enthält ein hervorragendes Kapitel über die Auswirkungen der Fortschritte in der Lebensmittelindustrie nach dem Krieg. Zum Konzentrationsprozess in der Lebensmittelindustrie und zu seinen Auswirkungen auf die amerikanischen Landwirte erfuhr ich sehr viel aus den folgenden Quellen: Charles R. Handy und Alden C. Manchester, »Structure and Performance of the Food System Beyond the Farm Gate«, Commodities Economics Division White Paper, USDA Economic Research Service, April 1990; Alden C. Manchester, »The Transformation of U.S. Food Marketing«, in Lyle P. Schertz/Lynn M. Daff (Hg.), *Food and Agricultural Markets: The Quiet Revolution*, Washington D.C., National Planning Association 1994; *Concentration in Agriculture, A Report of the USDA Advisory Committee on Agricultural Concentration*, Washington D.C., USDA Agricultural Marketing Service, Juni 1996; *A Time to Act: Report of the USDA National Commission on Small Farms*, Washington D.C., United States Department on Agriculture, 1998; William Heffernan, »Consolidation in the Food and Agriculture System«, Bericht für die National Farmers Union, 5. Februar 1999. Ein stundenlanges Telefoninterview mit J. R. Simplot lieferte mir zahlreiche Informationen zu Details aus seinem Leben und die Ursprünge der Kartoffelindustrie in Idaho. Simplot war direkt, charismatisch, unterhaltsam und erschien unermüdlich. Fred Zerza, Vice President for Public and Government Relations bei der J. R. Simplot Company, half mir, die Angaben von Simplot zu verifizieren. Außerdem stützte ich mich auf »Origins of the J. R. Simplot Company«, J. R. Simplot Company 1997, und James W. Davis, *Aristocrat in Burlap: A History of the Potato in Idaho*, Boise, Idaho Potato Commission 1992. Paul Patterson, Professor für Agrarwirtschaft an der University of Idaho, erklärte mir dankenswerterweise, wie Kartoffeln heutzutage angebaut, verarbeitet und verkauft werden. Bert Moulton von den Potato Growers of Idaho vermittelte mir einen Eindruck von den Herausforderungen, denen die Farmer begegnen müssen. Ich danke auch Ben Strand von der Simplot Food Group und Bud Mandeville von Lamb Weston für die Führungen durch die Pommes-frites-Fabriken.

Die Bücher zur Aromatechnologie zu lesen war eine Freude; sie erinnerten mich an mittelalterliche Texte über die Schwarzen Künste. Zu den Werken, die ich heranzog, gehörten Fenaroli's *Handbook of Flavor Ingredients*, Bd.2, Ann Arbor 1995; Henry B. Heath, *Source Book of Flavors*, Westport 1981;

Martin S. Peterson/Arnold H. Johnson, *Encylopedia of Food Science*, Westport 1978; Y. H. Hui, *Encyclopedia of Food Science and Technology*, Bd.2, New York 1992; Carl W. Hall/A. W. Farrall/A. L. Rippen, *Encyclopedia of Food Engineering*, Westport 1986; Terry E. Acree/Roy Teranishi (Hg.), *Flavor Science: Sensible Principles and Techniques*, Washington D.C., American Chemical Society 1993; Gary R. Takeoka/Roy Teranishi/Patrick J. Williams/Akio Kobayashi (Hg.), *Biotechnology for Improved Foods and Flavors*, Washington D.C., American Chemical Society 1995; Cynthia J. Mussinan/Michael J. Novello (Hg.), *Flavor Analysis: Developments in Isolation and Characterization*, Washington D.C., American Chemical Society 1998. Viele nützliche Artikel über die Aromaindustrie fand ich in Zeitschriften wie *Food Product Design, Food Engineering, Food Processing, Food Manufacture, Chemistry and Industry, Chemical Market Reporter* und *Soap-Cosmetics-Chemical Specialties* (erscheint mittlerweile als *Soap & Cosmetics*). Einen guten Überblick über diese Branche bietet *Industry and Trade Summary: Flavor and Fragrance Materials*, Washington D.C., U.S. International Trade Commission, USITC Publication 3162, März 1999. Ellen Ruppel Shell verfasste bereits vor über zehn Jahren einen guten Artikel über die Flavoristen: »Chemists Whip Up a Tasty Mess of Artificial Flavors«, in *Smithsonian*, Mai 1986. Terry Acree, Professor für Lebensmitteltechnologie an der Cornell University, war eine wunderbare Quelle für die Themen Geruch, Geschmack, Aroma und die Aromaindustrie. Bob Bauer, Executive Director der National Association of Fruits, Flavors, and Syrups, umriss für mich, wann und wo sich die Aromaindustrie in New Jersey ansiedelte. Bei International Flavors & Fragrances danke ich Nancy Ciancaglini, Diane Mora und Brian Grainger, die geduldig meine Fragen beantworteten. Die Flavoristen bei anderen Firmen, mit denen ich mich unterhielt, bleiben anonym.

1 Interview mit J. R. Simplot.
2 H. Levensteins Kapitel über die Nachkriegszeit trägt den Titel »The Golden Age of Food Processing: Miracle Whip *Über Alles*«, in *Paradox of Plenty*, S. 104–118.
3 Ebenda, S. 128.
4 Siehe das Kapitel »The French Fries« bei Elizabeth Rozin, *The Primal Cheeseburger*, New York 1994, S. 133–152.
5 Interview mit J. R. Simplot.
6 R. Kroc, *Grinding It Out*, New York 1987, S. 10.
7 Siehe John F. Love, *Die McDonald's Story*, München 1986, S. 122f.
8 Ebenda, S. 328.
9 Die Zahlen zum Verzehr von frischen Kartoffeln und Pommes frites stammen vom USDA Economic Research Service.
10 Aus Lisa Bocchino, »Frozen Potato Products«, in *ID: The Voice of Foodservice Distribution*, Januar 1995.
11 Die Fläche von Delaware beträgt etwa 6448 km².
12 Interview mit J. R. Simplot.

13 Interview mit Fred Zerza.

14 Dies ist eine vorsichtige Schätzung, die auf Diskussionen mit verschiedenen Branchenvertretern basiert.

15 Siehe Constance L. Hays, »Burger King Campaign Is Promoting New Fries«, in *New York Times*, 11. Dezember 1997.

16 Potato Statistics, Economic Research Service, USDA.

17 Zahlen für 1980 von Paul Patterson; Zahlen für 1999 vom National Agricultural Statistical Service.

18 Eine große Portion Pommes frites wiegt etwa 110 Gramm. Zur Herstellung von 100 Gramm Pommes frites benötigt man die doppelte Menge Kartoffeln. Der Abnahmepreis für frische Kartoffeln zur Weiterverarbeitung beträgt vier bis fünf Dollar pro Zentner – oder vier bis fünf Cent pro Pfund.

19 Interview mit Paul Patterson.

20 Interview mit Bert Moulton.

21 Idaho Agricultural Statistics Service.

22 Bert Moulton schätzt, dass es zwischen 1000 und 1200 Farmer sind; Don Gerhardt vom Idaho Agricultural Statistics Service geht von etwa 1000 aus.

23 Siehe Heffernan, »Consolidation in the Food and Agricultural System«, Bericht für die National Farmers Union, 5. Februar 1999, S. 1.

24 Siehe Elizabeth Mehren, »From Whisks to Molds, James Beard's Personal Possessions to Be Auctioned«, in *Los Angeles Times*, 12. Sept. 1985.

25 Siehe Olivia Wu, »Fats and Oils in a New Light«, in *Restaurants and Institutions*, 15. Januar 1997; Candy Sagon, »Fry, Fry Again: The Secret of Great French Fries? Frying and More Frying«, in *Washington Post*, 9. Juli 1997.

26 Siehe Irvin Molotsky, »Risk Seen in Saturated Fats Used in Fast Foods«, in *New York Times*, 15. November 1985; Sandeep Kanshik, »Veg Oil Prospects Bullish as Restaurants Drop Tallow«, in *Chemical Market Reporter*, 30. Juli 1990; »Vegetable Oils Could Benefit from Fast Food Industry Switch«, in *Agra Europe*, 31. August 1990.
Ein kleiner Hamburger von McDonald's wiegt 102 Gramm und enthält 3,6 Gramm gesättigte Fettsäuren, eine kleine Portion Pommes frites wiegt 68 Gramm und enthält 5,05 Gramm Fett. Siehe »Where's the fat«, in *USA Today*, 5. April 1990; Marian Burros, »The Slimming of Fat Fast Food«, in *New York Times*, 25. Juli 1990; Michael F. Jacobson/Sarah Fritscher, *The Completely Revised and Updated Fast-Food Guide*, New York 1991.

27 Siehe »McDonald's Nutrition Facts«, McDonald's Corporation, Juli 1997.

28 Siehe »Personal Consumption Expenditures Table 1999«, Bureau of Economic Analysis, U.S. Department of Commerce.

29 Aus Joyce Jones, »Labs Conjure Up Fragrances and Flavors to Add Allure«, in *New York Times*, 26. Dezember 1993.

30 Interview mit Nancy Ciancaglini, International Flavors & Fragrances.

31 Aus Ruth Sambrook, »Do You Smell What I Smell? The Science of Smell and Taste«, Institute of Food Research, März 1999.

32 Siehe Marilynn Larkin, »Truncated Glutamate Receptor Holds Key to the Fifth Primary Taste«, in *Lancet*, 29. Januar 2000; Andy Coghlan, »In Good Taste«, in *New Scientist*, 29. Januar 2000.

33 Siehe Julie A. Mennella und Gary K. Beauchamp, »Early Flavor Experiences: When Do They Start?«, in *Nutrition Today*, September 1994.

34 Siehe Jennifer Ordonez, »Hamburger Joints Call Them ›Heavy Users‹ – But Not to Their Faces«, in *Wall Street Journal*, 12. Januar 2000.

35 Interview mit Nancy Ciancaglini.

36 Aus Susan Carroll, »Flavors Market Is Poised for Recovery This Year« in *Chemical Market Report*, 19. Juli 1999.

37 Aus Andrew Bary, »Take a Whiff: Why International Flavors & Fragrances Looks Tempting Right Now«, in *Barron's*, 20. Juli 1998.

38 Der Umsatz von IFF lag 1970 bei etwa 103 Millionen Dollar und 1999 bei 1,4 Milliarden Dollar. Die erste Zahl stammt aus »Company History«, IFF Advertising and Public Relations; die zweite wird bei Catherine Curan genannt, »Perfume Company Banks on CEOs Nose for Business«, in *Crain's NY Business*, 26. Juni 2000.

39 Dabei handelt es sich um Isobutylmethoxypyrazin. Seine genaue Schwelle bei der Geschmackserkennung ist festgehalten in »Flavor Chemistry Seminar«, International Flavors & Fragrances.

40 Ein Informant aus der Branche, der nicht genannt werden will, nannte mir die Kosten des Aromas für eine Sechserpackung Cola, die restliche Rechnerei übernahm ich.

41 Das Rezept stammt aus *Fenaroli's Handbook of Flavor Ingredients*, a.a.O., Bd. 2, S. 831.

42 Interview mit Terry Acree.

43 Aus »What Is Flavor? An IFF Consumer Insights Perspective«.

44 Eine Beschreibung des Apparats und ähnlicher Geräte bei Ray Marsilli, »Texture and Mouthfeel: Making Rheology Real«, in *Food Product Design*, August 1993.

45 Siehe Leticia Mancini, »Expanding Flavor Horizons«, in *Food Engineering*, November 1991; Kitty Kevin, »A Brave New World: Capturing the Flavor Bug: Flavors from Microorganisms«, in *Food Processing*, März 1995.

46 Siehe Jeanne-Marie Bartas, »Vegan Menu Items at Fast Food and Family-Style Restaurants – Part 2«, in *Vegetarian Journal*, Januar/Februar 1998.

47 Siehe »Wendy's Nutrition/Ingredient Guide«, Wendy's International, Inc., 1997.

48. Siehe »Nutritional Information«, Burger King 1999.

49 Siehe Hans-Ulrich Grimm, *Die Suppe lügt: Die schöne neue Welt des Essens*, Stuttgart 1997, Kap. 6.

6. Auf der Weide

Sam Bingham, *The Last Ranch: A Colorado Community and the Coming Desert*, New York 1996, und Peter R. Decker, *Old Fences, New Neighbors*, Tucson 1998, sind zwei gute Bücher über die derzeitigen Probleme der Rancher in Colorado. In »The Rancher's Code«, einem Kapitel in Charles F. Wilkinson, *Crossing the Next Meridian*, Washington D.C. 1992, werden die Maßnahmen vorgestellt, die progressive Rinderzüchter ergreifen, um das Land zu erhalten und davon zu leben. Von den vielen Interviews, die ich mit Rinderzüchtern führte, möchte ich einige hervorheben. Dave Carlson von der Abteilung Ressourcenanalyse des Landwirtschaftsministeriums von Colorado half mir, die wirtschaftlichen Kräfte zu verstehen, die Colorado derzeit verändern. Dave Carter, Präsident der Rocky Mountain Farmers Union, erläuterte den Erschließungsdruck und die politischen Interessen, denen viele Farmer heute ausgesetzt sind. Dean Preston, seit fast 30 Jahren Landwirtschaftskorrespondent des *Pueblo Chieftain*, beschrieb mir die Veränderungen, die er in Colorado miterlebt hat. Lee Pitts, Chefredakteur von *Livestock Market Digest*, brachte die Erfahrungen der Rancher in den Rocky Mountains für mich in einen größeren nationalen Zusammenhang. Seine Arbeit für den *Digest* steht für den unabhängigen amerikanischen Journalismus in seiner besten Art.

Zur Geschichte der Rinderzucht im Westen und des Beef Trust stützte ich mich auf Willard F. Williams/Thomas T. Stout, *Economics of the Livestock-Meat Industry*, New York 1964; Mary Yeager, *Competition and Regulation: The Development of Oligopoly in the Meat Packing Industry*, Greenwich 1981; Jimmy M. Skaggs, *Prime Cut: Livestock Raising and Meatpacking in the United States, 1607–1983*, College Station 1986. Jim Crabtree vom Center for Rural Affairs in Walt Hill, Nebraska, half mir, die aktuellen Preissysteme im richtigen historischen Kontext zu sehen. Zwei Veröffentlichungen des Zentrums waren sehr nützlich: *Competition and the Livestock Market*, April 1990, und Marty Strange/Annette Higby, *From the Carcass to the Kitchen: Competition and the Wholesale Meat Market*, November 1995. *Concentration in Agriculture, A Report of the USDA Advisory Committee on Agricultural Concentration*, Washington D.C.: USDA Agricultural Marketing Service, Juni 1996, ist das offizielle und leider verspätete Eingeständnis der Probleme der amerikanischen Landwirte. *A Time to Act*, der Bericht der USDA National Commission on Small Farms, stellt die schädlichen Auswirkungen der Konzentration in der Landwirtschaft sogar noch besser dar.

Mike Callicrate, einer der Kläger im Fall *Pickett gegen IBP, Inc.*, lieferte mir zahlreiche Informationen über das Fehlverhalten der großen Fleisch verarbeitenden Unternehmen und den wachsenden Unmut der Landwirte. Dave Domina, einer der Rechtsanwälte von Callicrate und den anderen, erklärte mir die juristischen Grundlagen des Falles und stellte mir umfangreiche Dokumente zur Verfügung. *Industry and Trade Summary: Poultry*, Washington D.C.: U.S. International Trade Commission, USITC Publication 3148, Dezember 1998, bietet einen umfassenden Überblick über die amerikanische Geflügelzucht. Marc Linder, Professor an der University of Iowa Law School, gab mir eine Einführung in die Probleme der Geflügelzüchter und der Arbeiter in den Geflügelfleischfabriken. Sein Artikel »I Gave My Employer a Chicken That Had No Bone: Joint Firm-State Responsibility for Line-Speed-Related Occupational Injuries«, in *Case Western Reserve Law Review* 46, Nr.1, Herbst 1995, fasst die Geschichte der Branche und ihrer Arbeiter hervorragend zusammen. Steve Bjerklie, ein langjähriger Beobachter der Branche, klagt schonungslos in seinem dreiteiligen Artikel über die Vertragsmast von Geflügel, der in *Meat & Poultry* erschien (August, Oktober und Dezember 1994), die großen Fleisch verarbeitenden Unternehmen an. Die investigativen Artikel von Dan Fesperman und Kate Shatzin, die im Februar und März 1999 in der *Baltimore Sun* erschienen, erzählen von den neuesten Verstößen der Fleisch verarbeitenden Industrie. Bei der Geschichte des McNugget stützte ich mich hauptsächlich auf Laura Konrad Jereskis Bericht »McDonald's Strikes Gold with Chicken McNuggets«, in *Marketing and Media Decisions*, 22. März 1985; Timothey K. Smith, »Changing Tastes: By End of the Year Poultry Will Surpass Beef in the U.S. Diet; Price Health Concerns Propel Move Toward Chicken; The Impact of McNuggets«, in *Wall Street Journal*, 17. September 1987; John F. Love, *Die McDonald's Story*, München 1986, S. 338–342.

1 Auf Bitten von Hanks Familie verwende ich nicht seinen richtigen Namen.

2 Zahlen vom National Agricultural Statistics Service.

3 Zur Konzentration des Fleischeinkaufs von McDonald's siehe J. F. Love, *Die McDonald's Story*, a.a.O., S. 333–338.

4 Aus *Competition and the Livestock Market*, Bericht einer vom Center for Rural Affairs beauftragten Sondereinheit, Walt Hill, Nebraska, April 1990, S. 31.

5 Ebenda.

6 Die Zahl stammt aus einer Untersuchung des Landwirtschaftsministeriums, zitiert bei George Anthan, »2 Reports Focus on Packers' Profits«, in *Des Moines Register*, 30. Mai 1999.

7 Schätzung aus »Prepared Statement of Keith Collins, Chief Economist, U.S. Department of Agriculture, Before the House Committee on Agriculture«, *Federal News Service*, 10. Februar 1999.

8 Schätzung der Grain Inspection, Packers and Stockyards Administration aus dem Jahr 1997, zitiert in »Prepared Statement of Keith Collins«, a.a.O. Siehe auch »Captive Supplies – Who, What, When, Where, and Why«, in *Colorado Farmer*, Oktober 1997.

9 Aus *Concentration in Agriculture*, a.a.O., S. 31.

10 *Competition and the Livestock Market*, a.a.O.

11 Aus *Industry and Trade Summary: Poultry*, a.a.O., S. 8

12 Ebenda, S. A-3.

13 Zitiert bei Monci Jo Williams, »McDonald's Refuses to Plateau«, in *Fortune*, 12. November 1984.

14 Siehe J. F. Love, *McDonald's Story*, a.a.O., S. 341.

15 Aus M. J. Williams, »McDonald's Refuses to Plateau«, a.a.O.

16 Der Wissenschaftler war Dr. Frank Sacks, Assistenz-Professor für Medizin an der Harvard University Medical School. Zur Analyse der McNuggets für *Science Digest* verwendete er die Gaschromatographie. Siehe »Study Raises Beef over Fast-Food Frying«, in *Chicago Tribune*, 11. März 1986; Irvin Molotsky, »Risk Seen in Saturated Fats Used in Fast Foods«, in *New York Times*, 15. November 1985.

17 Die Zutaten und das Fettprofil der McNuggets finden sich in »McDonald's Nutrition Facts«, McDonald's Corporation, 1997.

18 Siehe T. K. Smith, »Changing Tastes«, a.a.O.

19 *Industry and Trade Summary: Poultry*, a.a.O., S. 21, und M. Linder, »I Gave My Employer a Chicken That Had No Bone«, a.a.O., S. 53.

20 Siehe Sheila Edmundson, »Real Home of the McNugget Is Tyson«, in *Memphis Business Journal*, 9. Juli 1999; Douglas McInnis, »Super Chicken«, in *Beef*, Februar 2000.

21 Interview mit Larry Holder, Vorstandsmitglied der National Contract Poultry Growing Association.

22 Siehe Steve Bjerklie, »Dark Passage«, in *Meat & Poultry*, August 1994; Dan Fesperman und Kate Shatzkin, »The Plucking of the American Chicken Farmer; From the Big Poultry Companies Comes a New Twist on Capitalism«, in *Baltimore Sun*, 28. Februar 1999.

23 »Economic Returns for U.S. Broiler Producers«, Untersuchung des National Contract Growers Institute in Zusammenarbeit mit Wissenschaftlern vom Department of Agricultural Sciences, Louisiana Tech University, 11. Oktober 1995.

24 Aus Sheri Venena, »Growing Pains«, in *Arkansas Democrat-Gazette*, 18. Oktober 1998.

25 Ebenda.

26 Siehe Marj Charlier, »Chicken Economics: The Broiler Industry Consolidates, and That Is Bad News to Farmers«, in *Wall Street Journal*, 4. Januar 1990.

27 Zitiert bei S. Venena, »Growing Pains«, a.a.O.

28 Die jüngste Studie, die vom Economic Research Service des USDA im Mai 1999 herausgegeben wurde, fand »keinen Hinweis …, dass eine zunehmende Konzentration [in der Fleischindustrie] zu niedrigeren Preisen bei den Landwirten führt« – ein Ergebnis, das von vielen Landwirten und Wirtschaftswissenschaftlern als absurd und lächerlich eingestuft wird. Zitiert bei G. Anthan, »2 Reports Focus on Packers' Profits«, a.a.O. Siehe auch »Meatpacking: Where's the Big Beef?«, in *Bismarck Tribune*, 9. Mai 1999.

29 Siehe Chris Bastian und Glen Whipple, »Trends in Supply and Demand of Beef«, in *Western Beef Producer*, Oktober 1997.

30 Aus *Industry and Trade Summary: Poultry*, a.a.O., S. 19.
31 Zitiert bei Alan Guebert, »Chew on This: USDA, Congress, Take on Meatpackers with Little Success«, in *Pantagraph*, 7. Juni 1998.
32 Zu den Urteilen siehe Sharon Walsh, »Three Former Officials at ADM Get Jail Terms«, in *Washington Post*, 10. Juli 1999. Zu den Kosten der Farmer siehe Sharon Walsh, »ADM Officals Found Guilty of Price Fixing«, in *Washington Post*, 18. September 1998. Eine ausführliche Darstellung der Absprachen bei Angela Wissman, »ADM Execs Nailed on Price-Fixing, May Do Time, Government Gets Watershed Convictions, But Company Still Dominates Lysine Market«, in *Illinois Legal Times*, 4. August 1998.
33 Zitiert bei Kurt Eichenwald, »Videotapes Take Star Role at Archers Daniels Midland Trial«, in *New York Times*, 4. August 1998.
34 Siehe *Concentration in Agriculture*, S. 7, S. 29f.
35 Zitiert bei Kevin O'Hanlon, »Judge Clears Way for Alabama Lawsuit Against Nation's Largest Meatpacker«, in *Associated Press*, 4. Mai 1999.
36 Aus »A Report on the Conversion of Agricultural Land in Colorado«, Colorado Department of Agriculture and the Governor's Task Force on Agricultural Lands, 1997.
37 Aus R. White, *It's Your Misfortune and None of My Own*, Norman 1991, S. 613.
38 Aus Sam Bingham, »Cattlemen Organize Land Trust: Rancher's Group Works to Keep Colorado Properties Agricultural«, in *Denver Post*, 22. Juni 1997.
39 Interview mit Lynne Sherrod, Vorstandsmitglied des Colorado Cattlemen's Agricultural Land Trust.
Siehe auch »Loss of Agricultural Land Figures for Colorado«, Memorandum von David Carlson, Ressourcenanalytiker, Colorado Department of Agriculture, 8. Januar 1998.
40 Die Statistik stammt von Florence Williams, »Farmed Out«, in *New Republic*, 16. August 1999.
41 Osha Gray Davidson, *Broken Heartland: The Rise of America's Rural Ghetto*, Iowa City 1996, S. 95.

7. Rädchen im Getriebe

Upton Sinclair, *The Jungle* (1906, dt. *Der Dschungel*) ist leider nach wie vor eine in vielen Teilen gültige Schilderung der amerikanischen Schlachthöfe – und das fast ein Jahrhundert nach dem Erscheinen des Buches. Für eine zeitgenössische Sicht der Fleischindustrie im 19. Jahrhundert stützte ich mich hauptsächlich auf Mary Yeager, *Competition and Regulation*, Greenwich, Conn., 1981, und Jimmy M. Skaggs, *Prime Cut*, Texas A&M University Press 1986. Zum Kampf um die Verbesserung der Arbeitsbedingungen im Schlachthofviertel von Chicago siehe Shelton Stromquist und Marvin

Bergman (Hg.), *Unionizing the Jungles: Labor and Community in the Twentieth Century Meatpacking Industry*, Iowa City 1997. Einer der Aufsätze im Buch, »The Swift Difference« von Paul Street, vermittelt einen guten Eindruck vom Paternalismus in den Unternehmen und den annehmbaren Arbeitsbedingungen, die später der »IBP-Revolution« zum Opfer fielen. Einen Bericht über die Führung der Revolution findet man bei Jonathan Kwitny, *Vicious Circles: The Mafia in the Marketplace*, New York 1979, James Cook und Jane Carmichael, »The Mob's Legitimate Connections«, in *Forbes*, 24. November 1980, und James Cook, »Those Simple, Barefoot Boys from Iowa Beef«, in *Forbes*, 22. Juni 1981. Siehe auch die unfreiwillig aufschlussreiche Unternehmensgeschichte von Jane E. Limprecht, *ConAgra Who? $15 Billion and Growing*, Omaha 1989. Jeremy Rifkin, *Beyond Beef: The Rise and Fall of the Cattle Culture*, New York 1993, ist ein provokanter Angriff auf die »Industrialisierung des Rindfleisches«. Kathleen Meisters Reaktion auf Rifkin, »The Beef Controversy«, in *American Council on Science and Health Special Reports*, 31. August 1993, ist weniger überzeugend, enthält aber einige gute Argumente. Osha Gray Davidson, *Broken Heartland*, Iowa City 1996, erklärt die Ursachen und sozialen Auswirkungen der wachsenden Armut in den amerikanischen Städten mit Fleisch verarbeitenden Unternehmen. Carol Andreas, *Meatpackers and Beef Barons: Company Town in a Global Economy*, Niwot 1994, untersucht die aktuellen Veränderungen in Greeley. Ich danke der Autorin, dass sie über ihre Arbeit ausführlich mit mir diskutierte.

In Greeley sprachen viele ehemalige und momentane Angestellte von Monfort – auch einige aus der Führungsebene – mit mir über die Veränderungen im Unternehmen nach dem Verkauf an ConAgra; auf ihren Wunsch bleiben ihre Namen ungenannt. Ich danke Javier und Ruben Ramirez für die vielen Stunden, die sie mit mir über die Gewerkschaft in Chicago und Greeley diskutierten. Eine klare Analyse der strukturellen Veränderungen im Rindergeschäft findet sich bei James MacDonald und Michael Ollinger, »U.S. Meat Slaughter Consolidating Rapidly«, in *USDA Food Review*, 1. Mai 1997. Das beste Buch über die Fleisch verarbeitende Industrie von heute ist Donald D. Stull/Michael J. Broadway/David Griffith (Hg.), *Any Way You Cut It: Meat Processing and Small-Town America*, Lawrence 1995. Die Aufsätze von Donald D. Stull, Mark Grey und Steve Bjerklie waren besonders nützlich. Ich danke Lourdes Gouveia, Professorin für Soziologie an der University of Nebraska-Omaha, deren Arbeit über die jüngsten Veränderungen in Lexington vorbildlich ist und die mir half, mit den Menschen dort in Kontakt zu treten. Es lohnt sich, ihren Aufsatz »Global Strategies and Local Linkages: The Case of the U.S. Meatpacking Industry« zu lesen, ebenso das Buch, in dem er erscheint: Alessandro Bonanno/ Lawrence Busch/William H. Friedland/Lourdes Gouveia/Enzo Mingione (Hg.), *From Columbus to ConAgra: The Globalization of Agriculture and Food*, Lawrence 1994. Ein Untersuchungsbericht der Regierung bestätigt spät viele Erkenntnisse von Stull, Grey, Davidson, Gouveia und anderen: »Community Development: Changes in Nebraska's and Iowa's Counties With

Large Meatpacking Plant Workforces«, *Report to Congressional Requesters*, United States General Accounting Office, Februar 1998. Milo Muungard, Vorstandsmitglied vom Appleseed Center in Nebraska, versorgte mich mit nützlichem Material über die Auswirkungen einer wandernden Industriearbeiterschaft auf Gesellschaft und Umwelt. Greg Lauby, ein Anwalt, dessen Familie seit Generationen in Lexington, Nebraska, lebt, informierte mich freundlicherweise über die Geschichte der Stadt, ihre Bewohner, die jüngsten Veränderungen – und die Ursache für den Gestank. Ich danke vor allem den vielen IBP-Arbeitern, die mich zu sich nach Hause einluden und mir ihre Lebensgeschichte erzählten.

1 *1997 Census of Agriculture*, Washington D.C., U.S. Department of Commerce, S. 36.

2 Tatsächlich kam eine kürzlich erschienene Untersuchung zweier Wirtschaftswissenschaftler der Colorado State University zu dem Ergebnis, dass die Anlagen von ConAgra »praktisch synonym mit Greeley und Weld County« sind. Andrew Seidl und Stephan Weiler, »The Estimated Value of ConAgra Packing Plants in Weld County, CO«, in *Agricultural and Resource Policy Report*, Colorado State University Cooperative Extension, Fort Collins, Februar 2000, S. 3.

3 Interview mit Mike Callicrate, Betreiber eines Feedlots in Kansas.

4 Die Zahl wurde von Wissenschaftlern an der Colorado State University ermittelt. Zitiert bei Mark Obmascik, »As Greeley Ponders Tax, Cows Keep On Doing Their Thing«, in *Denver Post*, 29. Juli 1995.

5 Laut O. W. Charles vom Extension Poultry Science Department der University of Georgia, produziert ein Rind so viel Kot wie 16,4 Menschen. Siehe Eric R. Haapapuro, Neal D. Barnard und Michele Simon, »Animal Waste Used as Livestock Feed: Dangers to Human Health«, in *Preventive Medicine*, September/Oktober 1997. Verwendet man diese Zahl, produzieren die 200 000 Rinder in den beiden Mastpferchen von Monfort in Weld County eine Güllemenge, die der von etwa 3,2 Millionen Menschen entspricht. Die Einwohner von Denver (500 000), Boston (550 000), Atlanta (400 000) und St. Louis (375 000) produzieren zusammen weniger Exkremente als das Vieh in Greeley.

6 Meine Darstellung von Greeley zur Gründerzeit stützt sich auf Mike Peters, »Meeker Killed on Western Slope«, in *Greeley Tribune*, 1998, Mike Peters, »Controversy over Cattle Ranches Leads to ›The Fence‹«, in *Greeley Tribune*, 1998, und Carl Ubbelohde/Maxine Benson/Duane A. Smith, *A Colorado History*, Boulder 1995, S. 123–132.

7 Siehe Curt Olsen, »Monforts: Changing the Way the World Is Fed«, in *National Cattlemen*, August 1997.

8 Siehe »Beef Baron«, in *Rocky Mountain News Sunday Magazine*, 3. Mai 1987.

9 Zitiert bei C. Andreas, *Meatpackers and Beef Barons*, a.a.O., S. 37.

10 Sinclair, *The Jungle*, a.a.O., S. 40.

11 Ebenda, S. 78.

12 Zitiert bei M. Yeager, *Competition and Regulation*, a.a.O., S. 200.

13 Zitiert bei J. M. Skaggs, *Prime Cut*, a.a.O., S. 118.

14 Siehe S. Stromquist/M. Bergman, *Unionizing the Jungles*, a.a.O., S. 25–33.

15 Zitiert bei D. D, Stull u.a., *Any Way You Cut It*, a.a.O., S. 19.

16 Holman wird zitiert bei Christopher Drew, »A Chain of Setbacks for
· Meat Workers«, in *Chicago Tribune*, 25. Oktober 1988.

17 Steinman war eine zentrale Figur im Fleischgeschäft von New York City, das zu der Zeit von den Mafiaclans Lucchese und Gambino beherrscht wurde. Siehe J. Kwitny, *Vicious Circles*, a.a.O., S. 252f.

18 Genau genommen, lautete die Vereinbarung 50 Cent pro 100 Pfund. Ebenda, S. 301.

19 Ebenda, S. 375.

20 Jonathan Kwitny, Reporter für das *Wall Street Journal*, und James Cook und Jane Carmichael für *Forbes* zogen aus der Bedeutung des IBP-Falles unterschiedliche Schlussfolgerungen. Kwitny war empört und erklärte, es sei, als ob »die Mafia ... ins Öl-Geschäft eingestiegen wäre und Exxon in die Knie gezwungen hätte«. Cook und Carmichael waren zurückhaltender und pragmatischer. »Die Tortur der Iowa Beef Processors zeigt sehr deutlich, wie ein gesetzestreues Unternehmen mit dem organisierten Verbrechen paktieren kann, und zwar zum Vorteil beider«, schrieben sie. J. Kwitny, *Vicious Circles*, a.a.O., S. 252, J. Cook und J. Carmichael, »Mob's Legitimate Connections«, a.a.O.

21 Während Swift und Armour 17 bis 18 Dollar die Stunde zahlten, erhielten die Arbeiter bei IBP nur acht Dollar. Siehe Winston Williams, »An Upheaval in Meatpacking«, in *New York Times*, 20. Juni 1983. Siehe auch J. Cook, »Those Simple, Barefoot Boys«, a.a.O.

22 Laut Erin Troya von der Chicago Historical Society waren auf dem Höhepunkt der Packingtown dort 40 000 Arbeiter beschäftigt. Die derzeitige Schätzung mit 2000 Arbeitern stammt von Ruben Ramirez. Dot McGrier vom U.S. Census Bureau gibt an, dass es in Chicago noch insgesamt 6000 Schlachthofarbeiter gibt, die meisten sind jedoch im Gebiet Watermarket im Westen der Stadt beschäftigt.

23 Siehe Bill Saporito, »Unions Fight the Corporate Sell-Off«, in *Fortune*, 11. Juli 1983; Jim Morris, »Easy Prey: Harsh Work for Immigrants«, in *Houston Chronicle*, 26. Juni 1995; C. Andreas, *Meatpackers and Beef Barons*, a.a.O., S. 68.

24 C. Andreas, *Meatpackers and Beef Barons*, a.a.O., S. 98.

25 Ebenda, S. 76, und Interview mit Karen Savinski, Leiterin für Öffentlichkeitsarbeit, ConAgra.

26 Aus J. E. Limprecht, *ConAgra Who?*, a.a.O., S. 98.

27 Ebenda, S. 7.

28 Zitat ebenda, S. 12 und S. 120.

29 Siehe Tom Hughes, »Alabama Growers' Court Settlement Not Chicken Feed«, in *Montgomery Advertiser*, 7. Oktober 1992. Siehe auch Richard

Gibson, »ConAgra Settles Case of Cheating By Bird Weighers«, in *Wall Street Journal*, 9. Oktober 1992.

30 Aus Richard Gibson, »ConAgra Hormel Pay a Pretty Penny in an Ugly Catfish Price-Fixing Case«, in *Wall Street Journal*, 29. Dezember 1995.

31 Siehe »ConAgra Pays $8,3 Million in Penalties for Fraud Scheme«, in *Federal Department and Agency Documents*, 19. März 1997. Siehe auch Scott Kilman »ConAgra to Pay $8,3 Million to Settle Fraud Charges in Grain-Handling Case«, in *Wall Street Journal*, 20. März 1997.

32 Aus »Here's the Beef: Underreporting of Injuries, OSHA's Policy of Exempting Companies from Programmed Inspections Based on Injury Records, and Unsafe Conditions in the Meatpacking Industry« in *Forty-Second Report by the Committee on Government and Operations* (Washington D.C., U.S. Government Printing Office, 1988), S. 12.

33 Interview mit Javier Ramirez, ehemaliger Präsident der UFCW Local 990, Greeley, Colorado.

34 Interview mit Brett Fox, Direktor für Öffentlichkeitsarbeit, ConAgra Beef Company.

35 Zitat aus James M. Burcke, »1994 Risk Manager of the Year: Meatpacker's Losses Trimmed Down to Size«, *Business Insurance*, 18. April 1994.

36 Zitat aus »Here's the Beef«, a.a.O., S. 11.

37 Zur Rolle und Bezahlung der Latino-Wanderarbeiter in der kalifornischen Landwirtschaft siehe E. Schlosser, »In the Strawberry Fields«, a.a.O.

38 Siehe »IBP; Meat Processing Plant Fails to Uphold Social Contract with Waterloo, Iowa; Crime and Homelessness Increase«, in *60 Minutes*, CBS Transkript, 9. März 1997; »IBP's Hiring Reflects Evolution of Meatpacking Industry«, in *Quad-City Times*, 30. Juni 1997; Marc Cooper, »The Heartland's Raw Deal: How Meatpacking Is Creating a New Immigrant Underclass«, in *Nation*, 3. Februar 1993; George Rodrigue, »Packing Them In: Meat Processing Firm's Hiring of Ex-Welfare Recipients Questioned«, in *Dallas Morning News*, 25. September 1997.

39 Siehe Laurie Cohen, »Free Ride: With Help from INS, U.S. Meatpacker Taps Mexican Work Force«, in *Wall Street Journal*, 15. Oktober 1998.

40 Aus »Changes in Nebraska's and Iowa's Counties with Large Meatpacking Plant Workforces«, in *GAO Reports*, S. 15.

41 Interview mit Brett Fox; Interview mit Gary Mickelson, IBP Abteilung für Öffentlichkeitsarbeit.

42 Zitiert bei Rick Ruggles, »INS: Undocumented Workers Face New Meat-Plant Tactics«, in *Omaha World-Herald*, 11. September 1998.

43 Siehe Joe Rigert und Richard Meryhew, »Food Company Takes Hired Workers to Homeless Shelter«, in *Minneapolis Star Tribune*, 14. September 1994; Tony Kennedy, »International Dairy Queen to review Its Relationship with Meat Supplier GFI«, in *Minneapolis Star Tribune*, 15. September 1994, und »GFI's Frugal Ways Led to Problems for Some Workers« in *Minneapolis Star Tribune*, 9. Dezember 1994.

44 Zitiert bei J. Rigert und R. Meryhew, »Food Company Takes Hired Workers«, a.a.O.

45 Aus »Capital Gains Exclusion Would Benefit Key Backers« in *UPI*, 19. April 1987.

46 Siehe J. E. Limprecht, *ConAgra Who?*, a.a.O., S. 269.

47 Zitiert bei Dennis Farney, »Nebraska, Hungry of Jobs, Grants Big Business Big Tax Breaks Despite Charges of ›Blackmail‹«, in *Wall Street Journal*, 23. Juni 1987.

48 Siehe Henry J. Cordes, »Did It Prime the Pump? Report Questions Economic Incentives«, in *Omaha World-Herald*, 28. Dezember 1997. Ernie Goss, Wirtschaftswissenschaftler an der Creighton University, hält die Schätzung von 13 000 bis 23 000 Dollar für angebracht. Interview mit Ernie Goss.

49 Zitiert bei John Taylor, »IBP's Move Prompts Look at Tax Policy« in *Omaha World-Herald*, 13. Juni 1996.

50 Siehe Kenneth B. Noble, »Signs of Violence in Meat Plant's Lockout«, in *New York Times*, 18. Januar 1987.

51 Siehe Robert A. Hackenberg, David Griffith, Donald Stull und Lourdes Gouveia, »Creating a Disposable Labor Force«, in *Aspen Institute Quarterly* 5, Nr. 2 (Frühjahr 1993), S. 92, und »Changes in Nebraska's und Iowa's Counties with Large Meatpacking Plant Workforces«, *GAO Report*, S. 36 und 39.

52 Siehe Richard A. Serrano, »Mexican Drug Cartels Target U.S. Heartland: Officals Say Illegal Immigrants are Using Interstates as Pipeline to Bringe Cocaine, Methamphetamines to Midwest and Rocky Mountain Areas Where Abuse Is Burgeoning«, in *Los Angeles Times*, 10. Dezember 1997; Jennifer Dukes Lee, »Meatpacking Towns Seen As Key Funnel for Meth«, in *Des Moines Register*, 7. März 1999.
   Lexington ist die Hauptstadt von Dawson County. Laut offiziellen Angaben waren im Jahr 1990 4,7 Prozent der Einwohner des Bezirks Latinos. Eine erneute Zählung im Jahr 1993 ergab, dass ihr Anteil auf fast 30 Prozent gestiegen war und man mit einem Anstieg auf 50 Prozent in den kommenden Jahren rechnete. Aus Lourdes Gouveia, »From the Beet Fields to the Kill Floors: Latinos in Nebraska's Meatpacking Communities«, unveröffentlichtes Manuskript.

53 Zu den positiven Aspekten der Einwanderungswelle siehe Edwin Garcia und Ben Stocking, »Latinos on the Move to a New Promised Land«, in *San Jose Mercury News*, 16. August 1998.

54 Zitiert bei Melody M. Loughry, »Issues Now«, in *North Platte Resident*, 15. Januar 1996.

55 Elliot Blair Smith, »Stench Chokes Meatpacking Towns« in *USA Today*, 14. Februar 2000, »U.S. Sues Meatpacking Giant for Violating Numerous Environmental Laws in Midwest«, Pressemitteilung, Environmental Protection Agency, 12. Januar 2000.

56 Zitiert bei »Meatpacker Must Cut Hydrogen Sulfide Emissions at Ne-

braska Plant«, Pressemitteilung, Environmental Protection Agency, 24. Mai 2000.

57 »Presenting IBP, Inc., to Lexington, Nebraska: A Public Forum Conducted by the Dawson County Council for Economic Development, 7. Juli 1988, at the Junior High School Auditorium«, Transkript der Mitarbeiter des Lauby Law Office, Lexington, Nebraska.

8. Ein gefährlicher Job

Dieses Kapitel basiert größtenteils auf Interviews, die ich mit Arbeitern in Fleischfabriken in Colorado und Nebraska führte. Ich sprach außerdem mit dem ehemaligen Sicherheitsdirektor eines Schlachthofs, mit einer ehemaligen Betriebskrankenschwester, ehemaligen Aufsehern und einem Arzt, der in seiner Praxis jahrelang die Arbeiter aus den Schlachthöfen behandelte. Diese Führungskräfte verließen die Fleisch verarbeitende Industrie aus eigener Entscheidung; keinem war gekündigt worden. Ihr Wunsch, nicht mit richtigem Namen genannt zu werden, rührt von der in ländlichen Gemeinden weit verbreiteten Angst vor der Fleisch verarbeitenden Industrie her. Ich danke allen, die sich mit mir unterhielten und mich herumführten. Deborah E. Berkowitz, ehemalige Direktorin für Gesundheit und Sicherheit bei der UFCW, war eine unschätzbare Informationsquelle zur Funktionsweise eines modernen Schlachthofs und den Gefahren, denen die Arbeiter dort ausgesetzt sind. Ihre Arbeit über Schlachthöfe und Fleischverarbeitung in *The Encyclopaedia of Occupational Health and Safety*, Genf, International Labour Organization 1998, die sie zusammen mit Michael J. Fagel verfasste, bietet eine gute Einführung in das Thema. Curt Brandt, Präsident der Ortsgruppe 22 der UFCW in Fremont, Nebraska, beschrieb, welche Taktiken die Unternehmen während seiner Amtszeit anwandten, um ihre Arbeiter nicht entschädigen zu müssen. Zwei Rechtsanwälte aus Colorado, Joseph Goldhammer und Dennis E. Valentine, halfen mir, die Feinheiten des Gesetzes zur Entschädigung von Beschäftigten in ihrem Staat zu verstehen, und erzählten mir von ihrer Arbeit im Interesse verletzter Monfort-Mitarbeiter. Rod Rehm, ein Rechtsanwalt aus Lincoln in Nebraska, verwendete viele Stunden auf die Schilderung der Zustände in seinem Bundesstaat und arrangierte für mich Treffen mit einigen seiner Klienten. Rehm ist ein erklärter Vertreter der armen Latinos, die in Nebraska nur wenige politische Verbündete haben. Bruce L. Braley, einer der Rechtsanwälte im Fall *Ferrell v. IBP*, erzählte mir viel über das Verhalten des Unternehmens und sandte mir stapelweise Dokumente zu dem Fall. »Killing Them Softly: Work in Meatpacking Plants and What It Does to Workers« von Donald D. Stull und Michael J. Broadway, in D. D. Stull u.a., *Any Way You Cut It*, Lawrence 1995, ist einer der besten Berichte über die gefährlichste Arbeit in Amerika. »Here's the Beef: Underreporting of Injuries, OSHA's Policy of Exempting Companies from Programmed Inspections Based on Injury Record, and Unsafe Conditions in the Meatpacking Industry«, in *Forty-Second Report by the Committee on Government Operations*, Washington D.C.: U.S. Government Printing Office, 1988, zeigt den außergewöhnlichen Missbrauch, der entsteht, wenn eine Branche sich selbst kontrollieren darf. Nach einer Untersuchung des Kongresses verfasste Christopher Drew eine Reihe von hervorragenden Artikeln über die Fleisch verarbeitende Industrie, die im Oktober 1988 in der *Chicago Tribune* erschienen. Die Tatsache, dass sich die Arbeitsbedingungen seit damals kaum verändert haben, ist besonders bedrückend. Gail A. Eisnitz, *Slaughterhouse: The Shocking Story of Greed, Neglect, and Inhumane Treatment Inside the U.S. Meat Industry*, Amherst, N.Y., 1997, zeigt, dass viele Rinder vor dem Schlachten unnötig gequält werden. Die Leser von Upton Sinclair kann nichts aus diesen Artikeln und Büchern überraschen.

1 1998, wofür die aktuellsten Zahlen verfügbar sind, lag die Zahl der Krankmeldungen und Verletzungen bei 29,3 pro 100 Beschäftigte. In der amerikanischen Wirtschaft lag sie bei 9,7 pro 100 Arbeiter. Siehe »Industries with the Highest Nonfatal Total Cases, Incidence Rates for Injuries and Illnesses, Private Industry, 1998«, Bureau of Labor Statistics, Dezember 1999, und »Incidence Rates of Nonfatal Occupational Injuries and Illnesses by Selected Industries and Case Types, 1998«, Bureau of Labor Statistics, U.S. Department of Labor, Dezember 1999.

2 In der Fleisch verarbeitenden Industrie sind derzeit etwa 149 400 Mitarbeiter beschäftigt, mindestens 29,3 Prozent davon erleiden Arbeitsunfälle oder leiden unter berufsbedingten Krankheiten. Siehe »Industries with the Highest Nonfatal Total Cases«, a.a.O.

3 In einigen Fabriken verletzt sich jedes Jahr die Hälfte der Beschäftigten. Man muss nur eine Stunde in einem Raum mit Latinos verbringen, die in den Fleischfabriken arbeiten, um einen Eindruck davon zu bekommen, wie viele schwere Verletzungen nie gemeldet werden.

4 Trotz des höheren Automatisierungsgrades besteht bei den Beschäftigten in der Geflügelindustrie eine der höchsten Krankheits- und Verletzungsraten des Landes, was größtenteils auf die stupide Arbeit und die Geschwindigkeit des Fließbandes zurückzuführen ist.

5 Im Jahr 1998 lag die Zahl der Vorfälle kumulativer Belastungssyndrome in der amerikanischen Privatwirtschaft bei 28,5 pro 10 000 Beschäftigte, in der Geflügelindustrie lag die Zahl bei 494,6 und in der Fleisch verarbeitenden Industrie bei 993,5. Siehe »Industries with the Highest Nonfatal Illness Incidence Rate of Disorders Associated with Repeated Trauma and the Number of Cases in These Industries«, Bureau of Labor Statistics, U.S. Department of Labor, Dezember 1999.

6 Laut D. E. Berkowitz und M. J. Fagel sind bei manchen Tätigkeiten in der Produktion bis zu 20 000 Messerschnitte pro Tag erforderlich. D. E. Berkowitz/M. J. Fagel, *Encyclopaedia of Occupational Health and Safety*, a.a.O., S. 67.14.

7 Laut Steve Bjerklie beträgt die Gewinnspanne bei der Schlachtung etwa ein Prozent, zusätzliche Verdienste ergeben sich aus der Weiterverarbeitung und dem Verkauf von Nebenprodukten. Siehe Steve Bjerklie, »On the Horns of a Dilemma«, in D. D. Stull u.a., *Any Way You Cut It*, a.a.O., S. 42.

8 Viele Beschäftigte erzählten mir vom Konsum von Methamphetaminen. Siehe auch Jennifer Dukes Lee, »Meatpacking Towns Seen As Key Funnel for Meth«, in *Des Moines Register*, 7. März 1999.

9 Laurie Cohen, »Free Ride: With Help from INS, U.S. Meatpacker Taps Mexican Work Force«, in *Wall Street Journal*, 15. Oktober 1998.

10 Ein Bundesrichter senkte die Entschädigung später auf 1,75 Millionen Dollar. Siehe Lynn Hicks, »IBP Worker Awarded $2,4 Million by Jury«, in *Des Moines Register*, 27. Februar 1999; Lynn Hicks, »Worker: Sexism, Racism at IBP«, in *Des Moines Register*, 3. Februar 1999, und »IBP Told to Pay Attorney's Fees« in *Des Moines Register*, 30. Dezember 1999.

11 Siehe »Monfort Beef to Pay $900 000 to Settle Sexual Harassment Suit«, in *Houston Chronicle*, 1. September 1999.

12 Damit sind die Fleisch verarbeitenden Unternehmen nicht für die Arbeitsunfälle der Beschäftigten im Schlachthof verantwortlich, die das größte Risiko eingehen. Die OSHA versuchte, IBP für den Tod eines Reinigungsarbeiters zur Verantwortung zu ziehen, doch IBP legte 1998 mit der Unterstützung der National Association of Manufacturers Berufung ein – und hatte Erfolg damit. Obwohl den Fleisch verarbeitenden Unternehmen die Schlachthöfe samt Ausstattung gehören, sind sie rechtlich nicht für die Immigranten verantwortlich, die die Ausstattung reinigen. Siehe Stephan C. Yohay und Arthur G. Sapper, »Liability on Multi-Employer Worksites«, in *Occupational Hazards*, Oktober 1998.

13 Siehe Jim Morris, »Easy Prey: Harsh Work for Immigrants«, in *Houston Chronicle*, 26. Juni 1995.

14 Siehe »Guatemalan Man Dies after Falling into Machinery of Beef Processing Plant«, *AP*, 3. November 1998; »Ft. Morgan Firm Faces $350 000 in OSHA Fines«, *AP*, 4. Mai 1999.

15 Siehe Mark P. Couch, »IBP Told to Pay Damages to Family«, in *Des Moines Register*, 7. Juni 1995.

16 Siehe Jim Rasmussen, »Company Expecting Fines Today; Death at IBP Plant May Cost Ohio Firm«, in *Omaha World-Herald*, 7. Oktober 1993.

17 Siehe Allen Freedman, »Workers Stiffed: Death and Injury Rates among American Workers Soar, and the Government has Never Cared Less«, in *Washington Monthly*, November 1992.

18 Siehe »Liberal Packing Plant Fined $960«, in UPI, 19. Oktober 1983.

19 Siehe Kenneth B. Noble, »The Long Tug-of-War over What Is How Hazardous; For OSHA, Balance Is Hard to Find«, in *New York Times*, 10. Januar 1988; Christopher Drew, »Regulators Slow Down as Packers Speed Up«, in *Chicago Tribune*, 26. Oktober 1988; »Here's the Beef«, a.a.O.,

S. 4; Susannah Zak Figura, »The New OSHA«, in *Government Executive*, Mai 1997.

20 Siehe K. B. Noble, »The Long Tug of War«, a.a.O.; C. Drew, »Regulators Slow Down«, a.a.O.; »Here's the Beef«, a.a.O., S. 3.

21 Siehe C. Drew, »A Chain of Setbacks for Meat Workers«, in *Chicago Tribune*, 25. Oktober 1988.

22 Zitiert bei C. Drew, »Regulators Slow Down«, a.a.O.

23 »Here's the Beef«, a.a.O., S. 3; S. 14; S. 21.

24 Ebenda, S. 9; S. 15. Siehe auch Philip Shabecoff, »OSHA Seeks $2,59 Million Fine for Meatpacker's Injury Reports«, in *New York Times*, 22. Juli 1987.

25 »Here's the Beef«, a.a.O., S. 8f.; S. 21f.

26 Zitiert bei Donald Woutat, »Meatpacker IBP Fined $3,1 Million in Safety Action; Health Problem Disabled More than 600, OSHA Says«, in *Los Angeles Times*, 12. Mai 1988.

27 Assistent Labor Secretary John A. Pendergrass, zitiert bei P. Shabecoff, »OSHA Seeks $2,59 Million Fine«, a.a.O.

28 »Here's the Beef«, a.a.O., S. 19.

29 P. Shabecoff, »OSHA Seeks $2,59 Million«, a.a.O., und D. Woutat, »Meatpacker IBP Fined $3,1 Million«, a.a.O.

30 Siehe Christopher Drew, »IBP Agrees to Injury Plan«, in *Chicago Tribune*, 23. November 1988; Marianne Lavelle, »When Fines Collapse: Critics Target OSHA's Settlements«, in *National Law Journal*, 4. Dezember 1989. Laut Robert L. Peterson betrug der Umsatz von IBP in jenem Jahr etwa 8,8 Milliarden Dollar. »IBP's Presentation at the New York Society of Security Analysts«, in *Business Wire*, 28. Oktober 1988.

31 Meine Schilderung von Kenny Wilsons Fall stützt sich auf John Taylor, »Ex-IBP Worker Gets $15 Million in Damage Award«, in *Omaha World-Herald*, 3. Dezember 1994; »Opinion«, *Kevon Wilson v IBP, Inc., and Diane Arndt*, Supreme Court of Iowa, Nr.258/95-477, 14. Februar 1997; »$2 Million Punitive Award Won by Injured Employee«, in *Managing Risk*, März 1997; »IBP's Appeal of $2 Million Punitive Award Rejected«, in *Omaha World-Herald*, 7. Oktober 1997.

32 Zitiert in *Wilson v IBP and Arndt*, Iowa Supreme Court, a.a.O.

33 Siehe J. Morris, »Easy Prey«, a.a.O.

34 Ein Transkript von Murphys Aussage findet sich bei C. Andreas, *Meatpackers and Beef Barons*, Niwot 1994, S. 171–183.

35 Bei Ferrells Sicht des Falles stützte ich mich auf »Plaintiff's Statement of Specific Disputed Facts and Additional Material Facts«, *Michael D. Ferrell v IBP, Inc.*, United States District Court for the Northern District of Iowa, Western Division, 7. Mai 1999.

36 Zu der Version von IBP: »Statement of Undisputed Facts in Support of Defendant's Motion for Summary Judgment«, *Michael D. Ferrell v IBP, Inc.*, United States District Court for the Northern District of Iowa, Western Division, 6. März 1999.

37 Zitiert in »Labor Board Charges Monfort with Discrimination; Orders Reinstatement, Back Pay, and Union Election«, *PR Newswire*, 12. April 1990. Siehe auch James M. Biers, »Monfort Flouted Labor Laws«, in *Denver Post*, 4. November 1995.

38 Siehe Ben Wear, »Lawmakers Seek Cure, Not Band-Aid; All Sides Cry Foul in Fight to Protect Interests«, in *Colorado Springs Gazette Telegraph*, 3. Februar 1991; Karen Bowers, »The Big Hurt: Truth Is the First Casualty in the Political War over Amendment 11«, in *Denver Westword*, 19. Oktober 1994; Stuart Steers, »Injured Workers have Borne the Brunt of Workers' Camp ›Reform‹ in Colorado«, in *Denver Westword*, 19. Juli 1996.

39 Die Zahlen zu fehlenden Fingern und anderen Verletzungen sind dem 1999 Workers' Compensation Act, State of Colorado, entnommen.

40 Siehe »Congressman Argues for an Overhaul of OSHA«, in *Business Insurance*, 10. Juli 1995; David Maraniss und Michael Weisskopf, »OSHA's Enemies Find Themselves in High Places«, in *Washington Post*, 24. Juli 1995, und S. Z. Figura, »New OSHA«, a.a.O.

41 Siehe »Study Finds Decline in Workplace Inspections«, *AP*, 5. September 1998.

42 Siehe D. Maraniss und M. Weisskopf, »OSHA's Enemies«, a.a.O.

43 Siehe »Congressman Argues for an Overhaul«, »Hutchison, Hefley Introduce Proposals in House, Senate to Overhaul OSHA«, in *Asbestos and Lead Abatement Report*, 7. April 1997; Erin Emery, »Political Novice Alford Faces Hefley«, in *Denver Post*, 14. Oktober 1998.

9. Was steckt im Fleisch?

Interviews mit den beiden führenden Experten des Landes für Kolibakterien und Shiga-Toxin – David Acheson, Professor an der Abteilung für Infektionskrankheiten an der Tufts University Medical School, und Patricia M. Griffin, Leiterin des Bereichs für Epidemiologie der Abteilung für Lebensmittelvergiftungen und Durchfallerkrankungen an den Centers for Disease Control and Prevention – vermittelten mir die wichtigsten Eigenschaften und potenziellen Gefahren dieser Organismen. Zwei Artikel in Fachzeitschriften beeinflussten meine Meinung über die Rolle des Fastfood und der Fleisch verarbeitenden Industrie bei der Verbreitung der Erreger: Gregory L. Armstrong, Jill Hollingsworth und J. Glenn Morris, Jr., »Emerging Foodborne Pathogens: *Escherichia coli* 0157:H7 as a Model of Entry of a New Pathogen into the Food Supply of the Developed World«, in *Epidemiologic Reviews* 18, Nr. 1 (1996), und Robert V. Tauxe, »Emerging Foodborne Diseases: An Evolving Public Health Challenge«, in *Emerging Infectious Diseases* 3, Nr. 4 (Oktober/Dezember 1997). Tauxe ist Leiter der Abteilung für Lebensmittelvergiftungen und Durchfallerkrankungen bei den Centers for Disease Control and Prevention. Die Zahlen zum jährlichen

Auftreten der verschiedenen über Lebensmittel übertragenen Krankheitser-reger stammen ebenso wie die Todeszahlen und die Zahl der ins Kranken-haus eingelieferten Fälle in diesem Kapitel von der bislang umfassendsten landesweiten Studie zu Lebensmittelvergiftungen: Paul S. Mead, Laurence Slutsker, Vance Dietz, Linda F. McCaig, Joseph S. Breese, Craig Shapiro, Pa-tricia M. Griffin, Robert V. Tauxe, »Food-Related Illness and Death in the United States« in *Emerging Infectious Diseases* 5 (September/Oktober 1999). Für den allgemein interessierten Leser sind die beiden folgenden Bücher zu über Lebensmittel übertragenen Krankheitserregern geeignet: *Spoiled: The Dangerous Truth about a Food Chain Gone Haywire*, New York 1997, und *It Was Probably Something You Ate: A Practical Guide to Avoiding and Surviving Foodborne Illness*, New York 1999. Nicols Fox ist die Autorin beider Bücher und ließ mich großzügig an ihrem beunruhigenden Wissen teilhaben. Neal D. Bernard vom Ärzteausschuss für verantwortungsvolle Medizin be-richtete mir mit allen schaurigen Details, wie amerikanisches Vieh heu-te gefüttert wird. Ich danke Lee Harding, Nancy Donley und Mary Heer-sink – jene drei Menschen, deren Leben sich durch *E. coli* 0157:H7 in ver-schiedenem Ausmaß verändert hat –, dass sie mit mir über ihre Erfahrun-gen gesprochen haben. Donna Rosenbaum, eine der Gründerinnen von Safe Tables Our Priority (STOP), lieferte mir zahlreiche nützliche Informa-tionen über die Rolle der Fleisch verarbeitenden Industrie beim Ausbruch von Epidemien. Heather Klinkhamer, ehemalige Programmleiterin von STOP, ließ mich freundlicherweise durch ihre Akten stöbern und lieh mir Hunderte davon.

David Theno und Tim Biela verbrachten einen Tag mit mir und erklärten, wie die modernste Technik Jack in the Box hilft, die Bedrohung durch Krankheitserreger in den Speisen zu senken. Steve Bjerklie teilte mit mir sein Fachwissen über die Reaktion der Fleisch verarbeitenden Industrie zu Fragen der Lebensmittelkontrolle. Bei der Epidemie bei Hudson Beef und der Rückrufpolitik des Landwirtschaftsministeriums stützte ich mich auf die Transkripte von zwei Versammlungen des Landwirtschaftsministeri-ums: die Versammlung des National Advisory Committee on Meat and Poultry Inspection vom 10. September 1997 in Washington D.C. und das FSIS Recall Policy Public Meeting in Arlington, Virginia, am 24. September 1997. Auch Jan Sharp, einer der Anwälte im Fall Hudson Foods, sowie Steve Kay, Herausgeber von *Cattle Buyers Weekly*, waren sehr hilfreich. David Kroeger, Präsident des Midwest Council des National Joint Council of Food Inspection Locals, sprach mit mir über die Auswirkungen des Streamlined Inspection System Ende der 80er Jahre und der reduzierten Inspektionen nach dem aktuellen HACCP-Programm. Die anderen Fleischbeschauer des Landwirtschaftsministeriums, die ich interviewte, waren ebenfalls sehr ko-operativ, wollen jedoch lieber ungenannt bleiben. Felicia Nestor vom Go-vernment Accountability Project, das sich gegen Verschwendung und Missmanagement in Behörden wendet, schickte mir einen dicken Stapel Inspektionsberichte des Landwirtschaftsministeriums, die ihr von besorgten Mitarbeitern zugesandt worden waren. Ein unverblümter Bericht über die Bemühungen zur Schaffung eines wissenschaftlichen Systems der Fleischbeschau findet sich bei *Food Safety: Risk-Based Inspections and Microbial Monitoring Needed for Meat and Poultry*, GAO Reports, 1. Juni 1994. Das Center for Public Integrity leistet hervorragende Arbeit bei der Untersuchung der engen Verbindungen zwischen der Fleischindustrie und einigen Kongressabgeordneten. In einem seiner Berichte, *Safety Last: The Politics of E. coli and other Food-Borne Pathogens*, Washington D.C., Center for Public Integrity 1998, wird beschrieben, wie Maßnahmen zur Gesundheitsvorsorge in den letzten Jahren entsprechend einflussreichen privaten Interessen angepasst wurden.

1 Bei der Schilderung von Hardings Erkrankung stützte ich mich auf Interviews mit Lee Harding und Sandra Gallegos sowie auf Julie Collins, »Hudson Beef Recall: How the Link Was Discovered«, in *Journal of Environmental Health*, 1. Dezember 1997; Tom Kenworthy, »Friendly Barbecue May Have Led to Meat Recall«, in *Washington Post*, 24. August 1997; Tom Morgenthau, »Health Pros' Detective Work Helps Arrest Villain *E. coli*«, in *Portland Oregonian*, 31. August 1997; Ann Schrader, »Tracing *E. coli* to Meat Earns Awards for Workers«, in *Denver Post*, 18. September 1997.

2 Transkript des Meat and Poultry Inspection Hearing, S. 396.

3 Siehe Melanie Warner, »How Tyson Ate Hudson«, in *Fortune*, 27. Oktober 1997.

4 Siehe Steve Kay, »Hudson Recall Was Larger Than Reported«, in *Cattle Buyers Weekly*, 29. September 1997. Kays Schätzung ist vielleicht noch zu vorsichtig, da sie von einer Produktionsmenge von 180 Tonnen pro Tag ausgeht. Die Fabrik von Hudson Beef konnte jedoch die doppelte Menge produzieren.

5 Abgeleitet von den jährlichen Zahlen bei P. S. Mead u.a., »Food-Related Illness and Death«, a.a.O.: 76 Millionen Erkrankungen, 325 000 Krankenhausaufenthalte und 5000 Todesfälle.

6 Siehe James A. Lindsay, »Chronic Sequelae of Foodborne Disease«, in *Emerging Infectious Diseases* 3, Nr. 4 (Oktober/Dezember 1997).

7 Siehe R. V. Tauxe, »Emerging Foodborne Diseases«, a.a.O.

8 Siehe G. L. Armstrong u.a., »Emerging Foodborne Pathogens«, a.a.O.

9 Aus James M. MacDonald und Michael Ollinger, »U.S. Meat Slaughter Consolidating Rapidly«, in *USDA Food Review*, 1. Mai 1997.

10 Aus R. V. Tauxe, »Ermerging Foodborne Diseases«, a.a.O.

11 Siehe P. S. Mead, »Food-Related Illness and Death«, a.a.O.

12 Siehe Consumer Product Safety Commission, Pressemitteilungen, Juni 1997-Juni 1999.

13 Die Zahlen zur Verunreinigung von Hackfleisch stammen aus »Nationwide Federal Plant Raw Ground Beef Microbiological Survey, August 1993-März 1994«, United States Department of Agriculture, Food Safe-

ty and Inspection Service, Science and Technology, Microbiology Division, April 1996.

14 P. S. Mead u.a., »Food-Related Illness and Death«, a.a.O.

15 David Gerard Hogan, *Selling 'Em by the Sack*, New York 1997, S. 22.

16 Ebenda, S. 32.

17 Gegen Ende des Experiments verzehrte der Student 24 Hamburger am Tag. Zitiert ebenda, S. 33; J. Tennyson, *Hamburger Heaven*, New York 1993, S. 24.

18 Interview mit James Ratchford, American Meat Institute.

19 National Cattlemen's Beef Association Fact Sheet.

20 Aus David Theno, »Raising the Bar to Ensure Safer Burgers«, in *San Diego Union-Tribune*, 27. August 1997.

21 Eine Umfrage von McDonald's ergab, dass Kinder unter 7 Jahren 1,7 Hamburger pro Woche verzehrten, Kinder zwischen 7 und 13 Jahren aßen 6,2 Hamburger. Jugendliche und Erwachsene zwischen 13 und 30 Jahren verzehrten 5,2 Hamburger, zwischen 30 und 35 Jahren 3,3, zwischen 35 und 60 Jahren 2,6 und über 60 Jahren 1,3 Hamburger. Aus M. Boas/S. Chain, *Big Mac*, New York 1976, S. 218.

22 Siehe »Update: Multistate Outbreak of *Escherichia coli* 0157:H7 Infections from Hamburgers –Western United States, 1992-1993«, in *Morbidity and Mortality Weekly Report*, Centers for Disease Control and Prevention, 16. April 1993 und Fox, *Spoiled*, S. 246–268.

23 Nicols Fox bietet die beste Darstellung der Epidemie. Siehe N. Fox, *Spoiled*, a.a.O., S. 220–229.

24 Zitat ebenda, S. 227.

25 Die Zahlen zu *E. coli* 0157:H7 stammen aus P. S. Mead u.a., »Food-Related Illness and Death«, a.a.O., – 73480 Erkrankungen, 2168 Krankenhausaufenthalte, 61 Todesfälle – und wurden von mir dann mit acht multipliziert.

26 Aus P. S. Mead u.a., »Food-Related Illness and Death«, a.a.O.

27 Interview mit Patricia Griffin.

28 Aus »Isolation of *E. coli* 0157:H7 from Sporadic Cases of Hemorrhagic Colitis – United States«, in *Morbidity and Mortality Weekly Report*, Centers for Disease Control and Prevention, 1. August 1997.

29 Interview mit Dr. David Acheson.

30 Siehe »Outbreak – Georgia and Tennessee«.

31 Siehe G. L. Armstrong u.a., »Foodborne Pathogens«, a.a.O.

32 Siehe »Update: Multistate Outbreak«, a.a.O.

33 Siehe G. L. Armstrong u.a., »Foodborne Pathogens«, a.a.O.

34 Siehe Paul Hammel und Henry J. Cordes, »Holes in the Research: *E. coli* Prompts Few Changes on the Farm from Farm to Fork«, in *Omaha World-Herald*, 15. Dezember 1997.

35 Aus Mitchell Satchell und Stephen J. Hedges, »The Next Bad Beef Scandal? Cattle Feed Now Contains Things Like Chicken Manure and Dead Cats«, in *U.S. News & World Report*, 1. September 1997.

36 Ebenda.

37 Zu den beunruhigenden Details, was dem Vieh heutzutage gefüttert wird, siehe »Substances Prohibited from Use in Animal Food or Feed; Animal Proteins Prohibited in Ruminant Food; Final Rule«, Teil II, *Federal Register*, 5. Juni 1997, Ellen Ruppel Shell, »Could Mad-Cow Disease Happen Here?«, in *Atlantic Monthly*, September 1998, und Rebecca Osvath, »Some Feed and Manufacturing Facilities Not Complying with Rules to Prevent BSE, Survey Finds« in *Food Chemical News*, 3. April 2000.

38 Eric R. Haapapuro, Neal D. Barnard und Michele Simon, »Review – Animal Waste Used as Livestock Feed: Dangers to Human Health«, in *Preventive Medicine*, September/Oktober 1997.

39 Die Untersuchung wurde vom Agricultural Research Service des Landwirtschaftsministeriums durchgeführt. Aus »Study Urges Pre-Processed Beef Test for *E. coli*«, *Health Letter on the CDC*, 13. März 2000.

40 Aus G. L. Armstrong u.a., »Foodborne Pathogens«, a.a.O.

41 Siehe »Relative Ground Beef Contribution to the United States Beef Supply – Final Report«, The American Meat Institute Foundation in Zusammenarbeit mit der National Cattlemen's Beef Association, Mai 1996. Auch das Rindfleisch von McDonald's Deutschland stammt überwiegend von ausrangierten Milchkühen, vor allem aus Bayern, siehe *Fast Food: Agrar Dossier* 21, S. 26.

42 Aus G. L. Armstrong u.a., »Foodborne Pathogens«, a.a.O.

43 Upton Sinclair, *The Jungle*, S. 135.

44 Zitiert bei Skaggs, *Prime Cut*, S. 123.

45 Zitiert bei Yeager, *Competition and Regulation*, S. 208.

46 Ebenda, S. 205.

47 Die Erkenntnisse der ersten Kommission wurden in einem Bericht mit dem Titel *Meat and Poultry Inspection: The Scientific Basis of the Nation's Program*, Washington D.C. 1985, veröffentlicht. Die Ergebnisse der zweiten Kommission erschienen in *The Future of Public Health*, Washington D.C. 1988.

48 Der Vorsitzende war Richard Remington, Professor für Präventivmedizin und Umwelthygiene an der University of Iowa. Zitiert bei Gregory Byrne, »Panel Laments ›Disarray‹ in Public Health System; Institute of Medicine Panel«, in *Science*, 23. September 1988.

49 Siehe Daniel P. Puzo, »Does Streamlined Beef Inspection Work?«, in *Los Angeles Times*, 18. Juni 1992, und Knight-Ridder News Service, »Meat Policy Changed: Plants Won't Be Inspected As Often«, in *The Record*, 4. November 1988.

50 Siehe Don Kendall, »Report Calls for Streamlining Federal Meat Inspections«, *AP*, 17. September 1990.

51 Am 30. April 1992 zeigte die Nachrichtensendung *PrimeTime Live* des Senders ABC eine Untersuchung des Streamlined Inspection System for Cattle. ABC hatte Dokumente der Fleisch verarbeitenden Unterneh-

men in die Hände bekommen, die zeigten, dass einige Inspektionen des Landwirtschaftsministeriums im Voraus bekannt waren. In der Sendung wurde auch Fleisch gezeigt, das mit Fäkalien bedeckt war und in der Fabrik von Monfort in Greeley verarbeitet wurde. Zu den Bedingungen in der Fabrik in Greeley siehe Kelly Richmond, »Unhappy Meals: Colorado Meat Plant Blasted for Disease and Filth«, in *States News Service*, 11. Juni 1992. Mehr zu den Fehlern von SIS-C und dem fehlenden Überraschungsmoment bei USDA-Inspektionen bei Guy Gugliotta, »USDA Is Sued: Where's the Beef Report? Public Interest Group Charges System Lets Dirtier, More Dangerous Meat Reach Consumers«, in *Washington Post*, 11. Juli 1990.

52 Siehe Terry McDermott, »The Jack in the Box Poisonings – Why Inspection of Meat Fails«, in *Seattle Times*, 31. Januar 1993; Frank Green, »Foodmaker, Suppliers Settle *E. coli* Claims«, in *San Diego Union-Tribune*, 25. Februar 1998.

53 Zitiert in »Meat Institute Urges Federal and State Agencies to Adopt Industry Guidelines Proven to Prevent *E. coli* 0157:H7 in Hamburgers«, *PR Newswire*, 4. Februar 1993.

54 Zitiert bei N. Fox, Spoiled, a.a.O., S. 252.

55 Siehe Robert Goff, »Coming Clean: After Its Tragic Outbreak of *E. coli*, Jack in the Box Quickly Fixed Its Food Handling«, in *Forbes*, 17. Mai 1999.

56 Siehe »The Captive Congress«, ein Kapitel in *Safety Last*, a.a.O., sowie die entsprechenden Tabellen, S. 9–21 und S. 76–90.

57 Siehe Scott Bauer, »Prosecutors: Former Hudson Foods Officials Lied about Meat Recall«, *AP*, 10. November 1999, »Tyson Unit Acquitted of Lying in Beef Recall; Hudson Quality Control Director Also Cleared« in *Arkansas Democrat-Gazette*, 4. Dezember 1999.

58 FSIS Recall Policy Public Meeting.

59 Zitiert bei Elliot Jaspin und Scott Montgomery, »U.S. Mum on Fast Food Recalls«, *Cox News Service*, 18. August 1997. Jaspin und Montgomery verfassten einige gute Artikel über das Landwirtschaftsministerium und die Fleisch verarbeitende Industrie.

60 Ebenda.

61 Interview mit Elizabeth Gaston, USDA Food Safety and Inspection Service.

62 Zitiert bei Allison Young und Jeff Taylor, »Stealthy Meat Recalls Leave Consumers in Dark« in *Denver Post*, 13. Mai 1999. Siehe auch Allison Beers, »Recalls Present Tough Decisions for Food Companies«, in *Food Chemical News*«, 4. Mai 1998, und Pan Demetrakakes, »Backlash: Recalls«, in *Food Processing*, 1. August 1999.

63 Zitiert in »Recall of Meat and Poultry Products«, FSIS Directive, 19. Januar 2000.

64 »Ground Beef Product Recall«, IBP-Pressemitteilung, 23. Juni 2000.

65 Die Schilderung der Epidemie bei Tiger Harry's stützt sich auf Inter-

views mit Mitarbeitern des Gesundheitsministeriums von Arkansas, darunter auch Dennis Berry, Epidemiologe, John Kraft, Inspektor vor Ort, und David Bourne, medizinischer Leiter der Abteilung für medizinische Prävention. Siehe auch »21 Ill, 11 Hospitalized for *E. coli*; Outbreak May Be Tied to Restaurant«, in *Arkansas Democrat-Gazette*, 3. Juni 2000, »266 000 Pounds of Bad Beef Recalled« in *Capital Times*, 24. Juni 2000, »Health Department Finds No Further Cases of *E. coli* Infection; USDA Investigating Ground Beef«, Pressemitteilung, Arkansas Department of Health, 16. Juni 2000.

66 Zitiert bei Carol Smith, »Overhaul in Meat Inspection No Small Potatoes, Official Says«, in *Seattle Post-Intelligencer*, 29. Januar 1998.

67 Siehe Allison Beers, »Plant Staffing Shortages Exacerbated by Excessive Absences, Low Morale«, in *Food Chemical News*, 16. August 1999.

68 Siehe Jake Thompson, »Meat Inspectors' Role Scrutinized: Critics Say That Despite a New Safety Program, There Are Too Few People to Monitor Plants«, in *Omaha World-Herald*, 24. August 1997, »Industry Forum: State of the Union« in *Meat & Poultry*, März 1998, und »Beefing Up Inspection« in *Government Executive*, Februar 1999.

69 Scharfe Kritik am aktuellen System kommt von unerwarteter Seite, siehe »Food Safety and Inspection Service: Implementation of the Hazard Analysis and Critical Control Point System«, U.S. Department of Agriculture, Office of Inspector General, Food Safety Initiative, Meat and Poultry Products, Report Nr.24001-3-At, Juni 2000.

70 Gary Mickelson, Sprecher von IBP, erklärte mir, dass einem Mitarbeiter, der die Unterlagen fälscht, disziplinarische Maßnahmen von Seiten des Unternehmens drohen. Er sagte mir auch, dass Mitarbeiter wegen derartiger Verstöße entlassen wurden.

71 Die Zahl stammt von »SPS 400: Information Update«, ein Handbuch von Frigoscandia Equipment, dem Hersteller der Geräte zur Dampfpasteurisierung.

72 IBP-Memo von Dean Danilson an Leo Lang, Thema: Rinder für die Fleischbeschau, 19. Mai 1997.

73 Als das Memo im Juni 1998 bekannt wurde, leugnete IBP, dass das Unternehmen verunreinigtes Fleisch auslieferte, und behauptete, die ungewöhnliche Maßnahme sei nur entwickelt worden, um die Lagerkapazität zu erhöhen, außerdem werde die Maßnahme nicht mehr angewandt. IBP-Sprecher Gary Mickelson wiederholte mir gegenüber diese Beteuerungen und fügte hinzu, dass »die Qualität bei IBP und seine Lebensmittelkontrollen ... bei vielen als die ›besten‹ in der Branche gelten. Wir verkaufen nur Produkte – ob es sich nun um verpacktes Fleisch oder Rinderhälften handelt –, die wir für den menschlichen Verzehr als unbedenklich einstufen«. Siehe auch »Ground Beef Guidelines Are Insufficient, STOP Says« in *Food Chemical News*, 8. Juni 1998.

74 Siehe »Titan to Put Whammy on Food Bacteria«, in *San Diego Union-Tribune*, 18. Mai 1999.

75 Siehe »Beef Industry Recommends Irradiation Rule Include Ready-to-Eat Meats«, in *Food Labeling News*, 23. Juni 1999; Rick Lingle, »Food Irradiation Acceleration«, in *Packaging Digest*, 1. Juli 1999; Steven F. Grover, »Pasteurized Foods in Your Future?«, in *Food Management*, Oktober 1999. Grover ist Vice President der National Restaurant Association.

76 Zur Geschichte von Rudy »Butch« Stanko siehe Wayne Slater, »Domestic News«, *AP*, 19. September 1983, »Agriculture to Investigate a Meat Plant in Denver«, in *New York Times*, 20. September 1983; Judy Harrington, »Packing Company Owner Guilty of Selling Bad Meat to Government«, *AP*, 15. September 1984; Neal Karlen mit Jeff P. Copeland, »A ›Mystery Meat‹ Scandal«, in *Newsweek*, 24. September 1984.

77 Zu Bauer Meat siehe Patricia Guthrie, »Government Says Bauer Meats Are Unfit to Eat«, in *Atlanta Journal*, 14. Oktober 1998, »Bauer Meat ›Unfit for Human Consumption‹«, in *Meat Processing*, 1. November 1998, »Bacteria Wars: How 3 Processors Responded«, in *St. Petersburg Times*, 14. Februar 1999; Robert Trigaux, »Tougher Standards Battle Meat Bacteria«, in *St. Petersburg Times*, 14. Februar 1999, und »E. coli Suit Principals Confer; Child's Family Sues Florida Company«, in *Florida Times-Union*, 15. Mai 1999.

78 Zu Northern States Beef siehe Elliott Jaspin und Scott Montgomery, »Feds Buy Bad Beef for Low Bid; E. coli Outbreak Results from School Lunch Program Supply System«, in *Atlanta Journal*, 28. März 1999, und »Tainted School Tacos«, in *Seattle Times*, 8. Mai 1999.

79 Siehe Bill Lodge, »Dallas Beef Plant That Failed Salmonella Tests Challenges Screening System«, in *Dallas Morning News*, 10. Dezember 1999, und Tiara Ellis und Michael Saul, »Dallas Meat Processor Recalls Beef After USDA Detects E. coli«, in *Dallas Morning News*, 26. Dezember 1999.

80 P. S. Mead u.a., »Food-Related Illness and Death«, a.a.O.

81 Siehe Scott Montgomery und Elliot Jaspin, »USDA Purchased Meat from Texas Plant after Contamination Cited«, in *Atlanta Journal*, 4. Dezember 1999, und »USDA Has a Valid Beef in Dallas«, in *Chicago Tribune*, 14. Dezember 1999.

82 Siehe »USDA Satisfied with Changes in Meat Plant It Tried to Shut Down«, *AP*, 15. Februar 2000.

83 Zu den Auswirkungen des Falles Supreme Beef siehe Marc Kaufman, »Texas Ruling Threatens USDA Meat Inspections«, in *Washington Post*, 26. Mai 2000; Todd Bensman, »Judge Rebuffs USDA; Agency Tried to Close Dallas Plant«, in *Dallas Morning News*, 26. Mai 2000; John Taylor, »Court Ruling Won't Alter IBP Methods«, in *Omaha World-Herald*, 27. Mai 2000.

84 Siehe Allison Beers, »Meat Groups Petition USDA to Change HACCP Regulations«, in *Food Chemical News*, 10. Januar 2000.

85 Siehe »AMS Says It Will Continue with New Standards«, in *National Meat Association Newsletter*, 7. August 2000.

86 Zitiert bei Usha Lee McFarling, »Homey Kitchens Become Killers Before Our Eyes«, in *Austin American-Statesman*, 12. August 1998.
87 Interview mit David Acheson.
88 P. S. Mead u.a., »Food-Related Illness and Death«, a.a.O.
89 Siehe Richard Martin, »L.A. County Cracks Down on Food-Safety Violators«, in *Nation's Restaurant News*, 1. Dezember 1997.
90 Siehe »Police Say Two Teens Tampered with Food«, *AP*, 10. Mai 2000, und »Burger King Employees Charged«, *AP*, 11. Mai 2000.

10. »Global Realization«

Nur wenige Westdeutsche sind mit der ungewöhnlichen Geschichte von Plauen vertraut, obwohl sie ausführlich in zahlreichen lokalgeschichtlichen Werken dargestellt ist. In Frank Weiss, *Plauen: auf historischen Postkarten*, Plauen 1991, werden alte Postkarten zur Illustration der Stadtgeschichte während ihrer wohlhabendsten Zeit verwendet. In dem Bildband *Plauen: 1933–1945*, Plauen 1995, werden die Auswirkungen der Weltwirtschaftskrise und der Aufstieg der Nationalsozialisten dargestellt. Die Bombardierung der Stadt durch die Alliierten wird eindrucksvoll anhand von Vorher-nachher-Fotos in Rudolf Laser/Joachim Mensdorf/Johannes Richter, *Plauen 1944/1945: Eine Stadt wird zerstört*, Plauen 1995, dokumentiert. Für das Leben an der deutsch-deutschen Grenze stützte ich mich auf Ingolf Hermann, *Die deutsch-deutsche Grenze*, Plauen 1998. Der Aufstand in Plauen im Herbst 1989 wird in Rolf Schwanitz, *Zivilcourage: Die friedliche Revolution in Plauen anhand von Stasi-Akten*, Plauen 1998, geschildert. *Plauen: Ein Rundgang durch die Stadt*, Plauen 1992, vermittelt einen Eindruck von der Stadt nach dem Mauerfall.

John Connelly, Assistenzprofessor für Geschichte an der University of California in Berkeley, ist einer der wenigen amerikanischen Akademiker, die über Plauen nach dem Krieg arbeiteten und es besuchten. Connelly ließ mich an seinen Erinnerungen an die Stadt teilhaben und schickte mir einen Artikel, den er über den Aufstand verfasst hatte: »Moment of Revolution: Plauen (Vogtland), October 7, 1989«, in *German Politics & Society*, Sommer 1990. Thomas Küttler, der Held des Aufstandes, erzählte mir, wie sich die Ereignisse entwickelten, und teilte mir seine Gedanken über deren Nachwirkung mit. Ich danke Cordula Franz für ihre Hilfe bei der Vereinbarung der Interviews in Plauen und Sybille Unterdoifel dafür, dass sie mich bei der Ranch einführte. Frieder Stephan, der Besitzer des Lokals, half mir bei der Erkundung der lokalen Jugendszene und erklärte mir ihre musikalische Entwicklung vom Rock über Disco bis zum Country und Western. Christian Pöllmann, Mitarbeiter des Theaters Plauen-Zwickau und Mitglied der Deutschen Sozialen Union, vermittelte mir einen Eindruck vom Leben im Sozialismus und von der Sehnsucht nach allem Amerikanischen. Die Fotografin Franziska Heinze und der Journalist Markus Schneider halfen mir, Informationen über ihre Heimatstadt zu sammeln. Siegfried Pater – Filmemacher, Umweltschützer und Autor von *Zum Beispiel McDonald's*, Göttingen 1994 – beschrieb einige Untaten von McDonald's in Deutschland. Barbara Distil, Kuratorin der Gedenkstätte Dachau, sprach mit mir über die Kontroverse um das McDonald's-Restaurant vor Ort. Bei der Geschichte des Konzentrationslagers stützte ich mich auf das Buch, das sie zusammen mit Ruth Jakusch herausgegeben hat: *Concentration Camp Dachau 1933–1945*, Brüssel: Comité International de Dachau 1978.

The Illustrated History of Las Vegas, Edison, N.J. 1997, von Bill Yenne zeigt, wie die Stadt in jüngster Zeit radikal umgestaltet wurde. Jack Sheehan (Hg.), *The Players: The Men Who Made Las Vegas*, Reno 1997, bietet zahlreiche Einblicke in die einzigartige Kultur, die hier entstand. Timothy O'Brien, *Bad Bet: The Inside Story of the Glamour, Glitz, and Danger of America's Gambling History*, New York 1998, erklärt genau, wie die Kasinos ihr Geld verdienen.

Viele Informationen zur Fettleibigkeit stammen aus *Science, Journal of the American Medical Association* und *New England Journal of Medicine*. Die Ernährungswissenschaftlerin Jane Kirby rückte viele Behauptungen und Gerüchte über Ernährung für mich zurecht und brachte sie in einen vernünftigen Zusammenhang. Greg Critser, »Let Them Eat Fat: The Heavy Truths about American Obesity«, in *Harper's*, März 2000, ist ein provokativer Essay über Fastfood und die Armen.

Meine Schilderung des McLibel-Prozesses basiert auf Interviews mit den beiden Angeklagten Helen Steel und Dave Morris sowie den Transkripten des Prozesses (die neben anderem Material auf der Anti-McDonald's-Website unter www.mcspotlight.org zur Verfügung stehen). Franny Armstrong, die Regisseurin des hervorragenden Dokumentarfilms *McLibel: Two Worlds Collide*, war mir eine große Hilfe. In John Vidal, *McLibel*, New York 1997, wird die ganze ungewöhnliche Geschichte des Verfahrens dargestellt. Die Aufsätze in James L. Watson (Hg.), *Golden Arches East: McDonald's in East Asia*, Stanford 1997, enthüllen einige unvorhersehbare Entwicklungen, wie Fastfood von anderen Kulturen aufgenommen wird.

1 Siehe F. Weiss, *Plauen: Postkarten*, a.a.O., S. 3f.
2 Interview mit Thomas Küttler. Siehe auch Connelly, »Moment of Revolution«. Die Arbeitslosenquote im Jahr 1933 lag in Plauen bei 15,6 Prozent, die höchste in Deutschland. Aus *Plauen 1933–1945*, a.a.O., S. 55.
3 Über Dresden wurden etwa 63,2 Tonnen Sprengstoff pro Quadratkilometer abgeworfen, über Plauen waren es 185,4 Tonnen pro Quadratkilometer. Aus R. Laser u.a., *Plauen 1944/1945*, a.a.O., S. 14.
4 Interview mit T. Küttler.
5 Aus F. Weiss, *Plauen: Postkarten*, a.a.O., S. 4.
6 J. Connelly, »Moment of Revolution«, a.a.O.
7 Interview mit T. Küttler.

8 Zitiert in »Ban the ›Big Mac‹ from East Germany, Parliamentarian Demands«, *Reuters*, 26. Juli 1990.

9 Zitiert in »Blue Chip Blues«, in *Economist*, 26. September 1998.

10 Siehe »Some Things Old, Some Things New«, in *Franchising World*, November/Dezember 1999.

11 Siehe »The McDonald's Corporation 1999 Annual Report«, Charlene C. Price, »The U.S. Foodservice Industry Looks Abroad«, in *USDA Food Review*, Mai/August 1996.

12 Siehe »McDonald's Wins Top Spot in Global Brand Ratings«, in *Brand Strategy*, 22. November 1996.

13 Siehe Benjamin R. Barber, »Jihad vs. McWorld«, in *Atlantic Monthly*, März 1992.

14 Siehe Gulsun Bilgen-Konuray, »Turkey – Franchising Market«, in *Industry Sector Analysis*, U.S. Foreign and Commercial Service, U.S. State Department, 24. August 1999.

15 J. L. Watson, *Golden Arches East*, Stanford 1997, S. 41.

16 Aus Bill McDowall, »The Global Market Challenge«, in *Restaurants & Institutions*, 1. November 1994.

17 Siehe »McDonald's Employs 33 000 in Brazil«, *AP*, 1. August 1999.

18 Zitiert bei George Lazarus, »You Won't Find a McDonald's on Unspoiled Tahiti«, in *Adweek*, 13. Januar 1986.

19 Zitiert bei Latha Venkatraman, »Keeping That Lettuce Crisp«, in *Business Line*, 5. Juli 1999.

20 Interview mit J. R. Simplot.

21 Zitiert in »Barbie, McDonald's Find Common Ground«, in *Selling to Kids*, 30. September 1998.

22 Siehe Richard Martin, »Special Report: Down Under's Bloomin' Dining Wonders«, in *Nation's Restaurant News*, 7. Oktober 1996; Kay M. Hammond, Allan Wylie und Sally Casswell, »The Extent and Nature of Televised Food Advertising to New Zealand Children and Adolescents«. in *Australian & New Zealand Journal of Public Health*, Februar 1999.

23 Zitiert in J. L. Watson, *Golden Arches East*, a.a.O., S. 64.

24 Aus »Developmental, Cultural Issues Key in Marketing to Kids Globally«, in *Selling to Kids*, 1. April 1998.

25 Zitiert bei J. Vidal, *McLibel*, a.a.O., S. 42. Den Fujita ist nicht nur der Partner der McDonald's Corporation in Japan, sondern auch der Autor von Büchern wie *Stupid People Lose Money, How to Become Number One in Business* und *How to Blow the Rich Man's Bugle Like the Jews Do*. Siehe James Sterngold, »Den Fujita, Japan's Mr. Joint Venture«, in *New York Times*, 22. März 1992.

26 Christa Maerker, »The Federal Republic of Germany: Second-hand Culture with Borrowed Dreams«, in *Schatzkammer*, Frühjahr 1990.

27 Aus Tim Bovee, »German Americans Largest U.S. Ethnic Group, *AP*, 16. Dezember 1992.

28 Aus Rupert Spies und Gretel Weiss, »Is Germany's Traditional Restaurant a Dying Breed?«, in *Cornell Hotel & Restaurant Administration Quarterly*, Juni 1998.

29 Siehe Richard Martin, »Germany Shows Appetite for ›Fun‹ Themes and Foreign Flavors«, in *Nation's Restaurant News*, 17. April 1995.

30 Interview mit Siegfried Pater.

31 Siehe »Germany-Franchising Market«, in *Industry Sector Analysis*, U.S. Foreign & Commercial Service, U.S. State Department, 7. Juli 1998.

32 Zitiert bei »German Wal-Mart Stores to Feature McDonald's Restaurants«, in *Evening Standard*, 12. August 1999.

33 Siehe Steve Nichol, »Protesters Lambaste McDonald's; Picketers Say Restaurant Is Trivializing Holocaust«, in *Fort Lauderdale Sun-Sentinel*, 28. Januar 1997.

34 Interview mit Barbara Distil.

35 Laut dem Kilometerzähler in meinem Mietwagen.

36 Siehe »Metropolitan Area Populaton Estimates for July 1, 1998, and Population Change for April 1, 1990, to July 1, 1998«, U.S. Census Bureau, 30. September 1999.

37 1980 betrug die Einwohnerzahl des Großraums Las Vegas 528 000 Personen, heute liegt sie bei fast 1,5 Millionen. Siehe »Large Metropolitan Areas – Population 1980 to 1996«, *Statistical Abstract of the U.S.*, S. 41, »Metropolitan Area Population Estimates ... Population Change«.

38 Eine faszinierende Darstellung des Ausschusses zur Kontrolle des Glücksspiels in Nevada und seiner Macht findet sich bei Sergio Lalli, »A Peculiar Institution«, in J. Sheehan, *The Players*, a.a.O., S. 1–22.

39 Siehe T. O'Brien, *Bad Bet*, a.a.O., S. 40–44.

40 Michail Gorbatschow, *Perestroika: Die zweite russische Revolution. Eine neue Politik für Europa und die Welt*, München 1987, S. 42.

41 George Cohon, *To Russia with Fries*, Toronto 1999, S. xi.

42 Aus Maura Reynolds, »Russians Watch Gorbachev Pizza Ad«, *AP*, 23. Dezember 1997.

43 Der Reporter war von der Zeitschrift *Bunte*. Zitiert bei James Meek, »How Last Soviet Leader Lost His Roubles«, in *Guardian*, 30. Dezember 1998.

44 Aus Margaret Coker, »Siegfried and Gorby?«, in *Business Week*, 15. Februar 1999.

45 Der Topmanager war Bob O'Brien, Präsident der NPD Foodservice Information Group.

46 Der Sprecher war Richard Popper, Vice President von Peryam & Kroll Marketing Sensory Research.

47 Die Rede von Robert Nugent wurde ebenso wie die anderen Ansprachen von Convention Tapes International in Miami in Florida aufgezeichnet.

48 Aus Elizabeth Gleick, »Land of the Fat«, in *Time International Edition*, 25. Oktober 1999.

49 Aus James O. Hill und James C. Peters, »Environmental Contributions to the Obesity Epidemic«, in *Science*, 29. Mai 1998.

50 Siehe Gary Taubes, »Demographics: As Obesity Rates Rise, Experts Struggle to Explain Why«, in *AAP Newsfeed*, 29. Mai 1998.

51 Zitiert bei Maggie Fox, »U.S.: Obesity Will be Hard to Treat, Experts Say«, in *AAP Newsfeed*, 29. Mai 1998.

52 Die erwachsene Bevölkerung der Vereinigten Staaten beträgt etwa 200 Millionen Menschen. 22 Prozent der Erwachsenen des Landes sind fettleibig und drei Prozent sind superfettleibig. Siehe Jeffrey P. Koplon und William H. Dietz, »Caloric Imbalance and Public Health Policy«, in *Journal of the American Medical Society*, 27. Oktober 1999, »Resident Population Projections, by Age and Sex«, in *Statistical Abstract*, S. 17.

53 Ali H. Mokdad, Mary K. Serdula, William H. Dietz, Barbara A. Bowman, James S. Marks, Jeffrey P. Koplon, »The Spread of Obesity Epidemic in the United States, 1991-1998«, in *Journal of the American Medical Association*, 27. Oktober 1999.

54 Siehe Hill und Peters, »Environmental Contributions«, Eric Ravussian und Elliot Danforth, Jr., »Human Physiology: Beyond Sloth – Physical Activity and Weight Gain«, in *Science*, 8. Januar 1999.

55 Aus Jacobson, »Liquid Candy«.

56 Aus Judy Putnam, »U.S. Food Supply Providing More Food and Calories«, in *USDA Food Review*, 1. Oktober 1999.

57 Siehe »Nutritional Information«, CKE Restaurants.

58 Kate MacArthur, »Fast Feeders Find Sizzle by Bringing on the Bacon«, in *Advertising Age*, 27. März 2000. Siehe auch Michael Pearson, »Lower Production, Higher Demand for Fast Food Bacon Restores Profitability to Hog Farming«, *AP*, 20. April 2000.

59 Siehe J. P. Koplon und W. H. Dietz, »Caloric Imbalance«, a.a.O.

60 Aus Joyce Howard Price, »Fat Chance: The Government's War on Obesity«, in *Washington Post*, 30. Januar 2000.

61 Siehe Maggie Fox, »Obesity Costs U.S. $238 Billion a Year – Survey«, *Reuters*, 15. September 1999; Robert Jablon, »Studies Show Obesity on Rise in U.S.«, *AP*, 26. Oktober 1999.

62 Siehe William C. Willett, William H. Dietz und Graham A. Colditz, »Guidelines for Healthy Weight«, in *New England Journal of Medicine*, 5. August 1999, Aviva Must, Jennifer Spadano, Eugenie H. Coakley, Allison E. Field, Graham Colditz und William H. Dietz, »The Disease Burden Associated with Overweight and Obesity«, in *Journal of the American Medical Association*, 27. Oktober 1999.

63 Siehe Katherine Webster, »Study: Obesity Can Shorten Lifespan«, *AP*, 6. Oktober 1999. Bei der zitierten Wissenschaftlerin handelt es sich um Eugenia Calle.

64 Siehe Dennis Michael Styne, »Childhood Obesity: Time for Action, Not Complacency«, in *American Family Physician*, 15. Februar 1999.

65 Siehe Gleick, »Land of the Fat«, und Garby Taubes, »Demographics: Weight Increases Worldwide?«, in *Science*, 29. Mai 1998.

66 Aus Kate Watson Smyth, »Britons Eating 7M Pounds of Fast Food Every Day«, in *Independent*, 13. Mai 1999.

67 Aus Gleick, »Land of the Fat«, und Smyth, »Britons Eating 7M Pounds«, »Fast Food Is Taking Over the World«, in *USA Today Magazine*, 1. Mai 1999; Dita Smith, »What on Earth? Fast-Food Feast«, in *Washington Post*, 27. Mai 2000.

68 Aus Simon Pollock, »China's Biggest ›Little Emperors‹ Struggle to Tone Up«, in *Japan Economic Newswire*, 18. August 1999.

69 Eine gute Darstellung der veränderten Ernährungsgewohnheiten in Japan findet sich bei Mark Hammond und Jacqueline Ruyak, »The Decline of the Japanese Diet: MacArthur to McDonald's«, in *East West*, Oktober 1990.

70 Die Statistik stammt vom japanischen Kultusministerium. Aus »Western Fast Food Is Blamed for Overweight Children«, in *Food Labeling News*, 13. Mai 1998.

71 Siehe Joseph Coleman, »More Japanese Men Are Overweight«, *AP*, 15. Juni 1998, »Time to Trim the Fat of the Land«, in *Japan Times*, 14. November 1999.

72 Die Ni-Hon-San-Studie wird bei M. Hammond und J. Ruyack beschrieben, »MacArthur to McDonald's«, a.a.O. Siehe auch Jeanette G. Kernicki, »A Multicultural Perspective on Cardiovascular Disease«, in *Journal of Cardiovascular Nurses*, Juli 1997.

73 Aus Janet McConnaughey, »Chips, Fries Big Part of Kids' Diet«, *AP*, 5. September 1999.

74 Siehe »A Spoonful of Sugar – Television Food Advertising Aimed at Children: An International Comparative Survey«, Consumers International, London, November 1996, »Advertising to Children: UK the Worst in Europe«, in *Food Magazine*, Januar/März 1997

75 Zitiert bei Philip F. Zeidman, »Globalization: A Hard Pill to Swallow?«, in *Franchising World*, Juli/August 1999.

76 Zitiert in »U.S. Companies in China Keeping Low Profile«, in *Colorado Springs Gazette*, 11. Mai 1999.

77 Im Französischen spricht Bové von »la mal-bouffe«. Siehe Sophie Meunier, »The French Exception«, in *Foreign Affairs*, August 2000.

78 Siehe Carla Power, »McParadox«, *Newsweek International*, 10. Juli 2000, und José Bové mit Francois Dufour, *Die Welt ist keine Ware - Bauern gegen die Agromultis*, Zürich 2001.

79 Zitiert bei John Lloyd, »The Trial of José Bové«, in *Financial Times*, 1. Juli 2000.

80 Zitiert bei John Lichfield, »St. Jose Makes His Stand Against the Chicken ›McMerde‹«, in *Independent*, 1. Juli 2000.

81 Zitiert bei Christopher Dunkley, »The Greens Take a Bite at Big Mac«, in *Financial Times*, 17. Mai 1997. Eine ausführliche Darstellung der

Auseinandersetzung mit McDonald's und des McLibel-Prozesses findet sich auch bei Naomi Klein, *No Logo: Der Kampf der Global Players um Marktmacht*, München 2000, S. 394–400.

82 Siehe »What's Wrong with McDonald's? Everything They Don't Want You to Know«, London Greenpeace 1986. Eine Übersetzung ins Deutsche findet sich in *Fast Food*, BUKO Agrar Dossier 21, Stuttgart 1998, S. 122ff.

83 Siehe J. Vidal, *McLibel*, a.a.O., S. 46f.

84 »McDonald's History Listing«, McDonald's Corporation, 1996.

85 Aus Colleen Graffy, »Big Mac Bited Back«, in *American Bar Association Journal*, August 1997.

86 Siehe Dick Beveridge, »McDonald's Wins Marathon Libel Case, but Loses Publicity Battle«, *AP*, 19. Juni 1997.

87 Ebenda.

88 Siehe Aussage von Sidney Nicholson, *McDonald's, McDonald's Restaurants, Ltd., v Helen Steel, David Morris*, Tag 249, 14. Mai 1996, S. 32–38.

89 Zitiert in »Interview: McDonald's Spy Fran Tiller on Infiltration and Subterfuge, Big Mac Style«, www.mcspotlight.org.

90 Interview mit Dave Morris.

91 Siehe J. Vidal, *McLibel*, a.a.O., S. 58–62.

92 Zitiert bei Nick Hasell, »McDonald's Long March«, in *Management Today*, September 1994.

93 Interview mit Markus Schneider.

94 Zitiert bei Roger Thurow, »For East German Pair, McDonald's Serves Up an Economic Parable«, in *Wall Street Journal*, 8. November 1999.

95 Aus Leonard Ziskin, »Fa and Antifa in the Fatherland«, in *Nation*, 5. Oktober 1998.

Epilog: Ganz nach Ihrem Wunsch

Meine Ansichten zu einer Neustrukturierung der Lebensmittelkontrolle in den USA wurden von einem Bericht des National Academy of Science's Institute of Medicine beeinflusst. *Ensuring Safe Food: From Production to Consumption*, Washington D.C. 1998, enthält viele vernünftige Empfehlungen, die nicht, wie schon so viele Ratschläge zur Lebensmittelkontrolle der National Academy of Sciences, ignoriert werden sollten. Dale Lasater war bei vielen meiner Besuche in Colorado ein großzügiger Gastgeber. Seine Ranch ist ein nationales Kulturgut. Die Rolle der Familie Lasater in der Viehindustrie im Südwesten wird in dem Buch von Dale Lasater beschrieben: *Falfurrias: Ed C. Lasater and the Development of South Texas*, College Station 1985. In Laurence M. Lasater, *The Lasater Philosophy of Cattle Raising*, El Paso 1972, wird ein ganzheitliches System der Rinderzucht umrissen, das Tiere und Land mit Respekt behandelt. Ruth Carol Cushman/Stephan R. Jones, *The Shortgrass Prairie*, Boulder 1988, vermittelt anhand von Bildern und Text die Schönheit der amerikanischen Landschaft, die so wenig geschätzt wird.

Ich danke der Familie Conway, die mir erlaubte, in ihren Restaurants und deren Küchen herumzustöbern. Der letzte Hamburger, den ich aß, stammte aus dem Conway's Red Top in der South Nevada Avenue in Colorado Springs. Er war so gut, wie er sein sollte.

1 Interview mit Dale Lasater.

2 Siehe Francisco Diez Gonzalez, Todd R. Callaway, Menas G. Kizoulis und James B. Russell, »Grain Feeding and the Dissemination of Acid-Resistant *Escherichia coli* from Cattle«, in *Science*, 11. September 1998.

3 Die finanziellen Feinheiten von In-N-Out sind schwierig zu eruieren, da sich das Unternehmen in Privatbesitz befindet. Dennoch vermutete der Finanzanalyst Robert L. Emerson vor zehn Jahren, dass In-N-Out die höchste Rendite auf investiertes Kapital in der Fastfoodbranche erwirtschaftet. Siehe Emerson, *Economics of Fast Food*, S. 94.

4 Die geschätzten 150 Millionen Dollar basieren auf einem kürzlich erschienenen Artikel über die Kette und ihre Zukunft nach Esther Snyder in der Los Angeles Times. Die tatsächliche Zahl kann auch doppelt so hoch sein; 1990 erklärte Emerson, einzelne Restaurants von In-N-Out verzeichneten einen Jahreserlös von 1,7 Millionen Dollar. Siehe Greg Hernandez, »Family-Owned In-N-Out at Crossroads«, in *Los Angeles Times*, 2. Juli 2000, Emerson, *Economics of Fast Food*, S. 93.

5 Vertreter von In-N-Out lehnten meine Bitte um ein Interview ab und beriefen sich auf das Misstrauen der Familie gegenüber der Presse. Die Informationen über die Löhne der Kette und die Zubereitung der Speisen stammen von der In-N-Out-Website und aus den folgenden Artikeln: Greg Johnson, »More Than Fare: A Simple Menu, Customer Service, and a Familial Touch Prove to Be a Recipe That Is Working for In-N-Out«, in *Los Angeles Times*, 15. August 1997; Deborah Silver, »Burger Worship: In-N-Out – the Small Fast Food Chain with the Big Following«, in *Restaurants and Institutions*, 1. November 1999; G. Hernandez, »Family-Owned In-N-Out at Crossroads«, a.a.O.

6 Siehe Deborah Silver, »Primary Choices«, in *Restaurants and Institutions*, 1. März 2000.

7 Zitiert bei Harry Berkowitz, »Pediatricians Want Check on Kids' Ads«, in *Newsday*, 9. Februar 1995. Siehe auch »Policy Statement: Children, Adolescents, and Television«, American Academy of Pediatrics, Oktober 1995.

8 Aus Rod Taylor, »The Beanie Factor«, in *Brandweek*, 16. Juni 1997.

9 Das Committee to Ensure Safe Food from Production to Consumption der National Academy (»Ausschuss zur Lebensmittelkontrolle von der Produktion bis zum Verzehr«) fand »wenig Beweise, die diese Behauptung stützen oder widerlegen«. Das Zögern des Ausschusses, ein Urteil abzugeben, basiert auf dem unzuverlässigen Meldesystem für Lebens-

mittelvergiftungen in den USA. Der Ausschuss verglich nicht das amerikanische System der Lebensmittelkontrolle mit den Systemen in Westeuropa. Siehe *Ensuring Safe Food*, a.a.O., S. 25.

10 Aus »Swedish Salmonella Control Programmes for Live Animals, Eggs and Meat«, National Veterinary Institute, Swedish Board of Agriculture, Food Safety and Inspection Service, Science and Technology, Microbiology Division, April 1996.

11 Interview mit Steve Bjerklie.

12 Aus *Ensuring Safe Food*, a.a.O., S. 26.

13 Ebenda, S. 27.

14 Dieses Beispiel für bürokratische Misswirtschaft wurde von Carol Tucker Foreman, einer prominenten Fürsprecherin der Lebensmittelkontrolle, bei einer Aussage vor dem Kongress genannt. Eine hervorragende Kritik unseres derzeitigen Systems der Nahrungsmittelkontrolle und vernünftige Reformvorschläge in: Prepared Statement of Carol Tucker Foreman, Director of Food Policy Institute, before the Senate Governmental Affairs Committee, Oversight of Government Management, Restructuring, and the District of Columbia Subcommittee, 4. August 1999.

15 Ebenda.

16 Aus *Ensuring Safe Food*, a.a.O., S. 87.

17 Aus »Top 100 Share of Restaurant Industry Units by Menu Category«, Technomic Top 100, Technomic Information Services 2000.

18 1996 empfahl ein Vertreter der U.S. Meat Export Federation, die Geschwindigkeit der Fließbänder in amerikanischen Fabriken an Tagen, an denen für den Export produziert wurde, aus »hygienischen Gründen« zu senken. Siehe Keith Nunes, »Attitude Adjustment: U.S. Beef and Pork Exporters Need to Develop an ›Export Mentality‹«, in *Meat & Poultry*, März 1996.

19 Siehe *OSHA Field Inspection Reference Manual*, Section 8 – Kapitel IV, C.2.M.

20 Zitiert bei Rudolph J. R. Peritz, *Competition Policy in America, 1888-1992; History, Rhetoric, Law*, New York 1996, S. 15.

21 Siehe Ann Hawk, »Veggie Disparagement: Laws in 13 States Prompt Fears Activists – and Journalists Will Be Stifled«, in *The Quill*, September 1998; Ronald K. L. Collins und Paul McMasters, »Veggie Libel Laws Still Out to Muzzle Free Speech«, in *Texas Lawyer*, 30. März 1998.

22 Zitiert bei Richard Gibson, »Beef Stakes: How Bill Foley Built a Fast Food Empire on Ailing Also-Rans«, in *Wall Street Journal*, 2. Dezember 1998.

23 Zur Geschichte hinter den »grünen Ansichten« bei McDonald's siehe Sharon M. Livesey, »McDonald's and the Environmental Defense Fund: A Case Study of a Green Alliance«, in *Journal of Business Communications*, Januar 1999.

24 Siehe »An Incoherent Policy«, in *South China Morning Post*, 15. Mai

1995; Jo Bowman, »Little Relish to Scrap Burger Boxes«, in *South China Morning Post*, 24. Oktober 1999.

25 Zur Ablehnung von gentechnisch veränderten Pommes frites bei McDonald's siehe Scott Kilman, »McDonald's, Other Fast Food Chains Pull Monsanto's Bio-Engineered Potato«, in *Wall Street Journal*, 28. April 2000; Hal Bernton, »Hostile Market Spells Blight for Biotech Potatoes«, in *Seattle Times*, 30. April 2000.

Literatur

Acree, Terry E./Teranishi, Roy (Hg.), *Flavor Science: Sensible Principles and Techniques*, Washington D.C., American Chemical Society 1993.

Acuff, Dan S., mit Robert H. Reiher, *What Kids Buy and Why: The Psychology of Marketing to Kids*, New York 1997.

Alexander-Moegerle, Gil, *James Dobson's War on America*, Amherst 1997.

Alfino, Mark/Caputo, John S./Winyard, Robin (Hg.), *McDonaldization Revisited: Critical Essays on Consumer Culture*, Westport 1998.

Andreas, Carol. *Meatpackers and Beef barons: Company Town in a Global Economy*, Niwot 1994.

A Time to Act: Report of the USDA National Commission on Small Farms, Washington D.C.: U.S. Department of Agriculture, 1998.

Benfield, F. Caid/Raimi, Matthew D./Chen, Donald D.T., *Once There Were Greenfields: How Urban Sprawl Is Undermining America's Environment, Economy, and Social Fabric*, Washington D.C., National Resources Defence Council, 1999.

Bingham, Sam, *The Last Ranch: A Colorado Community and the Coming Desert*, New York 1996.

Boas, Max/Chain, Steve, *Big Mac: The Unauthorized Story of McDonald's*, New York 1976.

Bonanno, Alessandro/Busch, Lawrence/Friedland, William H./Gouveia, Lourdes/Mingione, Enzo (Hg.), *From Columbus to ConAgra: The Globalization of Agriculture and Food*, Lawrence 1994.

Bower, Tom, *Verschwörung Paperclip: NS-Wissenschaftler im Dienst der Siegermächte*, München 1988.

Cannon, David Jack (Hg.), *The Illustrated History of Las Vegas*, Edison, N.J., 1997.

Card, David/Krueger, Alan B., *Myth and Measurement: The New Economics of the Minimum Wage*, Princeton 1995.

Cohon, George, mit David Macfarlane, *To Russia with Fries*, Toronto 1999.

Competition and the Livestock Market, Report of a Task Force Commissioned by the Center for Rural Affairs, Walt Hill, Nebraska, 1990.

Concentration in Agriculture, A Report of the USDA Advisory Committee on Agricultural Concentration, Washington D.C.: USDA Agricultural Marketing Service, Juni 1996.

Connor, John M./Schiek, William A., *Food Processing: An Industrial Power-house in Transition*, New York 1997.

Consumers Union Education Services, *Captive Kids: A Report on Commercial Pressures on Kids at School*, Consumers Union 1998.

Cushman, Ruth Carol/Jones, Stephan R., *The Shortgrass Prairie*, Boulder 1988.

Davidson, Osha Gray, *Broken heartland: The Rise of America's Rural Ghetto*, Iowa City 1996.

Davis, James W., *Aristocrat in Burlap: A History of the Potato in Idaho*, Boise, Idaho Potato Commission 1992.

Davis, Mike, *City of Quartz*, New York 1992.

Decker, Peter R., *Old Fences, New Neighbors*, Tucson 1998.

Del Vecchio, Gene, *Creating Ever-Cool: A Marketer's Guide to a Kid's Heart*, Gretna 1998.

Distil, Barbara/Jakush, Ruth (Hg.), *Concentration Camp Dachau 1933–1945*, Brüssel: Comité International de Dachau, 1978.

Dobson, James, *The New Dare to Discipline*, Wheaton, Illinois, 1992.

Eisnitz, Gail A., *Slaughterhouse: The Shocking Story of Greed, Neglect, and Inhumane Treatment Inside the U.S. Meat Industry*, Amherst, N.Y., 1997.

Eliot, Marc, *Walt Disney: Hollywood's Dark Prince*, London 1993.

Emerson, Robert L., *The New Economics of Fast Food*, New York 1990.

Ensuring Safe Food: From Production to Consumption, Washington D.C., National Academy Press 1998.

Fast Food: BUKO Agrar Dossier 21 (hg. von BUKO Agrar Koordination), Stuttgart 1998.

Fenaroli's Handbook of Flavor Ingredients, Bd.2, Ann Arbor 1995.

Finley, Judith Reid, *Time Capsule 1900: Colorado Springs a Century Ago*, Colorado Springs 1998.

Flandrin, Jean-Louis, und Massimo Montanari (Hg.), *Food: A Culinary History*, New York 1999.

Fox, Nicols, *It Was Probably Something You Ate: A Practical Guide to Avoiding and Surviving Foodborne Illness*, New York 1999.

— *Spoiled: The Dangerous Truth about a Food Chain Gone Haywire*, New York 1997.

Future of Public Health, The, Washington D.C., National Academy Press 1998.

Goddard, Stephen B., *Getting There: The Epic Struggle Between Road and Rail in the American Century*, New York 1994.

Gorbatschow, Michail, *Perestroika: Die zweite russische Revolution. Eine neue Politik für Europa und die Welt*, München 1987.

Grimm, Hans-Ulrich. *Die Suppe lügt: Die schöne neue Welt des Essens*, Stuttgart 1997.

Haber, Heinz. *The Walt Disney Story of Our Friend the Atom*, New York 1956.

Hall, Carl W./Farrall, A. W./Rippen, A. L., *Encyclopedia of Food Engineering*, Westport 1986.

Heath, Henry B., *Source Book of Flavors*, Westport 1981.

Hermann, Ingolf, *Die deutsch-deutsche Grenze*, Plauen 1998.

Hightower, Jim, *Eat Your Heart Out: Food Profiteering in America*, New York 1975.

Hines, Thomas, *The Total Package: The Evolution and Secret Meanings of Boxes, Bottles, Cans, and Tubes*, New York 1995.

Hogan, David Gerard, *Selling 'Em by the Sack*, New York 1997.

Hui, Y. H. *Encyclopedia of Food Science and Technology*, B.2, New York 1992.

Hunt, Linda, *Secret Agenda: The United States Government, Nazi Scientists, and Project Paperclip, 1945 to 1990*, New York 1991.

Industry and Trade Summary: Flavor and Fragrance Materials, Washington D.C.: U.S. International Trade Commission, USITC Publication Nr. 3162, März 1999.

Industry and Trade Summary: Poultry, Washington D.C.: U.S. International Trade Commission, USITC Publication Nr. 3148, Dezember 1998.

Jackson, Kenneth T., *Crabgrass Frontier: The Suburbanization of the United States*, New York 1985.

Jakle, John A./Sculle, Keith A., *Fast Food: Roadside Restaurants in the Automobile Age*, Baltimore 1999.

Johnson, Arnold H./Peterson, Martin S., *Encyclopedia of Food Science*, Westport 1978.

Karcher, Carl, mit B. Carolyn Knight, *Never Stop Dreaming: 50 Years of Making It Happen*, San Marcos 1991.

Khan, Mahmood A., *Restaurant Franchising*, New York 1992.

Klein, Naomi. *No Logo! Der Kampf der Global Players um Marktmacht*, München 2000.

Knight, B. Carolyn, *Making It Happen: The Story of Carl Karcher Enterprises*, Anaheim 1981.

Kroc, Ray, *Grinding It Out: The Making of McDonald's*, New York 1987.

Kunstler, James Howard, *The Geography of Nowhere: The Rise and Decline of America's Man-Made Landscape*, New York 1994.

Kwitny, Jonathan, *Vicious Circles: The Mafia in the Marketplace*, New York 1979.

Langdon, Philip, *A Better Place to Live: Reshaping the American Suburb*, Amherst 1994.

Lasater, Dale, *Falfurrias: Ed C. Lasater and the Development of South Texas*, College Station 1985.

Lasater, Laurence M., *The Lasater Philosophy of Cattle Raising*, El Paso 1972.

Laser, Rudolf/Mensdorf, Joachim/Richter, Johannes, *Plauen 1944/1945: Eine Stadt wird zerstört*, Plauen 1995.

Leidner, Robin, *Fast Food, Fast Talk: Service Work and the Routinization of Everyday Life*, Berkeley 1993.

Levenstein, Harvey, *Paradox of Plenty: A Social History of Eating in Modern America*, New York 1993.

Limprecht, Jane E., *ConAgra Who? $15 Billion and Growing*, Omaha 1989.

Love, John F., *Die McDonald's Story: Anatomie eines Welterfolges*, München 1986.

Luxenberg, Stan, *Roadside Empires: How the Chains Franchised America*, New York 1985.

Macdonald, Cameron Lynn/Sirianni, Carmen (Hg.), *Working in the Service Society*, Philadelphia 1996.

Markuson, Ann/Hall, Peter/Campbell, Scott/Deitrick, Sabrina, *The Rise of the Gunbelt: The Military Remapping of Industrial America*, New York 1991.

Marx, Leo, *The Machine in the Garden: Technology and the Pastoral Ideal in America*, New York 1970.

McDonald, Ronald J., *The Complete Hamburger: The History of America's Favorite Sandwich*, New York 1997.

McLamore, James W., *The Burger King: Jim McLamore and the Building of an Empire*, New York 1998.

McNeal, James U., *Kids As Customers: A Handbook of Marketing to Children*, New York 1992.

McWilliams, Carey, *California: The Exception*, 1949, Nachdruck Berkeley 1999.

— *Southern California Country*, New York 1946.

Meat and Poultry Inspection: The Scientific Basis of the Nation's Program, Washington D.C., National Academy Press 1985.

Melaniphy, John C., *Restaurant and Fast Food Site Selection*, New York 1992.

Molnar, Alex, »Sponsored Schools and Commercialized Classrooms: Schoolhouse Commercializing Trends in the 1990's«. Center for the Analysis of Commercialism in Education, University of Wisconsin-Milwaukee, August 1998.

Monaghan, Tom, mit Robert Anderson, *Pizza Tiger*, New York 1986.

Mosley, Leonard. *Disney's World*, New York 1985.

Mussinan, Cynthia J./Novello, Michael J. (Hg.), *Flavor Analysis: Developments in Isolation and Characterization*, Washington D.C., American Chemical Society 1998.

Neufeld, Michael J., *The Rocket and the Reich: Peenemünde and the Coming of the Ballistic Missile Era*, New York 1995.

Nye, David E., *American Technological Sublime*, Cambridge 1994.

O'Brien, Timothy, Bad Bet: *The Inside Story of the Glamour, Glitz, and Danger of America's Gambling History*, New York 1998.

Pater, Siegfried, *Zum Beispiel McDonald's*, Göttingen 1994.

Peritz, Rudolph J. R., *Competition Policy in America, 1888–1992: History, Rhetoric, Law*, New York 1996.

Piszkiewicz, Dennis, *Wernher von Braun: The Man Who Sold the Moon*, Westport 1998.

Plauen: 1933–1945, Plauen 1995.

Plauen: Ein Rundgang durch die Stadt, Plauen 1992.

Protecting Youth at Work: Health, Safety, and Development of Working Children and *Adolescents in the United States*, Washington D.C.: National Academy Press 1998.

Purvin, Robert L. Jr., *The Franchise Fraud: How to Protect Yourself Before and After You Invest*, New York 1994.

Reisner, Marc, *Cadillac Desert: The American West and Its Disappearing Water*, New York 1987.

Reiter, Ester, *Making Fast Food: From the Frying Pan into the Fryer*, Montreal 1991.

Report on the Youth Labor Force, Washington D.C.: U.S. Department of Labor, Juni 2000.

Rifkin, Jeremy, *Beyond Beef: The Rise and Fall of the Cattle Culture*, New York 1993.

Ritzer, George, *Die McDonaldisierung der Gesellschaft*, Frankfurt/Main 1995.

Roberts, Phil »Zoom«/O'Donnell, Christopher, *Quick Service that Sells!: The Art of Profitable Hospitality for Quick-Service Restaurants*, Denver 1997.

Rozin, Elizabeth, *The Primal Cheeseburger*, New York 1994.

Sacrificing America's Youth: The Problem of Child Labor and the Response of Government, Chicago: National Safe Workplace Institute, 1992.

Safety Last: The Politics of E. coli and other Food-Borne Pathogens, Washington D.C.: Center for Public Integrity 1998.

Sanders, Col. Harland, *Life As I Have Known It Has Been »Finger Lickin' Good«*, Carol Stream 1974.

Schickel, Richard, *The Disney Version: The Life, Times, Art, and Commerce of Walt Disney*, New York 1968.

Schwanitz, Rolf, *Zivilcourage: Die friedliche Revolution in Plauen anhand von Stasi-Akten*, Plauen 1998.

Sheehan, Jack (Hg.), *The Players: The Men Who Made Las Vegas*, Reno 1997.

Sinclair, Upton, *The Jungle*, 1906 (dt. Ausgabe *Der Dschungel*).

Skaggs, Jimmy M., *Prime Cut: Livestock Raising and Meatpacking in the United States, 1907–1983*, College Station 1986.

Skolout, Patricia Farris, *Colorado Springs History A to Z*, Colorado Springs 1992.

Sprague, Marshall, *Money Mountain: The Story of Cripple Creek Gold*, Lincoln 1979.

— *Newport in the Rockies: The Life and the Good Times of Colorado Springs*, Athens, Ohio 1987.

Starr, Kevin, *The Dream Endures: California Enters the 1940s*, New York 1997.

Statistical Abstract of the United States, Washington D.C.: U.S. Census Bureau 1999.

Stromquist, Shelton/Bergman, Marvin (Hg.), *Unionizing the Jungles: Labor and Community in the Twentieth Century Meatpacking Industry*, Iowa City 1997.

Stull, Donald D./Broadway, Michael J./Griffith, David (Hg.), *Any Way You Cut It: Meat Processing and Small-Town America*, Lawrence 1995.

Takeoka, Gary R./Teranishi, Roy/Williams, Patrick J./Kobayashi, Akio (Hg.),

Biotechnology for Improved Foods and Flavors, Washington D.C., American Chemical Society 1995.

Tennyson, Jeffrey, *Hamburger Heaven: The Illustrated History of the Hamburger*, New York 1993.

Thomas, R. David, *Dave's Way: A New Approach to Old-Fashioned Success*, New York 1991.

Ubbelohde, Carl/Benson, Maxine/Smith, Duane A., *A Colorado History*, Boulder 1995.

Vidal, John, *McLibel: Burger Culture on Trial*, New York 1997.

Wagner, Christoph, *Fast schon Food: Die Geschichte des schnellen Essens*, Frankfurt/Main 1995.

Watson James L. (Hg.), *Golden Arches East: McDonald's in East Asia*, Stanford 1997.

Watts, Steven, *The Magic Kingdom: Walt Disney and the American Way of Life*, Boston 1997.

Weiss, Frank, *Plauen: auf historischen Postkarten*, Plauen 1991.

Welcome to McDonald's, McDonald's Corporation 1996.

Westcott, John, *Anaheim: City of Dreams*, Chatsworth 1990.

White, Richard, »*It's Your Misfortune and None of My Own*«: *A New History of the American West*, Norman 1991.

Wilkinson, Charles F., *Crossing the Next Meridian*, Washington D.C. 1992.

Williams, Meredith, *Tomart's Price Guide to McDonald's Happy Meal Collectibles*, Dayton, Ohio 1995.

Williams, Willard F./Stout, Thomas T., *Economics of the Livestock-Meat Industry*, New York 1964.

Witzel, Michael Karl, *The American Drive-In: History and Folklore of the Drive-In Restaurant in American Car Culture*, Osceola 1994.

Yeager, Mary, *Competition and Regulation: The Development of Oligopoly in the Meat Packing Industry*, Greenwich 1981.

DAS ZUKUNFTS-PROGRAMM

Jerry Mander/ Edward Goldsmith
Schwarzbuch Globalisierung
ISBN 3-570-50025-X

Naomi Klein
No Logo!
ISBN 3-570-50028-4

Lawrence E. Mitchell
Der parasitäre Konzern
ISBN 3-570-50027-6

Ruediger Dahlke
Woran krankt die Welt?
ISBN 3-570-50022-5

Riemann
One Earth Spirit